LES TRAVAVX DE PERSILES ET DE SIGISMONDE,

HISTOIRE SEPTENTRIONALE,

Où, parmy les trauerses amoureuses de ce Prince de Tule & de ceste Princesse de Frislandie, sont contenuës plusieurs autres Auantures de nostre temps, non moins rares & memorables, que morales & delicieuses.

Composee en Espagnol par MIGVEL DE CERVANTES SAAVEDRA, *& traduicte en nostre langue par* FRANÇOIS DE ROSSET:

Et dediée

A MADAME LA DVCHESSE D'VSE'S.

A PARIS,

Chez IEAN RICHER, ruë sainct Iean de Latran, à l'Arbre verdoyant: Et en sa boutique au Palais sur le Perron Royal.

M. DC. XVIII.

Auec Priuilege du Roy.

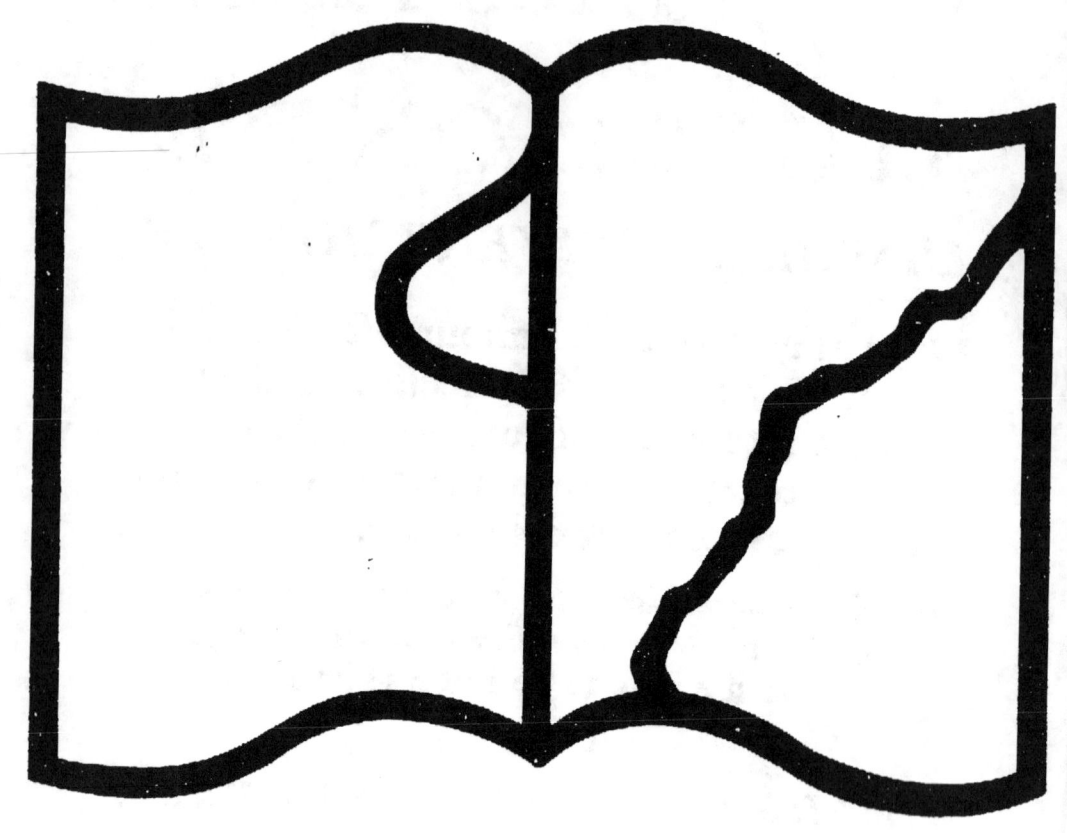

Texte détérioré — reliure défectueuse

NF Z 43-120-11

A
TRES-ILLVSTRE, ET TRES-
VERTVEVSE DAME, MADAME
CLAVDE D'EBERARD, Du-
chesse d'Vsés, Comtesse de Crussol,
Marquise de S. Supplice, Baronne
de Leuy, d'Assier, de Florensac, de
Bellegarde, &c.

MADAME,

Ceux qui ont cognoissance de ce que je dois à MONSEIGNEVR LE DVC vostre cher Espoux, & à vostre grandeur, iugeront, peut estre, que les seruices que ie tasche de vous rendre, procedent seulement des obligations que ie vous ay. Mais bien que par les deuoirs naturels, & par la faueur que ie reçois tous les iours d'estre veu de bon œil d'vn si grand Seigneur, & d'vne si grande Dame, & par tant d'autres accidents de

ã ij

EPISTRE.

bienvueillance, ie sois mille fois plus à vous que ie ne suis à moy-mesme : Toutesfois ie veux que la posterité sçache, que quand la naissance ne m'auroit point rendu subject de vostre grandeur, & tant de bien-faicts, son redeuable ; vostre merite est tel, qu'il me conuieroit, & me forceroit tousiours à la seruitude, & à la recognoissance. Or en quelque maniere que l'on iuge du desir que i'ay de vous seruir, ie vous offre, MADAME, l'Histoire d'une Princesse, en qui le Ciel & la Nature donnerent autrefois en partage vne partie des perfections que vous possedez. C'est de la belle Sigismonde Reyne de Frisladie, non moins admirable pour les beautés exterieures, qu'adorable pour celles de son bel esprit. Ayant desir d'exposer son nom au iour, elle m'a prié que ce soit sous vostre protection. Elle croit par ce moyen que l'Enuie, & la Mesdisance, qui treuuent tousiours à redire, & à reprendre, sur les actions mesmes les plus loüables, & les plus vertueuses, se tairont quand elles verront cest ouurage sous

EPISTRE.

l'appuy de la plus loüable, & de la plus vertueuse Dame que le Soleil puisse esclairer. En fin, MADAME, pourueu qu'elle vous soit agreable, elle ne se soucie de ceux de qui toute la gloire est de parler beaucoup, & de ne faire rien qui vaille. Le Ciel (MADAME) qui vous a faicte grande par Nature, & par merite, vous comble encores d'autant de prosperitez, que vous auez de perfections, & que i'ay de desirs de vous tesmoigner que ie suis,

MADAME,

Vostre tres-humble, & tres-obeïssant subject, & seruiteur,
DE ROSSET.

Aux Lecteurs Mesdisans.

Que de Censeurs, & que de Mesdisants? Ie meure si le nombre n'en surpasse toute imagination A peine ceste traduction commençoit de s'imprimer, que quelques vns qui ne font estat que de reprendre, & de ne rien faire de peur d'estre iustement repris, se sont attachez sur quelque mot d'vne fueille, qui pour n'estre qu'vne espreuue, n'estoit point encores corrigee. Tout beau (Messieurs) n'allez pas si viste, & ne iugez auec tant de precipice des ouurages de ceux qui ont acquis quelque peu de bruit. Si vous en condamnez quelque mot, au moins loüés leurs periodes fortes, & nerueuses, leur stile clair, & net, leurs termes doux & coulants, & leur façon d'escrire tousiours polie & fleurissante, parmy vne incroyable facilité. Ie suis contrainct de lascher ce petit traict de vanité contre mon ordinaire: mais n'en ay ie pas du subiect puis que la licence que l'on prend de reprendre est si grande, qu'elle passe au delà des bornes de la raison? Or voyez vn peu quelles reprehensions. Ils disent que i'ay mis en quelque part de cet ouurage, *Il se leua sur pieds*, & qu'il faut dire, *Il se leua sur les pieds*. I'allois dernierement chez mon Libraire, & passant deuant le College Royal, ie vis deux Pedants, qui en disputant crioient comme deux aueugles. Ie m'approchay & demanday à l'vn d'eux la cause de leur different. Ce maistre sot (me dit-il) soustient qu'Enee prenant port aux riuages d'Italie, mit à terre le pied droict, auant que le gauche: & moy ie luy maintiens que ce fut le gauche, voire aux despens de ma vie. Arrestez-vous (ce dis-ie alors) hommes sçauans, & voyez qu'à faute de vous entendre, vous ne prenez pas garde que tous deux proferez la verité. Le Religieux Enee sauta de sõ vaisseau les pieds ioints, sur le riuage, si bien que vous auez tous deux gaigné. Messieurs les Censeurs si *se leuer sur pieds* ne vous est agreable, de mesme qu'autrefois, *se leuer sur les pieds* a depleu à quelques autres, qui m'en ont repris en mes histoirez Tragiques, lisez au nom de Dieu, *il se leua sur ses pieds*, & ne faictes pas tant de rumeur. Au reste ie vous aduertis que si vous côtinuez en vos iniustes mesdisances, i'ay en quelque coing de mon estude de vos escrits. Et Dieu sçait si faisant voir leur pitié, ils seruiront de rizee à vne infinité de personnes, car il faut que vous croyez que i'ay maints rieurs de mon costé, comme vous en pourriez auoir du vostre.

TABLE DES CHAPITRES
contenus aux quatres liures de l'Histoire des Trauaux du genereux Persiles & de la belle Sigismonde.

LIVRE I.

Comme le Barbare Corsicurbe tire d'vne basse fosse vn ieune homme doué d'extreme beauté, & puis faict naufrage.   Chap. 1. fol. 1.

Taurise Damoiselle d'Auristelle raconte au beau Periandre son infortune.   Chap. 2. fol. 8.

Periandre est vendu pour fille à des Barbares, & pourquoy.   Chap. 3. fol. 20.

Periandre & Auristelle se recognoissent, & du debat qui suruint entre les Barbares.   Chap. 4. fol. 25.

Le Barbare Espagnol raconte à ses nouueaux hostes son auanture.   Chap. 5. fol. 38.

Le Barbare Espagnol poursuit son Histoire.   Chap. 6. fol. 49.

Comme Periandre & sa compagnie se sauuent de l'embrazement de l'Isle.   Chap. 7. fol. 63.

L'Italien Rutilius raconte à Periandre & à sa compagnie ses auantures.   Chap. 8. fol. 67.

Rutilius poursuit l'histoire de sa vie.   Chap. 9. fol. 76.

Ce que raconte l'Amoureux Portuguais. Chap. 10. fol. 83.

La mort du gentil-homme Portugais, & comme Periandre & sa copagnie prennent port en vne autre Isle. C. 11. f. 93.

L'arriuee de Maurice pere de Transile, en ceste Isle, & autres choses memorables.   Chap. 12. fol. 99.

Transile poursuit l'histoire que son pere auoit commencee. Ch. 13. f. 107.

Table des Chapitres.

Qui estoient ceux que l'on menoit ainsi enferrez. Ch. 14. f. 115.

De l'arriuée du Prince Arnaldo en ceste Isle où Periandre & sa compagnie s'estoient retirez. Chap. 15. fol. 120.

Du discours que tindrent Arnaldo & Periandre touchant Auristelle. Chap. 16. fol. 125.

La resolution d'Arnaldo, de Periandre, & de Maurice, pour partir de ceste Isle. Chap. 17. fol. 131.

Du mauuais presage que fait Maurice touchant le mal-heur qui leur doit succeder, & autres choses memorables. Chap. 18. fol. 134.

De la trahison des deux soldats qui ouurirent le vaisseau pensans iouyr d'Auristelle & de Trasile. C. 19. fol. 149.

Du duël que firent deux Capitaines d'vn Nauire, & comme Auristelle & sa copagnie entrerent dans leur vaisseau, & autres choses dignes de recit. Ch. 20. fol. 157.

L'enterrement de Taurise Damoiselle d'Auristelle. C. 21. f. 165.

Le Capitaine du vaisseau raconte les coustumes de l'Isle du Roy Polycarpe, & comme Periandre gaigna les prix de la Feste. Chap. 22. fol. 169.

La ialousie d'Auristelle, & autres choses memorables. Chap. 23. fol. 173.

LIVRE II.

Comme le Nauire se renuersa dans la Mer auec tous ceux qui estoient dedans. Chap. 1. fol. 187.

D'vne estrange auanture, & comme ceux qui s'estoient perdus en Mer, se sauuerent. Chap. 2. fol. 192.

La ialousie d'Auristelle, les Amours de Symphorose, & autres choses dignes de recit. Chap. 3. fol. 203.

L'aduis que donna Clodio le mesdisant au Prince Arnaldo, & la fascherie de Periandre voyant Auristelle ialouse. Chap. 4. fol. 212.

Table des Chapitres.

Comme le Roy Polycarpe deuient amoureux d'Auristelle, & declare sa passion à Symphorose sa fille, & du deuil de Clodio & de Rutilius. Chap. 5. fol. 216.

Plaintes de Periandre, & continuatiō des Amours de Symphorose parlant à Auristelle. Chap. 6. fol. 232.

La temerité de Rutilius & de Clodio qui escriuent des lettres amoureuses à Polycarpa, & à Auristelle. Chap. 7. I. Partie. f. 239.

Le deuil de Symphorose, & d'Auristelle touchant les mariages d'elles, de son Pere, de Periandre, & les raisons qu'allegue Auristelle pour les dilayer. Chap. 7. II. Partie, fol. 248.

Clodio donne sa lettre à Auristelle, & le ieune Antoine le tuë sans y penser. Chap. 8. fol. 258.

Remonstrance d'Antoine le Pere à son Fils, & du sortilege de la Zenotie qui rend malade le ieune Antoine. Chap. 9. fol. 269.

Periandre recite le succez de ses estranges Auantures. Chap. 10. fol. 273.

La guerison du ieune Antoine, qui auoit esté charmé, & les menees de la Sorciere Zenotie pour empescher le partement d'Auristelle. Chap. 11. fol. 289.

Periandre poursuit le discours de son Histoire, & comme Auristelle fut desrobee. Chap. 12. fol. 296.

Periandre continuë le recit de ses estranges Auantures. Chap. 13. fol. 307.

Periandre raconte comme il rencontra auec ses Mariniers la niepce du Roy de Bituanie, & autres choses memorables. Chap. 14. fol. 319.

Le plaisant songe de Periandre, qu'il recite comme si s'estoit vne chose veritable. Chap. 15. fol. 330.

Periandre raconte l'infortune qui arriua, & à luy, & à ses compagnons en la Mer Glaciale. Chap. 16. fol. 338.

Table des Chapitres.

De la trahison de Polycarpe, & de la fuite d'Arnaldo, de Periandre, & de sa compagnie. Chap. 17. fol. 345.

Periandre poursuit son Histoire, & raconte comme il donta le Cheual indontable du Roy Cratilus, & de leur arriuee en l'Isle des Hermites. Chap. 18. fol. 354.

Le subiect pourquoy René gentil homme François, se rendit Hermite en ce lieu desert & inhabité. Chap. 19. fol. 366.

Periandre recite le terrible saut qu'il fist faire au chtual de Cratilus, & donne fin au long discours de ses auantures. Chap. 20. fol. 375.

Comme le frere de René arriue en l'Isle des Hermites, & luy apporte de fort bonnes nouuelles, & comme le Prince de Dannemarc faict dessein de retourner en son Royaume. Chap. 21. fol. 382.

LIVRE III.

L'Arriuee de nos Pelerins à Lisbonne, & autres choses dignes & memorables. Chap. 1. fol. 391.

La plaisante imagination d'vn Poëte qui veut induire Auristelle de se rendre Comedienne, & de l'estrange auanture d'vne ieune Dame & d'vn petit enfant. C. 2. f. 404.

Qui estoit la Damoiselle enfermee dans l'arbre. Ch. 3. f. 417.

Comme nos Pelerins accompagnez de Feliciane de la Voix, prennent le chemin de Guadalupe, & d'vne auanture funeste & memorable. Ch. 4. f. 427.

Description du Temple de nostre Dame de Guadalupe: & de ce qui arriua à Feliciane ainsi qu'elle chātoit. C. 5. f. 443.

Continuation du voyage de nos Pelerins, & de l'histoire memorable d'vn Polonois. Ch. 6. f. 454.

Le Polonois poursuit son histoire, & du conseil que Periandre luy donne. Ch. 7. f. 472.

Description du terroir de Tolede, & du fleuue du Tage, &

Table des Chapitres.

autres choses memorables. Ch. 8. f. 481.

Comme Antoine arriue auec sa compagnie à son village, & de l'infortune funeste arriuee à vn Comte. Ch. 9. f. 490.

De ce qui arriua à Periandre, à Auristelle, au ieune Antoine, & à sa sœur poursuyuants leur voyage de Romme. Ch. 10. f. 508.

Du grand peril que coururent les Pelerins au Royaume de Valence, & comme ils en furent de liurez. C. 11. f. 521.

De l'arriuee de nos Pelerins à Barcelonne, & autres choses memorables. Ch. 12. f. 536.

De l'arriuee de nos Pelerins en France, & de la rencontre qu'ils font de trois belles Dames. Ch. 13. f. 548.

De l'infortune arriuee à Periandre, & à Antoine, qui furent prés de perdre la vie en vne Auanture memorable. Ch. 14. f. 559.

De la blessure & guerison d'Antoine, & de Periandre, & autres choses dignes de recit. C. 15. f. 567.

De la rencontre que font nos Pelerins de la Louyse femme du Polonois, & autres succez dignes de ceste Histoire. C. 16. f. 574.

Le Mariage de la belle Ruperte, & du beau Cloridan, qui s'accomplit par vne Auanture rare & estrange. Ch. 17. f. 584.

De la venuë de l'Hermite Soldin, & comme l'Hostellerie s'embrase. Ch. 18. f. 595.

Comme les Pelerins prennent congé de Soldin, & du retour de Barthelemy de la Manche qui s'estoit enfuy auec le bagage. Ch. 19. f. 604.

L'Histoire d'Ysabelle Castruce, qui feignoit estre possedee. Ch. 20. f. 610.

Le Mariage d'Ysabelle Castruce & d'André Marule. Ch. 21. f. 620.

Table des Chapitres.

LIVRE IIII.

Continuation du voyage de nos Pelerins à Romme : & des discours tenus entre Periandre & Auristelle. Chap. 1. f. 628.

Comme nos Pelerins treuuent Arnaldo Prince de Dannemarc, & le Duc de Nemours. Ch. 2. f. 638.

Recit du combat d'Arnaldo Prince de Dannemarc, & du Duc de Nemours. Ch. 3. f. 647.

Du deuis qui interuint entre le Prince de Dannemarc, & Periandre, touchant Auristelle. Ch. 4. f. 655.

De l'infortune arriuee à Barthelemy, & à Louyse, & comme nos Pelerins les deliurent du gibet. Ch. 5. f. 661.

Le different qui interuint à Romme entre le Prince de Dannemarc & le Duc de Nemours, qui vouloient achepter le pourtraict d'Auristelle. Ch. 6. f. 670.

Du danger que courut Periandre dans le logis de la Courtisanne Hypolite Ferraroise. Ch. 7. f. 680.

Comme la Courtisanne Hypolite ensorcele Auristelle, par le moyen de la femme du Iuif Zabulon. Ch. 8. f. 692.

De la maladie dangereuse d'Auristelle, & comme le Duc de Nemours prend congé d'elle. Ch. 9. f. 700.

Auristelle est deliuree des charmes de Iulia, & du discours qu'elle tient à Periandre. Ch. 10. f. 705.

Comme Periandre se desfuit d'Auristelle, & de ce qu'en arriue. Ch. 11. f. 712.

Qui estoient Periandre & Auristelle. Ch. 12. f. 719.

Continuation de l'histoire de Periandre & d'Auristelle, recitee par Serafido Gouuerneur de Periandre, à Rutilius. Ch. 13. f. 728.

Comme le Prince Maximin en mourant faict espouser Sigismonde à son frere Persiles. Ch. 14. f. 735.

HISTOIRE

HISTOIRE DES PEINES ET DES TRAVAVX DV GENEREVX PERSILES Prince de Thule, & de la belle Sigismonde Princesse de Frislandie.

LIVRE PREMIER.

Comme le Barbare Corsicurbe tire d'une basse fosse vn ieune homme doüé d'extreme beauté, & puis faict naufrage.

CHAP. I.

LE Barbare Corsicurbe crioit hautement à la bouche estroicte d'vne basse fosse, plustost sepulchre que prison de plusieurs corps viuants que l'on y auoit enterrez. Et bien que sa voix horrible & espouuentable se fist ouïr de loing & de pres : neantmoins les raisons qu'il proferoit n'estoient distinctement entenduës si ce n'est de la miserable Cloëlie, que son malheur detenoit enserree dans ce profond cachot. Hola! Cloëlie (disoit le Barbare) que le

A

ieune garçon que nous consignasmes auant-hier en ton pouuoir, les mains liées derriere le dos, sorte maintenant icy attaché à ceste corde que ie deuale. Mais regarde bien si parmy les femmes que nous prismes dernierement, il y en a quelqu'vne qui merite nostre compagnie, & la joüyssance de la lumiere du ciel luisant qui nous couure, & de l'air salutaire qui nous enuironne. Ce disant il commence à deualer vne grosse corde de chanvre, & peu de temps apres, luy & quatre autres Barbares tirerent en haut, auec de la violence vn ieune homme lié à ceste corde par les poings. Il paroissoit estre de l'aage de dix-neuf ou vingt ans. Il estoit vestu d'vne grosse toile comme vn marinier : mais auec cela il estoit si parfaictement beau qu'il n'estoit pas possible de plus. La premiere chose que firent les Barbares ce fut de visiter les fers & les cordes qui luy lioient les mains derriere le dos. Apres ils luy secoüerent les cheueux qui comme vne infinité d'anneaux de fin or luy couuroient la teste. Ils luy nettoyerent encores le visage tout couuert de poussiere, & à l'heure mesme il descouurit vne beauté si merueilleuse qu'elle rauit & amolit le cœur de ceux qui l'emmenoient pour estre ses bourreaux. Ce gentil garçon ne tesmoignoit nullement à son visage affli-

& *de la belle Sigismonde.* 3

ction aucune. Plustost auec des yeux riants il leua la teste, & iettant ses regards au Ciel de tous costez, auec vne voix claire & vne langue non troublee il profera ce langage: *O Cieux pitoyables, ie vous rens graces de ce que vous me menez pour mourir en lieu où vostre lumiere verra ma mort, & non pas dans ces obscurs cachots, d'où maintenant ie sors, & qui sont tous remplis d'espaisses & sombres tenebres. Ie desirerois bien ne mourir point au moins desesperé, puis que ie suis Chrestien: toutesfois mes infortunes sont telles qu'elles me conuient, & quasi me forcent à le desirer.* Pas vne de ces paroles ne furent entendues des Barbares, parce qu'il parloit vn langage different du leur. Quand ils eurent premierement fermé auec vne grande pierre la bouche de ceste basse fosse, & pris ce ieune homme sans le deslier, ils le mirent au milieu d'eux quatre, & puis s'acheminerent au riuage de la mer, où ils auoient plusieurs pieces de bois en forme de razeau liees ensemble auec de la ficelle bien forte, & de l'ozier flexible. Cest artifice leur seruoit de basteau, ainsi qu'ils le firent voir à l'heure mesme, pour passer à vne autre Isle, qui ne sembloit estre esloignee que d'vne lieuë. Ces hommes sauterent promptement sur ces pieces de bois & firent asseoir au milieu d'eux leur prisonnier. Lors l'vn des Barbares empoigna vn arc fort grãd,

A ij

qui estoit dessus ce basteau, & se munit d'vne flesche desmesurée, la pointe de laquelle estoit composee d'vn dur caillou. L'ayant bandé promptement, il prit sa visee vers ce ieune homme, comme vers son but, monstrant par ceste façon de faire qu'il auoit resolu de luy en percer l'estomac. Les Barbares qui estoient assis prirent trois gros bastons, couppez en forme de rames. L'vn se mit pour gouuerner le timon, & les autres deux pour passer le basteau à l'autre Isle. Cependant le beau ieune homme, qui à tout instãt attendoit & craignoit le coup de la flesche qui le menaçoit, serroit les espaules, pressoit les lévres, clignoit les yeux, & prioit tout bassement en son cœur le Ciel, non pas qu'il le deliurast de ce danger non moins proche que cruel, mais qu'il luy donnast le courage de le souffrir. Ce qu'apperceuant le Barbare qui tenoit ceste flesche preste à descocher, & sçachant que ce n'estoit pas là le genre de mort dont ils luy deuoient oster la vie, la beauté de ce ieune garçon treuuant de la pitié en ce cœur de roche, fit que cest homme ne voulut point le faire mourir d'vne mort ainsi differee, en luy tenant tousiours la flesche droicte vers l'estomac. Il quitta donc l'arc, & s'approchant du prisonnier, il luy fit entendre le mieux qu'il peut par signes, qu'il

n'auoit pas enuie de le faire mourir. En ceste
action les pieces de bois qui leur seruoient
de basteau paruindrent cependant iusques
au milieu de ce destroit, qui faisoit les deux
Isles, quand vne bourrasque se leua tout à
coup, de sorte que sans que les mariniers y
peussent remedier, les bois attachez les vns
auec les autres vindrent à se deslier, & à se
diuiser en plusieurs parties. Le ieune homme
se treuua seul en vne qui estoit composee de
quelques cinq ou six bastons: luy qui vn peu
auparauant eut craint toute autre chose plustost qu'estre noyé. Les eauës s'enflerent en
tourbillon, les vents diuers soufflerent les
vns contre les autres, les Barbares se noye-
rent, & les pieces de bois où estoit le prisonnier attaché entrerent en pleine mer. Les
vagues passoient par dessus, & l'empeschoiét
non seulement de voir le Ciel : mais encores
luy deffendoient de le requerir de prendre
compassion de son desastre. Il luy fut pourtant secourable puis que les flots continuels
& furieux, qui le couuroient à tous coups
ne l'arracherent point au bois, encores qu'ils
l'emportassent en leur abisme. Et comme il
auoit les mains liees derriere le dos, il ne pouuoit ny s'asseoir, ny vser d'autre remede. En
ceste sorte que nous disions tantost, il paruint en plaine mer qui parut vn peu plus cal-

A iij

me, & plus tranquille, vers la poincte de l'Isle où ces pieces de bois prindrent miraculeusement leur route, & se deffendirent de la fureur des ondes. Ce que cognoissant le ieune homme trauaillé de l'orage, il ouurit les yeux, & iettant ses regards d'vn costé, & d'autre, il descouurit vn nauire qui durant le courroux de la mer se retiroit en ceste plage, comme en vn port asseuré. Ceux qui estoiēt dans ce vaisseau descouurirent pareillement ce bois qui flottoit, & celuy qui estoit couché dessus. Mais pour en auoir vne plus parfaicte cognoissance, ils ietterent l'esquif, & allerent pour le voir. Ayant trouué vn ieune homme non moins desfiguré que beau, ils le prindrent promptemēt, & touchez de compassion l'emporterent en leur nauire, non sans remplir d'admiratiō, par ceste nouuelle rencontre, tous ceux qui estoient dans ce vaisseau. Il monta doncques au nauire entre les bras de ces Estrangers : mais ayant esté froissé, battu, & mal traicté des ondes, & n'ayant rien māgé depuis trois iours, il estoit si foible & si debile, qu'il ne pouuoit se tenir sur pieds, de maniere qu'il tomba de son haut & prit vn grand coup sur le tillac. Le Capitaine du nauire poussé d'vn courage genereux & d'vne compassion naturele, commanda qu'on le secourût. Et lors quelques-vns luy osterent les liens qui l'attachoient: quelques autres apporterent des confitures, & des vins odoriferents, & auec ces remedes le iouuenceau qui estoit esuanoüy retourna comme de la mort à la vie. Lors iettant les yeux sur le Capitaine, la gentillesse duquel, & le riche equipage luy auoit attiré la veuë & deslié la langue, il luy dist ces paroles: Les Cieux fauorables (ô pitoyable Seigneur) te rendent le bien que tu m'as faict. Bien difficilement peut-on chasser les tristesses de l'ame, si les defaillements du corps ne prennent courage. Mon mal-heur est tel, qu'il ne me donne pas le moyen de te recompenser pour tant de bien-faict, si ce n'est auec le remerciment. Toutesfois s'il est permis qu'vn pauure affligé puisse dire de soy-mesme quelque loüange, ie sçay bien que nul du monde ne me surpassera iamais en recognoissance. Acheuant ces paroles, il s'efforça de se leuer debout pour luy aller baiser les pieds: mais la foiblesse ne le permit pas, puis que l'ayant essayé trois fois, il cheut encores trois fois à terre. Ce que voyant le Capitaine il comanda encores qu'on l'emportast sous la couuerture du vaisseau, & qu'on le reposast entre deux lodiers. Il voulut aussi qu'on luy ostast ses accoustrements mouillez, & qu'on le vestist d'autres plus seichez & plus nets, &

A iiij

qu'apres on le laissast reposer & dormir. L'on fist ce que le Capitaine commandoit, & le ieune homme souffrit sans sonner mot qu'on l'emmenast tandis qu'vne nouuelle admiration saisit le Capitaine, lors qu'il le vit leuer sur pieds auec vne si belle disposition. Ce fut à l'heure mesme qu'il fut poussé d'vn grand desir de sçauoir de luy le plustost qu'il estoit possible, ce qu'il estoit, comme il se nommoit, & de quelle cause pouuoit proceder l'effect qui l'auoit reduit en vne si grande extremité. Toutesfois sa courtoisie estant plus grande que son desir, il voulut qu'on remediast à sa foiblesse, auant que receuoir l'accomplissement de sa volonté.

Taurise Damoiselle d'Auristelle raconte au beau Periandre son infortune.

CHAP. II.

LEs mariniers, selon que leur Maistre leur auoit commandé, laisserent reposer ce ieune homme. Mais luy que les tristes & diuerses pensees agitoient, estoit reduit en tel estat, qu'il estoit impossible au sommeil de prendre possession de ses sentiments. En outre il estoit empesché de dormir par les cuifants foufpirs, & par les plaintes lamentables qui paruenoient à fes oreilles, & qui à fon aduis fortoient par la fente de certains aix qui faifoient vne demeure proche du lieu où il eftoit. Celà luy fit attentiuement tendre l'oreille pour entendre ces paroles: O que le Signe fous lequel mon pere m'engendra eftoit trifte & defectueux. O que l'Eftoile qui prefidoit au poinct que ma mere m'auorta au monde eftoit remplie de mauuaifes influences: Car c'eft bien à propos que ie dis auorter, puis qu'vne naiffance comme la mienne doit pluftoft eftre appellee auortement qu'autre chofe. Ie penfois iouyr librement en cefte vie de la lumiere du Soleil: mais ie fuis bien deçeuë en ma penfee, puis que ie me vois fur le point d'eftre venduë pour efclaue: mal-heur à qui nul autre malheur ne peut eftre comparé.

O toy, quiconque tu fois (dift alors le ieune homme) s'il eft vray ce que l'on dit, que les difgraces & les trauaux treuuent de l'allegement quand on les communique, approche-toy d'icy, & par les fentes de ces aix conte moy tes infortunes, & affeure toy que fi tu ne treuues point d'allegemét, au moins tu treuueras vne perfonne qui en aura compaffion. Efcoute donc (repart l'autre) & dans peu de mots ie te raconteray les maux que sans raison la fortune m'a faicts: toutesfois ie desirerois sçauoir premierement à qui ie les recite. Dy moy es-tu par auenture vn iouuenceau qu'on a treuué depuis peu de temps en çà demy mort sur des bastons attachez ensemble, qui seruoient de barque à certains Barbares qui font leur sejour en ceste Isle, où nous nous sommes retirez, afin de nous deffendre de la tempeste qui s'estoit leuee? Ie suis celuy-là mesme, respond le ieune homme. Et qui es-tu, dist la personne qui parloit? Ie te le diray (repart-il) mais premierement tu m'obligeras si tu me fais recit de ta vie: car ie m'imagine par les paroles que ie t'ay ouyes proferer, que ton auenture n'est pas si bonne que tu desirerois. Ie m'en vais donc te dire succinctement mon infortune. Sçaches donc (dist ceste personne) que le Capitaine & maistre de ce nauire se nomme Arnauld. Il est fils & heritier du Roy de Dannemarc. Vne Princesse vint en son pouuoir par vne auenture la plus estrange & la plus differente du monde. Elle estoit ma Maistresse, & selon ma croyance, elle est doüée d'vne telle beauté, qu'elle peut se donner la gloire d'estre la plus belle des belles qui viuent aujourd'huy au monde, voire de toutes celles que le plus subtil entendement peut depeindre en son imagination. Sa sagesse & sa discretion esgallent sa beauté; & ses infortunes, sa discretion & sa beauté: son nom est Auristelle: son pere & sa mere sont de race Royale, & Seigneurs d'vne riche Prouince. Ceste belle Dame qui surpasse toutes ces loüanges fust venduë à Arnauld. Ce Prince l'ayme auec tant de passion, que mille fois d'esclaue il a voulu la faire maistresse, & la prendre pour sa legitime espouse. Le Roy son pere mesme y prestoit son consentement: Car il iugeoit que les rares vertus, & la gentillesse d'Auristelle meritoient plus qu'estre Reyne. Elle se deffendoit pourtant, & disoit qu'il ne luy estoit pas possible de rompre vn vœu qu'elle auoit faict : C'estoit de garder sa virginité tout le temps de sa vie: Quelle estoit resoluë de ne l'enfraindre en aucune maniere, & que ny promesses, ny crainte de mort ne l'en destourneroiét iamais. Le Prince Arnauld n'a pas pour cela laissé d'entretenir ses esperances auec des imaginations douteuses & incertaines, croyant que le temps & la Nature changeante des femmes luy pourroient faire changer de dessein. Or il arriua que comme vn iour Madame Auristelle se pourmenoit sur le riuage de la mer, non pas en esclaue, mais en Reyne, vne fregate de Corsaires vint subitement, & la desroba: & l'on ne sçait en quelle part on l'a emmenée. Le Prince Arnauld pense que ces Corsaires sont les mesmes qui la luy vendirent la premiere fois : lesquels Corsaires courent par toutes ces mers, ces Isles, & ces riuages, desrobant ou achetant les plus belles Dames qu'on puisse treuuer, afin de les troquer puis apres, & les vendre à ceste Isle où l'on dit que maintenant nous sommes. Elle est habitée de certains Barbares, nation indomptée & cruëlle. Ces Barbares tiennent entre-eux pour chose inuiolable & certaine, à ce persuadez, soit du Diable, ou bien d'vn vieil sorcier, qu'ils reputent pour homme tressage, que d'entre-eux doit sortir vn Roy, lequel conquerra, & gaignera vne grande partie du monde. Or ils ignorent qui doit estre ce Roy qu'ils attendent, & pour le sçauoir ce Sorcier leur a estably ceste loy : C'est qu'ils sacrifient tous les hommes, qui abordent en leur Isle : & qu'apres de leurs cœurs, ie dis de chacun en particulier on face de la poudre, pour la dõner à boire aux Barbares qui tiennent le premier lieu en ceste Isle. Auec expres commandement qu'on eslise pour Roy, celuy qui sans horreur & sans monstrer aucun degoust aualera ceste pouldre. Encores que celuy-là mesme ne doiue pas estre le cõquerant du monde, mais bien vn sien fils. Il leur commanda pareillement, qu'ils amenaſſent en leur Iſle toutes les filles qu'ils pourroient ou acheter, ou deſrober, & que ſoudain on les dõnaſt en mariage au Barbare, dont le breuuage dã la pouldre promettoit ceſte race valeureuſe. Ces filles achetees, ou deſrobees, ils les traictent fort bien, & en cela ſeulement ils font paroiſtre qu'ils ne ſont point Barbares. Celles qu'ils achetent ſont à haut prix, & ils les payent en pieces d'or ſans coing, & en perles precieuſes dont les riuages de leur mer ſont fort abondants. C'eſt pourquoy pluſieurs allechez de ce gain & de ce profit ſe ſont rendus Corſaires & marchands. Or le Prince Arnauld, qui comme ie t'ay deſià dit, s'imagine qu'en ceſte Iſle pourroit eſtre Auriſtelle, moitié de ſon ame, ſans laquelle il luy eſt impoſſible de viure, a reſolu pour eſtre aſſeuré de ceſte doubte de me vendre aux Barbares, afin que demeurant parmy eux ie luy ſerue d'eſpion, & l'aduertiſſe de ce qu'il deſire. Ainſi il n'attend autre choſe ſinon que la mer deuiéne calme, pour aborder en ce lieu, & faire ſon marché. Conſidere maintenant ſi ie n'ay pas ſubject de me plaindre, puis que mon deſtin veut que i'aye à viure parmy des Barbares. Ie ne me promets pas tãt de ma beauté qu'elle ſoit capable de me faire Reyne, & principalement si le sort malin a conduit en ceste terre la nompareille Auristelle ma Maistresse. C'est la cause d'où naissoient les souspirs que tu as oüys, & de ces craintes les angoisses qui me tourmentent. Acheuant ses dernieres paroles elle se teut, & à l'heure mesme il sembla à ce ieune homme qu'on luy serroit le gosier d'vne corde. Il colla sa bouche contre les aix qu'il arrousa d'vne infinité de larmes, & peu de temps apres il s'informa de ceste Damoiselle pour sçauoir si Arnauld n'auoit point joüy d'Auristelle, ou bien si la mesme Auristelle pour estre amoureuse en quelque autre part auoit refusé ce Prince, & mesprisé vn si grand party comme estoit celuy d'vn Royaume : Car il luy sembloit que quelquesfois la loy du goust humain auoit plus de force que celle de la Religion. Elle luy dist, qu'encores qu'elle creust que le temps pouuoit auoir donné occasion à Auristelle, de vouloir du bien à vn Periandre, qui l'auoit enleuee de sa patrie, Cheualier genereux, & doüé de toutes les parties qui le pouuoient rendre aymable à tous ceux qui le cognoissoient, neantmoins elle n'auoit iamais ouy que ceste Princesse les nommast aucunement en ses plaintes, qu'elle addressoit au Ciel pour ses infortunes, ny en quelque autre manie-

& de la belle Sigismonde. 15

re. Le ieune homme luy demanda si elle ne cognoissoit pas ce Periandre dont elle parloit, & elle luy dist que non, si ce n'est que la Renommee luy auoit appris, que c'estoit celuy-là mesme qui auoit emmené sa Maistresse, au seruice de laquelle elle estoit venuë, depuis que Periandre par vn estrange accident s'estoit separee d'elle. Comme ils estoient en tels termes voylà que l'on commence d'appeller d'enhaut Taurise; C'estoit le nom de celle qui venoit de raconter son mal-heur, & laquelle s'oyant appeller, profera ces paroles: Sans point de doute la mer doit estre calme, & l'orage appaisé, puis que l'on m'appelle, pour faire de moy la vente mal heureuse; Adieu te dis, toy qui que tu sois, & les Cieux te preseruent, affin que tu ne sois point liuré aux Barbares, pour tesmoigner par la poudre de ton cœur reduict en cendres, ceste vaine & impertinēte prophetie: car le peuple insolent de ceste Isle recherche aussi bien des cœurs pour les brusler, comme il faict des filles pour les garder, afin d'auoir l'accomplissement de ce qu'il procure. Ils furent doncques separez. Taurise monta sur le tillac, & le ieune hōme demeura tout morne & tout pensif. Il requist qu'on luy donnast dequoy se vestir ayant enuie de se leuer, & soudain on luy apporta vn accoustrement de damas verd, couppé à la mode de celuy qu'il portoit auparauant de toille. Il parut en haut, & le Prince de Dannemarch le receut fort amiablement. On vestit aussi Taurise richement, & à la maniere que l'on voit accoustrees les Nymphes des eaues ou celles des montaignes. Tandis que le ieune homme cõsideroit toutes ces choses, Arnauld luy compta toutes ses amours & ses intentions. Il luy demanda encores conseil de ce qu'il deuoit faire, & si les moyẽs qu'il tenoit pour sçauoir nouuelles d'Auristelle estoient en bon chemin. Le iouuenceau, qui par le discours qu'il auoit tenu auec Taurise, & par l'histoire que luy recitoit Arnauld, auoit l'ame remplie de mille imaginations, & de mille doubtes, discourant auec la course prompte & legere de son entendement ce qui pouuoit succeder si par fortune Auristelle estoit parmy ces Barbares, luy fist ceste response: Monseigneur, ie suis trop ieune pour estre capable de te cõseiller: toutesfois ie ne manque point de volonté de te rẽdre du seruice, car les biens-faicts & les courtoisies que i'ay receuës de toy, m'obligent d'employer la vie que tu m'as donnee, à te seruir. Ie me nõme Periandre, issu de fort noble race. Mon malheur marche au pair de ma noblesse, & mes

infortunes

infortunes sont si grandes qu'elles ne me donnent pas le loisir de te les conter maintenant. Ceste Auristelle que tu cherches est vne mienne sœur que pareillement ie vais cherchant, & que nous auons perduë il y peut auoir enuiron vn an, par vn diuers & estrange accident. Ie suis asseuré tant par le nom que tu luy donnes, que par la beauté que tu prises, que c'est ma sœur perduë. Et pour la treuuer non seulement ie donnerois la vie que ie possede : mais encores le contentement que i'espere receuoir en la treuuant, & qui est tout le plus grand plaisir que ie puisse desirer. Or comme ie suis le plus interessé en ceste queste, parmy tant de moyens que ie recherche en mon imagination, ie treuue que cestuy-cy est le plus certain & le plus court, encores que ce soit auec plus de danger de ma vie. Tu as resolu (ô Seigneur Arnauld) de vendre ceste Damoiselle aux Barbares, afin qu'estant en leur pouuoir elle descouure si Auristelle est parmy eux. De cela mesme tu te pourras informer si tu véds encores quelqu'autres filles aux mesmes Barbares. Cependant Taurise ne manquera point d'expedient, & donnera aduis par signes si Auristelle est ou n'est pas parmy les autres lesquelles les Barbares gardent & acheptent auec tant de soin, pour les raisons

B

que tout le monde sçait. Celà est vray (repart Arnauld) & c'est le subject pourquoy, entre quatre autres qui sont en ces nauires pour ce mesme subject, i'ay faict esletion de Taurise, parce qu'elle la cognoist, pour auoir esté vne de ses Damoiselles. Voylà qui va fort bien, (dist alors Periandre) toutesfois i'estime qu'il n'y en a point qui puisse si bien venir à bout & plus promptemét que moy de ceste affaire, puis que mon aage, ma face, & l'interest particulier joinct à la cognoissance que i'ay d'Auristelle, me conuient de prēdre la charge de ceste entreprise. Regarde donc (Seigneur) si tu es de cest aduis, & ne differe point: parce qu'aux accidents difficiles & mal-aysez le conseil & l'œuure doiuent cheminer en mesme temps.

Les raisons de Periandre semblerent fort bonnes à Arnauld, de sorte que sans considerer les inconuenients qui en pouuoient succeder, & qui se representoient à ses yeux, il les mist en effect. Il fist doncques vestir Periandre de belles & de riches robbes, dont il estoit bien pourueu, pour s'en seruir si par fortune il trouuoit Auristelle. En cest accoustrement Periandre parùt la plus belle & la plus gentille femme que les yeux humains eussent iamais veuë, puis que nulle autre Beauté ne s'y pouuoit esgaller, si ce n'eestoit celle d'Auristelle. Ceux du nauire demeurerent esbahis, Taurise estonnee, & le Prince confus: & sans la consideration qu'il auoit que ce iouuenceau estoit frere d'Auristelle, se representant qu'il estoit homme, ceste imaginatiõ luy eust percé l'ame de part en part du traict de la ialousie, dõt la poincte passe au trauers du plus aigu & plus dur diament. Ie veux dire que la ialousie rompt toutes asseurances, & toute finesse quoy que les cœurs amoureux en facent rempart. En fin ceste metamorphose de Periandre ayãt esté faicte, ils entrerent vn peu en mer afin qu'ils fussent vn peu descouuerts des Barbares: La haste qu'auoit Arnauld de sçauoir nouuelles d'Auristelle ne luy permit pas de demander à Periandre ce que luy & sa sœur estoient, & pourquoy le miserable estoit si angoissé en l'estat qu'il l'auoit treuué: Toutes lesquelles choses deuoient par raison preceder la confiance qu'il auoit en luy. Toutesfois comme c'est tousiours la coustume des amants d'occuper premierement leurs pensees à la recherche des moyens d'obtenir la fin de leur desir, qu'en autres curiositez; il n'eust pas le loisir de s'informer de luy de ce qu'il luy estoit besoin de sçauoir, & de ce qu'il sçeut puis apres, quand il ne luy estoit pas necessaire. S'estans doncques vn peu esloignez de

B ij

l'Isle, ainsi que nous auons desià dit, ils parérent leur nauire auec de banderoles, qui flotans en l'air & baisans les ondes faisoient vne belle monstre. Le calme de la mer, le Ciel doux & serain, le son des hauts-bois, & autres instruments tant de guerre que de resjouyssance tenoient les esprits en suspends: Mais les Barbares qui les regardoient de non gueres loin estoient encores plus esmerueillez. On les vit à mesme têps remplir le riuage de la mer, armez d'arcs & de sagettes, de la grandeur que nous auons desià dit. Le nauire estoit desià proche d'vne petite demie lieuë de l'Isle, quand vne grande quantité d'artillerie ayant tiré, l'on auala l'esquif. Là dedans entrerent Arnauld, Taurise & Periandre auec six mariniers. Ils mirent au bout d'vne lance vn linge blanc, signe de paix (ce que toutes les nations du monde presque praticquent.) Le Chapitre suiuant vous apprendra le succez de ceste auenture.

Periandre est vendu pour fille à des Barbares, & pourquoy.

Chap. III.

A Mesvre que l'esquif s'approchoit du riuage, les Barbares s'assembloient, chacun desireux de sçauoir premierement qui estoient ceux qui venoient. Et en signe qu'ils les receuoient comme hommes de paix & non de guerre, ils firent monstre de plusieurs draps de toile qu'ils firent floter en l'air, descocherent vne infinité de flesches aux vents, & quelques-vns sautoient d'vne incroyable vitesse d'vn costé & d'autre. L'esquif ne peut aborder, parce que la mer estoit basse, & en ces contrees elle croist & decroist de mesme qu'aux nostres. Neaumoins vne vingtaine de ces Barbares entrerent à pied sur le moite sablon, & approcherent si prés de l'esquif, qu'ils le touchoient quasi auec les mains. Ils portoient sur leurs espaules vne femme Barbare, mais doüée d'excellente beauté. Auant qu'aucun autre parlast, elle profera ces paroles en lāgue Polaque. Nostre Prince (dist-elle) ou plustost nostre Gouuerneur veut sçauoir qui vous estes, à quelle fin vous venez icy, & qu'est-ce que vous cherchez. Si par auenture vous auez quelque fille pour vendre vous en serez fort bien payez: & si vous auez d'autres marchandises, nous n'en auons nullement besoin, puisque Dieu mercy, nous possedons tout ce qui est necessaire à la vie humaine, sans auoir besoin de l'aller chercher ailleurs. Arnauld l'entendit fort bien, & luy demanda si elle estoit Barbare de nation, ou si elle estoit de celles qui auoient esté achetées en ceste Isle. Fais moy plustost (repart-elle) responſe à ce que ie t'ay demandé. Mes Maiſtres ne prennent pas plaiſir que i'employe le temps en autre diſcours, qu'en ceux qui concernent leurs affaires. Ce qu'oyant le Prince Arnauld il parla en ces termes: Nous ſommes natifs du Royaume de Dannemarc, & noſtre meſtier eſt d'eſtre Corſaires & Marchands. Nous trocquons ce que nous pouuons, & vendons ce que l'on achete de nous. Nous nous deſliurons de ce que nous deſrobons, & entre-autres butins que nous auons faicts, ceſte Damoiſelle eſt tombee entre nos mains (& ſur cela il monſtra Periandre) & parce qu'elle eſt l'vne des plus belles, ou pluſtoſt la plus belle du monde nous l'amenons icy pour la vendre, ſçachans deſià comme on achete les Dames en ceſte Iſle. Que ſi la Prophetie que vos Sages ont prononcee eſt veritable, bien pouuez vous eſperer d'vne telle Beauté nompareille, & doüee de tant de grace, des enfans beaux & vaillans. Quelques-vns de ces Barbares ayans oüy ce qu'il diſoit, prierent ceſte femme Barbare de leur donner l'intelligence de ces paroles. Elle la leur donna, & au meſme inſtant quatre d'eux partirent du lieu, pour aller dóner aduis au Gouuerneur de ceſte auenture. Tandis qu'on attendoit leur retour, Arnauld demanda à la Barbare si dans ceste Isle il n'y auoit point quelques femmes achetees, & entre-autres quelqu'vne qui en beauté se peust esgaller à celle qu'ils vouloient vendre. La Barbare luy dist qu'il y en auoit plusieurs, & que neaumoins aucune ne l'esgaloit: car en effect (disoit-elle) ie suis vne de ces miserables, destinees pour estre Reine de ces Barbares, & si cela m'arriuoit, ce me seroit le plus-grand mal-heur qui me peust succeder. Sur cela ceux qui estoient partis, retournerent, accompagnez de plusieurs autres. Leur Prince estoit auec eux, & on le recognoissoit à son riche accoustrement. Periandre portoit sur la face vn voile deslié & transparant, afin de donner à l'impourueuë comme vn rayon auec la lumiere de ses yeux, dans les yeux de ces Barbares, qui le consideroient attentiuement. Le Gouuerneur parla à la Barbare, & incontinent apres elle dist à Arnauld que son Prince desiroit qu'on descouurit le visage de ceste Dame: Cela fut faict: Periandre se leua debout, descouurit son visage, esleua les yeux au Ciel, & fist paroistre à sa contenance la douleur qu'il ressentoit de son infortune. Il ietta puis apres les rayons de ses deux Soleils d'vn costé & d'autre, lesquels venans à rencontrer les regards de ce

B iiij

Capitaine Barbare, le porterent par terre, au moins l'agenoüillement qu'il fist le donna à entendre, adorant à sa mode la Beauté qu'il croyoit estre femme. Apres il eut quelques discours auec le Barbare, & en peu de mots le marché se fist, donnant à Arnauld tout ce qu'il demandoit, sans luy contredire en rien. Cependant tous les Barbares retournerent à l'Isle, & puis reuindrent incontinent auec vne infinité de pieces d'or & auec de lōgues chaisnes de perles fines. Ils les baillerent sans les conter & à monceaux confus au Prince Arnauld, lequel prit à mesme temps par la main Periandre, & le liura au pouuoir du Barbare. Apres il dist à celle qui seruoit de truchement, qu'elle fist sçauoir à son Maistre que dans peu de iours il reuiendroit pour luy vendre vne autre Dame, sinon aussi belle, au moins telle qu'elle meritoit d'estre achetee. Periandre embrassa tous ceux qui estoient au vaisseau, les yeux tous enflez de larmes, qui ne procedoient pas d'vn cœur feminin, mais de la consideration des rigoureuses angoisses qu'ils auoient souffertes pour luy. Arnauld fist signe à ceux de son nauire qu'ils fissent joüer l'artillerie, & le Barbare commāda aux siens qu'ils joüassent de leurs instrumēts. C'est pourquoy en vn instāt l'artillerie fist retētir le Ciel, & la musique des Barbares remplit l'air de sons confus & differents. Auec cest applaudissement, Periandre porté sur les espaules des Barbares, mit pied à terre: Et Arnauld retourna vers son nauire auec ceux qui l'accompagnoient. Or il auoit auparauant resolu auec Periandre, que s'il n'y estoit forcé par le vent, il ne s'esloigneroit point de l'Isle, sinon autant qui luy seroit necessaire pour n'estre point descouuert, & pour y retourner à vendre (si le cas le requeroit) Taurise: Et qu'auec le signe que Periandre donneroit l'on pourroit sçauoir si Auristelle y estoit ou si elle n'y estoit pas : Que si par auenture il ne pouuoit sejourner aux enuirons de l'Isle, il ne manqueroit point de rechercher les moyens pour faire recouurer à Periandre sa liberté, mesmes en faisant la guerre aux Barbares auec tout son pouuoir, & en y employant celuy de ses amis.

Periandre & Auristelle se recognoissent, & du debat qui suruint entre les Barbares.

CHAP. IIII.

PARMY ceux qui vindrent auec le Capitaine pour faire le marché de la vente de la Damoiselle, il y auoit vn Barbare nommé Bradamire, l'vn des plus vaillants & des plus eminents de toute l'Isle : prophane & mespriseur de toute loy, arrogant au dessus de la mesme arrogance, & autant outrecuidé que luy-mesme, puisque pour ce subject il n'y a nul qui luy puisse estre comparé. Si tost qu'il vit Periandre croyant qu'il estoit vne femme, ainsi que tous les autres le croyoient pareillement, il fist dessein en sa pensee de la posseder, sans attendre que les loix de la Prophetie fussent espreuues ou accōplies. Et incontinēt que Periandre eut mis le pied dans l'Isle, plusieurs Barbares le prirent à l'enui sur leurs espaules, & auec vne demonstration d'infinie allegresse le porterent à vne grande tente qui paroissoit entre plusieurs autres, dans vn pré delicieux. Elles estoient couuertes de peaux d'animaux tant sauuages que domestiques. La Barbare qui auoit seruy de truchement en ceste vente, estoit tousiours à son costé, & auec des paroles & vn langage qu'il n'entendoit point le consoloit. Lors le Gouuerneur commanda qu'on allast à l'Isle des prisonniers, & que l'on tirast de la prison quelque homme, pour faire la preuue de son esperance trompeuse. Il fut obey, & au mesme instant l'on estendit à terre des peaux de senteur nettes & bien polies, afin qu'elles seruissent de napes. Ils les couurirent confusément & sans tenir aucun ordre de diuers genres de fruicts seichez. Lors le Gouuerneur s'assit, & quelques autres des principaux Barbares qui estoient en ce lieu. Il commença à manger, & à conuier par signes Periandre, afin qu'il fist le mesme. Bradamire se tenoit seul debout appuyé sur son arc, & tenant les yeux fichez sur celuy qu'il croyoit estre vne femme. Le Gouuerneur le pria de s'asseoir, mais il ne le voulut point faire, ains iettant vn grand souspir, il tourna les espaules, & sortit de la tente. Sur cela voicy vn Barbare qui arriue, & qui dist au Capitaine qu'au temps que luy & autres quatre s'estoient acheminez pour aller à la prison, vn raseau estoit arriué au riuage de la mer, qui portoit vn homme & vne femme geoliere de la basse foss Ces nouuelles firēt mettre fin au repas. Le Capitaine se leua auec tous ceux qui estoient auec luy, & s'achemina vers ce raseau. Periandre le voulut accompagner dont il fut fort ayse. Ils n'estoiēt pas encores paruenus au riuage, que le prisonnier, & la geoliere estoient desià à terre. Periandre regardoit attentiuement pour voir si parauenture il ne cognoissoit point ce miserable que son mal-heureux destin auoit reduit en la mesme extremité, où il s'estoit treuué. Toutesfois il ne peut voir la face bien à plain, parce qu'il tenoit la teste baissee, & sembloit qu'expressément il ne se laissast voir d'aucun. Neantmoins Periandre ne laissa point de cognoistre la femme qu'on disoit estre gardienne de la prison. Ceste veuë & ceste cognoissance luy mist l'ame en suspens & luy troubla les sentiments, parce qu'il recogneut clairement & sans aucune doubte que c'estoit Cloëlie gouuernante de sa chere Auristelle. Il eust bien desiré de parler à elle, toutesfois il ne l'osa point faire, craignant que peut estre il prenoit vne chose pour vne autre. Ainsi reprimant son desir, & pressant ses lévres, il attendit pour veoir la fin de ceste auanture. Le Gouuerneur desireux de faire promptement la preuue, & donner vne heureuse compagnie à Periandre, commanda à l'instant que l'on sacrifiast le ieune homme, & que de son cœur l'on fist la poudre, selon le contenu de leur loy trompeuse & ridicule. Plusieurs Barbares à l'heure mesme enuironnerent le ieune homme, & sans autre ceremonie luy ayans bandé les yeux d'vn linge le firent agenoüiller, apres luy auoir attaché les mains derriere le dos. Luy sans dire mot, attédoit comme vn doux agneau, le coup qui luy deuoit oster la vie. Ce que voyant la vieille Cloëlie, elle haussa la voix, & auec plus de force que l'on n'eust attendu de ses longues années, profera ces paroles : Considere bien ce que tu fais, ô grand Gouuerneur : Cest homme que tu commãdes estre sacrifié n'est point vn homme : Il ne peut nullement proffiter ny seruir à ton intention, puis que c'est la plus belle fille que l'on puisse imaginer. Parle, (ô tresbelle Auristelle) & ne permets point que tu te laisses tellement emporter au courant de tes infortunes, qu'il t'en couste la vie. Conforme toy au vouloir de la prouidence des Cieux, qui te la peuuent conseruer, afin que tu en jouisses puis apres heureusement. A ces parolles les cruëls Barbares destournerent le coup du glaiue qui desià alloit tomber sur la gorge de celuy qui estoit à genoux. Le Capitaine commanda qu'on le destachast, & qu'on rendit la liberté à ses mains, & la lumiere à ses yeux. Apres l'ayant consideré attentiuemẽt, il luy sembla qu'il voyoit le plus beau visage de femme qu'il eust iamais veu. Et quoy qu'il fust Barbare, il iugea soudain que nul autre visage fors celuy de Periandre ne luy pouuoit estre nullement esgallé.

Mais quelle langue pourra maintenant exprimer, ou quelle plume descrire ce que sentit Periandre, quand il cogneut que ceste condamnee & ceste libre estoit Auristelle. Sa veuë se troubla, & son cœur deuint tout panthelant. Toutesfois auec des pas foibles & chancelans il alla embrasser Auristelle, à laquelle il dist ces paroles, en la tenant estroi-ctement embrassee: O chere moitié de mon ame, ô ferme colomne de mes esperances, ô cher gaige que i'ay treuué, & ie ne sçay si c'est pour mon bien ou pour mon mal : Mais ce sera plustost pour mon bien, puis que nul mal ne peut proceder de ta veuë: Tu vois icy ton frere Periandre. Or il dist ces dernieres paroles si bassement qu'aucun ne les peut entendre. Apres il poursuiuit en ces termes: Dispose-toy de viure, (ô Madame & ma sœur) puis qu'en ceste Isle on ne faict point mourir les femmes. Ne vueille doncques estre plus cruelle à toy-mesme que ne sont les habitans de ce lieu. Mets ta confiance au Ciel, qui t'ayāt deliuree iusques icy de tāt de perils ou tu te doibs estre treuuee, te deliure-rōt encores de ceux que l'on pourroit crain-dre d'ores-en-auant. Las ! mon frere, repart Auristelle (c'estoit elle mesme que l'on vouloit sacrifier comme vn homme;) Las! mon frere (dist-elle encores vne autre fois,) ie pense que ce sera icy la derniere angoisse que nous pouuons craindre en nos infortu-nes. A la verité ce m'est vne heureuse auan-ture de t'auoir treuué : Mais neantmoins mal-heureuse de te rencontrer en pareil equipage. Ils pleurerent tous deux, & le Barbare Bradamire iettoit les yeux sur leurs larmes, croyant que Periandre les versoit pour la douleur qu'il ressentoit de celuy qu'il pensoit estre de sa cognoissance, son parent, ou son amy, il resolut soudain de leur bailler la liberté, quoy qu'il deust enfraindre & rompre la loy de sa patrie. C'est pourquoy s'approchant de tous deux, il prist d'vne main Auristelle, & d'vne autre Periandre, & auec vne main menaçante, & vn maintien superbe il profera tout haut ce langage. Si quelqu'vn (dit-il) cherit sa vie, qu'il ne soit pas si outrecuidé de toucher à ces deux, non pas mesme à vn seul cheueu de leur teste. Ceste Damoiselle est mienne, parce qu'elle me plaist, & cest homme doit estre mis en liberté, puis qu'elle le desire. A peine eut-il acheué ce discours, que le Barbare Gouuerneur indigné & impatient outre mesure, mist vne grande fleche & bien poinctuë à son arc, & l'ayant esloigné de soy autant qu'il peut estendre le bras gauche, il l'a mist sur la noix auec le bras droict joinct à l'oreille droicte. La flesche fut descochee auec tát d'adresse, & auec tant de furie, qu'elle paruint au mesme instant à la bouche de Bradamire, quelle ferma, en luy ostant les mouuements de la langue, & l'ame du corps. Ce coup rendit esbahis, estonnez, & confus les assistans : toutesfois il ne luy fut pas autāt profitable qu'il deuoit estre asseuré, parce qu'il reçeut en mesme procedure le payement de sa temerité. Vn fils du Barbare Corsicurbe (qui se noya au passage de Periandre) croyant que ses pieds estoient plus legers que les fleches de son arc, se trouua dans deux saults pres du Capitaine, & alors en haulsant les bras il luy fourra dans l'estomach vn poignard, qui biē que de pierre estoit pourtant aussi fort & aussi trenchant que s'il eust esté d'acier. Le Capitaine couurit ses yeux d'vne nuict eternelle, & par sa mort fut vangee la mort de Bradamire. Cela eschauffa & esmeut les courages des parents des deux morts, & mit à tous les armes à la main. Poussez en vn instant de vengeance & de colere, ils commencerent d'vn costé & d'autre d'enuoyer la mort par le bout de leurs flesches. Et quād elles furent acheuees, ils commencerent à jouër des mains, & employerent des poignards sans que le fils eust aucun respect au pere, ny le frere au frere. Cōme s'ils eussent esté ennemys mortels depuis long temps, & qu'ils eussent reçeu les vns des autres plusieurs injures; ils se deschiroient encores à belles ongles & se poignardoient, sans qu'il y eust aucun qui les mist d'accord. Parmy les

flesches,

flesches, parmy ces blessures, & parmy les morts lon voyoit joincts ensemble la vieille Cloëlie, la Dame qui seruoit de truchemēt, Periandre, & Auristelle, tous serrez les vns auec les autres, & tous remplis de confusion & de crainte. Au milieu de ceste furie quelques Barbares qui deuoient estre du party de Bradamire faisans vn gros, se separerent du combat, & allerent mettre le feu à vne forest prochaine, & qui appartenoit au Gouuerneur. Les arbres commencerent à brusler, & le vent à fauoriser l'ire & le courroux. Les flammes & la fumee croissants, chacun croyoit estre aueugle ou embrasé. La nuict s'approchoit cepēdant, & quoy qu'elle fust claire, elle eust esté alors la plus obscure & la plus tenebreuse du monde. Les gemissemēts de ceux qui mouroient, les cris de ceux qui menaçoient: les estincelles & les esclats de feu, ne portoient nullement la peur dans le courage des Barbares, parce qu'ils estoient occupez de l'ire & de la vengeance. Il n'y auoit que ces miserables, qui estoient serrez ensemble, qui eussent peur. Ils ne sçauoient que faire, quel chemin prendre, ny que deuenir. Mais en ceste extremité si confuse, le Ciel n'oublia point de les secourir, par vn auanture si estrange, qu'ils l'estimerēt estre vn miracle. Il estoit desià nuict fermee, & cōme nous auōs dit, l'obscurité & la crainte estoiēt par tout. Les flāmes seules de la forest allumees rendoient de la lumiere pour pouuoir faire diuiser vne chose d'auec vne autre, quād vn ieune Barbare s'approchant de Periandre, luy dist ces parolles en langue Castillane qu'il entēdoit fort bien: Suiuez moy (belle Damoiselle) & faictes que les personnes qui sont auec vous me suiuent pareillement. Ie vous mettray à sauueté, si les Cieux me sont en ayde. Periandre ne luy respōdit chose aucune: mais il fit qu'Auristelle, Cloëlie, & la Damoiselle qui seruoit de truchement prindrent courage & le suiuirent. Ainsi marchāts sur les morts & foulants les armes, ils allerent apres le ieune homme Barbare qui les guidoit. Les flammes de la forest embrazee dōnoient à leurs espaules, & leur seruoient de vent pour leur faire doubler le pas: Neantmoins les longues annees de Cloëlie, & le peu d'ans d'Auristelle, ne permettoient pas de marcher à l'esgal de leur conducteur. Ce que voyant le Barbare fort & robuste, prit Cloëlie & la mist sur ses espaules. Periandre en fist autant d'Auristelle. Celle qui seruoit de truchement estant moins delicate & plus courageuse, les suiuoit gaillardement. En ceste sorte, tombans & se releuans, ainsi que l'on a accoustumé de dire, ils arriuerent au rirage de la mer. Ayans cheminé par ces riuages enuiron vne demie lieuë & vers le Nort, le Barbare entra dans vne grande & large canerne, dans laquelle les vagues de la mer entroient & sortoient. Ils ne marcherent pas longuement dedans, sans tournoyer d'vn & d'autre costé : maintenant estans pressez, & ores au large; maintenant couchez & baissez iusques à terre; & ores sur pieds, iusques à ce qu'ils arriuerent à vne campagne, où ils pouuoient librement se dresser, selon que leur disoit leur guide : car eux ne le pouuoiét pas voir, à cause de l'obscurité de la nuict: & parce que la lumiere qui procedoit de l'embrazement des montaignes qui alors brusloient auec plus d'ardeur, ne pouuoit pas paruenir en ce lieu. Loüé soit Dieu (ce dit alors le Barbare, en langue Castillane) qui nous a fait paruenir en ce lieu : Car bien qu'on y puisse craindre quelque peril, neantmoins il n'y va pas de la vie. Sur cela ils apperçeurent vne grande lumiere semblable à vne Comete, ou pour mieux dire à vne exhalaison qui court par l'air. Cela leur eust donné de la terreur, si le Barbare ne leur eust dit ces parolles: C'est mon pere qui vient pour me receuoir. Periandre qui parloit aucunement Castillan, profera alors ces parolles: O Ange humain, ou quiconque tu sois, le Ciel te vueille

C ij

recompenser du bié que tu nous as fait, quoy que ce plaisir ne face que prolonger nostre mort. Nous le tenons pourtant pour vn singulier bien-faict. Cependant la lumiere que portoit vn homme qui sembloit estre Barbare s'approche. Cest homme, selon qu'on le pouuoit iuger à la veuë, auoit quelques cinquante ans, ou quelque peu dauantage. Estant pres d'eux il posa la lumiere à terre, laquelle lumiere estoit vne piece d'vn certain bois remply de poix refine. Ce faict les bras ouuerts il courut vers son fils, & luy demanda en Castillan, quelle aduanture auoit esté la sienne, de retourner ainsi auec vne si bonne compagnie. Mon pere (dit alors ce ieune homme) allons à nostre logis. I'ay plusieurs choses à vous dire, & plus encores à penser. L'Isle est toute embrasee: tous ses habitans presques sont reduicts en cendre, ou demy bruslez. Par vne inspiration du Ciel i'ay desrobé aux flammes ces reliques que vous voyez, & au trenchant des glaiues. Allons donques, ie vous prie, en nostre logis, afin que la charité de ma mere & de ma sœur, se fassent paroistre, & s'exercent en faisant bon traictement à ces miens hostes, tous lassez & tous esperdus. Le pere seruit donques de guide: tous le suyuirent, & Cloëlie prit courage, puisque elle se mit à marcher à pied. Quát à Periandre, il ne voulut point abandonner le beau & agreable fardeau qu'il portoit: car il n'estoit pas possible qu'il souffrist aucune charge, puis qu'Auristelle son seul & vnique bien estoit en terre. Ils n'eurent gueres marché qu'ils paruindrét à vne haute coline, au pied de laquelle ils descouurirent vne grande ouerture ou cauerne. La roche mesme luy seruoit de toict & de muraille. Deux femmes vestues à la mode des Barbares vindrét à leur rencontre, auec des torches allumees, de ce bois dont nous auons cy-dessus parlé. La plus ieune auoit quelques quinze ans, & l'autre enuiron trente. Ceste-cy estoit belle, mais la plus ieune estoit tres-belle. L'vne dist ces paroles: Hà! mon pere & mon frere: Et l'autre ne dist autre chose si ce n'est, Tu sois le bié venu, ô mon fils bien-aymé. Celle qui seruoit de truchement estoit toute esmerueillee quand elle oyoit parler en ceste contree & à des femmes qui paroissoient estre Barbares, autre langue que celle que l'on parloit ordinairemēt en ceste Isle. Et lorsqu'elle leur vouloit demander la cause de ce mystere, qu'elles sceussent parler ce langage, elles furent empeschees par le commandement que le pere fist à sa femme & à sa fille, de parer auec des peaux de laine le paué de la cauerne sauuage. Elles luy obeyrent promptement: Car

C iij

après auoir mis les torches à la muraille, elles tirerent en diligence d'vne autre cauerne qui estoit plus auant enfoncee, des peaux de chévres, de brebis & d'autres animaux, qui seruirent d'ornement au paué, & cela mesme modera le froid qui commençoit à le saisir.

Le Barbare Espagnol raconte à ses nouueaux hostes son auanture.

Chap. V.

LE soupper qu'ils firent ne fut pas de longue duree : neantmoins ils le treuuerent sauoureux par ce qu'ils soupperent sans trouble. On renouuela le bois qui seruoit de flambeau, de sorte que bien qu'il y eust de la fumee, le lieu demeura pourtant remply de chaleur. La vaisselle dont on les seruit ne fut pas d'argent, ny de Pyse. Les mains de la Barbare & de son Mary en estoient les plats, & les vases estoient certaines escorces d'arbres, vn peu plus agreables que n'est vne auge. On n'y parloit point de Maluoisie : car l'on seruit en son lieu de belle eau pure, claire & froide. Cloëlie s'endormit incontinent, par ce que la vieillesse est plus amie du sommeil que de toute autre compagnie, quelque agreable

& de la belle Sigismonde. 39

qu'elle puisse estre. La Barbare plus aagee, l'accommoda en la seconde chambre, apres l'auoir estenduë sur des peaux qui seruoiēt & de cheuet & de couuerture. Apres elle reuint s'asseoir auec les autres. Lors l'Espagnol leur tint ce discours en langue Castillane : Encores que par raison ie deusse premierement sçauoir vos aduantures, & auant que ie vous raconte les miennes, neantmoins pour vous obliger ie desire que vous les sçachiez, afin que i'aye cognoissance des vostres, apres que vous aurez entendu les miennes. Mon heur voulut que ie pris naissance en Espagne & en l'vne de ses meilleures Prouinces. Ceux qui me dōnerent naissance estoiēt mediocremēt nobles, & ils m'esleuerent cōme personnes riches. Ie paruins aux portes de la Grammaire, par où l'on entre pour passer aux autres sciences. Or si mon astre me rendoit enclin aux lettres, il me conuioit encore dauantage aux armes. En ma ieunesse ie ne fus point amy ny de Ceres ny de Bacchus, de sorte que Venus treuua tousiours en moy de la froideur. Poussé puis apres de mon inclination naturelle, ie quittay ma patrie, & fus à la guerre, que pour lors faisoit l'Empereur Charles le quint en Allemagne, contre certains Potentats de cet Empire. Mars me fut fauorable, & i'acquis le renom de bon soldat. L'Empereur m'honora: Ie fis des amys, & sur tout i'appris à estre liberal, & bien nourry: car les vertus s'apprennent en l'eschole de Mars Chrestien. Ie retournay en ma patrie, chargé d'honneurs & de richesses, auec resolution d'y faire quelque sciour, iouyssant de la presence de mon pere & de ma mere, qui viuoient pour lors, & de mes amys qui m'y desiroient. Neantmoins celle qu'on nomme Fortune, & laquelle ie ne cognois que de nom, enuieuse de mon repos, tournant la roüe que l'on dit qu'elle possede, me poussa du sommet où ie pensois estre colloqué, & me precipita au profond de la misere où ie me trouue reduict. Pour ce faire elle prist pour instrument vn Caualier fils puisné d'vn grand Seigneur, voisin du lieu où ie me tenois. Cestuy-cy vint vn iour en mon village pour y voir certaines festes qu'on y celebroit. I'estois en place publique en vn rond de gentil-hommes & de Caualiers dont ie faisois le nombre. Lors luy me regardant d'vne contenance extremement arrogante, dist auec desdain ces paroles: Vous estes bien braue Seigneur Anthoine. Il a beaucoup profité aux voyages de Flandres & d'Italie, aussi à la verité il est fort gallant, & ie veux qu'il sçache que ie fais beaucoup d'estime de luy. Lors ie luy respondis en ces termes: Puis que ie suis cet Anthoine, ie vous baise millefois les mains de la faueur que vous me faictes : En fin voſtre Seigneurie pour faire paroiſtre ce qu'elle eſt, veut honorer ſes compatriotes & ſes ſeruiteurs : Neantmoins ie veux que voſtre Seigneurie ſçache, que i'ay pris ceſte gallanterie au lieu de ma naiſſance, & la portay en Flandres, & que i'ay tiré ma bonne nourriture du ventre de ma mere; de ſorte que pour ce ſubject ie ne merite ny loüange ny blaſme. Mais ſoit que ie ſois ou bon ou mauuais, ie ſuis fort ſeruiteur de voſtre Seigneurie, & ie la ſupplie qu'elle m'honore comme merite mes bons deſirs. Sur cela il y eut vn Gentil-homme mon grand amy, & qui eſtoit à mon coſté, qui me dit, & neātmoins non pas ſi bas que l'autre ne peuſt entédre ſes paroles, Regardez amy Anthoine comme vous parlez : car icy, nous ne donnōs point de Seigneurie à toutes ſortes de perſonnes. Le Caualier auant que ie reſpondiſſe fit luy-meſme ceſte reſponſe : Le bon Anthoine parle fort bien, parce qu'il me traicte à la mode d'Italie, où au lieu de *merced*, l'on dit *ſegnoria*. Ie ſçay aſſez (repars-ie alors) l'vſage & les ceremonies de toute bonne couſtume, & quād ie dis Seigneurie, ce n'eſt point à la mode d'Italie : car i'entends qu'en vſant du terme de *ſegnoria*, en voſtre endroict, ie parle à la mode d'Eſpagne. Et quant à moy pour eſtre enfant de mes œuures, & de peres nobles, ie merite la *merced* de toute Seigneurie. Quiconque dira le contraire (& sur cela ie mis la main à l'espee) est fort mal nourry. Ce disãt ie luy deschargeay deux coups sur la teste, de sorte que ie le troublay tellement qu'il ne sçauoit où il en estoit ; car il ne fit aucune mine pour en tirer sa reuanche. Cependant i'attendis ce qu'il feroit, demeurant ferme l'espee à la main. Toutesfois quand il se fut recogneu, il mist la main à l'espee, & d'vn braue courage procura de venger cet affront : mais ie ne luy laissay pas mettre en effect sa genereuse resolutiõ, & mesme le sang qui luy couloit d'vne des playes qu'il auoit à la teste ne le luy permettoit pas. Les assistans furent tous esmeus, & ils m'assaillirent : Mais ie me retiray à la maison de mes parents, & leur contay l'accident. Eux ayans esté aduertis du peril que ie courois, me pourueurent d'argent & d'vn bon cheual, & me conseillerent de me retirer en lieu de seureté, par ce que i'auois faict vne infinité de grands & puissants ennemis. Ie suiuis leur cõseil & en deux iours ie me treuuay aux marches d'Arragon, où ie respiray quelque peu de la haste que i'auois euë. Auec non moins de resolution que de diligence ie me rendis en Allemagne, où ie retournay au seruice de l'Empereur. Là on me donna aduis que mon ennemy accompa-

& de la belle Sigismonde.

gné de plusieurs autres me cherchoit pour me tuër en quelque sorte que ce fust. I'eus peur de ce peril, & i'auois raison de le craindre, de sorte que ie reuins en Espagne, par ce qu'il n'y a meilleur refuge que celuy que promet la maison de l'ennemy mesmes. Ie reueis mon pere & ma mere de nuict, lesquels me pourueurent encores d'argent & de bagues. Ie me rendis à Lisbonne, & me mis dans vn nauire qui estoit prest de faire voile en Angleterre. Or il y auoit certains Caualiers Anglois qui de curiosité estoient venus pour voir l'Espagne, & apres l'auoir veuë, ou pour le moins ses meilleures villes, s'en retournoient en leur patrie. Il arriua puis apres, que sur vne chose de peu d'importance, i'eus querelle contre vn marinier Anglois, qui m'importuna de telle sorte que ie luy donnay vn soufflet. Cela excita la colere de tous les autres mariniers & de toute la chourme, si bien qu'ils commencerent à me ruër tout ce qui leur venoit entre les mains. Ie me retiray au chasteau de la pouppe, & fis rampart d'vn des Caualiers Anglois, en me mettant derriere luy, & ceste defense me sauua la vie. Les autres Caualiers appaiserent la tourbe, à condition pourtant, qu'on me ietteroit dans la mer, ou bien qu'on me donneroit vn petit esquif, dans lequel ie m'en pourrois retourner en Espagne, ou bien là où il plairroit au Ciel. Cela se fit, & l'on me bailla vn esquif pourueu de deux barils d'eau, d'vn barillet de beurre, & de quelque quantité de biscuit. Ie remerciay mes intercesseurs de leur courtoisie, & entray dans la petite barque auec deux rames seulement. Le nauire s'esloigna, la nuict obscure vint, & ie me treuuay seul au millieu de ceste immense campagne sallee, sans prendre autre chemin que celuy que me donnoit l'obeyssance que ie rēdois aux vagues & aux vents. I'esleuay les yeux au Ciel le plus deuotemēt que ie peus, & regarday l'estoille du Nort, par laquelle ie remarquay la difference du chemin que ie faisois: Neantmoins ie ne pouuois cognoistre la route que ie tenois. Ie fus de la sorte trois iours & trois nuicts ayant plus de fiance en la misericorde du Ciel qu'en la force de mes bras, lesquels desià lassez, & sans vigueur aucune, pour le continuel trauail, auoient quitté les rames. I'ostay doncques les cheuilles où les rames estoient attachees, & les mis dās la petite barque pour m'en seruir lors que la mer le permettroit, ou que mes forces le pourroient supporter. Apres ie m'estendis de mon long dans l'esquif, fermay mes yeux, & dans le secret de mon cœur il n'y auoit Sainct au Ciel que ie n'appellasse à mō ayde. Cependant au milieu de ceste angoisse, & de ceste extreme necessité, (chose difficile à croire) vn sommeil si profond me saisit, que mes sens estans tous assoupis, ie vins à m'endormir; si grandes sont les forces de ce que nostre nature requiert, & dont elle a besoin. Or en ce sommeil l'imagination me representoit mille genres de morts espouuantables, & toutes dans l'eau. Quelquefois il me sembloit que des loups & autres bestes sauuages me deuoroient & me mettoient en pieces, de maniere que ma vie soit en dormant ou en veillant estoit vne mort prolongee. Vne furieuse vague de la mer m'esueilla en sursaut de ce sommeil peu agreable: car passant par dessus ma petite barque, elle se remplit d'eau. Ie recogneu le danger, & le mieux que ie peus ie rejettay la mer dans la mer. Ie me voulus encore preualoir des rames, mais elles ne me profiteren de rien. Ie vis que la mer s'enfloit, demenee & agitee d'vn vent de Midy, qui semble regner en ces contrees auec plus de violence qu'en autre part. Ie vis que c'estoit vne folie, d'opposer vne petite barque à sa fureur, & mes forces debiles & foibles à sa rage: C'est pourquoy ie laissay encores les rames, que ie posay dans le bateau, & abandonnay mon esquif à la mercy des ondes & du vent. Ie reïteray mes prieres & mes vœux, & accreus les eaux de la mer de celles qui couloient de mes yeux: Non pas pour peur que i'eusse de la mort, qui se monstroit estre si proche de moy: mais bien pour la peine que mes mauuaises œuures meritoient. En fin apres quelques iours & quelques nuicts que ie fus vagabond par la mer, tousiours plus tourmenté & agité, ie me vis proche d'vne Isle despeuplee d'hōmes, & toute remplie de loups, que i'y voyois courir en trouppe. Ie me mis à l'abry d'vn rocher qui estoit au riuage de la mer, sās oser descendre en terre pour la crainte des animaux que i'auois veus. Ie mangeay du biscuit desià tout moüillé, sans y prēdre garde, poussé de la necessité & de la faim. La nuict vint moins obscure que de coustume. Il sembloit que la mer deuenoit calme, & le iour prochain promettoit plus de trāquillité. Ie leuois les yeux au ciel, & voyois les estoiles, qui promettoiēt aussi la bonasse à la mer, & le calme à l'air. Cōme i'estois en ce point, il me sembla parmy la sombre clarté de la nuict, que le rocher soubs lequel ie m'estois mis à l'abry estoit tout couronné des mesmes loups que i'auois veus en songe sur la mer. Et que l'vn d'eux (comme il estoit veritable) me disoit en paroles claires & distinctes, & en ma propre lāgue: Espagnol oste toy d'icy, & cherche en autre part ta fortune, si tu ne veux estre mis en pieces par nos dents & par nos ongles. Ne demande point qui est celuy qui te le dit : mais seulement rends graces au Ciel de ce que tu as treuué de la pitié parmy des bestes sauuages. Vous iugerez, si ie fus espouuanté ou non. Toutesfois le trouble où i'estois n'estoit pas si grand qu'il fust capable d'empescher que ie ne misse en œuure le conseil que l'on venoit de me donner. I'accommoday les tolettes, attachay les rames, mis en besongne mes bras, & me rendis en plaine mer : Mais comme il arriue ordinairement que les infortunes & les passions troublent la memoire de celuy qui les souffre, ie ne vous sçaurois dire combien de iours ie fus errant par ces mers, trainant à chaque pas non vne, ains mille morts. Enfin mon esquif estát à la mercy d'vne cruelle bourrasque, ie me trouuay en ceste Isle où ie donnay au trauers, au mesme lieu, où est la bouche de la cauerne par où vous estes icy entrez. L'esquif entra si auant, qu'il paruint presques à sec dans la cauerne; neantmoins le reflus le vouloit tirer dehors. Ce qu'ayant veu ie m'eslançay, & m'acchrochay au sablon auec les mains sans donner loysir que le reflus me reprist. Et biē qu'auec le batteau la Mer m'emportast la vie, puis qu'elle m'ostoit l'esperāce de le recouurer, ie resolus de changer le genre de mort, & de demeurer en terre, parce qu'à mesure que la vie s'y prolonge, l'on a toufiours quelque efperance.

Le Barbare Efpagnol (nous l'appellons ainfi à caufe de l'accouftrement qu'il portoit) tenoit ce difcours, lors qu'on ouyt des gemiffements & des foufpirs qui prouenoient de la cauerne où l'on auoit laiffé Cloëlie. Soudain Auriftelle, Periandre & tous les autres coururēt auec de la lumiere vers ce lieu pour voir que c'eftoit, & ils treuuerent que Cloëlie appuyant fes efpaules à la roche, & affife fur les peaux tenoit fichez vers le Ciel les yeux demy mourans. Auriftelle s'approche d'elle, & d'vne voix pleine de compaffion & de douleur luy dit ces paroles: Qu'eft-ce cy ma Nourrice. Seroit-il bien poffible que vous me vouluffiez maintenant laiffer en ce defert, & en vne faifon où i'ay plus de befoin de voftre confeil ? Cloëlie reprit aucunement fes efprits, & empoignant la main d'Auriftelle luy dit: Las! fille de mon ame; Dieu fçait comme ie defirerois que ma vie duraft iufques à ce que ie veiffe la tienne au repos qu'elle merite: Mais fi le Ciel ne m'accorde pas tant de grace, ma volonté fe conforme à la fienne, & luy offre ma vie du meilleur vouloir que ie puis. Ce que ie requiers de toy (Madame) c'eft que quand la bonne fortune permettra que tu te voyes en ton Royaume, & que mon pere ou ma mere foient encores viuāts, ou quelqu'vn de de mes parêts, tu leur fasses sçauoir cōme ie meurs Chrestiēne en la Foy de Iesus Christ, & en ce que croit la saincte Eglise Catholique. Ie ne te diray riē plus, parce que le pouuoir m'en est osté. C'est le discours qu'elle tint, & apres auoir plusieurs fois prononcé le nom de Iesus, la Mort luy ferma les yeux d'vne nuict eternelle. A ce spectacle Auristelle ferma pareillemēt les siens par vn profond euanouyssement qui luy suruint. Les yeux pareillement de Periandre & ceux des assistans deuindrent des fontaines de larmes. Periandre courut au secours d'Auristelle, laquelle ayant repris ses sentimens, accreut ses pleurs, & commença à tirer de son estomach de profonds souspirs. Elle proferoit des paroles capables d'esmouuoir les pierres. Ils prindrent resolution de l'enseuelir le lendemain. Tandis la damoiselle Barbare & son frere garderent le corps mort, & les autres s'allerent reposer, ce peu qui leur restoit de la nuict.

Le Barbare Espagnol poursuit son Histoire.
CHAP. VI.

LE iour se monstra plus paresseux, ainsi qu'il sembloit, que de coustume, à cause que la fumee de l'embrazement de l'Isle qui brusloit encore, empeschoit que les rayons du Soleil n'esclairassent en ces lieux. Le Barbare Espagnol commanda à son fils qu'il sortist de ceste demeure, comme autresfois il auoit accoustumé de faire, & s'informast de ce qui se passoit en l'Isle. Les autres passerét ceste nuict auec vn sommeil remply d'inquietudes, par ce que la douleur & le sentiment qu'Auristelle auoit de la mort de sa Nourrice Cloëlie ne permist pas qu'elle dormist. Or le non dormir d'Auristelle tint Periandre en veille continuelle. Il sortit auec sa Maistresse à la campagne de ce sejour, & veit que la Nature l'auoit faict & fabriqué de telle sorte qu'il sembloit que l'industrie & l'art humain y auoient passé. Il estoit de forme ronde, & enuironné de roches hautes & descouuertes. Selon qu'ils en pouuoient iuger il côtenoit plus d'vne lieuë, & estoit remply d'arbres sauuages, chargez de fruicts, ~ons à manger, encores qu'ils fussent aspres: L'herbe y estoit grande, parce que l'abondance des eaux qui procedoient des roches la tenoient en perpetuelle verdure: Periandre admiroit toutes ces choses, quãd le Barbare Espagnol arriua & leur dist: Venez Messeigneurs, & nous donnerons sepulture à la deffuncte, & mettrons fin à l'histoire que ie vous auois commencee. Ils allerent donc ques auec luy & enterrerent Cloëlie dans le creux d'vne roche, qu'ils couurirent de terre, & de pierre. Auristelle pria leur hoste qu'il mist vne croix à la cime, afin de tesmoigner par là que ce corps auoit esté Chrestien. L'Espagnol respondit qu'il auoit vne grande croix en sa demeure, laquelle il prendroit & poseroit à la cime de ceste sepulture. Ils luy donnerent tous le dernier adieu. Auristelle renouuelloit ses pleurs, & ses larmes tiroiēt des yeux de Periandre d'autres larmes. Cependant pour se deffendre du froid, qui les menassoit de sa rigueur, & attendans le retour du ieune Barbare, ils se renfermerent tous au creux de la roche, & s'estans assis sur les tendres peaux, le Barbare requit le silence, & poursuiuit son discours en ceste maniere.

Lors que la petite barque où i'estois me laissa sur le sablon, & que la Mer vint à la reprendre; Ie vous disois que ie perdis auec elle l'esperance de la liberté, puis que ie ne croy pas encores de la recouurer. I'entray icy dedans, consideray ce sejour, & il me sembla que la Nature l'auoit fait & formé pour estre le theatre qui representast la tragedie de mes infortunes. Ie m'esbahissois de ce que ie ne voyois en ce lieu aucune personne humaine, mais seulement quelques chê-

D ij

ures sauuages, & autres animaux de diuerses especes. Ie courus tout ce sejour, & treuuay ceste cauerne cauee en ces rochers, & resolus d'y faire mon sejour. En fin ayant bien tout visité & tournoyé, ie retournay à l'entree qui m'auoit icy conduit, pour voir si ie n'entendrois pas quelque voix humaine, ou si ie ne descouurirois pas quelqu'vn qui m'aprist en quelle contree i'estois. Ma bōne fortune & les Cieux pitoyables qui ne m'auoiēt pas du tout oublié, me firent voir vne ieune Barbare d'enuiron quinze ans, laquelle alloit cherchant parmy les rochers & les escueils du riuage de la mer des escailles & des coquilles peintes. Si tost qu'elle me veit elle se pasma: les pieds luy faillirent sur le sable, & elle laissa tomber les coquilles & ce qu'elle auoit recueilly: Ie la pris entre mes bras sans luy dire parole aucune, & sans qu'elle me dist mot pareillement. I'entray par le trou de la cauerne & l'emportay à ce mesme lieu où nous sommes maintenant. Ie la posay doucement à terre, luy baisay les mains, & auec les miennes luy touchay le visage. Ie fis tous les signes & toutes les demonstrations que ie peus pour me monstrer doux & amoureux d'elle. Apres que la premiere peur fut passee, elle me regardoit fixement, & auec ses mains me touchoit tout le corps: voire à tous coups ayāt perdu la crainte elle rioit & m'embrassoit: & tirant de son sein vne sorte de pain que l'on faict en son Isle, & qui n'est pas de bled, elle me le mettoit à la bouche, parlant à moy en son langage. Or i'ay sceu depuis qu'elle me prioit d'en manger: ce que ie fis, parce que i'en auois bon besoin. Apres elle me prist par la main, & me mena à ce ruisseau qui est icy proche, me priant encores par signes que ie beusse. Ie ne me pouuois saouler de la regarder: car elle me sembloit plustost Ange du Ciel, que Barbare de la terre. Ie la ramenay à l'entree de la premiere cauerne, & là auec signes & auec paroles qu'elle n'entendoit point, la suppliay, côme si elle les eust entédues, qu'elle reuint pour me voir. Auec cela ie l'embrassay de nouueau, & elle autant remplie de simplesse que de pitié, me baisa au front, & par signes clairs & certains me promit qu'elle viendroit pour me reuoir. Ce fait ie reuins en ce sejour, & me mis à cueillir & à gouster des fruicts dont aucuns de ces arbres estoiēt chargez. Ie treuuay des noix, des noisettes, & quelques poires sauuages. Ie rendis graces à Dieu pour ce que ie venois de treuuer, & releuay les esperances abbatuës de mon remede. Ie passay la nuict en ce mesme lieu attendant le iour auec le retour de ma belle

D iij

Barbare: toutesfois ie commençay à craindre & à douter qu'elle ne me descouurist & liurast aux Barbares, dont ie m'imaginay que ceste Isle estoit pleine: toutesfois ie fus priué de ceste crainte lors que ie la veis reuenir à la pointe du iour, belle comme le Soleil, douce comme vn agneau, & non accompagnee de Barbares pour me prendre, ains chargee de viures pour me sustenter.

L'Espagnol vouloit acheuer son histoire lors que celuy qui estoit allé pour sçauoir ce qui se passoit en l'Isle arriua. Il dist que presque toute l'Isle estoit embrazee, & que toute la plus grande partie des Barbares estoit morte, les vns par le fer, les autres par le feu: Que si quelques vns estoient restez viuants, c'estoient ceux qui s'estoient mis dans certains raseaux de bois, & estoiét entrez en mer pour fuir dans l'eau le feu de la terre. C'est pourquoy qu'ils pourroient maintenant sortir de ce lieu, & abandonner ceste Isle, du costé que le feu leur en donneroit la licence. Que chacun doncques pensast au remede qu'il falloit prendre, pour eschapper de ceste terre maudite: Que non gueres loing il y auoit d'autres Isles habitees par des nations moins barbares, & peut estre en changeant de lieu, l'on changeroit de fortune. Arrestez vous vn peu mon fils (dit alors le pere) parce

& de la belle Sigismonde. 55

que ie recite le succez de mes aduantures à ces Messieurs, & il ne reste guere pour acheuer mon conte, encores que mes malheurs soiēt infinis. Ne prens pas tant de peine mon Seigneur (dist alors la Barbare plus aagee) en recitant si au long tes infortunes. Il pourroit auenir que tu t'importunerois toy mesme, ou que tu importunerois les autres. Laisse à moy la charge de reciter ce qui reste à dire, & depuis le point où tu en és demeuré. I'en suis fort content (repart l'Espagnol:) car ie receuray vn extreme plaisir, lors que i'entendray comme tu le raconteras.

Il arriua doncques (poursuit la Babare) que mes entrees & mes sorties de ce lieu, qui furent en grand nombre, donnerent occasion que de moy & de mon espoux nasquissent ceste ieune fille & ce ieune garçon. I'appelle ce Gentil-homme mon espoux, parce qu'auant qu'il iouyst de moy, il me promist de l'estre, en la sorte qui se practique (comme luy mesme dit) entre les vrays Chrestiēs. Il m'a appris sa langue, & ie luy ay appris la miēne. Et auec la langue il m'a enseigné la loy Catholique & Chrestienne: Il me baptisa en ce ruisseau, encores que ce n'ait pas esté auec les ceremonies qui se font, ainsi qu'il dit, en son pays. Il me declara sa Foy comme il la sçait, laquelle ie grauay dans mon ame &

D iiij

dans mon cœur, & ie luy ay baillé la croyance que i'ay peu luy donner. Ie crois en la tres-saincte Trinité, Dieu Pere, Dieu Fils, & Dieu sainct Esprit, trois personnes distinctes, & toutes trois vn seul Dieu veritable. Et bien que le Pere soit Dieu, & le Fils Dieu, & Dieu le sainct Esprit, ils ne sont pas pourtant trois Dieux distincts & separez: mais vn seul & veritable Dieu. En fin ie crois tout ce que tient la saincte Eglise Catholique & Romaine, regie par le sainct Esprit, & gouuernee par le souuerain Pontife Vicaire de Dieu en terre, successeur legitime de sainct Pierre, premier Pasteur apres Iesus Christ premier & vniuersel Pasteur de son Espouse l'Eglise. Il m'apprit les grandeurs de la tousjours Vierge Marie, Reyne des Cieux, Dame des Anges & la nostre, Thresor du Pere, Reliquaire du Fils, & Amour du sainct Esprit, rampart & refuge des pecheurs. Auec cela il m'a enseigné d'autres choses, que ie ne recite point, parce qu'il me semble que ce que ie vous viens de dire suffist, afin que vous sçachiez que ie suis Catholique Chrestienne. Moy simple & pitoyable luy donnay vne ame rustique, & luy (graces en soient renduës au Ciel) me la renduë discrette & Chrestienne. Ie luy donnay mon corps ne pensant pas faire offense à aucun, & de ceste donation vous

& de la belle Sigismonde. 57

voyez que ie luy ay donné deux enfans qui sont icy, & lesquels accroissent le nombre de ceux qui donnent loüange au vray Dieu. Pour doüaire ie luy ay apporté certaine quatité d'or dont ceste Isle abonde, & certaines perles que ie garde attédant le iour heureux que nous sortirós de ceste prison & que nous irons là où auec liberté, asseurance, & sans scrupule nous nous pourrons dire du trouppeau de Christ que i'adore en ceste croix que vous voyez icy. Ce que ie viens de vous dire, est ce qui manquoit à mon aduis au recit de mon Seigneur Anthoine. Ainsi se nommoit l'Espagnol Barbare qui tint ce langage : Tu dis vray ma Ricla, (c'estoit le propre nom de la Barbare.) Les assistans estoient tous estonnez au recit d'vne histoire si variable. Ils leur donnerent mille loüanges, & mille bonnes esperáces, & principallement Auristelle, qui demeura fort actionnee aux deux Barbares Mere & fille. Le ieune Barbare, qui se nommoit Anthoine comme son pere leur dist alors, qu'il n'estoit pas bon de demeurer en ce lieu maintenant oisifs, & sans donner ordre & rechercher le moyen, comme ils pourroient sortir de ceste prison : par ce que si le feu de l'isle qui croissoit d'heure à autre, paruenoit iusques aux plus hautes montagnes, ou bien que le vent portast en ce mesme lieu l'embrazement, ils seroient tous consumez. Tu dis vray, mon fils, respond le pere. Mais moy (dist Ricla) Ie suis d'aduis que nous attendions encores deux iours, parce que d'vne Isle, qui est si proche de cette-cy que quelque fois lors que le Soleil est clair & net, & la mer calme nous la pouuons voir, Il vient de ses habitans, pour vendre & pour changer ce qu'ils ont, auec ce que nous auõs troc pour troc. Ie sortiray d'icy, & puis qu'il n'y a aucun qui m'escoute & qui m'empesche (car les morts n'oyent, n'y n'empeschent point) ie feray qu'il me vendront vn bateau pour le pris qu'ils voudront. Ie leur diray que i'en ay besoin pour me sauuer auec mes enfans & mon mary que la rigueur du feu tient enserrez en vne cauerne. Toutesfois ie veux que vous sçachiez, que ces barques sont fabriquees de bois, & couuertes de cuirs forts d'animaux, & capables pour deffendre que l'eau n'entre point par les flãcs. Mais à ce que i'ay veu & remarqué, iamais ils ne nauigent, si ce n'est quand la mer est tranquille. Or ces bateaux n'ont point les linceux que i'ay veus, & qu'ont les autres barques qui abordent à nos riuages pour vendre des filles ou des hommes, qui seruent à la vaine superstition, qui comme vous pouuez auoir ouy dire, se practique il y a long temps en ceste Isle. C'est pourquoy ie iuge que telles barques ne sont pas bonnes, pour estre exposees à la pleine mer, & aux bourrasques & tépestes, que comme on dist succedent à tous moments. Periandre oyant ces paroles, parla en ces termes: Et quoy le Seigneur Anthoine n'a il point vsé de ce remede, durant le si long téps qu'il a esté icy entre nous? Nullement (repart Ricla,) parce que les yeux qui sont en aguet ne m'ont pas donné le loisir, pour pouuoir achepter de telles barques, de ceux à qui elles appartiennent, & ie n'eus point eu d'excuse à alleguer en les acheptant. Il est ainsi (dist Anthoine,) & bien que ie ne mette pas trop de fiance en la foiblesse de ces bateaux, neantmoins croyant que ce conseil vient du Ciel, ie suis resolu de le prendre: Cependant ma belle Ricla prendra attentiuement garde, lors que les marchands de l'autre Isle viendront, & sans dilayer ni regarder au prix, achepteta vne barque auec tout l'equipage necessaire, disant qu'elle la veut pour ce qu'elle vient de dire. En ceste resolution ils sortirent tous de ce lieu, & furent fort estonnez voyant le rauage que le feu & le fer auoient faict. Ils apperceurent mille differentes especes de morts, d'ont la colere, le peu de raison, & la passion sont ordinairement les inuenteurs. Ils veirent encores comme les Barbares qui estoient restez viuans, se retirans à leurs raseaux, consideroient de loing le cruel embrazement de leur patrie. Quelques-vns auoient passé à l'autre Isle, qui seruoit de prison aux captifs. Auristelle y vouloit aussi passer pour voir si en l'obscure cauerne il n'y auoit pas encores quelque prisonnier: Mais il ne fut pas besoin de cela, parce qu'il veirent venir vne de ces barques faicte en forme de Raseau, & dans elle enuiron vingt personnes. Cet equipage leur fist iuger que c'estoient les miserables qu'on auoit enfermez dans le cachot. Ces personnes paruindrent au riuage, baiserent la terre, & firent quasi paroistre qu'ils vouloient adorer le feu, parce que le Barbare, qui les tira du cachot obscur leur auoit dit, que l'Isle estoit embrazee, & qu'ils ne deuoiēt point auoir peur des Barbares. Ils furent receus amiablement des autres qui estoient libres, & consolez en la meilleure maniere qu'on peut. Quelques-vns conterent leurs miseres, & quelques autres pour ne treuuer point des paroles assez capables pour les dire, se teurent. Ricla s'esmerueilla de ce qu'il s'estoit treuué vn Barbare si pitoyable, pour leur donner deliurance, & de ce qu'vne partie de ceux qui s'estoient retirés aux Raseaux, n'estoit passee à l'Isle de la prison. Vn des prisonniers dist que le Barbare qui leur auoit donné la liberté leur auoit recité en langue Italienne tout le miserable succez de l'embrazement de l'Isle, & conseillé qu'ils y passassent, afin de se recompenser de leurs trauaux, par le moyen de l'or & des perles, qu'ils y trouueroient. Que cependant il viendroit auec vn autre rafeau qu'il auoit tout prest, pour leur tenir compagnie, & pour acheuer leur deliurance. Les succez qu'ils contoient estoient si differents, si estranges, & si malheureux, que les auantures des vns tiroient les larmes des yeux, tandis que les auantures des autres excitoient le rire. Sur cela ils veirent venir de ceste Isle six de ses bateaux, dont auoit parlé Ricla. Les hōmes qui estoiēt dedans descendirent à terre: mais ils ne tirerent point dehors aucune marchandise, parce qu'aucun Barbare ne paroissoit point pour les achepter. Ricla voulut conuenir auec eux pour le prix de toutes les barques & des marchādises qui y estoient, sans intention toutesfois de les emporter: Mais les hommes n'en voulurent point vendre que quatre: car ils voulurent en retenir deux pour s'en retourner. Le marché se fist auec notable liberalité, sans qu'on s'arrestast à plus & à moins. Ricla alla à sa cauerne, & en pieces d'or sans coing (ainsi que nous auons dit,) paya tous ce que les Barbares voulurent. Or ils donnerent deux barques à ceux qui estoient sortis de l'obscure prison, & quât à eux ils s'embarquerent dans les deux autres. En l'vne estoient tous les viures & toutes les choses necessaires qu'ils peurent recouurer, auec quatre personnes nouuellement libres. En l'autre entrerent Auristelle, Periandre, les deux Anthoine peres & fils auec la belle Ricla, la discrete Transille, & la gentille Constance, fille de Ricla & d'Anthoine. Auristelle voulut prendre congé des os de sa chere Cloëlie : Tous l'accompagnerent. Elle pleura sur la sepulture, & puis parmy les larmes de tristesse, meslees d'allegresse, chacun s'en alla embarquer. Mais auparauāt on se mist a genoux sur le riuage, & l'on supplia le Ciel fort deuotement, à ce qu'il luy pleust leur donner bon voyage, & leur enseigner le chemin qu'ils deuoiēt prendre. Le bateau où estoit Periandre seruoit de capitaine : les autres le suyuoient, mais au temps qu'ils vouloient donner les rames à l'eau (car ils n'auoient point de voile) vn gentil Barbare paruient aux bords de la Mer, & à haute voix leur dit en langue Toscane : Si parauanture vous qui estes dans ces bateaux faictes profession de la Foy de Christ, vueillez receuoir vn Chrestien, & ie vous en supplie par le vray

& *de la belle Sigismonde.* 63

Dieu tout puiſſant. Lors l'vn des autres Barbare proferaȧ ce langage: Meſſieurs voilà le Barbare qui nous a retirez de l'obſcure priſõ, Si voº eſtes auſſi pitoyables en effet que vous le monſtrez eſtre en apparence, (or il tenoit ce diſcours à ceux qui eſtoiẽt dans la barque qui alloit la premiere,) Il ſera bien faict que vous le recompenſiez de ſa courtoiſie, par celle que vous luy ferez, en le receuant en noſtre compagnie. Ce qu'ayant entendu Periandre, il commanda à ceux qui portoient les viures qu'on le priſt. Cela eſtant faict, ils ietterent les cris d'allegreſſe & les rames à la main donnerent ioyeux commencement à leur voyage.

Comme Periandre & ſa Compagnie ſe ſauuent de l'embrazement de l'Iſle.

Chap. VII.

LEs quatres barques auoient nauigé quelque deux lieuës, quand ils deſcouurirent vn grand & puiſſant Nauire, qui les voiles tendues, & le vent en pouppe, ſembloit venir pour les inueſtir. Sans doubte (diſt alors Periandre quand il l'eut apperceu) c'eſt le nauire du Prince Arnaldo, qui vient pour ſçauoir ce qui m'eſt ſuccedé, & ie ſeroys bien ayse de ne le voir pas maintenant. Periandro auoit desia raconté à Auristelle tout ce qui estoit arriué entre luy & Arnaldo, & la resolution qu'ils auoient prise en se separans l'vn d'auec l'autre. Auristelle deuint fort troublee, par ce qu'elle ne desiroit point de retourner au pouuoir d'Arnaldo, ayant aussi desia recité (quoy qu'en peu de mots) ce qui luy estoit aduenu durant vn an qu'elle fut en son pouuoir. Elle n'auoit pas enuie de voir ioints ensemble les deux Amans: car encores qu'Arnaldo demeurast asseuré, par la saincte fraternité d'elle & de Periandre, toutefois la crainte qu'elle auoit que ce parantage ne fust découuert, la trauailloit, & en outre elle se representoit qu'il seroit impossible que Periandre ne deuint ialoux voyant à ses yeux vn si puissant riual. Il n'y a discretiõ qui vaille, ny amoureuse foy qui donne asseurãce au cœur amoureux, quãd par son malheur la ialousie penetre dans son ame. Mais le vent la releua de toute ceste peine: lequel changea en vn instant de soufle, d'ont il enfloit à pleine voiles ce nauire. Il commença à donner en pouppe aux voiles tout au contraire, de sorte qu'à la veuë de ceste belle Princesse, & en vn moment il tourna les voiles de haut en bas, & à vn autre instant presques inuisible, l'on fut contrainct de les hausser iusques

aux

aux hunes. Lors le navire commença à prendre vne contraire route, s'esloignant bien tost des quatre barques. Cela fist aucunemét respirer Auristelle, & recouurer à Periandre vne nouuelle force, quoy que les autres qui estoient dans les barques eussent bien desiré de changer de batteau, en entrant dans ce nauire, qui pour sa grandeur leur pouuoit promettre plus d'asseurance de leur vie, & vn plus heureux voyage. En moins de deux heures ils perdirent de veuë ce vaisseau, qu'ils vouloient suyure s'ils eussent peu. Mais il ne leur fut pas possible, ny ne peurent faire autre chose que prendre le chemin d'vne Isle, que ses hautes mótagnes couuertes de neige faisoient paroistre proche, quoy qu'elle fust esloignee d'eux de plus de six lieuës. La nuict vn peu obscure approchoit, & le vent leur donnoit en pouppe auec assez de violence, qui fut vn allegement aux bras, qui reprindrét les rames & qui taschoient auec diligéce d'aborder à l'isle. Il estoit minuict (selon la remarque que fit du Nort & des deux estoilles, le Barbare Antoine) quand ils arriuerent en ceste isle. Les eaux flottoient doucement au riuage, & le flus estoit peu de chose, de sorte qu'ils donnerent en terre auec les barques qu'à force de bras ils pousserent en auant. La nuict estoit si froide, qu'elle les obligeoit à

E

chercher le moyen de se deffendre de ce froid : mais ils n'en treuuerēt aucun. Periandre commanda que toutes les femmes entrassent dans la barque Capitanesse, & que là se serrans en compagnie, elles moderassent la froidure. Cela se fit pendant que les hommes firent vn corps de garde à la barque, se promenans comme sentinelles, d'vn costé & d'autre, & attendans le iour pour descouurir en quelle contree ils estoient, par ce qu'à l'heure ils ne pouuoient sçauoir si ceste isle estoit ou deserte ou peuplee. Or comme il arriue ordinairement que les souçis empeschent le sommeil, nul de ceste compagnie trauaillee ne peut iamais fermer les yeux. Ce que voyant le Barbare Anthoine il dist au Barbare Italien, Que pour passer le tēps, & ne sentir point si rigoureusement la mauuaise nuict, il luy pleust les entretenir en leur contant les succez de sa vie, qui ne pouuoiēt estre autres qu'estranges & rares, puis qu'ils l'auoient reduict en tel estat & en tel lieu. Ie le feray de fort bonne volonté (repart le Barbare Italien) encores que ie craigne que mes malheurs estans si grands, si nouueaux, & si extraordinaires, vous ne deuiez leur adiouster point de foy. Par ce qui est arriué à nous mesme (dist alors Periandre) nous sommes disposez de croire tout ce qu'on nous racon-

& de la belle Sigismonde. 67

tera, bien que cela tienne plus de l'impossible que du veritable. Approchons nous donques (respond le Barbare) du bord de ceste barque, où sont ces Dames, & peut estre quelqu'vne s'endormira, au recit que ie feray, ou bien quelqu'autre chassera le sommeil, & fera paroistre sa compassion. Or c'est vn allegement à celuy qui conte ses infortunes, quand il voit & entend qu'vn autre les plainct. Au moins quant à moy (dist alors Ricla qui estoit dans la barque) malgré le sommeil, i'ay des larmes toutes prestes pour offrir à la compassion de vostre infortune, & au long temps que vos trauaux ont duré. Auristelle dit presque le mesme, & ainsi tous enuironnerent la barque, & escouterent attentiuement ce que celuy qui paroissoit estre Barbare vouloit reciter, & il commença son histoire en ceste maniere.

L'Italien Rutilius raconte à Periandre & à sa compagnie ses auantures.

Chap. VIII.

IE me nomme Rutilius: ma patrie est Sienne, l'vne des plus fameuses Citez d'Italie: ma profession est d'estre Maistre Danseur,

E ij

vnique en mon espece, & heureux si i'eusse voulu. Il y auoit dans Sienne vn riche Caualier, à qui le Ciel auoit donné vne fille plus belle que sage, & qu'il vouloit marier à vn Caualier Florentin. Or pour la rendre doüee de graces acquises, puis que celles du iugement luy defailloient, il voulut que ie luy apprisse à dancer: car la gentillesse, la bonne grace, & la disposition du corps se remarque mieux en quelque bal honneste qu'en autre desmarche. Aussi est-il bien seant aux Dames de bon lieu de sçauoir dancer, pour les occasions forcees, où elles se peuuent treuuer. Ie commençay à luy monstrer doncques les mouuements du corps, pendant que ie luy touchay ceux de l'ame, puis que comme peu sage & discrette, ainsi que i'ay desià dit, elle se donna à moy. Or la fortune qui vouloit mettre en large train mes malheurs, fist que pour en auoir vne plus entiere iouyssance, ie l'enleuay de la maison de son pere, pour l'emmener à Rome. Mais comme l'amour vend cherement ses plaisirs, & comme ses delices portent tousiours derriere leur dos le chastiment, puis que tousiours l'on est en crainte; la diligence que mist son pere en nous cherchant fist que nous fusmes tous deux pris par les chemins. Sa confession & la mienne, qui fut de dire que i'emmenois mon

Espouse, & qu'elle s'en alloit auec son Mary ne fust pas capable pour la descharge de mon crime, de sorte que le Iuge fut obligé de me condamner à mort, apres que ie fus conuaincu. L'on me mist dans vn cachot auec d'autres condamnez à mourir, pour des crimes qui n'estoient pas si honorables que le mien. Or il arriua que ie fus visité dans ceste obscure prison, d'vne femme qu'on disoit prisonniere pour sortilege, & que la geoliere auoit fait deliurer, à la charge qu'auec des herbes & des paroles, elle gueriroit vne sienne fille d'vne maladie où les Medecins ne treuuoiét point de remede. En fin pour abreger mon histoire, puis que tout discours (quelque bon qu'il puisse estre) estant trop long, importune; me voyant desià attaché & la corde au col, condamné à la mort, sans moyen ny esperance de remede, ie donnay parole à ce que la sorciere me demandoit, que ie serois son mary si elle me deliuroit de ce peril. Elle me dist que ie ne me misse pas plus auant en peine : car à la mesme nuict du iour que nous parlasmes ensemble, elle romproit les chaines & les ceps, & malgré tout autre empeschement me mettroit en liberté, & en part où mes ennemis n'auroiét point le moyé de m'offenser, quoy qu'ils fussent en grand nombre & puissants. Ie la tins non pour Sorcière, mais pour vn Ange que le Ciel m'enuoyoit afin de me deliurer. I'attendis la nuict, & au milieu de son silence elle vint à moy & me dist que ie prisse la pointe d'vn roseau qu'elle me meist à la main, & que ie la suyuisse: Ie fus vn peu troublé, neantmoins comme le dãger que ie courois estoit fort grãd, ie remuay les pieds pour la suyure & les trouuay sans fers & sans chaines. Les portes de toute la prison estoiẽt ouuertes, & les prisonniers & les gardes enseuelis dans vn profond sommeil. Comme nous fusmes à la ruë, ma guide estendit à terre vn manteau, & me commanda que i'y posasse les pieds. Elle me dist encores que i'eusse bõ courage, & que pour l'heure ie laissasse les prieres & les deuotions. Ie recogneuz alors la meschanceté, & vis qu'elle me vouloit emporter par l'air. Or encores que comme Chrestien bien appris i'estimasse folies tous ces sortileges (ainsi qu'il est raisonnable) neantmoins le peril de la mort, comme i'ay desià dit, me fist fouler aux pieds toutes ces bonnes considerations. En fin ie posay mes pieds au milieu du manteau, & elle pareillement, ny plus ny moins, marmottant certaines paroles que ie ne pouuois entendre. Lors le manteau commença à s'esleuer en l'air, & ie commençay à craindre à bon escient, de sorte qu'il n'y auoit Sainct en toute la Letanie que ie n'appellasse à mon ayde. Elle qui cognoissoit ma peur, & les prieres que ie faisois, me commanda que ie ne priasse plus. O moy malheureux! (ce dis-ie alors) quel bien peux-ie esperer si on me deffend de le demander à Dieu, de qui procedent tous les biens. Ie pris doncques resolution de fermer les yeux, & me laissay emporter par les diables; car autres ne sont les postes des sorciers. I'auois ainsi volé, comme il me sembloit quatre heures, & vn peu plus, lors que sur la pointe du iour ie me trouuay en vne terre incogneuë. Le manteau se posa à terre, & ma guide me tint ce lāgage: Mō amy Rutilius tu es en part où tout le genre humain ne te sçauroit offenser: Ce disant elle cōmença à m'embrasser non trop honnestement: Ie la repoussay auec mes bras, & le mieux que ie peus. Lors ie veis que celle qui m'embrassoit estoit vne figure de loup. Ceste vision me gela l'ame, troubla mes sentimens, & m'osta le courage. Toutesfois comme il arriue souuent, qu'aux grands perils le peu d'esperance de les vaincre, pousse du cœur des forces desesperees, les miēnes qui estoient foibles me mirēt à la main vn cousteau que par fortune i'auois au sein. Poussé de rage & de furie ie le fourray dans l'estomach de celle que ie croyois estre vne louue: Tombant par terre elle perdit ceste vilaine figure demeurāt morte, & le sang courant à grand randon à ceste malheureuse enchanteresse. Or considerez, Messieurs, à quel poinct i'estois reduit: En vne terre incogneuë, & sans que personne me seruist de guide. I'attendois la venuë du iour, & ie fus deux heures en ceste attente sans qu'il parust iamais, & mesmes ie ne descouurois point aucun signe par les Orisons, que le Soleil se mōstrast. Ie m'esloignay de ce corps mort parce qu'il me donnoit de la terreur estant pres de luy. Ie leuois curieusement les yeux au Ciel, & contemplois le mouuement des estoilles, & il me sembloit selon que ie remarquois au cours qu'elles auoient desià faict, que le iour deuoit paroistre. Comme i'estois en ceste confusion, i'ouys que certaines personnes venoient, & parloient pres du lieu où i'estois. Il estoit ainsi, & lors allant à leur rencontre ie les priay en ma langue Toscane de me dire en quelle terre i'estois. L'vn de ces hommes me respondit en mesme langage Italien en ces termes : C'est icy Noruergue: mais qui és tu, toy qui fais ceste demande, & en vne langue que bien peu entendent en ces contrees. Ie suis (dis-ie) vn miserable, qui pour fuir la mort, suis venu tomber en ses mains. En fin ie luy recitay en peu de mots mō auanture, & luy dis encores la mort de la Sorciere. Celuy

& de la belle Sigismonde. 73

qui parloit à moy, monstra qu'il auoit pitié de mon mal'heur, & me tint ces discours: Bon homme tu peux bien rendre graces infinies au ciel, de ce qu'il t'a deliuré du pouuoir de ces maudites Sorcieres, qui sont en grand nombre en ces prouinces du Septentrion. L'on dict qu'elles se changent en loups, tant les hommes que les femmes : car il y a des Sorciers & Enchanteurs d'vn & d'autre sexe. Or comment cela se peut faire, ie ne le sçay point: mais comme Chrestien Catholique que ie suis ie ny adiouste point de foy, quoy que l'experience me monstre le contraire. Tout ce que i'en puis dire veritablemēt, est que toutes ces metamorphoses sont illusions du Diable, que Dieu permet, & vn chastiment des abominables pechez de ceste maudite engeance. Ie luy demanday qu'elle heure il pouuoit estre, parce qu'il me sembloit que la nuict se renforçoit, & que le iour ne venoit iamais. Il me dist qu'en ces contrees separees des autres, l'annee se diuisoit en quatre temps. Qu'il y auoit trois mois de nuict obscure, sans que le Soleil parust nullement, & trois mois de crepuscule du iour sans qu'il fust ny bien iour ny bien nuict. Que le iour duroit continuellement autres trois mois, sās que le Soleil se cachast. Qu'on auoit encores trois autres mois de crepuscule de la nuict. Que la saison ou ils estoient maintenant estoit la crepuscule du iour, si bien qu'esperer à l'heure la clarté du Soleil, estoit vne vaine esperance, de mesme que si ie m'attédois de retourner en ma patrie dans peu de temps: car il failloit attendre la saison du grand iour, durant lequel des nauires chargez de marchandises partent de ce pays pour aller en Angleterre. Lors cet homme me demanda si ie ne sçauois pas quelque mestier pour gaigner ma vie, pendant que i'attendrois que le temps vint pour retourner en ma patrie. Ie luy dis que i'estois Baladin, que ie faisois extremement bien les caprioles, voire que ie remuois subtilement bien les doigts. C'est homme se prist fort à rire, & me dist que tels exercices, ou mestiers, (ou comme ie les voudrois appeller) n'auoient point de cours en Noruegne, ny en toutes ces contrees; Il me demanda encores se ie ne sçauois point le mestier d'orfeurerie, & ie luy respondis que i'estois homme assez habile pour apprendre ce qu'il me voudroit enseigner. Frere (dit il) viens doncques auec moy: mais premierement ce sera bien faict si nous donnons sepulture à ceste miserable. Nous le fismes, & il me mena à vne ville, ou tous les habitans alloient par les ruës auec de ce ce bois qui brusle & qui sert de torches, faisans comme cela leurs affaires. Ie demanday par le chemin a cet homme s'il y auoit long temps qu'il estoit en ce pays, & comment il y estoit venu, & s'il estoit veritablement Italien. Il me respondit que l'vn de ses ancestres, estant arriué en ceste Prouince pour quelques affaires d'importance, s'y estoit marié: Qu'il auoit appris à ses enfans sa langue Italienne, & les vns puis apres aux autres de leur race, iusques à luy qui estoit l'vn de ses quatre nepueux. Ainsi (disoit-il) comme voisin & habitant si ancien, porté de l'affection que i'ay enuers mes enfans, & enuers ma femme, Ie me suis habitué parmy ceste nation, allié de cher & de sang auec elle, sans me ressouuenir de l'Italie, n'y des parents que mes predecesseurs y ont. De vous faire maintenant vn recit de la maison où i'entray, de la femme & des enfans que i'y treuuay, des seruiteurs qui y estoient en grand nombre, du grand bien qui estoit en ceste maison, de la reception & bonne chere qu'on m'y fist, ie n'aurois iamais faict: Il suffist que vous sçachiez que i'appris son mestier, & qu'en peu de mois i'en gaignay ma vie. A mesme temps, le grand iour estoit proche de venir, lors que celuy que ie peux à bon droict nommer mon maistre & mon pere nourrissier, fist vn grand amas de ses marchandises, pour les porter à des Isles prochaines, & autres bien esloignees. Ie fus auec luy tant par curiosité, que pour vendre quelque chose que i'auois desia amassee. En ce voyage ie veis des choses dignes d'admiration & de merueille, & d'autres plaisantes & agreables. Ie remarquay les coustumes & les ceremonies incognues & non practiquees des autres peuples: finalement au bout de deux mois nous fusmes agitez d'vne tempeste, qui nous dura enuiron quarante iours, au bout desquels nous donnasmes en ceste Isle, d'où nous venõs de sortir, & côtre des roches qui mirent en pieces nostre vaisseau, & nul autre que moy ne resta viuant en ce naufrage.

Rutilius poursuit l'histoire de sa vie.

Chap. IX.

LE premier obiect qui parut à ma veuë, auant que ie veisse autre chose fut vn Barbare pendu à vn arbre. Cela me fist iuger que i'estois arriué en terre de Barbares sauuages. Soudain la peur me represéta mille sortes de morts, & ne sçachant à quoy me resoudre, i'en attendois quelqu'vne, ou toutes iointes ensemble. En fin côme la necessité est (ainsi que l'on dit), maiſtreſſe pour ſubtiliſer l'entendement, ie penſay vne choſe fort extraordinaire. C'eſt que ie dependis le Barbare, & apres m'eſtre deſpoüillé de tous mes accouſtremens que i'enterray dans le ſablon, me veſtis des ſiens. Ils me vindrẽt fort bien, puis qu'ils n'eſtoient compoſez d'autre ſorte que de peaux d'animaux, nõ couſus & non couppez par meſure, mais ceints par le corps, comme vous auez veu. Or afin que mon langage ne me fiſt recognoiſtre pour eſtranger, ie feignis que i'eſtois muet & ſourd, & auec ceſte induſtrie i'entray dans l'Iſle ſautant & capriolant en l'air. Ie n'eus guere cheminé que ie deſcouuris vn grand nombre de Barbares, qui m'enuironnans de tous coſtez me demandoient les vns les autres à tous coups, (ainſi que depuis ie l'ay peu entendre) qui i'eſtois, comme ie m'appelois, d'où ie venois, & où i'allois. Ma reſponſe fut de ne dire mot, & de donner des ſignes plus apparens que ie peus de muët, & ſoudain ie reïterois les ſaults & caprioles mieux que deuant. Ie ſortis du milieu d'eux, & les enfans commencerent à me ſuiure ſans me laiſſer en quelque part que i'allaſſe. Auec ceſte induſtrie, ie paſſay pour Barbare & pour muët, & les enfans pour me faire ſaulter & caprioler me donnoient à manger de ce qu'ils auoient. En ce ste maniere i'ay esté trois ans parmy eux, & y eusse encores demeuré tout le temps de ma vie sans estre cogneu. Cependant ie remarquay attentiuement & curieusement leur langue, & appris vne grande partie d'elle. Ie sceus la Prophetie qu'vn ancien & sage Barbare, à qui ils donnoient vn grand credit, auoit predit de la duree de leur Royaume. I'ay veu sacrifier plusieurs hommes pour faire l'experience de son accomplissement, & achepter plusieurs filles pour le mesme effect, iusques à ce que l'embrazement de l'Isle suruint & que vous mesmes auez veu. Ie me sauuay des flammes, & dõnay aduis aux prisonniers qui estoient dans le profond cachot où vous mesmes sãs doute aurez esté: l'aperceus ces barques, courus au riuage, & mes prieres toucherent vos courages genereux: Vous me receustes dans elles, d'ont ie vous remercie infiniment, & maintenant i'espere en Dieu, que puis qu'il nous a retirez d'vne si grande misere, il donnera encores sa faueur à nostre voyage & le rendra heureux.

Rutilus acheua son discours, qui remplit esgallement les assistans d'admiration & de contentement: tandis le iour parut tout mauuais & tout trouble, & auec signe certain de nege. Auristelle bailla à Periandre ce que Cloëlie luy auoit donné la nuict qu'elle

& de la belle Sigismonde.

mourut. C'estoiēt deux pelotes de cire. L'vne (comme l'on veit) couuroit vne croix de diamans, si riches qu'ils n'en voulurent pas faire l'estime pour ne faire tort à sa valeur. L'autre deux perles rondes pareillement d'inestimable valeur. Par ces deux ioyaux precieux l'on cogneut qu'Auristelle & Periandre estoient de grande maison, encores que leur gentille dispositiō, & leur agreable conuersation declarast mieux ceste verité. Lors que le iour fust venu, le Barbare Anthoine entra vn peu dans l'Isle: mais il ne descouurit autre chose que montagnes & rochers de nege, si bien que retournant aux barques il leur apprit que l'Isle estoit deserte, & qu'il leur falloit soudain desloger de là pour rechercher quelque autre lieu afin de se deffēdre du froid qui les menassoit, & se pouruoit de viures qui bien tost leur viendroient à faillir: Ils exposerent doncques promptement leurs barques à la mercy de l'eau & s'embarquerent tous, tournans les prouës vers vne autre Isle, qui se descouuroit non gueres loing de là. Ainsi nauigans auec l'espace que leur pouuoient donner deux rames, parce que chaque barque n'en pouuoit porter dauantage, ils ouyrent que des deux autres procedoit vne voix agreable & douce, de sorte qu'ils demeurerent tous attentifs pour l'escouter. Le Barbare Anthoine le pere remarqua particulierement que les paroles qu'on chantoit, estoient en langue Portugaise qu'il sçauoit fort bien. La voix se teut, & peu de temps apres recommença à chanter en Castillan, & n'on à autre ton d'instrument, qu'à celuy des rames, qui poussoient doucement les barques par le calme de la Mer. Voicy ce qu'on chantoit:

SONNET.

Grand vent, estoile claire, & les replis de l'onde,
Chemin non vsité, mais plaisant & ioyeux,
En vn port asseuré, grand, & delicieux,
Conduisent vostre Nef, vnique & rare au mõde.

Quelle ne craigne point de tomber vagabonde
Dans Scylle ny Caribde escœuils malicieux,
Ou dãs quelque rocher que l'eau cache à nos yeux,
Puis qu'elle a pour Patron, l'honneur sincere & monde.

Toutesfois si le cœur vous desfailloit si fort
Que vous n'eussiez espoir d'arriuer à ce Port,
Ne tournez nullement pour tout cela vos voiles.

L'Amour est ennemy tousiours du changement
Et iamais on ne voit qu'heureux euenement,
Accompagne les vœux des ames infidelles.

Lors la Barbare Ricla dist ces paroles
quand

quand la voix se teut: Ce chanteur doit estre bien de loysir, puis qu'en ce temps icy, il donne sa voix aux vēts. Mais Periandre & Auristelle ne firent pas ce iugemēt, parce qu'ils l'estimerēt plustost amoureux qu'oisif, selon ce qu'il venoit de chanter: car les amoureux treuuent aisément de l'amitié, & gaignent les courages de ceux qui sont atteints de pareille maladie. C'est pourquoy auec licence des autres, qui estoient en leur barque, encores qu'il ne fust pas besoin de la demander, Periandre fist que ce Chanteur passa à sa barque, tant pour iouyr de plus prez de sa bonne voix, que pour apprendre ses auantures: car vne personne qui chantoit en vne telle saison, où elle ressentoit beaucoup, ou bien estoit priuee de tous ressentiments. Les barques vindrēt à se ioindre: Le Musicien entra dans celle de Periandre, & tous le receurent courtoisement. Ce mesme Chanteur en entrant profera ces paroles, moytié Portugais, & moytié Castillan: Messieurs (dit-il) ie remercie le Ciel, vous & ma voix, qui m'ont fait changer en vn meilleur bateau, Neantmoins ie crois qu'en peu de temps ie le deschargeray du fardeau de mō corps, parce que les peines que ie ressens dās l'ame, me dōnent des signes euidents que ma vie est reduicte à son dernier periode. Le Ciel (respondit alors

F

Periandre) changera le tout en mieux: car puis que ie suis viuant, il n'y aura trauaux qui puissent faire mourir aucun. Celle-la ne seroit point esperance (ce dist aussi Auristelle) si les infortunes estoient capables de la combatre, & de la battre: puis que comme la lumiere paroist plus respladissante parmy les tenebres; aussi l'esperance doit estre plus ferme parmy les trauaux. Se desesperer aux infortunes, est vne action d'vn courage pusillanime. Or il n'y a plus grande coüardise que lors qu'vn homme affligé (quelque affliction qu'il puisse auoir) se donne en proye au desespoir. L'ame (poursuit Periandre, doit demeurer ferme vn pied sur les leures & l'autre sur les dents (si c'est parler proprement) & il ne faut pas qu'elle desespere de son remede, autrement ce seroit importuner Dieu (qui ne peut estre importuné) en voulant borner ses infinies misericordes. Tout cela est vray (repart le Chanteur) & ie le crois en depit des experiences que i'ay faictes durant le cours de ma vie en mes maux extremes.

Pour tout ce discours, ils ne laissoient pas de voguer; de sorte qu'auant qu'il fust nuict & en deux heures ils arriuerent en vne isle qui estoit pareillement deserte: Elle estoit pourtant plantee de beaucoup d'arbres chargez de fruicts bons à manger encores que la saison fust passee. Ils saulterent tous à terre, & tirerent leurs barques : & puis à grande haste ils se mirent à défueiller les arbres, & à prendre des rameaux pour faire vne grande loge ou cabane, afin de se defendre du froid. Ils firent encores du feu en frapant d'vn morceau de bois sec sur vn autre: artifice nõ moins cogneu que practiqué. Or comme tous mettoient la main à la besongne, l'on veit en peu de temps fabriquee la pauure cahuette où ils se retirerent tous, corrigeans auec bon feu l'incommodité du lieu ; ceste cabane leur semblant vn Palais spacieux. Ils appaiserent leur faim, & puis se fussent soudain endormis si le desir qu'auoit Periandre de sçauoir l'auanture du Chanteur ne les en eust empeschez. Or il le pria de leur cõter (s'il luy estoit possible) ses infortunes, puis que l'auanture qui l'auoit porté en ces contrees ne pouuoit estre autre que malheur. Le Chanteur estoit remply de courtoisie, si bien que sans se faire prier il commẽça son discours en ceste sorte.

Ce que raconte l'*Amoureux Portuguais*.

CHAP. X.

JE vous raconteray le plus succinctement qu'il me sera possible mon auãture, & don-

neray pareillement à ma vie, si ie dois adiouster foy à vn certain songe, qui la nuict passee me troubla l'ame. Messieurs, ie suis Portuguais de nation, riche en biens de fortune,
& non despourueu de ceux de nature. Ie me
nomme Manuel de Soza Coitin. Lisbonne
est ma patrie, & ma profession c'est de suyure le train des armes. Tout proche de ma
maison paternelle, & si pres qu'il n'y auoit
que la muraille entre-deux, demeuroit vn
Gentil-homme yssu de l'anciéne maison des
Periers. Il auoit vne fille vnique, seule heritiere de ses biens, qui estoient en grand nombre. Elle estoit le baston & l'esperance de la
felicité de son pere & de sa mere. L'antiqui-
té de sa race, ses richesses & sa beauté, la faisoient rechercher des plus grands du Royaume de Portugual. Mais comme i'estois son
plus proche voisin, i'auois plus de commodité de la voir. Ie iettay doncques mes yeux sur
elle : i'eus cognoissance de son merite, & l'a-
doray auec vne esperance plus douteuse que
certaine qu'elle pourroit estre mon espouse.
Or pour ne perdre point le temps, & pour
sçauoir qu'enuers elle, ny caresses, ny promesses, ny dons, ne profiteroient gueres ; ie me
resolus de prier vn mien parét qu'il la deman-
dast pour moy en mariage à son pere & à sa
mere ; puis que de race, de biens, & d'aage

nous estions tous deux pareils. La responſe
que i'eus du pere fut, que ſa fille Leonore n'e-
ſtoit pas encores en aage de marier, & que
ie laiſſaſſe paſſer deux ans: Qu'il me donnoit
parole que durãt ce temps là il ne reſoudroit
rien du mariage de ſa fille, ſans me le faire
premierement ſçauoir. Ie ſupportay ſur mes
eſpaules ce premier coup de patiéce, & pour
bouclier i'oppoſay mon eſperance. Cependant ie ne laiſſay pas de la ſeruir publiquement, ſous ombre de mon honneſte pretention, laquelle fut incontinent diuulguee par
toute la ville. Et elle doüee de prudence, &
de diſcretion, auoüoit honneſtement mes
ſeruices, par la licence que luy en donnoient
ſon pere & ſa mere;& me diſoit que ſi elle ne
les receuoit pas qu'indifferemment auec les
autres qu'on luy offroit, au moins ne les auoit
elle deſagreables. Il arriua au meſme temps
que mon Roy m'enuoya pour Capitaine general de l'vne des armees qu'il a en Barbarie:
charge honorable,& pleine de confiance. Le
iour de mon depart arriue, mais celuy de ma
mort n'arriua point, puis qu'il n'y a abſence
qui tuë, ny douleur qui conſume: Ie parlay
au pere & le priay qu'il me vouluſt donner
parole d'aſſeurance touchãt les deux annees.
Il eut compaſſion de ma douleur, ſelon qu'il
eſtoit ſage & diſcret, & conſentit que ie priſ-

F iij

se congé de sa femme & de sa fille Leonore, laquelle sortant en compagnie de sa mere pour me voir en vne salle, menoit auec elle, l'honnesteté, la beauté, la bonne grace, & le silence. Ie deuins tout esperdu, quand ie vis si proche de moy vne si grande Beauté. Ie voulus parler: mais la parole se confondit en ma bouche, & ma la langue s'attacha à mon palais. Ie ne peus faire autre chose que me taire, & donner par mon silence, vn argument visible du trouble de mon ame. Le Pere remply de courtoisie ayant apperceu ceste confusion m'embrassa, & me dist ces paroles: Iamais (Seigneur Manuël de Soza) le iour du depart ne permet à la langue de se deslier, & peut estre que ce silence parle plus en vostre faueur que ne sçauroit faire toute autre Rethorique. Allez vous en à la bonne heure exercer ce qui est de vostre charge, & reuenez en bonne disposition. Ie ne manqueray point à ce qui sera propre pour vous seruir. Ma fille Leonore est obeissante, & ma femme ne me dédira point. Mon desir est tel que i'ay dict. Or ces trois choses vous peuuent faire esperer bon succez en ce que vous desirez. Toutes ces paroles demeurerent imprimees en ma memoire, & en mon ame, desorte que ie ne les ay iamais oubliees, ny ne les oublieray iamais, tant que la vie me durera. La belle Leonore, ny sa Mere, ne me dirent chose aucune, ny moy-mesmes ie ne peus proferer ainsi que i'ay dit aucunes paroles. Ie m'en allay doncques en Barbarie, & exerçay ma charge auec satisfaction de mon Roy, l'espace de deux ans. Apres ie retournay à Lisbonne & treuuay que la renommee de la beauté de Leonore sortant hors des limites dn Royaume & de la ville, s'estoit estenduë par la Castille, & autres Prouinces. De toutes parts venoiét ambassades de Princes & grãds Seigneurs qui la demãdoient en mariage. Toutesfois comme elle n'auoit autre volonté que celle de son pere & de sa mere, elle ne prenoit pas garde, si elle estoit recherchee, ou si elle ne l'estoit pas. En fin voyant que le temps des deux annees estoit passé, Ie suppliay encores son pere, afin qu'il luy pleust de me la donner pour espouse. O malheureux que ie suis, il n'est pas possible que ie m'areste plus longuemens, puis qu'a la porte de ma vie ie vais appellãt la mort. Or ie crains qu'elle ne me donne pas le loysir de raconter mes infortunes, que ie nomme de la sorte, parce qu'elles sont telles. Finalement le pere & la mere me dirét vn iour, que le Dimanche prochain ils me donneroient ma desiree Leonore. A peu pres que ceste nouuelle par trop de contentement ne m'ostast la vie.

Ie conuiay mes parens, appellé mes amys, fis faire des liurees, enuoyay des presents auec tout ce qui estoit requis, & qui pouuoit faire paroistre, que ie me mariois, & que Leonore deuoit estre mon espouse. Ce iour arriua, & tous les plus grands de la ville m'accompagnerent en vn Monastere de Religieuses, qui se nomme De la Mere de Dieu, où l'on m'auoit fait accroire que mon Espouse m'attendoit depuis le iour precedent : car elle auoit voulu que l'accomplissement de son mariage se celebrast en ce Monastere auec licence de l'Archeuesque de la ville.

Le malheureux Gentil-homme s'arresta quelque peu, comme pour prendre haleine, afin d'auoir moyen de poursuiure son discours, & tout aussi tost il le poursuit en ces termes.

Ie me rendis au Monastere qui estoit paré pompeusement. Tous les principaux presque du Royaume, & toutes les principales Dames de la ville sortirēt pour me receuoir. Le Temple retentissoit tant du son des voix particulieres, que des instruments : Sur cela voicy la nompareille Leonore qui accompagnee de l'Abbesse, & de plusieurs autres Religieuses, vient à sortir par la porte du Cloistre. Elle estoit vestuë d'vn satin blanc deschiqueté, les manches pendantes à la Castillane:

La decoupure estoit enrichie de grosses & riches perles : le corps de cote estoit de toille d'or verte : Ses cheueux s'espandoient par dessus ses espaules: Ils estoient si luisans qu'ils effaçoient la lumiere du Soleil, & si lōgs qu'ils baisoient presque la terre : Sa ceinture, son collier, & ses anneaux, valoient à mon opinion vn Royaume. Ie vous dis encores qu'elle sortist si belle, si pompeuse, & si bien paree, qu'elle donnoit de l'enuie aux femmes, & de l'admiration aux hommes. Quant à moy ie peus dire que ie demeuray en telle sorte en la voyant, que ie me treuuay indigne de la meriter, par ce qu'il me sembloit, qu'encores que i'eusse esté Monarque de tout le mōde i'en eusse tousiours esté indigne. Il y auoit au milieu du corps de l'Eglise vne maniere de Theatre où sans aucun empeschement, & sans importunité l'on deuoit celebrer nos espousailles. La belle Damoiselle y mōta la premiere, & y fist paroistre ouuertement sa belle dispositiō & sa gētillesse. Elle parut aux yeux de tous ceux qui la regardoient, ce que paroist la belle Aurore à la pointe du iour : ou bien telle que les anciennes fables nous depeignent la chaste Diane dans les boscages: Voire il y en eut plusieurs, comme ie crois, si remplis de prudence, qu'ils ne s'ingererent pas de la comparer, sinon à elle mesme. Ie montay côme elle au Theatre, pensant monter au Ciel, & puis ie me mis à genoux deuant elle, tesmoignant presque que ie la voulois adorer. Sur cela vne voix suyuie de plusieurs autres, fist hautement retentir ces paroles : Viuez heureux & plusieurs longues annees au Monde, ô beau couple d'Amans fortunez. Que bien tost vostre table soit couronnee de tres-beaux enfans, & que durant vn lõg espace de temps vostre amour s'espande en vos Neueux. Que iamais la rage de la ialousie, ny le soupçon ne loge dans vostre ame. Que l'enuie soit abatuë à vos pieds, & que la bonne fortune ne parte iamais de vostre maison. Toutes ces benedictions & saincts souhaits, me combloient l'ame de contentement, voyant auec quel plaisir general, le peuple desiroit mon bon heur. Tandis la belle Leonore me prist par la main, & ainsi debout que nous estions, en haussant la voix me tint ce langage : Seigneur Manuel de Soza vous sçauez biẽ que mon Pere vous dõna parole qu'il ne disposeroit point de ma personne de deux annees, qui se deuoiẽt conter depuis le iour que vous me demandastes en mariage. Si i'ay pareillement bonne memoire, ie vous dis aussi me voyant pressee de vostre recherche & obligee des faueurs infinies que vous m'auiez faictes, plus par vostre courtoisie que par mon merite, que ie ne prédrois iamais en terre autre espoux que vous. Mõ pere a accomply sa parole ainsi que vous auez veu, & ie desire accomplir la mienne comme vous verrez. C'est pourquoy sçachãt que les tromperies encores qu'elles soiẽt honorables & profitables, tiennent ie ne sçay quoy de la trahison, lors qu'on les differe & qu'on les entretient. Ie veux vous tirer de peine en vn instant de ce que vous voyez, & de ce que i'ay fait. Monsieur vous deuez sçauoir que ie suis mariee, & qu'en aucune maniere puis que mon Espoux est viuant, ie ne me puis marier à vn autre. Ie ne vous quitte point pour quelque autre homme qui viue en terre : mais seulement pour l'amour d'vn qui est au Ciel Iesus Christ vray Dieu & vray Homme. C'est mon Espoux, & ie luy ay promis la foy auant qu'à vous : à luy sans artifice & de toute ma volonté; & à vous auec dissimulation & sans aucune fermeté. I'aduouë bien que si i'estois à choisir vn Mary en terre, aucun autre ne vous seroit iamais preferé : mais, ayãt à choisir au Ciel, qui est celuy qui se peut esgaler à Dieu. Si cecy vous semble estre trahison, ou vne procedure pleine de discourtoisie, donnez moy la peine que vous voudrez, & le nõ qu'il vous plaira. Il n'y aura ny mort, ny promesse, ni menace qui me puisse separer du Crucifix mon Espoux. Elle se teut, & au mesme temps l'Abbesse accompagnee d'autres Religieuses commencerent à la despouiller & à luy coupper la precieuse toison de ses cheueux. Ie demeuray muët, & pour ne tesmoigner point vn defaut de courage ie taschay de retenir les larmes qui me venoiét aux yeux. Lors en m'agenoüillát vne autresfois deuant elle ie luy baisay par force la main, & elle chrestiennement & par compassion, me ietta les bras au col. Apres ie me leuay debout, & esleuát ma voix ie dis si haut ces paroles que tous les entendirent: *Maria optimam partem elegit*. Acheuant ces mots ie descendis du theatre, & accompagné de mes amis retournay à mon hostel. Là passant & repassant en mon imagination ceste estrange auenture ie perdis presque le iugement: & maintenant pour le mesme subiect ie viens à perdre la vie. Ce disant il tira vn profond souspir de son estomach, & son ame quant & quant, de sorte qu'il cheut à bas tout mort.

La mort du gentil-homme Espagnol, & comme Periandre & sa Compagnie prennent port en vne autre Isle.

CHAP. XI.

PEriandre s'approcha promptement pour le voir, & treuua qu'il estoit du tout expiré. Auenture triste & non imaginee qui remplit de confusion & d'admiration tous les assistans. Ce sommeil, dist alors Auristelle, excuse desormais ce Cheualier du recit qu'il nous deuoit faire de ce qui luy arriua la nuict passee, les angoisses qui l'ont reduict à vn terme si desastré, & à la prison des Barbares: Accidents qui sans doute n'estoient pas moins desesperez, qu'estranges & inouys. Le Barbare Antoine adiousta ces paroles: Ce seroit vne grande merueille si vn mal-heureux estoit seul en ses infortunes. Les disgraces ont tousiours des Compagnons, & en quelque part qu'elles sont elles sont tousiours grādes, & alors elles acheuent de l'estre quand elles finissent auec la vie de celuy qui le souffre. Soudain ils donnerent ordre de l'enseuelir le mieux qu'ils peurent. Son accoustrement mesmes luy seruit de Suaire, de terre nege, & de Croix celle qu'il portoit deuant son estomach en vne scapulaire qui estoit de Christ, estant Cheualier de son habit. Or cest honorable signe n'estoit pas necessaire pour preuuer sa noblesse, puisque desià sa graue presence, ou son discours sage & modeste en auoiët rendu de clairs tesmoignages. Il n'eut pas faute de larmes pour l'accompagner. Car la compassion fist son office, & en tira des yeux de tous les assistás. Sur cela le iour vint, & l'on remit les batteaux à l'eau, leur semblant que la Mer douce & calme les attendoit. Entre doncques la tristesse & l'alaigresse, entre la crainte & l'esperance, ils suiuirent leur chemin, sans remarquer le lieu où ils deuoient aller. Ces Mers sont presques toutes couuertes d'Isles, & la pluspart dépeuplees, & ceux qui les habitent sont peuples rustiques, demy Barbares, & de peu de ciuilité, d'vn courage dur & fort insolent. Neantmoins auec tout cela ils desiroient d'aborder en quelqu'vne qui les recueillit: Car ils s'imaginoient que ses habitans ne pouuoient estre si cruels que les montagnes de la nege ne le fussent dauantage; & les durs & aspres perils de celles qu'ils laissoient derriere. Ils nauigerent plus de huict iours, sans treuuer plage, port, n'y abry aucun, laissans d'vn costé & d'autre de petites Isles, qui ne sembloient pas eſtre peuplees. Ils contemploient vne grande montaigne qui s'offroit à leur veuë, & taſchoient d'y paruenir auec la plus grande promptitude qu'ils pouuoient, parce que deſià leurs batteaux faiſoient eau, & les viures commençoient de leur manquer. En fin plus par l'aſſiſtance du Ciel, comme l'on doit croire, que par la force de leurs bras, ils paruindrēt a l'iſle deſiree, où ils apperceurent deux perſonnes qui marchoient ſur la riue, leſquelles Tranſile en eſleuant ſa voix pria de leur apprendre en quel païs ils eſtoient, qui les gouuernoit, & s'il y auoit là des Chreſtiens Catholiques. Ils luy reſpondirent en leur langue, qu'elle entendoit fort bien, que ceſte Iſle ſe nommoit Groenland, & que ſes habitās eſtoient Catholiques, encores qu'elle fuſt ſi depeuplee, que tous ceux qui y faiſoient leur demeure n'auoient qu'vne maiſon, qui ſeruoit de retraicte aux hommes qui abordoient à vn port, qui eſtoit derriere vne roche. Et ſur cela en leur monſtrant auec la main ceſte roche, on leur dit cecy : Si vous (qui que vous ſoyez) eſtes deſireux de recouurer quelque choſe qui vous deffaille, ſuiuez nous auec la veuë, & nous vous mettrons dans le port. Ceux de la barque rendirēt graces à Dieu, & ſuiuirent ſur Mer les perſonnes qui les guidoient par la terre. Apres auoir faict le tour du rocher qu'on leur auoit marqué, ils descouurirent vn abry que l'on pouuoit nōmer port, & dans iceluy dix ou douze vaisseaux, petits, moiens, grands. Iugez de la ioye qu'ils receurent en les voyant, puis qu'ils leur donnoient esperance de changer de batteau, & asseurance de pouuoir aller plus asseurement en autre part. Estans paruenus à terre, tant ceux des nauires que de la maison sortirent pour les receuoir. La belle Auristelle fut mise à terre portee sur les espaules de Periandre & des deux Barbares pere & fils. Elle estoit vestuë de la mesme robbe & pareure auec laquelle Periandre fut vendu aux Barbares par Arnalde. La gentille Transile, & la belle Barbare Constance, auec Ricla sa mere, sortirent auec elle, & tous les autres des barques accompaignerent ce gentil escadrō. Ceste belle compagnie causa vne telle admiration & vn tel estōnement à ceux de la Mer & de la Terre, que tous se prosternerent cōme s'ils eussent voulu adorer Auristelle. Ils la regardoient sans mot dire, & auec tant de respect, qu'ils n'osoient parler de peur de ne s'occuper en autre chose qu'en ceste admiratiō. La belle Transile, qui par experience sçauoit desià qu'on entendoit son langage, fut la premiere qui rompit le siléce, & qui leur parla en ces termes: La fortune qui nous a esté iusques

ques icy contraire nous a menez en vostre logis. A nostre equipage, & à nostre douce procedure vous verrez que nous requerons plustost la paix que la guerre: Car les femmes ne combattent point, ny pareillement les hommes affligez. Messieurs recueillez nous en vostre logis & en vos nauires, par ce que les barques qui nous ont icy cõduicts y laissent la temerité & la volonté de s'exposer vne autrefois à l'inconstance de la Mer. Si par or ou par argent l'on change icy ce que l'on recherche: facilement, & en abondance serez vous recompensez de ce que vous nous donnerez. Vous ne sçauriez le vendre si cher que nous ne le receuions tousiours comme si vous nous l'auiez donné. Lors l'vn (estrange miracle) qui paroissoit estre de ceux des nauires, respondit en ceste sorte en langue Espagnolle: Belle Damoiselle celuy manqueroit de iugement, qui douteroit de la verité de vostre dire. Or puis que le mensonge se dissimule, & le dommage se demasque par le moyen de la verité & du bien faire, il n'est pas possible qu'il loge dans vne si grande beauté que la vostre. Le Maistre de ce logis est tout remply de courtoisie, & tous ceux de ces vaisseaux pareillement. Regardez si vous aymez mieux entrer dans nos nauires ou dans ce logis: En l'vn & en l'autre

ç

vous y ferez receus & traictez ainsi que vous meritez. Lors le Barbare Antoine oyant que l'on parloit son langage profera ces paroles. Puis que le Ciel nous a conduicts en part où i'oys resonner à mes oreilles la douce langue de ma patrie, ie tiens desià pour certain la fin de mes infortunes. Messieurs allons à co logis, & apres y auoir reposé quelque peu, nous mettrons ordre de reprendre nostre chemin auec plus d'asseurance que nous n'a-uons euë cy deuant. Sur ces entrefaictes vn Marinier qui estoit au plus haut d'vne hune commença à dire en langue Angloise. Ie def-couure vn vaisseau qui à pleines voiles & en pleine Mer, & ayant le vent en poupe prend la route de cet abry. Tous deuindrent trou-blez, & au mesme lieu où ils estoient, sans se bouger d'vn pas, ils se mirent attendans le vaisseau qui estoit si proche d'eux. Lors qu'il se fut approché, ils apperceurent que les voi-les enflees estoient trauersees de Croix rou-ges, & recogneurent qu'en vne banderolle qui estoit au plus haut de la plus grande hu-ne, les Armes d'Angleterre estoient peintes. En abordant il lascha deux pieces d'artille-rie, & à mesme temps quelques vingt arque-busades. On leur fist signe de paix du costé de la terre, & l'on fist retentir des voix d'al-legresse, parce qu'ils n'auoient aucune artil-lerie pour leur respondre.

& de la belle Sigismonde. 51

L'arriuee de Maurice pere de Transile, en ceste Isle, & autres choses memorables.

CHAP. XII.

APres qu'ils eurent faict la salue d'vn & d'autre costé, tant du nauire que de la terre, au mesme instant ceux de ce vaisseau ietterent les ancres & lancerent l'esquif en l'eau. Le premier qui sauta dãs l'esquif apres quatre mariniers, qui le parerent auec des tapis, & auec leurs rames, fut vn homme ancien, qui sembloit auoir soixãte ans. Il estoit vestu d'vne robbe de velours noir, qui luy alloit iusques aux pieds, fourree de peluche noire, & ceint d'vn certain ruban de soye. Il portoit vn chapeau haut & pointu, qui sembloit pareillement estre de peluche. Apres luy sauta dans l'esquif vn braue & vigoureux ieune homme, de l'aage de quelques vingt-quatre ans. Il estoit vestu de velours noir, à la mariniere & tenoit vne espee doree à la main, & vne dague au costé. A l'heure mesme comme si on les eust lancez dehors, on met du nauire dans l'esquif vn homme tout enchainé, & vne femme attachee & prise auec les chaines mesmes. Cest homme estoit aagé de quelque quarante ans, elle en auoit plus de cinquante: Il estoit vigoureux,

G ij

& tout en cholere, & elle melancholique & triste. Les Mariniers pousserent l'esquif & en vn instant ils paruindrent à terre, portans sur leurs espaules & faisant porter à des arquebusiers qui venoient dans la barque, le vieillard, le ieune homme, & les deux prisonniers. Transile, qui cõme les autres auoit esté attentiue à regarder ceux qui venoient dans l'esquif, se tournant vers Auristelle, luy dit ces paroles: Madame, ie vous prie couurez moy auec le voile que vous portez attaché au bras, par ce que (ou i'ay peu de cognoissance) parmy ceux qui viennent dans ceste barque, il y a des personnes que ie cognois & qui me cognoissent. Auristelle le fit, & sur cela ceux de la barque se vindrent ioindre à eux, & tous les receurent fort courtoisement. Le vieillard qui portoit la robbe fourree de peluche, alla droit à Transile, en proferant ces paroles: Si ma science ne me trompe, & si la fortune m'est fauorable, i'auray esté heureux, en treuuant ce que i'auois perdu. Ce disant il haussa le voile du visage de Transile, & demeura pasmé entre ses bras, qu'elle luy offrit & dont elle le serra, de peur qu'il ne tombast à terre. L'on peut croire sans doute, qu'vn accident si nouueau, & non esperé, fit esmerueiller les assistans, & plus encore quand ils ouyrent que Transile tenoit ce langage: O pere de mon ame, quelle veuë est ceste-cy. Qui est-ce qui pousse vos cheueux venerables, & vos annees qui ont besoin de repos, en des Prouinces si esloignees de la vostre? Demandez-vous (dist alors le vigoureux ieune homme) qui l'amene en ces lieux? Vous deuez croire qu'il cherche le bon-heur, qui sans vous luy manquoit. Ma chere Dame & chere Espouse luy & moy venons chercher le Nort, qui nous doit guider au port de nostre repos. Mais puis que (graces en soient renduës au Ciel) nous l'auons treuué, faictes, ma Dame, que vostre pere Maurice, recouure ses esprits, & permettez que ie participe à son allegresse, en le receuant comme Pere, & moy comme vostre legitime Espoux. Maurice reprit ses sentiments, & Transile luy succeda en son esnanoüissement. Auristelle courut à son remede, & Ladislaus (c'estoit le nom de son Espoux) n'osa pas s'approcher d'elle, afin de garder le respect qu'il deuoit à Transile. Mais comme les esuanoüissements qui procedent d'allegresse, & d'vn accident où l'on ne pense point, ou bien ostent la vie en vn instant, ou ne sont pas de longue duree: Transile ne demeura gueres esuanoüie. Le Maistre de ce logis ou cabanne, leur dist cependant cecy: Venez, Messieurs, tout tant que vous estes

G iij

en lieu où auec plus de commodité & moins de froid, vous pourrez difcourir de vos auantures. Ils le creurent, & allerent à fon logis, qu'ils treuuerent capable de loger vne flotte. Les deux enchainez f'y rendirent pareillement fur pieds, eftans aydez à porter leurs chaines par les arquebufiers qui les auoient en garde. Quelques vns coururent à leurs nauires, & auec autant de hafte que de bonne volonté, tirerét le meilleur qu'ils y auoiét & l'apporterent. L'on alluma du feu, l'on couurit les tables, & fans parler alors d'autre chofe, chacun appaifa fa faim, pluftoft par l'abondance des poiffons que de la chair: car on ny fert là autre chofe que de certains oifeaux de Mer qui f'engendrent en ces contrees d'vne fi eftrange maniere, fi rare, & fi inouye, que ie fuis obligé de vous la raconter. On fiche des pieux de bois au riuage de la Mer & entre les efcœuils que les vagues battét. Peu de temps apres ces pieux que l'eau couure fe changent en pierre dure, & ce qui eft hors de l'eau fe pourrift & fe corrompt, & de cefte corruption f'engendre vn petit oifelet femblable à vn petit moineau, lequel volant à la terre fe fait grand & fi bon à manger, qu'il eft l'vne des plus delicieufes viandes de ce pays. Le plus qu'on en treuue c'eft aux Prouinces d'Hybernie & d'Irlande, & l'on nomme telle sorte d'oyseau Barnaclas. Le desir que chacun auoit de sçauoir l'auanture de ceux qui venoient d'arriuer, leur faisoit sembler trop long le repas. Quand il fut acheué, le vieil Maurice donna vn grand coup de la paume de sa main sur la table: signe qu'auec attention on l'escoutast. Tous se teurent alors, le silence leur sella les leures, & la curiosité leur ouurit les oreilles: Ce que cognoissant Maurice il deslia sa langue & parla en ces termes.

I'ay pris naissance en vne de ces Isles qui voisinent celle d'Hybernie: Ie suis issu d'vne ancienne & noble race, comme celuy qui procede des Maurices. Or en proferant ce nom ie dis tout ce que ie peus pour le mettre en reputation. Ie suis Chrestien Catholique, & non pas de ceux qui vont mandiāt la vraye Foy parmy les opinions. Mes parents m'esleuerent aussi bien aux estudes des armes que des lettres, si l'on peut dire que les armes s'estudient. I'ay esté affectionné à la science de l'Astrologie Iudiciaire, où i'ay acquis vn nom fameux. Estant en aage competāt ie me mariay, pour tenir rang, auec vne belle & principale femme de ma ville, de laquelle i'ay eu ceste fille que vous voyez icy. I'ay suiuy les coustumes de ma patrie, au moins en tant qu'elles me sembloient estre reglees par la raison, feignant d'obseruer les autres, parce

G iiij

que quelquesfois la dissimulation est profitable. Ceste ieune fille a esté nourrie sous mon ombre : car sa mere luy manqua deux ans apres sa naissance, à & moy le soustien de ma vieillesse : il ne me resta que le soing de la nourrir : Et pour sortir de ce fardeau pesant sur les espaules de ceux qui sont desià cassez par l'aage, ie procuray de luy dõner de bonne heure vn Espoux qui luy seruist de soustiẽ & & de cõpagnie. Ie l'ay mis en effect, & celuy que ie choisis fut celuy là mesme que vous voyez à mon costé, & qui se nõme Ladislaus. Mais auant i'eus le consentement de ma fille. Car il ne me sembloit iuste & conuenable que les peres marient leurs filles à leur volonté & à leur contentement, puis qu'ils ne leur donnent pas vne compagnie pour vn iour, mais pour tous ceux qu'elles viuront. Ceux qui ont faict le contraire, ont veu naistre mille sortes d'inconuenients, qui le plus souuent se changent en des succez malheureux. L'on doit sçauoir puis apres qu'en ma patrie il y a vne coustume la pire de toutes les mauuaises. C'est que si tost qu'vn mariage est contracté, & que le iour de la nopce est arriué, le fiancé & ses freres s'il en a se rendent en vne maison principale destinee pour ce subiect, auec tous les parents plus proches des deux parties. Tout le peuple de la ville y est pareillement, les vns pour tesmoings, & les autres pour bourreaux : Car c'est ainsi que ie les peus & dois nommer. L'espousee demeure en vne riche chambre, attendant ce que ie ne vous sçaurois dire sans que la honte me trouble la langue en vous le disant. L'espousee dis-ie attend que les freres de son Espoux, s'il en a, & quelques vns de ses parens plus proches, viennent pour cueillir l'vn apres l'autre les fleurs de sō iardin, & pour soüiller le bouquet qu'elle desire garder entier pour son mary. Coustume Barbare & maudite, qui est contraire aux loix de l'honnesteté & de la bien seance : Car quelle plus riche dot peut apporter vne fille que d'estre pucelle. Ny quelle honnesté peut, ou doit estre plus agreable à son Espoux que celle que la femme apporte la plus entiere qu'elle peut. L'honnesteté est tousiours accompagnee de la honte, & la honte de l'honnesteté ; & si l'vne & l'autre commencent de se dejoindre, & de se perdre, tout le bastiment de la beauté ira par terre, & sera mesprisé & abhorré. I'auois plusieurs fois resolu de persuader à mon peuple, qu'il laissast ceste prodigieuse coustume : Mais à peine en ouurois-ie la bouche que l'on me menaçoit de mille morts, de sorte que ie treuuay veritable cet ancien prouerbe

qui dit; Que la couſtume eſt vne autre nature, & que l'on en abhorre le changement autant que la mort. En fin ma fille s'enferma
dans la chambre ainſi que i'ay deſià dict, attendant ſon deshonneur. Mais comme vn
frere de ſon Eſpoux y vouloit entrer pour
donner commencement au vilain acte, voilà que ie la vois ſortie vne demye lance à la
main, & paroiſtre à la grande ſalle où eſtoit
tout le peuple, Tranſile belle comme le Soleil, courageuſe & braue comme vn Lion, &
courroucee comme vn Tigre.

Le vieil Maurice eſtoit paruenu iuſques à
ce point de ſon hiſtoire, & chacun l'eſcoutoit
attentiuement, lors que Tranſile poſſedee
du meſme courage qu'elle auoit au temps
qu'elle ſe treuua en ce meſme acte & occa-
ſion que ſon pere racontoit, s'eſleuant ſur
pieds auec vne voix que la colere trouble ordinairement, & le viſage tout rouge & les
yeux en feu; En effect auec vne contenance
qui la pouuoit rendre moins belle, ſi les accidents ſont capables d'amoindrir les grandes
beautez, oſtant les paroles de la bouche de
ſon pere, profera celles que vous aurez au
Chapitre ſuiuant.

Transile poursuit l'histoire que son père auoit commencee.

CHAP. XIII.

J'Entray (dit Transile) comme mon pere vous disoit, & parus à la grande salle. Là, iettant les yeux de tous costez, ie me mis tout haut & tout en colere à proferer ces paroles: Ostez-vous d'icy vous de qui les deshonnestes & barbares coustumes sont contraires à celles qu'obseruent toutes les Republiques bien ordonnees. Vous dis-ie plus lascifs que religieux. Vous qui auec vne vaine apparence & vn ombre de ceremonies friuoles, voulez cultiuer le champ d'autruy, sans en auoir la permission de ceux qui legitimement le possedent. Me voicy ô nation perduë & encore plus mal conseillee. Venez venez seulement: La raison qui pend à la poincte de ceste lance deffendra mon party, & ostera les forces à vos mauuaises pensees, mortelles ennemies de l'honnesteté, & de la pudicité. Ce disant ie m'eslance au milieu de ceste tourbe, & passant au trauers, ie sors à la rue n'estant accompagnee que de ma propre angoisse. Ie paruins au riuage de la Mer, & la ayant reduict en vn & en peu de temps mille discours qui tomboient en mon imagination, ie me iette dans vn petit batteau, que sans doute le Ciel me fist rencontrer. Et puis auec deux petites rames ie m'esloignay de la terre autant que ie peus. Toutesfois en voyāt qu'on me poursuiuoit à la haste dās plusieurs autres bateaux, mieux equippez, & poussez auec plus de force, & qu'il m'estoit impossible d'eschapper ie desliay les rames, & repris ma lance, en intention de les attendre, & de ne me laisser point tomber entre leurs mains, sans perdre la vie apres auoir vengé le tort qu'on me faisoit, sur celuy que ie pourrois. Or ie vous dis vne autrefois que le Ciel touché de mon malheur, anima le vent, & porta mon batteau sans que i'y employasse la rame, bien auant dans la Mer, iusques à tant qu'il paruint à vn courant, qui l'emporta violemment & le fist entrer plus auant, ostant l'esperance à ceux qui venoient apres moy, de m'attrapper. Car ils n'oserent pas entrer dans ce courant desbordé que la Mer poussoit en ceste coste.

Cela est veritable. (dit alors son Espoux Ladislaus,) Mais comme à lors tu m'emportois l'ame, ie ne peus m'empescher de te suiure, la nuict vint cependant, & nous te perdismes de veuë, & perdismes encores l'esperance de

& de la belle Sigismonde. 109

te voit iamais viuante, si ce n'est par la langue de la renommee, qui dés l'heure mesme eut la charge de celebrer vn si haut faict, durant l'eternité de tous les siecles.

Il arriua puis apres (poursuit Transile) que ceste mesme nuict vn vent, qui souffloit de la Mer, me porta à terre: Ie treuuay au riuage des pescheurs qui me receurent benignemēt & me logerent, voire encores m'offrirent vn mary, si ie n'en auois point, & ie croys que c'estoit auec d'autres conditions que celles que ie venois de fuir. Neantmoins la conuoitise humaine, qui regne, & qui exerce son empire parmy mesme les escueils & les roches de la mer, voire dans les courages durs & sauuages, entra ceste mesme nuict dans l'ame de ces rustiques pescheurs. Ils s'accorderent entre eux que puis que le butin appartenoit à tous, & qu'il estoit impossible de le diuiser, il falloit qu'ils me vendissent à certains Corsaires, qu'ils auoient découuerts ce soir là, non gueres loing du lieu de leur pesche. Ie pouuois bien offrir vn pris plus haut que celuy qu'ils pouuoient demander aux Corsaires. Mais ie ne voulus point estre nullement obligee à nul de ma barbare patrie. Sur le point du iour, les pirates estans la abbordez, ces pescheurs me vendirent, ie ne sçay pas combien: toutesfois ce fut apres m'auoir despoüillee de tous les ioyaux que ie portois cóme vne Espousee. Ie vous dis que les Corsaires me traicterét plus courtoisemét que ceux de ma patrie. Ils me dirent, que ie bánisse de mon ame toute melancholie, puis qu'ils ne m'emmenoient pas pour estre esclaue, ains pour estre Reine, & encore Dame de tout le monde, si certaines propheties estoient veritables, lesquelles estoient en regne parmy les Barbares d'vne Isle, de qui l'on parloit tant par toute la terre. Ie vous reciteray vne autresfois comme i'arriuay & vous diray pareillemét la reception que les Barbares me firent, comme i'appris leur langue, depuis le temps que vous ne m'auez point veuë. Vous sçaurez de moy leurs coustumes & leurs ceremonies, la creance de leurs vaines predictions, la rencontre que i'ay faicte de ceste honorable compagnie, l'embrazement de l'Isle qui est maintenant toute bruslee, & comme nous auons recouuré la liberté. Qu'il vous suffise maintenant de ce que ie vous ay dit. Ie veux donner le loysir à mon pere de raconter l'auanture qui la faict icy venir, & si heureusement pour moy lors que moins ie l'attédois. Ce fut là que Transile mist fin à son discours. Tout estoit rauy de la douceur de sa parole, & estonné de son extreme beauté, à qui nulle autre apres la beauté d'Auristelle,

ne se pouuoit esgaller. Lors son pere Maurice commença a parler de la sorte: Tu sçais
bien (belle Transile ma chere fille) comme
mes estudes & mes exercices, entre plusieurs
autres agreables & dignes de loüange, m'ac-
quirent la cognoissance de l'Astrologie iudiciaire. C'est vne science laquelle estant rencontree bien à propos, assouuit le desir naturel qu'ont tous les hommes, pour auoir cognoissance non seulement du passé & du present, mais encore de l'aduenir. Quand ie te
veis perduë, ie notay le point, obseruay les
Astres, contemplay l'aspect des planettes,
marquay les sieges & les demeures necessaires afin que mon trauail respondit à mon desir: parce qu'il n'y a aucune science, (si on la
prend comme science) qui abuse: car l'abus
ne procede que de l'ignorāce, principalemēt
en l'Astrologie, à cause de la promptitude des
Cieux qui emportent auec soy toutes les E-
stoilles, qui n'influent point en vn lieu ce
qu'elles influent en vn autre. C'est pourquoy
si l'Astrologue iudiciaire s'arreste quelquesfois en son iugement, c'est pour suiure le plus
probable & le plus experimenté. Or le meilleur Astrologue du Monde, qui bien souuent se trompe neantmoins, est le Demon,
parce que non seulement il iuge de l'aduenir, par le moyen de la science qu'il sçait,

mais encores parce qui est desià arriué, & par coniectures. Comme il y a si long temps que l'experience luy apprend les accidents passez, & luy donne cognoissance des presens, il s'entremet facilement à iuger de l'aduenir. Mais nous qui ne sommes qu'apprentifs de ceste science, encores que nous n'en deuions pas faire iugement trop asseuré, neantmoins i'appris que ta perte deuoit durer deux ans, & que ie te deuois recouurer ce iour icy, & en ceste contree: Ce qui faict raieunir mes cheueux blancs, & me donne subiet de rendre graces aux Cieux pour le trecouurement de mon thresor. Mon esprit se ralege par ta presence, encores que mon contentement soit entre meslé de quelque trouble. Mais c'est l'ordinaire que l'heur est tousiours accōpaigné de disgraces, lesquelles ont le pouuoir & la licence de s'introduire parmy les heureuses auantures, afin de nous apprendre que le bien n'est point eternel, ny le mal d'eternelle duree. Graces soient rendues au Ciel (dit alors Auristelle, qui depuis long temps ne disoit mot) & qu'il daigne nous donner bon voyage puis qu'vn si heureux recouurement nous promet toute felicité. La femme prisonniere, qui auoit attentiuement escouté le discours de Transile, se leua sur pieds, & malgré ses chaisnes, & l'empeschemens

& de la belle Sigismonde. 113

ment que luy donnoit celuy qui estoit prisonnier auec elle esleua sa voix & profera ces paroles.

Qui estoient ceux que l'on menoit ainsi enferrez.

CHAP. XIIII.

S'Il est vray qu'il soit permis aux affligez de parler deuant ceux qui sont en prosperité, ie vous prie m'en donner pour ceste fois la permission, & ie tascheray que mon brief discours moderera le dégoust que vous pourriez prendre à m'escouter. Tu viens de te plaindre (dit-elle en s'adressant à Transile) ô belle Damoiselle, de la barbare coustume de tes citoyens, comme si cela mesme allegeoit le trauail de ceux qui en ont besoin, & ostoit la charge aux debiles. Mais ce n'est pas vn defaut à vn cheual (quelque bon qu'il soit) de luy faire franchir premierement la carriere que l'on luy met au deuant: ny l'vsage & la coustume ne sont point contraires à l'honnesteté, puis que par ce moyen on ne perd point l'honneur, & que l'on croit pour veritable ce qui ne semble pas l'estre. Il n'y a point de doute qu'vn homme qui aura esté

H

marinier ne gouuerne mieux le timon qu'vn autre qui fort d'vne escole pour estre pilote. L'experience en toutes choses est la meilleure maistresse des Arts. De sorte que tu eusses mieux fait d'entrer bien experimentee en la compagnie de ton espoux que rustique & inculte. A peine acheuoit elle ceste derniere parole, que l'homme qui estoit lié auec elle luy mettant le poing serré droict au visage, & la menaçant profera ces paroles: O Rosemonde, ou pour mieux dire Rose immonde, parce que tu n'as iamais esté ny monde ny nette, ny ne l'es, ny ne le seras iamais en ta vie quand tu viurois autant d'annees que les mesmes Temps: Ie ne m'estonne pas si l'honnesteté & la modestie que toutes les honnestes Dames sont obligees de garder, te faschent. Vous deuez sçauoir, Messieurs, (poursuit cest homme regardant tous les assistans) que ceste femme que vous voyez icy attachee comme folle, & libre comme effrontee, est ceste fameuse Rosemonde, qui fust iadis la Concubine & la Maistresse du Roy d'Angleterre. Les Histoires sont toutes remplies de ses impudiques façons de faire. Ceste-cy a autresfois commandé au Roy, & par mesme moyen à tout le Royaume. Elle faisoit & cassoit les loix: Elle esleua des hommes de neant & vicieux, & raualla les hommes vertueux qui estoient esleuez en honneur. Au reste elle accomplit ses desirs autant deshonnestement, que publiquement, au grand mespris de l'authorité du Roy, & pour faire paroistre ses appetits desordonnez. Or elle commit tant de follies infames, qu'enfin les liens de diamant & les chaines de fer dont elle tenoit attaché le cœur du Roy venans à se rompre, il la chassa, & la mesprisa autant qu'il l'auoit auparauant honoree. Lors que ceste folle estoit au sommet de la roüe de felicité, & qu'elle tenoit la fortune par les cheueux, ie viuois extrememẽt fasché, & auec desir de faire voir à tout le monde combien mon Roy & Seigneur naturel employoit mal son temps, en l'aymant. Ie possede vn certain esprit Satyrique & mesdisant, vne plume prompte & legere, & vne langue libre. Les pointes malicieuses, les pasquins & les libelles diffamatoires me plaisent extrémement, & pour vous le dire en vn mot i'aymerois mieux perdre vn amy, voire cent mille vies qu'vn traict de mesdisance. Les prisons n'estoient pas capables de m'attacher la langue, de mesme que les bannissements ne sont pas suffisans de me faire taire. Les menaces ne me firent nulle peur, ny les chastiments ne me seruirent iamais de correction. En fin nous fusmes vn iour payez tous deux en belle monnoye. Le Roy fist proclamer à son de trompe qu'aucun de sa ville Royale ny de tout son Royaume, n'eust à donner à ceste-cy (quelque argent qu'elle offrist) autre chose que du pain & de l'eau, & qu'elle & moy fussions mené en l'vne de ces Isles desertes qui sont icy proches, pour y estre la confinez: Punition qui m'a esté plus sensible, que si l'on m'eust osté la vie. Considere (ô Clodio, repart alors Rosemonde) combien t'a compagnie m'est fascheuse, puis que mille fois il m'est venu en fantaisie de me ietter dans le profond de la Mer. Si ie ne l'ay pas fait c'est afin de ne t'emporter point auec moy, puis que si aux Enfers ie pouuois demeurer sans toy, ie penserois y alleger mes peines. A la verité ie confesse que mes follies ont esté en grand nombre: mais aussi ont elles esté exercees sur vn sujet debile & reply de peu de discretion: au lieu que les tiennes sont tombees sur des espaules viriles, & sur vne discretion experimentee, sans que d'elle tu ayes retiré autre profit, qu'vn plaisir plus fresle & plus leger que la paille menuë, que les tourbillons des vents demenent d'vn costé & d'autre. Tu as offensé l'honneur de milles personnes, aneanty le credit de plusieurs hommes illustres, descouuert les secrets plus cachez, & contaminé les races plus nobles,

Tu t'es rendu odieux à ton Roy, à tes citoyés, à tes amis & à tes parents mesmes. En fin au lieu de te rendre agreable tu as faict ennemy tout le monde. A la mienne volonté que le Roy commandast que i'acheuasse le reste de mes iours auec vn autre genre de mort, sans que ie ressentisse les blessures de ta langue qui m'offencent à chaque pas: ta langue, dis-je, de qui bien souuét les Cieux & les Saincts ne demeurent point asseurez. Neantmoins auec tout cela (repart Clodio) iamais la conscience ne m'a accusé d'auoir menty. Que tu ayes vne conscience (dit Rosemonde) pour ne dire que la verité. C'est assez pour t'accuser, par ce que toutes les veritez ne doiuent pas sortir en public, & aux yeux de tout le Monde. Il n'y a point de doubte (replique alors Maurice) que Rosemonde n'aye raison: parce qu'il n'est pas loisible de publier les fautes que l'on commet secrettemét, & sur tout celles des Roys & des Princes qui nous gouuernent. Ce n'est pas à vn homme particulier de reprendre son Roy & son maistre, ny de semer aux oreilles du peuple les pechez de son Prince. La raison est que cela ne peut nullement seruir pour leur amandement: au contraire c'est ce qui les rend mesprisables parmy leurs subiects. Que si la correction se doit fraternellement exercer parmy tout le

Monde, pourquoy le Prince ne iouyra-il pas de ces priuileges? Pourquoy doibt-on faire voir publiquement ses defauts & à sa veuë. Bien souuent la reprehension publique estãt faicte mal à propos, endurcit le courage de celuy qui la reçoit, & le rend pluſtoſt opiniaſtre au mal, qu'elle ne l'amande. Et comme il eſt neceſſaire que la reprehenſion tombe ſur des pechez veritables ou imaginaires, il n'y a nul qui prenne plaiſir d'eſtre repris en public. C'eſt pourquoy à bon droict les Satyriques & les Meſdiſans ſont bannis de leurs maiſons honteuſement, ſans qu'ils retirent autre loüange, que d'eſtre appellez ſubtils & aigus ſur des mal-viuants, & mal-viuants ſur des aigus & ſubtils. C'eſt comme ce que l'on dit que la trahiſon eſt agreable, mais qu'on abhorre le traiſtre. Il y a bien encore plus que l'hõneur qu'on oſte par les eſcrits, volant de Prouince en Prouince, ne peut eſtre reſtitué, & nous ſçauons, que ſans la reſtitutiõ les pechez ne ſont point pardonnez. Ie ſçay tout cela (repart Clodio) toutesfois ſi l'on veut que ie ne parle ny n'eſcriue point, il faut que l'on me couppe la langue & les mains. Encores mettrois-ie la bouche dans les entrailles de la terre, & criant comme ie pourrois, i'aurois eſperance que de la ſortiroient les roſeaux du Roy Midas. Laiſſons maintenant tous ces differents (dist alors Ladiflaus) & pour faire la paix marions Rosemonde auec Clodio, peut-estre la benediction du Sacrement du Mariage changera l'humeur de l'vn & de l'autre, & par mesme moyen il pourront changer de vie. I'ay auec moy vn cousteau (replique Rosemonde) & plustost ie m'en ouurirois l'estomach pour en tirer mon ame: Elle est desià presque sur le bord de mes leures quand elle a ouy parler d'vn si malheureux & si detestable mariage. Quant à moy (dit Clodio) ie ne me tuëray point parce qu'encores que ie sois Satyrique & mesdisant, le plaisir que ie prens à mesdire lors que ie mesdis bien à propos, est tel que ie desire de viure, puis que tout mon desir est tourné à la mesdisance. Vray est que ie veux espargner les Princes, parce qu'ils ont les mains lögues, & qu'ils en touchët là où ils veulent. L'experience m'a desià faict paroistre qu'il n'est pas bon d'offenser ceux qui ont du pouuoir: Et la charité Chrestienne nous apprend qu'on doibt prier Dieu pour la vie & pour la prosperité du bon Prince, & le requerir qu'il amande celuy qui est mauuais. Quiconque sçait toutes ces choses (dit alors le Barbare Anthoine) desire de se corriger. Il n'y a peché, tant grand puisse-il estre, qui ne s'efface entierement par le moyen de la repentance.

La langue mesdisante est comme vne espee à deux filets qui couppe iusques aux os; ou bien comme le foudre, qui brise vne espee sans offenser le fourreau. Encores que les discours ordinaires soient plaisans & agreables quand on y mesle la mesdisance, neantmoins la fin ordinairement en est amere & mal plaisante. La langue n'est pas moins legere que la pensee. Que si les conceptions des pensers sont mauuais, ils deuiennent encores plus meschans quand la langue les enfante. Car comme les paroles sont semblables aux pierres, qui ne se peuuent reuoquer lors qu'on les a iettees & iusques à tant qu'elles ayent produict leurs effects, bien peu souuent le repentir de les auoir proferees amoindrist le crime de celuy qui les a dictes; encores que i'aye cy deuant dit qu'vne bonne repentance est la meilleure medecine que puissent receuoir les maladies de l'ame.

De l'arriuee du Prince Arnaldo en ceste Isle où Periandre & sa compagnie s'estoient retirez.

Chap. XV.

PEndant qu'ils discouroient de la sorte voicy vn Marinier qui entre dans leur caba-

& de la belle Sigismonde.

ne & qui crie hautement: Il y a vn grand vaisseau qui vient à voiles desployees droict en ce port, & ie n'ay point encores peu comprendre de quelle contree il peut venir. A peine acheuoit-il ce lāgage que l'on ouyt vn son horrible de plusieurs pieces d'Artillerie, que le vaisseau deschargea lors qu'il entra dans le port: Neantmoins c'estoit sans aucune balle, signe de paix & non de guerre. Le vaisseau de Maurice luy respondit au mesme ton, & les soldats de mesmes tirerent des arquebusades. A l'instant tous ceux qui estoient dans la cabane se rendirent au riuage. Periandre recogneut soudain que ce vaisseau nouuellement abbordé estoit à Arnaldo Prince de Dannemarc. Il n'en fut pas trop content: au contraire son cœur cōmença d'en pantheler dans son estomach. Le mesme trouble saisit Auristelle, comme celle qui par vne longue experience sçauoit l'amour qu'Arnaldo luy portoit. Au reste elle ne pouuoit imaginer comment les volontez d'Arnaldo & de Periandre se pourroient bien accorder ensemble, sans que la rigoureuse & desesperee fleche de la ialousie ne leur perçast l'ame de part en part. Desià Arnaldo estoit entré dans l'esquif du Nauire, & desià il arriuoit à bord, quand Periandre s'approcha pour le receuoir. Mais Auristelle ne se bougea nullement du lieu où elle s'estoit arrestee. La Belle eust desiré estre alors changee en arbre verdoyant, comme fut la fille de Penee, lors qu'Appollon la poursuiuoit legerement. Si tost qu'Arnaldo apperceut Periandre il le recogneut, de sorte que sans attendre que ses gens le rendissent à terre sur leurs espaules, il se ietta de la pouppe de l'esquif & d'vn sault se treuua à terre, & entre les bras de Periandre qui le luy auoit ouuert pour le receuoir. Lors Arnaldo luy dit ces paroles: Si i'estois si heureux amy Periandre que ie treuuasse auec toy ta sœur Auristelle, il n'y a mal desormais qui me peust faire craindre, ny autre plus grand bien que ie peusse esperer. Elle est auec moy, valeureux Prince (reprit alors Periandre) & les Cieux qui veulent fauoriser tes vertus & honnestes pensees, te l'ont cōseruee en l'integrité quelle mesme merite par ses rares qualitez.

Desià le bruit auoit couru, par toute cette compagnie qui estoit à terre, que le Capitaine de ce Nauire estoit le Prince de Dannemarc: & neantmoins Auristelle demeuroit là comme vne statuë sans voix & sans mouuement. La Belle Transile estoit pres d'elle & les deux qui paroissoient estre Barbares, Ricla, & Constance. Tandis Arnaldo s'approche, & s'estant mis à genoux deuant Auristel-

& de la belle Sigismonde. 123

e luy tint ce langage: vous soyez la bien treuuee (claire Estoile du Nort) qui guide mes honnestes pousees. Estoille fixe qui me conduit au port ou mer bons desirs doiuent treuuer leur repos. Auristelle ne luy respondit parole aucune: au contraire les larmes luy vindrent aux yeux qui commencerent à baigner ses ioües de roses. Arnaldo tout confus de ceste façon de faire ne sçauoit si cet accident procedoit, ou de l'ennuy qu'elle receuoit en le voyant, ou bien d'alegresse. Mais Periandre qui remarquoit le tout, & qui auoit les yeux arrestez sur chaque mouuement que faisoit Auristelle, tira de doute Arnaldo, & luy dit: Monsieur, le silence & les larmes de ma sœur, procedent d'admiration & de contentement: D'admiration lors qu'elle te voit en vn lieu inesperé: & les larmes luy coulent des yeux pour le plaisir qu'elle ressent en te voyant. Il faut que tu croyes qu'elle n'est point ingrate, & qu'elle est trop bien nourrie. Elle recognoist les obligations qu'elle t'a, & le bon traictement que tu luy as tousiours faict. Sur cela on entra dans la cabane, & l'on couurit les tables de viandes. Ils rejoüirent leurs cœurs, par le moyen des couppes pleines de gros vins lesquels estans portez d'vn bout d'vne mer à vne autre se rendent si excellents qu'ils n'y a Nectar qui les esgalle. Le second repas se fist pour l'amour du Prince Arnaldo, & Periandre luy conta ce qui luy estoit arriué en l'Isle Barbare, ensemble la liberté d'Auristelle, & de point en point toutes les auantures que nous auons cy dessus racontees, & dont Arnaldo estoit fort esmerueillé. Apres chacun fut saisy de nouueau d'allegresse, & d'admiration.

Du discours que tindrent Arnaldo & Periandre touchant Auristelle.

CHAP. XVI.

SVr cela le maistre de la cabane leur dist ces paroles: Ie ne sçay si ie dois dire qu'il me desplaist de la bonace que promettent les signes celestes sur la mer. Le Soleil se monstre clair & luisant. Ny pres ny loing on ne descouure aucun riuage. Les vagues heurrent doucement la terre, & les oyseaux se pourmenent par la Mer. Toutes ces choses sont indices d'vne serenité ferme & durable. Cela doit obliger ceste honorable cōpagnie de me laisser seul, de mesme que la fortune les a icy iettez en ma pauure demeure. Il faut que cela ce face (dist alors Maurice:) car bien que vostre noble compagnie nous soit agreable & chere, le desir pourtant que nous auōs de retourner en nos patries ne permet pas que nous en iouyssions longuement. Quant à moy ie suis resolu, à la premiere veille de la nuict de faire voile; si mon maistre pilotte me veut croire, & si Messieurs ces soldats qui m'accompaignent sont de mesme vouloir. Tousiours la perte du temps (repart Arnaldo) est irrecouurable, mais celle qui se perd en la nauigatiō est irremediable. En fin il fut resolu vnanimement que ceste nuict mesme l'on prendroit la route d'Angleterre ou chacun auoit desir de se rendre. Arnaldo sortant de table, prist Periandre par la main, & l'ayant tiré hors de ceste cabane, sans estre ouy d'aucun luy tint ce langage: Il n'est pas possible (amy Periandre) que ta sœur Auristelle ne t'aye dict la volonté, que durant l'espace de deux annees qu'elle demeura au pouuoir du Roy mon pere, ie luy ay tesmoignée, si conforme a ses honnestes desirs, que iamais de ma bouche ne sortit parole qui peust troubler ses chastes intentions: Iamais ie ne voulus m'informer plus auant de ses affaires, outre ce qu'elle m'en dit. Ie l'ay grauee en mon imagination, non comme vne personne vulgaire & issuë de basse condition, ains comme Reine de tout le monde parce que son honnesteté, sa modestie & sa discretion exrreme, m'empeschoient de penser à quelque autre chose: Ie m'offris mille fois à elle pour estre son espoux, & ie le fis auec la permission de mon pere, encores qu'il me semble que cest offre n'estoit pas digne d'elle. Or elle m'a tousiours respondu, que iusques à tant qu'elle eust faict vn voyage à Rome où elle alloit, pour accomplir vn vœu, elle ne pouuoit disposer de sa persōne. Iamais elle ne m'a voulu apprendre sa qualité ny le lieu de son origine, & moy comme i'ay desià dit, ie ne l'en ay point importunee, parce que sa personne seule sans emprunter quelque chose d'vne autre noblesse merite non seulement la Couronne de Dannemarc, mais encore la Monarchie du Monde: Ie te dis ces choses (Periandre) afin que comme homme de raison & d'entendement tu consideres que la fortune qui t'appelle à la porte de ton bien & de celuy de ta sœur, n'est pas petite. Ie m'offre de l'épouser & promets d'accōplir ceste offre lors qu'elle le voudra, & où il luy plaira. Si elle veut ce sera soubs la conuerture de ces pauures toicts de chaume, où bien soubs les dorez de la fameuse Rōme. Cependant ie te promets de me contenir dans les limites de l'honnesteté & de la modestie, encor que ie me visse consumer par les boüilsans desirs que traine quant & soy la concupiscence desordonnee, & l'esperance prochaine, qui ordinairement trauaille dauantage que celle qui est esloignee.

Ce fut là que le Prince Arnaldo meit fin à son discours, escoutant attentiuement la response que luy feroit Periandre qui fut telle: Ie recognois fort bien (valeureux Prince) l'obligation que moy & ma sœur t'auons, pour les grands bienfaicts que nous auons receus de ta courtoisie, & pour les faueurs que tu nous eslargis maintenant. Moy pour l'offre que tu me fais d'estre mon beau frere: & elle pour celle que tu luy faicts d'estre son Espoux. Toutesfois encores qu'il semble folie, que deux miserables pelerins bannis de leur patrie n'acceptent sur le champ le bien qui leur est offert, ie te dis qu'il n'est pas possible que nous le receuions de mesme qu'il nous est possible de t'en remercier. Ma sœur & moy portez du destin & du vœu que nous auons faict, allons à la saincte Cité de Rome, & iusques à ce que nous y ayons esté il nous semble que nous ne sommes rien; & qu'estãs priuez de liberté, nous ne pouuons vser de nostre arbitre. Lors que le Ciel aura permis que nous aurons marché sur ceste terre saincte, & honoré les reliques de Saincts, nous aurons le pouuoir de disposer de nostre volonté, maintenant empeschee. Cependant tu te dois asseurer que la mienne s'employera toute pour ton seruice. Ie te dis pareillement que si tu arriues à l'accomplissement de ton desir tu espouseras vne fille de tres-illustre race, & auras en moy vn homme qui te sera plus que beau frere. Tandis ie te supplie par tant de faueur que tous deux auons receuë de toy, oblige nous encores de ceste-cy, que tu ne t'enquieres point de moy, ny de nos affaires, ny de nostre vie: Par ce moyen tu ne m'obligeras point d'estre menteur, & feras que ie n'inuenteray point des chimeres fausses & mensongeres, parce que maintenant ie ne peux te conter la verité de nostre histoire. Mon frere (repart Arnaldo) tu peus disposer de moy à ta volonté. Fais ton conte que ie suis de la cire, & toy vn cachet où tu pourras grauer ce qu'il te plaira. S'il te semble bon nous partirons ceste nuict mesme, pour prendre la route d'Angleterre & delà nous pourrons facilement aller en France & à Rome. Or en ce voyage s'il te plaist ie vous feray cōpagnie en l'equipage qu'il vous plaira. Encore que ceste derniere offre despleust à Periandre, toutesfois il l'accepta, esperant que le temps & le delay qui ordinairement accommode les affaires y apporteroit remede. Ainsi les deux beaux freres en esperance,

s'embrasserent

& de la belle Sigismonde. 129

s'embrasserent, & puis retournerent à la cabanne pour donner ordre à leur depart.

Auristelle auoit veu comme Arnaldo & Periandre estoient sortis ensemble, si bien qu'elle trembloit de peur, ne sçachant quelle fin auroit leur discours: Car bien qu'elle eust cognoissance de la modestie du Prince Arnaldo, & de la grande prudence de Periandre; neantmoins mille doubtes là troubloient. Elle se representoit que comme l'Amour d'Arnaldo esgalloit son pouuoir, il pourroit chãger ses prieres en violéce, parce que bien souuent la patience des Amoureux possedee du desdain, se change en rage, & la courtoisie en inciuilité. Toutesfois quãd elle les veit reuenir si bons amys, elle recouura ses esprits tous troublez & esperdus. Clodio le medisant qui auoit desià sceu la qualité d'Arnaldo se ietta à ses pieds, & le supplia qu'il cõmãdast que la chaisne qui l'attachoit luy fust ostee, & qu'il fust separé de la compagnie de Rosemonde. Alors Maurice luy racõta l'humeur, la coulpe, & la peine de Clodio & de Rosemonde. Et ce Prince touché de compassion fist qu'vn Capitaine qui les auoit en charge les deschaina & les luy liura en son pouuoir: Car Arnaldo promettoit d'obtenir leur pardon de leur Roy qui estoit son grand amy. Ce que voyant le mesdisant de Clodio,

Il profera ce langage: Si tous les grands Seigneurs (dit-il) s'occupoient à faire de bonnes œuures on ne treuueroit point d'autres qui s'occupassent à dire mal d'eux; Car quelle apparence y a il que celuy qui faict du mal attende qu'on dise du bien de luy? Que si les œuures vertueuses & bien faictes sont calomniees de l'humaine malice, pourquoy ne le seront pas les mauuaises? & pourquoy celuy qui seme la zizanie & la mesdisance recueilleroit-il quelque bon fruict? O bō Prince menez-moy seulement auec vous, & vous verrez que ie mettray vos loüanges au dessus du cercle de la Lune. Non, non, (repart Arnaldo) ie ne desire point que tu me loües pour les œuures qui sont en moy naturellement. Et puis la loüange est d'autant meilleure que celuy qui la profere est bon; de mesme qu'elle est autant mauuaise que celuy qui la publie est mauuais & vicieux: de sorte que si la loüange est le pris de la vertu, si celuy qui loüe est vertueux, elle est loüange: au lieu que s'il est vicieux, elle est pluftost vn vitupere.

& de la belle Sigismonde. 131

La resolution d'Arnaldo, de Periandre, & de Maurice, pour partir de ceste Isle.

CHAP. XVII.

Auristelle brusloit de desir d'apprendre le discours qu'Arnaldo & Periandre auoiēt tenu, lors qu'ils estoient sortis de la cabane, bien qu'elle n'attendoit que la commodité pour s'en informer de Periandre, & pour sçauoir d'Arnaldo qu'estoit deuenuë sa Damoiselle Taurise. Or comme si Arnaldo eust deuiné ses pensees, il luy dist ces paroles: Les infortunes que tu as passees (Belle Auristelle) t'auront peut-estre osté de la memoire celles que tu estois obligee de conseruer en ton souuenir. Mais parmy elles ie voudrois en estre effacé: car l'imagination de penser seulement que i'y aurois esté autresfois me seroit viure content, puis qu'il n'y a point d'oubly de celuy, dont on ne s'est iamais resouuenu. L'oubly present tombe sur la memoire du passé. Neantmoins soit que ce soit, ou que tu te resouuiennes de moy, ou que tu m'ayes en oubly, ie suis content. Le Ciel qui m'a destiné pour estre tien m'a du tout conformé à ta volonté sans me

I ij

laisser aucune chose en mon pouuoir. Mon arbitre ne consiste qu'à t'obeyr. Ton frere Periandre m'a raconté plusieurs de ces choses qui te sont arriuees depuis qu'on t'enleua de mõ Royaume: Les vnes m'ont rauy en admiration, les autres estonné, & les vnes & les autres remply de terreur & d'espouuantement. Ie vois moy-mesme par ce moyen que les disgraces & les infortunes sont capables de faire mettre en oubly certaines obligations qui semblent estre forcees. Tu ne m'as rien demandé, ny de mon Pere, ny de ta Damoiselle Taurise. Pour mon Pere ie le laissay en fort bon estat, & auec désir que ie te cherchasse & te treuuasse. Et pour Taurise ie la menay auec moy, en intention de la vendre aux Barbares, afin qu'elle seruist d'espion, & vist si parauanture la fortune t'auoit reduitte en leur puissance. Or ie crois que desià ton frere Periandre t'aura recité comme il tomba en mon pouuoir, & l'accord que nous fismes ensemble. Depuis bien que i'aye plusieurs fois tasché de retourner à l'Isle Barbare, les vents contraires se sont opposez à mon dessein. Maintenant i'y retournois auec la mesme intention, & auec le mesme desir. Le Ciel l'a accomply heureusemẽt puis que ie iouys de ta presence, general allegement de mes intentions. Il y a deux iours que ie re

& de la belle Sigismonde. 133

mis entre les mains de deux Gentils-hômes mes amis ta Damoiselle Taurise. Ie les rencontray au milieu de ceste Mer, & ils estoiēt dans vn grand vaisseau qui prenoit la route d'Irlande. Taurise estoit fort malade & en grand danger de sa vie, & le nauire qui me porte se peut plustost appeller vn vaisseau de Corsaires que de fils de Roy, si bien qu'il n'y a ny viandes, ny medecines, requises aux malades. C'est pourquoy ie priay ces Gentilshommes à qui ie l'ay baillee en charge, de la conduire en Irlande, & de la remettre au Prince de ceste Prouince, afin qu'il la fist medeciner & bien traicter iusques à mō retour. Ton frere Periandre & moy auons encores resolu que nous partirōs ce matin pour prendre la route d'Angleterre, ou de France, ou d'Espagne. Quand nous y serons paruenus nous aurons puis apres commodité de mettre en effect les honnestes pensees que tu as, & que ton frere m'a dites. Tandis ie supporteray en patience mes espoirs, soustenus de ton iugement & de ta discretion. Cependant ie te supplie (Madame) que tu regardes si ta volonté est conforme à la nostre: Car si tu as vn autre vouloir, nous ne la mettrons point en executiō. Ie n'ay point d'autre volonté (respond alors Auristelle) que celle de mon frere Periandre: & il est si sage que iamais il n'aura

I iij

d'autre volonté que la tienne. S'il est ainsi (repart Arnaldo) ie desire plustost obeyr que commander, afin qu'on ne die point que par la qualité de ma personne ie pretēde vser de commandement à ceux que i'estime plus que moy. C'est ce qui se passa entre Arnaldo & Auristelle, qui recita puis apres tout ce discours à Periandre. Et ceste nuict mesme Arnaldo, Periandre, Maurice, Ladislaus & les deux Capitaines auec le nauire Anglois, & tous ceux qui estoient sortis de l'Isle Barbare tindrent conseil, & il fut resolu qu'ils partiroient en la sorte que nous dirons au chapitre suyuant.

Du mauuais presage que fait Maurice touchant le malheur qui leur doit succeder, & autres choses memorables.

CHAP. XVIII.

TOus ceux qui sortirent du cachot & de la prison de l'Isle Barbare s'embarquerent dans le nauire où estoient venus Maurice, Ladislaus, les Capitaines & les soldats qui menoient Rosemonde & Clodio. Or Maurice, Transile, Ricla, Constance & les deux Antoines pere & fils s'accommoderent dans le vaisseau d'Arnaldo, lequel ne voulut point qu'on laissast à terre Clodio & Rosemonde. Rutilius fut receu pareillement dans le mesme vaisseau. Ils desmarerent donc ceste nuict apres auoir ramassé & achepté de leur hoste toutes les choses necessaires qu'ils peurent recouurer. Cependant Maurice ayant bien remarqué les poincts des Astres plus fauorables pour leur voyage, dist que si la fortune les faisoit eschaper d'vn malheur proche qui les menaçoit, ils feroient vn fort bon voyage. Et qu'vn tel peril, encores que ce fust sur l'eau, s'il deuoit succeder, n'arriueroit point ny par orage ny tourmente de la Mer, ny de la Terre, ains par vne trahison forgee par des desirs deshonnestes & lascifs. Periandre estant tousiours en alarme, & ayant en sa compagnie Arnaldo, vint à craindre que ceste trahison ne fust fabriquee par ce Prince, pour iouyr de la belle Auristelle, puis qu'il la deuoit porter en son nauire: neantmoins la generosité d'Arnaldo s'opposoit à ceste mauuaise pensee, de sorte qu'il ne craignoit pas ce qu'il craignoit: car il luy sembloit qu'en l'ame des valeureux Princes les trahisons ne doiuent nullement auoir accez. Toutesfois il ne laissa pas pourtant de prier Maurice afin qu'il regardast bien de quel costé pouuoit venir le danger qui les menaçoit. Maurice luy respō-

I iiij

dit qu'il n'en sçauoit rié, encores qu'il tint ce peril pour tout asseuré: neátmoins il se cõsoloit en ceste infortune, qu'aucũ de ceux qui la deuoient courir n'en perdroient point la vie: mais bié le repos, & que la moitié de leurs desseins, & de leurs esperances, qui auoient pris vn si beau train, seroit rompuë. Periandre luy dist qu'il falloit doncques differer leur depart pour quelques iours, & que peut estre le temps changeroit ou modereroit la mauuaise influence des estoiles. Il ne le faut pas faire (replique Maurice) car il vaut mieux nous exposer à ce peril, puis qu'il n'y va point de la vie, qu'entrer en vn autre où sans doute nous serions contrains de la perdre. Soit donques ainsi faict (dist Periandre) le sort en soit ietté, partons à la bonne heure, & face le Ciel, ce qu'il a ordonné, puis que nostre diligence ne le peut euiter. Arnaldo contenta magnifiquement l'hoste qui les auoit logez, & luy fist plusieurs dõs, & puis les vns dans vn vaisseau, & les autres dans vn autre, selon qu'il estoit plus conuenable, deschargerent le port & mirent la voile au vent. Le nauire d'Arnaldo entra en Mer. Il estoit paré de petites banderoles peintes. A mesure qu'on leuoit les ancres, l'artillerie grosse & menuë commença à tirer. Le son des hauts bois & autres instruments de musique plaisans & agreables fendirent l'air, & l'on oyoit des voix qui crioient sans cesse & reiteroient ces paroles: *Bon voyage, bon voyage.* A tout cela la belle Auristelle ne haussoit point la teste qu'elle tenoit appuyee sur son estomach, cóme quasi presageant le mal qui luy deuoit succeder. Periandre la regardoit ainsi pensiue, & Arnaldo pareillement: car chacun d'eux la tenoit cóme le but de ses yeux, de ses pésees, & du principe de ses delices. Le iour se passa, & la nuit estãt claire & seraine vn petit vent escartoit les nuages qui estoient prests de se ioindre s'ils n'eussent esté empeschez. Maurice commença de nouueau à leuer les yeux au Ciel, & à considerer en son imagination les signes de la figure qui s'estoit leuee, & de nouueau confirma le danger qui les menaçoit, sans toutesfois pouuoir designer de quel costé il viendroit. En ceste confusion & durant ce trouble il s'endormit sur le tillac du vaisseau, & peu de temps apres s'estant esueillé en sursaut il cria tout hautement, trahison trahison, esueillez-vous Prince Arnaldo, vos gens nous couppent la gorge. A ce cry Arnaldo qui ne dormoit point se leua, car il estoit sur le mesme tillac auec Periandre, & luy dit qu'auez vous (amy Maurice) qui est celuy qui nous fait desplaisir, qui nous tuë. Tous ceux qui sont dans ce nauire sont ils pas nos amys? sont ils pas mes vaſſaux & mes domeſtiques? Le Ciel n'eſt il pas clair, & ſerain? La Mer n'eſt elle pas douce & tranquille & noſtre vaiſſeau ſans toucher aucun eſcueil ne vogue t'il pas heureuſemét? y a t'il quelque Remore qui nous detiéne? Que ſ'il n'y a rié de tout cela, quel ſujet auez vous de craindre; & pourquoy nous donnez vous de la terreur auec vos allarmes? Ie ne ſçay que c'eſt (replique Maurice) ie vous prie Monſieur, que les Mariniers qui ſe plongent dans l'eau, viſitent la ſentine: Car ſi ce n'eſt point vn ſonge il me ſéble que nous ſommes preſts de no° perdre. A peine eut il acheué ceſte parole que cinq ou ſix Mariniers ſe laiſſerent couler au fond du vaiſſeau, & comme excellēts plongeons qu'ils eſtoient le viſiterent tout, & n'y treuuerent aucune fente par où l'eau y peuſt entrer: Eſtans remontez au tillac ils dirent que la nef eſtoit ſaine & entiere; & que l'eau de la ſentine eſtoit toute trouble, ſigne euident qu'autre eau n'entroit point dans le vaiſſeau. Dieu le vueille (dit alors Maurice) car moy comme veil homme que ie ſuis & en l'ame duquel la crainte habite ordinairement, ſuis eſpouuenté iuſques aux ſonges, & à la miéne volōté que ce mien ſonge ſoit menſonger, i'aymerois mieux eſtre eſtimé vn veillard craintif qu'vn veritable A-

& de la belle Sigismonde. 139

strologue iudiciaire. Mettez-vous donc en repos, (dit Arnaldo) parce que vos songes ostent le repos à ces Dames. Ie le feray si ie le puis faire (repart Maurice) & sur cela il se recoucha sur la couuerture du vaisseau. Cependant comme la nef estoit toute remplie de silence, Rutilius assis au pied du gros arbre, coüié de la serenité de la nuict, de la commodité du temps, ou de la voix, qu'il auoit extrememement bonne, commença au son du vent qui souffloit doucement les voiles, a chanter ces vers, en sa langue Toscane, lesquels nous auons ainsi traduicts en François.

SONNET.

Pour fuir la rigueur de l'inuincible main
 Du Monarque du Ciel, iadis vn Patriarche
 Par son cõmandement s'enferma dans vne Arche
Auec le residu de tout le genre-humain.

C'est ouurage sacré, refuge, souuerain,
 Qui presageoit encore vne celeste barque,
 Rompit en mesme temps les decrets de la Parque
 Qui rauageoit par tout, d'vn courage inhumain.

L'on apperçeut alors dans la mesme machine
 Le Lion furieux, & la Brebis benigne,
 L'audacieux Milan, & le Pigeon vnis.

Il ne faut s'eſtonner s'ils viuoient de la ſorte,
En vn commun peril, ennemis ſont amys,
Chacun oublie alors le naturel qu'il porte.

Celuy qui mieux entendit ce que chantoit Rutilius fut le Barbare Antoine, lequel dit ces paroles; Rutilius chante fort bien, & ſi parauanture le ſonnet qu'il a chanté eſt à luy, il n'eſt pas mauuais Poëte: Mais comme peut eſtre bon Poëte vn homme de qualité mechanique; toutesfois i'ay tort, car il me ſouuient d'auoir veu en ma patrie d'Eſpagne des Poëtes de tous meſtiers. Il profera ces raiſons ſi hault qu'elles furent entenduës de Maurice, du Prince, & de Periandre qui ne dormoient point. Lors Maurice repartit en ces termes: Il n'eſt pas impoſſible qu'vn hõme de meſtier ſoit Poëte, parce que la Poëſie ne faict point ſa demeure aux mains, ains dans l'entendement. L'ame d'vn tailleur eſt autant capable d'eſtre Poëte que celle d'vn Mareſchal de Camp, puiſque toutes les ames ſont eſgalles & creées à leur commencement d'vne meſme maſſe, & formées par leur Createur. Suiuant la portee & le temperament du corps l'ame paroiſt ou plus ou moins excellente & prudente: Et elle eſt affectionnee aux ſciences, aux Arts & aux induſtries ou les Eſtoilles l'enclinent. Mais principalement l'on dit que la Poësie vient de Nature, Ainsi il ne faut pas s'estonner si Rutilius est Poëte, encores qu'il ayt esté maistre Danseur. Et si grãd Maistre (repart Antoine) qu'il a faict autrefois des caprioles au dessus des nuës. Il est vray (respond Rutilius qui escoutoit tout ce discours) que i'en ay faict autrefois iusques au Ciel presque quand la Sorciere me porta à cheual dans sa robbe depuis ma patrie de Toscane iusques eu Noruegue, là où ie la mis à mort, parce qu'elle s'estoit changee en figure de Louue, ainsi que ie vous ay autrefois raconté.

Ce changement de Loups & de Louues, que l'on croit arriuer en des personnes de ces contrees Septentrionales, est vne grande erreur (dist alors Maurice) encores que plusieurs le croyent. Comment doncques repart Arnaldo, cela se peut-il faire, puis que ceste croyance est si commune, que mesme en Angleterre l'on croit certainement qu'on y voit courir des troupes de Loups par les campagnes, & se sont des hommes transformez en ceste figure : Cela ne peut estre en Angleterre, (replique Maurice) puis qu'en ceste Isle fertile & temperee, non seulement il n'y a point de Loups mais, encores aucun animal nuisible, comme nous pourrions dire Serpens, Viperes, Crapaux, Araignees, &

Scorpions. Au contraire c'est vne chose claire & manifeste, que si l'on a mesme porté quelque animal venimeux d'vne autre contree en Angleterre, soudain qu'il y est il meurt. Voire si de la mesme Isle l'on prend de la terre, & qu'en autre part on y enferme vne vipere elle ne pourra iamais sortir du cercle qu'on aura faict, & qui l'enuironne si bien qu'il faut qu'elle y demeure morte. Ce que nous deuons apprendre de ce changement de Loups est qu'il y a vne maladie que les Medecins appellent *Manie Lupine*, ou Rage de Loups. Or celuy qui en est possedé est reduit en tel estat qu'il luy semble estre changé en Loup. Il hurle comme vn Loup. Plusieurs autres atteints de ce mesme mal vôt de compagnie par les campagnes, & par les monts abaiants comme Chiens & hurlans comme Loups. Ils fracassent les arbres, tuent ceux qu'ils rencontrent, & mangent la chair de ceux qu'ils ont occis. L'on dit aussi qu'en l'Isle de Sicille, qui est la plus grãde, de la mer Mediteranee, il y a des hõmes de la sorte & que les Siciliens appellẽt *Lobosmenar*. Ces hõmes auant qu'estre du tout possedez de ceste maladie pestifere la sentent venir, & disent à ceux qui sont proches, qu'ils s'enfuient arriere d'eux, ou bien qu'on les lie, ou qu'on les enferme, parce que si l'on ne se contregarde, ils mettent en pieces auec les ongles & à belles dents ceux qu'ils treuuent, proferans de terribles & espouuantables hurlemens. Or cela est si veritable, que quand quelqu'vn ou quelqu'vne se veut marier, l'on fait premierement information qu'ils ne sont point touchés de ceste infirmité. Car si puis apres par traict de temps l'experience faict paroistre le contraire, le mariage se rompt & se dissout. Pline a laissé par escrit que parmy les Arcadiens, il y a vn genre d'hommes, lequel passant vn lac, se despoüille & pend ses vestemens à vn chaisne, & puis entre tout nud en vn terroir où il se ioint auec ceux qu'il y treuue de sa race, en figure de Loups, & demeure là auec eux l'espace de neuf ans. Au bout de ce terme il repasse le lac & recouure sa figure perduë. Mais l'on doit estimer tout cela vn mensonge: Car si cela arriue c'est en imagination & non realement. Ie ne sçay pas (dit alors Rutilius) ce qui en est: mais ie sçay bien que ie tuay la Louue, & que la Sorciere tomba morte à mes pieds. Tout cela peut estre (replique Maurice) parce que la force des enchantemens des Sorciers nous faict voir vne chose pour vne autre: Mais il faut croire pour tout asseuré qu'il n'y a homme qui puisse changer sa premiere nature en vne autre. I'ay pris vn singulier plaisir (dist alors Arnaldo) apprenant ceste verité parce que i'estois encores de ceux qui croyent cest erreur. Le mesme doit estre ce que les fables disent du changement du Roy Artus d'Angleterre en vn Corbeau: fable neantmoins qui s'est tellement insinuee pour verité parmy ceste nation remplie de prudence, que par toute leur Isle, on s'abstient de tuër les Corbeaux. Ie ne puis comprendre (dist Maurice) d'où peut auoir tité son origine ceste fable, non moins creuë que mal imaginee. Ils passerent presques toute la nuict en ce discours, & au point du iour, Clodio, qui iusques alors auoit escouté & n'auoit dit mot, tint ce langage: Ie suis (dit-il) vn homme, à qui l'on ne donne point d'argent pour auerer ces choses. Que me soucie t'il s'il y a des hommes Loups, ou s'il n'y en a pas, ou bien si les Roys vont en figure de Corbeaux ou d'Aigles. Neantmoins s'ils se doiuēt changer en oyseaux i'aimerois mieux qu'ils se changeassent en Colombes plustost qu'en Milans. Tout beau (repart alors vn de la compagnie) ne dis point mal ô Clodio, des Roys: Il me semble que tu cherches quelque fil à ta langue pour mesdire d'eux. Non fais (replique Clodio) parce que le chastiment m'a mis vn mors à la bouche, ou pour mieux dire, à la langue: & cela ne me permet point que ie la remuë; de sorte que

desormais

désormais i'ayme mieux creuer en me taisant que me resioüir en parlant. Les traicts piquants & les médisances sont agreables aux vns, & fascheuses aux autres. Et puis qu'il n'y a point de chastiment establis contre le silence, ny aucune response, ie desire viure en paix (ô Prince Arnaldo) tout le reste de ma vie à l'ombre de ton genereux rampart, encores qu'à tous coups certains mouuements malicieux me facent sauteler la langue en la bouche, & briser entre les dents plus de quatre veritez, qui voudroient sortir à la veuë de tout le Monde : Mais Dieu soit loüé de tout. Acheuant ces paroles, Auristelle luy respondit en ceste sorte : L'on doit faire estime (ô Clodio) du sacrifice que tu fais au Ciel de ton silence. Rosemonde qui estoit en ceste côpagnie se tournant deuers Auristelle luy tint ce langage : Le iour que Clodio refrenera sa langue ie deuiendray femme de bien : parce qu'en moy la mauuaise vie, & en luy la mesdisance sont choses naturelles. Encores il y a plus d'esperance en moy d'amandement que non pas en luy, d'autant que la beauté se perd auec les ans, & sa perte donne de l'amendement aux deshonnestes desirs : Mais le temps n'a point de pouuoir sur la langue d'vn mesdisant, si bien que telles personnes sont d'autant plus mesdisantes qu'elles sont

K

vieilles, par ce qu'ils ont veu plus de choses, & ils ont ramassé à la longue tous les plaisirs des autres sentiments. Le mal (repart Transile) est tousiours mal, & chacun va par son chemin à sa perdition. Ie crois cependant (dit alors Ladislaus) que nostre voyage sera heureux & prospere, puis que le vent se montre fauorable, & la Mer tranquille à nostre nauigation. Il se montroit la nuict passee de mesme (repliqua la Barbare Constance) si est-ce pourtant que le songe du Seigneur Maurice nous mit en confusion & en trouble, de sorte que depuis ie crois tousiours que la Mer nous doit engloutir. A la verité belle Dame (respond Maurice) si ie n'estois abbreuué de la verité Catholique, & si ie ne me ressouuenois de ce que dit Dieu au Leuitique : *Ne vous addonnez point à la deuination, & ne croyez point aux songes, par ce qu'il n'est pas donné à tous de les expliquer*, Ie m'ingererois de iuger du songe qui me mist en vn tel trouble, & lequel selon qu'il me semble ne me procedoit point du costé des choses d'où les songes ont accoustumé de prouenir. Lors qu'ils ne sont point ny reuelations diuines, ny illusions du diable, ils prouiennent ou du trop manger qui esleue des vapeurs au cerueau & qui troublent le sentiment commun ; ou bien de ce dont l'hôme a plus parlé le iour precedent.

Ce mesme songe qui me troubla, ne touche en rien l'obseruation de l'Astrologie, d'autant que sans notter les poincts ny obseruer les Astres, faire des cercles, ny considerer ses images, il me sembloit voir visiblemét qu'en vn grand Palais de bois, où nous estions tous tant que nous sommes en ce vaisseau, tomboit le foudre du Ciel qui l'ouuroit tout, & que par ces ouuertures les nuës faisoiét entrer nó seulemét vne Mer, mais mille Mers d'eau; de sorte que croyāt que ie me submergeois, ie commençay à m'escrier & à faire les mesmes plainctes que fait ordinairement celuy qui se noye: Or ie ne suis pas si bien delluré de ceste crainte que quelques restes ne m'en demeurent en l'ame. Et comme ie n'ignore pas que la prudéce est la plus certaine Astrologie, & que d'elle naissent les discours fondez sur la raison, il ne faut pas s'estonner si nauigeant dans vn nauire de bois ie crains le foudre du Ciel, & les nuages de l'air, & les eaux de la Mer. Cependant ce qui me rend le plus confus & le plus estonné est, que si quelque dommage nous menace, il ne doit point proceder d'aucun Element, qui soit precisémét destiné à nous faire courir ce hazard: ains plustost d'vne trahison forgee comme i'ay desià dit, en des courages lascifs. Ie ne me puis persuader (dit alors Arnaldo) que les

K ij

amorces de Venus, ny les appetits desordonnez de son Enfant puissent posseder l'ame de ceux qui vont sur la Mer. Cela est bien permis à l'Amour chaste, qui se faict paroistre mesme parmy les perils de la mort, se conseruant pour vne meilleure vie. Ces paroles profera Arnaldo pour donner à cognoistre à Auristelle & à Periandre & à tous ceux qui auoient cognoissance de ses desirs, combien ses mouuements estoient conformes à ceux de la raison. Or il poursuyuit son propos en ceste sorte. Il est raisonnable que le Prince demeure asseuré parmy ses vassaux : car la crainte des trahisons prend naissance de l'iniuste vie du Prince. Cela est ainsi (repart Maurice) & il est bon que cela soit de la sorte. Tandis laissons passer ce iour : car si la nuict peut arriuer sans que nous ressentions aucun trouble, ie donneray caution pour le bon succez de nostre voyage. A l'heure le Soleil commençoit de se ietter entre les bras de Thetis, & la Mer estoit calme comme de coustume. Le vent souffloit fauorablement & l'on n'apperceuoit aucūs nuages qui peussent donner de la peur aux Mariniers : En fin le Ciel, la Mer, & le vent joints ensemble, & chacun en particulier promettoient vn tres-heureux voyage, quand le prudent Maurice en voix haute & troublee, profera ces paro-

& de la belle Sigismonde. 149

les: Sans doubte nous nous noyons : nous nous submergeons sans doubte.

De la trahison de deux soldats qui ouurirent le vaisseau pensans iouyr d'Auristelle & de Transile.

CHAP. XIX.

LE Prince Arnaldo oyant ceste exclamation luy respondit en ces termes : Comment est-il possible (ó grand Maurice) que les eaux nous engloutissent : que les Mers nous submergent, que les vagues nous courent? La responce qui fut donnee à Arnaldo, se fut de voir sortir du dessous de la couuerture du vaisseau vn marinier tout espouuanté iettant l'eau par la bouche & par les yeux, & proferant ces paroles confusément en grand trouble : Tout ce nauire s'est ouuert en plusieurs parts, & la Mer y entre en si grande abondance, qu'en peu de temps vous la verrez au dessus de ceste couuerture : Qu'vn chacun doncques pense à son salut & à la conseruation de sa vie. Mon Prince (dit il encores) gaignez promptement l'esquif ou la barque, & emportez auec vous ce que vous tenez de plus cher auant que ces eaux ameres en ayent l'entiere possession. Sur ce-

K iij

la le nauire demeura aresté sans se pouuoir bouger pour le poids des eaux dont il estoit remply: Le pilote cala toutes les voiles promptement, & tous en grande confusion & terreur recherchoient leur remede. Le Prince & Periandre allerent à l'esquif, & le iettans en mer mirent dedans Auristelle, Transile, Ricla, & la Barbare Constance. Rosemonde voyant qu'on ne tenoit point de conte d'elle s'y lança pareillement, & Arnaldo cõmanda que Maurice entrast derriere elle. A l'heure mesme il y auoit deux soldats qui delioient la barque laquelle estoit au costé du nauire, & l'vn d'eux entré, voyant que l'autre vouloit estre le premier pour y entrer, tira vn poignard qu'il portoit à son costé & luy en donna dans l'estomach en proferāt ces paroles: Puis que nostre peché a forgé cecy sans aucun profit, que ceste peine te serue de chastiment, & à moy d'exẽple pour le peu de temps que i'ay à viure. Acheuant ces mots, sans se vouloir preualoir du secours que la barque luy offroit, il se ietta à corps perdu dans la Mer, disant ces paroles mal articulees: Escoutez Arnaldo la verité que vous annonce ce traistre, & en l'estat où il est, il la peut bien dire, Sçachez que moy & celuy à qui ie viens de percer le cœur auons ouuert en plusieurs parts ce vaisseau, en intention de iouyr

& de la belle Sigismonde. 151

d'Auristelle & de Transile, que nous deuions mettre dans l'esquif. Mais lors que i'ay veu que l'effect a esté contraire à mon dessein, i'ay donné la mort à mon compagnon & me suis priué de vie. Finissant ceste derniere parole il se laissa aller au fonds des eaux qui luy osterent la respiration de l'air, & l'enseuelirent en vn perpetuel silence. Or bien que tous fussent confus & occupez à sauuer leur vie, ainsi que nous auons dit, & à treuuer quelque remede en ce commun peril, Arnaldo ne laissa pas pourtant d'entendre les paroles de ce desperé. Cependant luy & Periandre s'approcherent de la barque: mais auant qu'y entrer ils firent mettre dans l'esquif le ieune Antoine sans se ressouuenir de prendre aucuns viures. Ladislaus, Antoine le pere, Periandre & Clodio entrerent dans la barque & aborderent l'esquif qui estoit vn peu esloigné du nauire, au dessus duquel les eaux passoient desià, de sorte qu'on ne voyoit que le grand arbre, signe qu'il demeuroit là enseuely. Sur cela la nuict vient, sans que la barque peust approcher l'esquif, duquel Auristelle crioit appellant son frere Periandre, lequel luy respondoit, en reïterant son nom qui luy estoit si cher. Transile & Ladislaus en faisoient de mesme, si bien que ces mots de mon cher Espoux, & de ma chere Espouse se

K iiij

rencontroient en l'air pendant que leurs esperances se voyoient rompuës: car il leur estoit impossible de se ioindre à cause que la nuict se couuroit d'obscurité, & les vents commençoient à souffler de plusieurs costez differents. En fin la barque s'escarta de l'esquif, & comme plus legere & moins chargee courut par où la Mer & le vent la voulurent emporter. Quant à l'esquif (plus par pesanteur que par la charge de ceux qui estoient dedans) il s'arresta, comme si expressément on n'eust pas voulu qu'il nauigeast. Neantmoins lors que la nuict deuint plus obscure qu'au commencement, ils ressentirent encores de nouueau & auec plus de violence la disgrace qui leur estoit arriuee. Ils se veirent dans vne Mer qu'ils ne cognoissoient point, menacez de toutes les rigueurs du Ciel, & priuez de la cõmodité que la terre leur pouuoit offrir. L'esquif estoit sans rames, & sans viures, & l'ennuy qu'ils ressentoient leur faisoit seulement oublier la faim. Maurice qui auoit demeuré pour pilote & pour marinier de l'esquif, n'auoit ny ne sçauoit de quoy le guider: ains plustost fuyant les plainctes, les gemissements & souspirs de ceux qui estoiét dedans, il pouuoit craindre qu'eux-mesmes le feroient perdre. Il contemploit les estoiles, & encores qu'il ne les peust voir entierement, par ce que l'obscurité les luy déroboit, celles qui paroissoient neantmoins luy donnerent tesmoignage d'vne serenité prochaine. Elles ne luy monstroient pas pourtant en quelle contree ils estoient. Tandis la douleur qu'il sentoit ne luy permettoit pas que le sommeil allegeast son angoisse ; de sorte qu'il ne dormit point de toute la nuict. Que si le iour vint, ce fut plustost, comme l'on dit, pour donner plus de peine, parce qu'alors ils ne virent de toutes parts que la Mer, & pres, & loing, sans descouurir la barque qui leur emportoit l'ame : Moins encores veirent-ils quelque autre vaisseau, pour les assister & les secourir en leur necessité : Ils apperceurent pourtant vne Isle à la main gauche, qui les resiouyt & les attrista esgalement. Ils se resjouyrent de voir pres d'eux la terre, & s'attristerent de ce qu'il leur estoit impossible d'y aborder si le vent ne les y portoit. Maurice estoit celuy qui plus se confioit du salut de tous : parce que comme nous auons desià dit en la figure qu'il auoit faite cóme Astrologue iudiciaire, il auoit treuué que ceste auáture ne les menaçoit point de la mort, mais d'incómoditez presque mortelles. En fin la faueur des Cieux se mesla parmi les vents qui petit à petit pousserét l'esquif à l'Isle, de sorte qu'ils peurent prédre terre en vne plage spaticuse où il n'y auoit aucuns hômes: Mais bié vne grande quantité de nege qui la couuroit toute. O que miserables & redoutables sont les fortunes de la Mer, puisque ceux qui les souffrét prénent plaisir de les châger auec les pires que la terre leur offre. La nege de ceste plage deserte leur semble estre vn doux sablon, & la solitude vne compagnie. Ils prindrent terre les vns entre les bras des autres. Le ieune Antoine fut l'Atlas d'Auristelle & de Transile. Il desembarqua pareillement Rosemonde & Maurice. Or ils se recueillirent tous sous vn rocher qui n'estoit pas gueres esloigné de la plage, ayans auparauant le mieux qu'ils auoient peu tiré leur esquif à tere, & auquel apres Dieu ils auoient mis toute leur esperance. Le ieune Antoine considerant que la faim les deuoit assaillir, & qu'elle estoit capable de leur oster la vie, appresta son arc qu'il auoit tousiours à ses espaules, & dist qu'il vouloit descouurir la terre pour voir s'il n'y auoit point quelque homme, ou quelque chasse pour les secourir en leur necessité. Tous furent de son aduis, & ainsi il entra legerement dans l'Isle, foulant non pas la terre, mais la nege, qui pour estre gelee estoit si dure qu'il luy sembloit marcher sur des caillous. La deshonneste Rosemonde le suiuit sans qu'il y prist garde, & sans estre empeschee des autres qui croyoient, que quelque necessité naturelle la forçoit de quitter leur compagnie. Antoine tourna la teste à mesme temps, & c'estoit en vn lieu où personne ne les pouuoit voir; & voyant pres de luy Rosemonde il luy dist ces paroles: La chose, dont i'auois maintenant le moins a faire en la necessité que nous souffrons, est ta compagnie: Que demandes tu? retourne t'en Rosemonde: Car tu n'as point ny armes pour prendre quelque chasse, & moy ie ne sçaurois accommoder mon pas pour t'attendre: pourquoy me suis tu? O ieune homme peu experimenté (repart ceste femme deshonneste) que tu es bien esloigné pour cognoistre l'intention qui faict que ie te suis, & l'obligation que tu m'as. Ce disant elle s'approcha de luy & poursuiuit son discours en ces termes: Regarde icy (ô nouueau Chasseur plus beau qu'Apollon) vne autre Daphné qui au lieu de te fuir te suit. Ne considere point que desià la rigueur de l'aage qui vole legerement efface ma beauté: Mais bien que ie suis ceste Rosemonde qui ay foulé aux pieds la franchise des Roys, & la liberté des hommes les plus libres. Ie t'adore (ô genereux Iouuenceau,) & icy parmy la gelee & la nege, le feu de l'Amour me met en cendre. Iouyssons l'vn de l'autre, & tiens moy pour tienne, ie t'emmeneray en part où i'ay mille tresors cachez & conseruez, si nous paruenons en Angleterre où mille bannissements de mort menacent ma vie. Ie te conduiray en vn lieu où tu trouueras plus d'or que n'eut iamais Midas, & plus de richesses que n'a iamais ramassees Crassus. Ce fut là qu'elle mit fin à son discours, mais non pas au mouuement de ses mains qui prindrent celles-là d'Antoine: Mais luy en les repoussãt fist ceste responce aussi honneste que l'autre estoit impudente: Arreste-toy (Harpie) ne troubles point, & n'infecte pas les tables nettes de Finee. Ne force point (ô Barbare Egyptiẽne) & ne veuilles tenter la chasteté & la pudicité de celuy qui n'est nullemẽt ton esclaue. Mords ta langue (maudite Couleuvre) & ne prononce point auec paroles deshonnestes ce que tu caches en tes deshonnestes desirs: Considere que nous ne sommes gueres esloignez de la mort qui par la fin nous menace, & par l'incertitude de sortir de ce lieu. Et quãd ceste sortie seroit certaine, elle seroit accompagnee d'vne contre-intention que n'est celle que tu viens de me descouurir. Escarte-toy de moy & ne me suis point, autrement ie chastieray ta temerité, & publieray ta folie. Au contraire si tu t'en retournes, ie changeray d'opinion, & passeray sous silence ton ef-

& de la belle Sigismonde. 157

fronterie. Si tu ne t'en vas ie t'osteray la vie. La lasciue Rosemonde oyant ces paroles eut le cœur si serré d'angoisse qu'elle n'eut pas moyen de donner lieu aux souspirs, aux prieres & aux larmes. Antoine sage & bien aduisé la laissa. Elle retourna au lieu d'où elle estoit venuë, & luy suiuit son chemin sans treuuer chose qui luy peust estre agreable: Car il n'y auoit que de la nege, les chemins estoient aspres, & nul homme ne faisoit sa demeure en ce lieu. En fin craignant que s'il passoit plus auant il ne perdist la voye pour retourner à sa compagnie, il rebroussa chemin; chacun qui le veit venir de la sorte leua les mains au Ciel & mit les yeux en terre, comme tout confus de veuë incertaine. L'on dist à Maurice qu'il falloit remetrte l'esquif à la Mer puis qu'il n'estoit pas possible de remedier à l'impossibilité & solitude de ceste Isle.

Du duël que firent deux Capitaines d'vn Nauire, & comme Auristelle & sa Compagnie entrerent dans ce vaisseau, & autres choses dignes de recit.

Chap. XX.

PEndant que le iour estoit prest de faire place à la nuict, ils veirent venir de loing vne grosse Nef qui leur dōna esperāce de treuuer quelque remede à leur malheur. Ce nauire calla les voiles, & sēbloit que ceux qui estoiēt dedans iettassent les anchres. Lors ils mirent promptement leur esquif à la Mer, & se rendirēt à la plage quād ces malheureux estoiēt prests de se mettre dās le leur. Auristelle dit, qu'il seroit bon de prēdre garde & de sçauoir qui estoiēt ceux qui venoient à eux. Cependāt l'esquif ou nauire aborda ceste nege froide, sur laquelle sauterent deux ieunes hommes qui sembloient estre fort vigoureux & extremement dispos. Ils portoient sur les espaules vne belle Damoiselle, laquelle estoit si foible & si extenuee qu'il sembloit qu'auant qu'ils fussent à terre elle rendroit l'ame. Ils appellerent à haute-voix ceux qui estoient prests de s'embarquer en l'autre esquif, & les prierent de mettre pied à terre pour estre tesmoings d'vne auanture, qui auoit besoing de tesmoignage. Maurice leur respondit qu'ils n'auoient point de rames, & qu'il estoit impossible d'approcher d'eux leur esquif s'ils ne leur en prestoient. Les Mariniers auec les leurs menerent ceux de l'autre esquif, & retournerent sur la nege. Alors les deux vaillants ieunes hommes ayans mis deuant leur estomach deux boucliers composez de bois de la Chine, & pris chacun vn coutelas à

& de la belle Sigismonde. 159

la main, sauterent de nouueau à terre. Auristelle remplie de trouble & de crainte, comme presque asseurée de quelque nouuelle infortune, se leua pour voir ceste demy-morte & belle Damoiselle: Tous les autres en firent de mesme. Lors les deux ieunes hommes tindrent ce langage. Messieurs nous vous supplions d'escouter attentiuement ce que nous voulons dire: Ce Caualier & moy (dist vn d'eux) nous deuons combattre pour la possession de ceste Damoiselle malade que vous voyez icy: La mort doit donner la sentence en faueur de celuy qui restera viuant, sans qu'il y ait autre moyen pour mettre d'accord nostre amoureuse pretention, si parauanture elle mesme ne daignoit proferer de sa bouche qui de nous deux elle ayme mieux pour son Espoux: Cela nous feroit remettre l'espee dans le foureau & apaiser nostre querelle. Ce que nous demandons de vous, est que vous n'empeschiez en aucune maniere nostre duël que nous pretendons faire à outrance, pourueu que personne ne nous en destourne; & nous n'auons besoing seulement sinon que vous en soyez les spectateurs. Cependant si ce desert peut auoir quelque remede pour alonger la vie de ceste Damoiselle capable de nous donner la mort, la haste qui nous oblige de mettre fin à ceste affaire ne nous donne pas le loysir pour nous informer maintenāt qui vous estes, ny comme voꝰ faites vostre demeure en ce lieu si desert & sans rames, car à ce que l'on voit vous n'en auez point pour vous esloigner de ceste Isle, si sauuage qu'elle n'est pas mesme habitee d'aucun animal. Maurice leur respondit qu'ils n'outre-passeroient nullement d'vn seul point ce qu'ils desiroient. Et à mesme temps ils mirent la main à l'espee, & sans attendre que la Damoiselle malade declarast premierement sa volonté, ils voulurent par les armes vuider ceste querelle. Ils se ruerent donc l'vn sur l'autre, & sans obseruer reigles, mouuements, quartes, passades, & compas, de premier abord l'vn trauersa le cœur de part en part à l'autre, pendant que cestuy la mesme luy ouurit la teste par le milieu: Toutesfois le Ciel octroya tant de bien à cestuy-cy qu'il peut s'approcher de la Damoiselle, & ioindre son visage au sien, & puis proferer ce langage: I'ay vaincu Madame, & tu es mienne. Or quoy que le bien de te posseder doiue durer peu de temps, Neantmoins quand ie pense que durant vn instant ie te puis dire mienne, ie me repute le plus heureux des mortels. Reçois doncques (ó chere maistresse) cest ame que ie t'offre en ceste derniere extremité: loge la dans ton cœur, sans que

tu

& de la belle Sigismonde. 161

tu en demandes congé à ton honnesteté, puisque le nom d'Espoux en donne la permission. Le sang de la blesseure baigna le visage de la Dame, laquelle estoit priuée de tant de sentiment qu'elle ne peut respondre aucune parole. Les deux Mariniers qui auoient conduict l'esquif sauterent à terre pour prendre le corps de celuy qui estoit mort de l'estocade, comme du blessé à la teste, lequel tenant sa bouche collee à celle de son Espouse si cherement achetee, rendit l'esprit, & se laissa tomber à terre froid & blesme. Auristelle qui auoit attentiuement regardé toutes ces actions, auant que considerer plus fixement le visage de la malade s'approcha d'elle, & apres auoir osté le sang que le blessé luy auoit respandu sur son visage, elle la regarda de plus pres, & recogneut que c'estoit Taurise qui luy seruoit de Damoiselle du temps qu'elle estoit au pouuoir du Prince Arnaldo, & il luy auoit dit qu'il l'auoit laissée au pouuoir de deux Gentils-hommes qui la deuoient rendre en Irlande, ainsi que vous auez leu cy-dessus. Lors Auristelle deuint toute confuse, toute estonnee, & plus triste que la tristesse mesme, & principalemét quand elle cogneut que la belle Taurise estoit morte. Helas! (ce dist elle alors) par quels signes prodigieux le Ciel me faict paroistre mon infor-

L

tune. Au moins si durant tant de malheurs ie perdois la vie, ie pourrois la nommer bien heureuse, puisque les maux qui finissent en la mort rendent heureuse la vie, lors qu'ils ne viennent point s'espandre & à s'entretenir. Quels grands filets sont ceux-cy auec lesquels les Cieux empeschent tous les chemins de mon repos? Quelles choses impossibles que ie descouure à chaque pas de mon remede? Mais puis qu'icy les plainctes sont excusables, & les gemissemens de nul profit, il faut que le temps que i'employrois aux regrets & aux pleurs, ie le donne à la compassion. Donnons sepulture aux morts, & n'affligeons pas d'auantage les viuants. Sur cela elle pria Maurice de supplier les Mariniers de l'esquif qu'ils allassent à leur nauire afin d'y treuuer des instrumens propres pour la sepulture : Maurice le fist, & alla à ce vaisseau, en intention de s'accorder auec le Pilotte, ou le Capitaine qu'il y trouueroit, à ce qu'il les tirast de ceste Isle, & les portast là où il voudroit. Tandis Auristelle & Transile treuuerent moyen d'accommoder Taurise pour l'enterrer : & la pitié & honnesteté Chrestienne ne permit pas qu'on la despouillast. Maurice reuint auec les instruments necessaires apres auoir negotié tout ce qu'il desiroit. L'on fist le sepulchre de Taurise : mais les Mariniers qui estoient bons Catholiques ne voulurent pas qu'on donnast sepulture à ceux qui s'estoient tuez en duel.

Tandis Rosemonde, qui depuis qu'elle eut declaré sa mauuaise pensee au Barbare Antoine, n'auoit leué les yeux qu'elle tenoit fichez à terre, où ses pechez les arrestoient, leua la teste au temps qu'on alloit donner sepulture à Taurise, & profera ces paroles: Messieurs (dit-elle) si vous faictes gloire d'estre charitables, & si la Iustice & la Misericorde logent egallement dans vostre ame, exercez ces deux vertus en mon endroict. Dés le point que i'eus l'vsage de raison, ie ne l'ay iamais practiquee, par ce que tousiours i'ay esté mauuaise en la fleur de mon aage & durant ma grande beauté: car la liberté desordonnee qu'on me donnoit & la richesse abondante que ie possedois me conuioient de telle sorte à la volupté, que les vices ont si bien operé en moy qu'ils y ont esté & y sont comme accidents inseparables. Vous sçauez ainsi que ie vous ay dit autresfois, que i'ay foulé aux pieds la liberté des Roys, & ay eu en mon pouuoir les volontez de tous ceux qu'il me plaisoit: neantmoins le teps qui destruict & qui desrobe la beauté des Dames deceut tellement la mienne sans y penser, qu'auant que me voir desabusee, i'ay treuué

L ij

que i'estois laide. Mais comme les vices tiennent leur siege dans l'ame laquelle ne vieillist point, ils n'ont pas enuie de me quitter. Et comme pareillement ie ne fais point de resistance, au contraire ie me laisse emporter au courant de mes desirs, ie souffre le mal que me donne ce Barbare ieune homme. Ie luy ay descouuert ma volōté qui est toute de feu, & la sienne qui est de glace ne respond nullement à la mienne. Au lieu d'estre prisée & recherchée, ie me vois mesprisée & abhorrée. Malheurs ausquels on ne peut resister auec peu de patience, & beaucoup de desir. Desià, desià la mort s'approche de moy & me tend la main pour m'oster la vie. Mais ie vous supplie par la bonté qui loge dans l'ame de celuy auquel le miserable se recommande, que vous couuriez mon feu auec de la glace, & me iettiez dans ceste sepulture. Encores que vous mesliez mes os lascifs auec ceux de ceste chaste Damoiselle, les miens ne les contamineront nullement, puis que les bonnes Reliques sont tousiours bonnes en quelque part qu'on les mette. Acheuant ces mots elle se tourna vers le ieune Antoine, & poursuiuit son discours en ces termes : Et toy orgueilleux ieune homme, qui ores touches, ou es prest de toucher les bords des delices, ie prie le Ciel que ton auanture soit telle que iamais vne vieille beauté ne te sollicite. Que si i'ay offensé tes ieunes oreilles (car ie les peus appeller de la sorte) par mes paroles mal apprises & non chastes, pardonne moy, & considere que ceux qui demandent pardon en l'estat où ie suis meritent ceste courtoisie d'estre, sinon pardonnez, pour le moins escoutez. Ce disant elle tira vn profond souspir & cheut esuanoüye.

L'enterrement de Taurise Damoiselle d'Auristelle.

CHAP. XXI.

IE ne sçay (dist alors Maurice) que deuiendra tout cecy, qu'on parle d'Amour par ces montagnes, par ces deserts, parmy ces perils, ces neges & ces glaces? Cela est bõ en Paphos, en Erice, en Cypre, où aux chãps Elisees, là où on ne ressent point de faim, ny aucune incõmodité. L'Amour faict ordinairement sa demeure delicieuse dans vn cœur comblé de plaisir, & dãs vne ame qui est en repos, & non point parmy les larmes & les troubles d'esprit. Auristelle, Transile, Constance, & Ricla, demeurerent estonnees pour ceste auanture, & sans mot dire s'esmerueilloient de ce succez. En fin l'on enterra Taurife, non fans abondance de larmes, & apres auoir faict reuenir Rofemonde de fon efuanoüiffement, ils fe ramafferent tous, & s'embarquerent dans l'efquif & puis entrerent dans le nauire. Ils furent bien receus & bien traictez de ceux qui y eftoient dedans; de forte que chacun appaifa la faim qui le trauailloit. Il n'y auoit que Rofemonde reduicte en tel eftat, qu'à tous coups elle eftoit aux portes de la Mort. L'on hauffa les voiles, & quelques vns pleurerent la mort de leurs Capitaines. Cependant ils firent eflection d'vn feul pour commander à tous les autres. Apres ils voguerent fur Mer, fans prendre la route de quelque particuliere contree: Car c'eftoient Corfaires, & non Irlandois, ainfi qu'on auoit donné à entendre à Arnaldo. Et leur patrie eftoit vne Ifle qui s'eftoit rebellee contre l'Angleterre. Maurice mal content de cefte compagnie, craignoit toufiours quelque reuers de la mauuaife vie de telles perfonnes, & comme vieil routier & bien experimenté aux chofes du Monde ne pouuoit empefcher à fon cœur de trembler. Il craignoit que la grande beauté d'Auriftelle, la gentilleffe & la bonne grace de fa fille Tranfile, & la ieuneffe & habit eftrange de Conftance, ne reueillaffent en l'ame de ces Corfaires quelques mauuaises pensees. Le ieune Antoine comme vn autre Pasteur d'Amphrise leur seruoit d'Argus, si bien que les yeux de luy & de Maurice estoient deux sentinelles qui ne dormoient iamais & qui veilloient pour ces douces & belles oüailles lesquelles s'estoient mises soubs le rampart de leur sollicitude & de leur vigilance. Pendant Rosemonde accablee de l'ennuy qui la rendoit d'heure à autre plus debile, deuint si foible qu'vne nuict on la trouua dans vne chambre du vaisseau en perpetuel silence. Ils auoient assez pleuré : Mais pour cela ils ne laisserent pas d'auoir compassion de sa mort, ainsi que bons Chrestiens. La Mer spatieuse luy seruit de sepulture, là où elle ne treuua pas assez d'eau pour esteindre le feu qu'alluma dans son ame le braue Antoine. Ce ieune homme & tous les autres prioient souuent les Corsaires qu'ils les portassent en Irlande ou Hibernie s'ils ne vouloient point prēdre la route d'Angleterre ou d'Escosse. Toutesfois ils respondoient, que iusques à ce qu'ils eussent faict vn bon & riche butin, ils ne vouloient point prendre terre, si ce n'estoit pour auoir de l'eau, ou pour recouurer des viures necessaires. La Barbare Ricla eust bien achepté à beaux lingots d'Or leur voyage d'Angleterre : mais elle n'osoit les descouurir, de peur qu'on ne les luy oftaft auant que les luy demander. Le Capitaine leur donna vne chambre à part, & les affeura de l'infolence qu'ils pouuoient craindre des foldats. Ils furent de la forte prefques trois mois allans fur la Mer d'vn cofté & d'autre. Ores ils abordoient en vne Ifle, & puis en vne autre, & puis entroient en pleine Mer, couftume ordinaire des Corfaires qui cherchent leur profit particulier, & durant que la Mer eftoit calme ils ne nauigeoient point. Le nouueau Capitaine du Nauire s'entretenoit dans la chambre de ces eftrangers, & auec des difcours remplis de difcretion, & des contes agreables, mais tous honneftes, leur faifoit paffer le temps. Maurice en faifoit de mefme, tandis qu'Auriftelle, Tranfile, Ricla, & Conftance eftoient plus occupees à penfer à l'abfence de la moitié de leur ame qu'à efcouter le Capitaine, ny Maurice. Neantmoins elles demeurerent vn iour attentiues à ouyr l'Hiftoire que le Capitaine leur recita, & que vous orez au Chapitre fuyuant.

Le Capitaine du vaisseau raconte les coustumes de l'Isle du Roy Policarpe, & comme Periandre gaigna les prix de la Feste.

CHAP. XXII.

LE Ciel (disoit ce Capitaine) m'a donné pour patrie l'vne de ces Isles qui sont proches de l'Ibernie. Elle est si grāde qu'elle porte le nom de Royaume. Vous deuez sçauoir que ce Royaume ne vient point par heritage ny par succession de pere en fils. Ses habitans font eslection d'vn Roy comme il leur plaist, & tousiours taschent que ce soit le plus vertueux & le plus hōme de biē qu'on puisse treuuer. Sans doncques aucune interuentiō de suffrages, & de brigues, & sās qu'ils soiēt sollicitez par promesses ny par dons, ils eslisent vn Roy du cōmun consentement de tous. Ce Roy porte le sceptre absolu du commādement; Il le possede pendant qu'il vit au monde, si parauenture il ne deuenoit meschant: c'est pourquoy ceux qui ne sont point Roys s'esforcent d'estre vertueux pour acquerir la Royauté. Et ceux qui le sont taschent pareillement de deuenir encores plus vertueux afin de ne perdre point le Royaume. Par ce moyen l'on couppe les aifles à l'ambition, & l'on renuerfe la conuoitife. Et bien que l'hypocrifie s'y puiffe gliffer; toutesfois par traict de temps le mafque eft ofté, & il demeure priué de fon falaire. Voilà comme le peuple y vit en repos, la Iuftice y eft en regne, & la Pieté y reluit. On defpeche bien toft les affaires des pauures: car celles des riches n'y font pas pluftoft defpechees. Les dons ny les parentages ne rendent point vaine la verge de la Iuftice. Toutes les affaires y ont leurs poincts reiglez, & y vont en leurs piuots. En fin ce Royaume eft vne demeure ou l'on vit fans crainte des infolens & ou chacun ioüift de ce qui luy appartient: Cefte couftume à mõ aduis iufte & fainéte, mift le fceptre du Royaume entre les mains de Polycarpe, perfonnage renommé & fameux tant aux lettres qu'aux armes. Lors qu'il vint à eftre efleu pour Roy il auoit deux filles: l'aifnee f'appelloit Polycarpa, & la plus ieune Symphorofe. Ils n'auoient point leur mere, & neantmoins apres fa mort, quoy qu'elle leur fift faute, elles eurent pour compagnes les vertus, & les bonnes mœurs qui leur feruoient de mere nourrice. De forte que doüees de ces rares qualitez elles donnoient

& de la belle Sigismonde. 171

vn merueilleux exemple à tout le Royaume, se rendans aymables, tant elles que leur Pere, à tous, & estans esloignees de tout le monde. Or parce que les Roys sont de ceste opinion que la melancolie de leurs vassaux produit, ordinairement de mauuaises pensees, ils taschent de tenir en alaigresse le peuple & l'entretenir par des festes publicques, & quelquesfois par des comedies; mais principalement ils solemnisent le iour de leur Couronnement, comme vous pourriez dire en renouuelant, le mieux qu'ils peuuent, les ieux que les Payens appelloient Olympiques. Nos Roys pratiquans cest vsage establissoient des pris à ceux qui couroient le mieux, honoroient les plus adroicts, couronnoiét ceux qui tiroiét le mieux de l'Arc, & mettoient au Ciel de la loüange ceux qui portoient les autres par terre. Ce spectacle se faisoit au riuage de la Mer en vne plage spacieuse là où vne infinité de rameaux ioints ensemble ostoient la lumiere au Soleil. On posoit au milieu vn Theatre somptueux, là où estoit assis le Roy & sa famille Royale, & d'où ils regardoient les ieux agreables. Or vne telle feste estant vn iour venuë, Polycarpe voulut monstrer qu'en ceste solennité il surpassoit en grandeur & en magnificence tous ses predecesseurs: Il paroissoit desià sur son magnifique eschaffaut accompagné des plus grands & des plus hômes de bien de son Royaume. Desià les instrumêts de la guerre & ceux de la paix vouloient donner cômencemét à la feste; & desià quatre Coureurs ieunes hômes agiles & dispos tenãs le pied gauche derriere, & le droict haussé, n'estoient empeschez d'autre chose pour courir dans la carriere que d'vne corde qu'on deuoit oster & qui seruoit de reigle & de signe, car à mesure qu'on la lascheroit, ils deuoyent prendre leur course vers vn certain terme prescrit, & là s'arrester. En ce mesme temps dis-ie! L'on vit venir de la Mer vn batteau, blanchy des deux costez & fraischemêt bien calfeutré. Six rames de chaque costé facilitoient les vagues, & elles estoient tirees par douze ieunes hommes, qui paroissoient estre forts & dispos, ainsi qu'on le pouuoit iuger à leurs larges espaules & à leurs estomachs, comme de mesme à leurs bras nerueux: Ils estoient tous vestus de laine, hormis celuy qui gouuernoit le timon, qui estoit accoustré d'incarnat comme vn Marinier. Le batteau arriua furieusement au bord de la Mer. Abborder & voir saulter à terre ceux qui estoient dedans ce fut vne mesme chose. Le Roy Polycarpe leur fist faire commandement qu'ils n'entrassent point à la carriere

& de la belle Sigismonde. 173

qu'on ne sceust qui ils estoient & d'où ils venoient: Car il s'imaginoit qu'ils venoient pour se treuuer à la feste & pour faire preuue de leur belle disposition. Le premier qui s'approcha pour parler au Roy, fut celuy qui gouuernoit le timõ. C'estoit vn homme fort ieune: ses ioües où l'on ne voyoit pas encore vn poil de barbe sembloient estre de nege & de vermeillon : Ses cheueux estoient aussi luisans que fin or, & tous annelez. En fin toutes les parties de son visage estoient si parfaites, & iointes ensemble si belles, qu'on ne les pouuoit regarder qu'auec admiration. Soudain la belle presence de ce ieune homme attira les yeux & les cœurs de tous ceux qui le regardoient, & moy-mesme deslors luy portay vne grande affection. Voicy le discours qu'il tint au Roy: Sire (dit-il) mes Compagnons & moy ayans appris la celebration de ceste feste, & de ces ieux, sommes venus pour t'y seruir & pour nous y treuuer. Or pour cest effect nous ne sommes pas partis d'vne terre loingtaine, mais bien d'vn nauire que nous auõs laissé en l'Isle Scynte qui n'est gueres esloignee d'icy. Et comme le vent nous a esté fauorable pour approcher de ce riuage nostre vaisseau, nous nous sommes seruis de ce batteau & de ces rames, & par la force de nos bras auons icy abordé. Nous sommes tous gentils-hommes, desireux d'acquerir de l'honneur : Or comme Roy que tu es, & par mesme moyen obligé de fauoriser les Estrangers, nous te supplions de nous accorder ceste grace que nous puissions icy faire paroistre, ou nos forces, ou nostre industrie, à nostre honneur, à nostre profit &, à ton contentement. Certes (respond le Roy Polycarpe) agreable ieune homme vostre requeste est faicte de si bonne grace & auec tant de courtoisie, que ce seroit vne iniustice si on vous en denioit l'accomplissemét. Vous pouuez donc honorer ma feste en ce que vous voudrez, & i'auray la charge de vous guerdonner. Selon que ie puis iuger par vostre belle disposition, vous laisserez bien peu d'esperance à quelque autre de gaigner les premiers pris. Le ieune homme mist alors le genoüil à terre & baissa la teste, en signe de recognoissance & de remerciment, & en deux saults il fut deuãt la corde qui arrestoit les quatres legers Coureurs. Ces douze Camarades se rengerent à costé pour estre Spectateurs de la course. Tandis la trompette sonna, & on lascha la corde. Lors tous cinq se mirent à courir : mais ils n'eurent pas couru vingt pas que le nouueau venu deuança les autres de plus de six : & à trente pas il estoit plus auant de quinze. En fin il les laissa vn peu plus que de la moitié de la courſe, comme s'ils euſſent eſté des ſtatuës immobiles. Tous les aſſiſtans admiroient ce ieune homme en ſa courſe, & principalement la belle Symphoroſe, qui le ſuiuoit de la veuë lors qu'il couroit, de meſme qu'auparauant elle fichoit touſiours ſes regards ſur luy quand il eſtoit arreſté: car la Beauté & la diſpoſition de ce ieune homme eſtoit capable de gaigner toutes les volontez, & non ſeulement d'attirer tous les yeux des aſſiſtans. Ie remarquois ceſte choſe, parce que i'auois auſſi les yeux attentifs ſur ſa ſœur Policarpa, doux obiect de mes deſirs, & par meſme moyen ie voyois les mouuements de Symphoroſe. Soudain l'enuie commença de poſſeder les courages de ceux qui vouloient s'eſpreuuer aux ieux, quand ils virent auec combien de facilité l'Eſtranger auoit gaigné le pris de la courſe. Le ſecond eſbat fut celuy de l'eſcrime. Ce meſme ieune homme qui auoit gaigné le premier pris empoigna le fleuret auec laquelle il eſtouppa la bouche, moucha le nez, pocha les yeux, & marqua la teſte à ſix qui ſe treuuerent contre luy, ſans que pas vn luy touchaſt (comme l'on dit) vn poil de la robe. Lors les acclamations du peuple ſe firent entendre, & de commun conſentement on luy donna le premier pris. Peu de temps apres six se preparerent à la lutte, là où auec plus de force & de disposition le ieune homme se fist paroistre. Il descouurit ses espaules, son estomach ample & vigoureux, les nerfs & les muscles de ses forts bras, auec lesquels & par sa dexterité & adresse incroyable, il fit que les espaules des six lutteurs, malgré qu'ils en eussent, demeurerent imprimees en terre. Apres il mist la main sur vne barre pesante qui estoit à terre: car on luy dist, que c'estoit là quatriesme espreuue. Il la sousleue, en faisant signe aux hommes qui estoient deuant afin qu'ils s'esloignassent & luy donnassent lieu de la ietter: Il prit donques la bàre par vne poincte, & sans tourner le bras arriere, il la poussa auec tant de violence qu'ayant passé le bornes de la marine, la Mer fut contraincte de luy en donner, là où ceste barre demeura enseuelie. Ceste force prodigieuse ayant esté remarquee de ses Contendans, leur courage deuint si abbatu, qu'ils n'oserent pas s'esprouuer en ce ieu. Apres l'on prit l'arbaleste auec des fleches, & l'on luy monstra vn arbre fort haut, où il n'y auoit point de rameaux. A la cime estoit penduë vne demy lance, au bout de laquelle pendoit encores à vn filet vne colombe, & sur qui ceux qui se vouloient esprouuer deuoient tirer plus d'vn coup. Vn qui presumoit

moit de ne faillir point, deuance les autres estimant cōme ie crois faire le meilleur coup, & emporter la colōbe. Il tira dōques & ficha sa flesche presque au bout de la lance. La colombe ayant peur de ce coup s'esleua en l'air. Le second, qui n'auoit pas moins de presumption que le premier, lascha auec tant d'adresse sa flesche, qu'il rompit le filet qui lioit la Colombe; de sorte qu'ayant la liberté elle battit des aisles & s'envola promptement. Mais le ieune homme desià accoustumé à gagner les premiers prix, lascha à mesme temps sa flesche, & comme s'il luy eust commandé ce qu'elle deuoit faire, & si elle eust eu entendement pour obeyr, il en ouurit l'air, & ceste fleche en sifflant atteignit la Colombe & luy perça le cœur de part en part, luy ayant faict quitter en mesme temps le vol & la vie. Soudain les acclamations des assistans se renouuellerent, & les loüanges qu'on donnoit à cet Estrāger, lequel en la Course, en l'Escrime, en la Lutte, en la Barre, & à l'Arbaleste, & en plusieurs autres essais que ie ne raconte point, gagna auec fort grand auantage les premiers prix, releuant ses Compagnons de la peine qu'ils eussent prise en l'espreuue de tels exercices: Lors que tels ieux finissoient, le iour finissoit pareillement, & à mesme tēps le Roy Policarpe auec les Iuges vouloit de-

M

scendre de son eschaffaut pour guerdonner le victorieux ieune homme: mais il le deuança en mettant les genoux à terre, & luy dist ces paroles: Sire, nostre Nauire est demeuré seul & desnué de gens: Puis nous voyons que la nuict obscure s'approche: Les prix que ie puis esperer se doiuent estimer autant qu'il est possible, puis qu'on les doit receuoir de ta main. Mais ie te supplie (ô grād Prince) que tu daignes les differer iusques à vn autre temps, où auec plus de loisir & de commodité ie reuiendray icy pour te seruir. Le Roy l'embrassa, & luy demanda son nom. Il luy dist qu'il s'appelloit Periandre. Lors la belle Simphorose osta vne guirlande de fleurs qui paroit ses beaux cheueux, & la posa sur la teste de ce braue ieune homme, & puis de bonne grace luy dist ces honnestes paroles: Quand mon Pere sera si heureux que vous reuiendrez icy pour le reuoir, vous cognoistrez que vous ny serez point venu pour seruir, ains plustost pour estre seruy.

& de la belle Sigismonde.

La ialousie d'Auristelle, & autres choses memorables.

CHAP. XXIII.

O grande force de la ialousie: ô maladie qui t'attaches de telle sorte à l'ame, qu'il est impossible de t'en oster, si ce n'est auec la fin de la vie. O tres-belle Auristelle, arreste-toy, & auec vn tel precipice ne donne point lieu en ton imagination à ceste angoisse enragee. Neantmoins qui est-ce qui seroit capable de retenir en ses limites les pensees qui sont si legeres, & si subtiles, que n'ayans point de corps elles passent les murailles, percent le cœur, & voyent ce qui est de plus caché dans l'ame. Ie dis cecy, parce qu'Auristelle oyāt proferer le nom de son frere Periandre, & ayant ouy auparauāt les loüanges de Symphorose, & la faueur qu'elle luy auoit faicte en luy mettant la guirlande sur le chef, abandonna sa souffrance aux doutes, & liura sa patience aux plainctes; de sorte que tirant vn grand souspir & embrassant Transile elle tint ce langage: Ma chere amie, prie le Ciel que, sans que ton Espoux Ladislaus se perde, mon frere Periandre vienne à perir. Ne le vois tu

M ij

pas en la bouche de ce valeureux Capitaine, honoré comme vainqueur, couronné comme victorieux, & plus attentif aux faueurs d'vne Dame, qu'au soin que luy deuoit donner l'exil & le pelerinage de ceste sienne sœur. Il s'en va cherchāt les palmes & les trophees par les terres estrangeres, & laisse parmy les perils, les escueils & les montagnes que la Mer courroucee esleue ordinairement, ceste sienne sœur, laquelle par son conseil, & pour son plaisir souffre & espreuue tous les dangers de mort qu'on sçauroit imaginer. Le Capitaine du Nauire escoutoit attentiuement ces raisons, & il ne sçauoit quelle conclusion il en deuoit prendre: Il vouloit neantmoins parler, & il ne dist mot pourtant, par ce qu'à mesme temps & en vn moment sa parole fut empeschee par vn vent qui s'esleua si soudain qu'il le fit mettre sur pieds sans faire response à Auristelle. Or il cria aux Mariniers qu'ils calassent les voiles, les moderassent, & asseurassent. Toute la chorme courut chacun à ce qu'il auoit à faire, & la Nef commença de voguer en pouppe en pleine Mer au gré du vēt. Maurice auec ceux de sa compagnie se retira à sa chambre, afin que les Mariniers peussent librement exercer leur office. Ce fut là que Transile demanda à Auristelle pourquoy elle estoit deuenuë si troublee lorsqu'elle auoit ouy nommer Periandre; car elle ne sçauoit point à quel subiect les loüanges & la bonne fortune luy pouuoit donner de l'ennuy. Las! mon amie (repart Auristelle) ie suis de telle maniere obligee à tenir secret vn pelerinage que ie fais, qu'il faut necessairement que ie tasche de le faire encores que i'y deusse perdre la vie. Que si le Ciel veut que tu sçaches vn iour qui ie suis, tu verras que i'ay raison d'estre ainsi troublee: car en sçachant la cause d'où cela procede, tu cognoistras des pensees chastes & agitees, mais non pourtant troublees: tu pourras voir des infortunes sans estre cherchees, & des labyrintes qui par des auantures non imaginees sont sortis de leurs destours. Tu vois combien grand est le simple parentage d'vn frere, puis qu'encores i'en ay vn plus grand auec Periandre. Considere de mesme que c'est le propre des Amoureux d'estre ialoux; & qu'auec plus de proprieté & de raison ie suis ialouse de mon frere. Et quoy ce Capitaine (chere amie) n'a-il pas exageré la beauté de Simphorose; & elle en couronnant les temples de Periandre n'a-t'elle pas faict paroistre son affection? Cela est sans doute, & mõ frere n'est il pas doüé de la valeur & de la beauté que tu as veuë? Ne peut-il pas doncques estre que Simphorose ait tellement resueillé en luy sa pensee, que cela luy face oublier sa sœur? Madame (dist alors Transile) prens garde que tout ce que le Capitaine a raconté est arriué auant la prison de l'Isle Barbare, & que depuis en çà vous vous estes veus & auez parlé ensemble ; de sorte qu'il y apparence qu'il n'est Amoureux d'aucune, & qu'il n'a autre desir que celuy de te complaire. Or ie ne crois pas que les forces de la ialousie paruiennent à vn tel poinct, qu'vne sœur puisse estre ialouse d'vn sien frere. Considere, Transile ma fille (dist alors Maurice) que les cōditions de l'Amour sont autant differentes qu'iniustes, & ses loix en aussi grand nombre que variables. Tasche d'estre si discrette que tu n'espures point les pensees d'autruy. Ne t'ingere point de sçauoir outre ce que l'on te veut dire. La curiosité aux affaires propres ne peut se subtiliser & raffiner : mais en celles d'autruy qui ne nous importent en rien on n'y doit pas seulement penser. Ces paroles que dist Maurice à sa fille, firent que la prudence retint la langue d'Auristelle, par ce que celle de Transile, qui n'estoit pas peu accorte, luy alloit faire proferer petit à petit toute la verité de son histoire. Le vent s'appaisa cependant, sans auoir donné lieu de crainte aux Mariniers,

& de trouble à ceux qui voyageoient. Le Capitaine vint les reuoir, pour leur poursuyure son histoire, desireux encores de sçauoir pourquoy Auristelle s'estoit ainsi troublee oyant proferer le nom de Periandre. Auristelle pareillement desiroit qu'on reprit le discours passé, & vouloit sçauoir du Capitaine, si les faueurs que Simphorose auoit faictes à Periandre s'estoient estenduës plus auant qu'au couronnement. Ainsi elle s'en enquist modestement afin qu'on ne prist pas garde à son intention. Ce Capitaine respondit que Simphorose n'eut pas le loisir de luy faire plus de mercy: car ainsi doit on appeller les faueurs des Dames. Toutesfois sans auoir esgard au merite de Simphorose il s'imaginoit tousiours qu'elle n'estoit pas libre, & qu'elle logeoit en son imagination tousiours Periandre, par ce que tousiours depuis son depart, lors que l'on venoit à parler des perfections de ce ieune homme, elle les esleuoit iusques au Ciel. Or cecy confirmoit encores dauãtage sa doute: c'est qu'elle luy auoit commandé de prendre vn Nauire & d'aller chercher Periandre afin de le conuier de reuenir voir son Pere. Est-il bien possible (dist alors Auristelle) que les grandes Dames, les filles des Roys, celles qui

M iiij

sont esleuees au dessus du Throsne de la Fortune, se r'auallent de tant qu'elles facent recognoistre que leurs pensees sont logees en des subiects bas & abiects? S'il est veritable, comme sans doute cela est, que la grandeur & la Majesté ne s'accordent pas bien auec l'Amour, ains plustost sont du tout contraires, Il faut faire ceste consequence, que Simphorose Reyne, belle, & libre, ne se deuoit point captiuer à la premiere veuë d'vn ieune homme incogneu, qui a son equipage ne paroissoit point estre grand Seigneur : Il gouuernoit le timon d'vn batteau auec douze siens Compagnons, tous gens rudes & grossiers, comme sont ordinairement tous ceux qui tirent la rame. Taisez vous ma fille Auristelle (repart alors Maurice) puis qu'en pas vne autre action de la Nature on ne voit point de plus grand ny de plus frequents miracles, qu'en celle de l'Amour. Ils sont en si grand nombre, & tels qu'on les passe sous silēce ; & l'on ne laisse pas de les voir quelques extraordinaires qu'ils soient. L'Amour ioint les sceptres aux houlettes, la grandeur à la petitesse, & rend possible l'impossible : Il esgalle les qualitez differentes, & est aussi puissant que la Mort: Tu sçais bien (Madame) & ie ne l'ignore pas

& de la belle Sigismonde. 185

encore, la gentillesse, la disposition & la valeur de ton frere Periandre: belles parties qui forment vne composition de singuliere beauté. Or c'est vn priuilege de la beauté, d'assujectir les volontez, & d'attirer les cœurs de ceux qui la cognoissent. Plus la beauté est grande & cognuë, & plus elle est aymee & estimee. Ce n'est pas donc vn miracle si Symphorose, quelque grande Dame qu'elle soit, ayme ton frere. Elle ne l'ayme pas comme Periandre simplement, ains comme vn beau, vn vaillant, vn adroict, & leger ieune homme, & comme vn subiect ou toutes les vertus se sont recueillies & ramassees. Comment (dist alors ce Capitaine) Periandre est donques frere de ceste Dame: Cela est (repart Transile) & pour son absence elle vit en perpetuelle tristesse, & nous pareillement qui l'aymons, & qui le cognoissons, viuons pour l'amour d'elle en grande destresse. Sur cela ils luy raconterent tout le succez du naufrage de la nef d'Arnaldo, la diuision de l'esquif & de la barque, & tout ce qui estoit suffisant pour luy apprendre ce qui leur estoit succedé iusques à l'heure presente. L'autheur du premier liure de ceste grande histoire les laisse en ce point, & veut passer au secõd liure, où l'on vous recitera des choses, qui bien qu'elles ne paſſent point les bornes de la verité ſurmontent neantmoins l'imagination, puis que telles auantures peuuent à peine tomber en la plus ſubtile & plus grande imagination.

Fin du premier Liure des Trauaux de Perſiles, & de Sigiſmonde.

LE SECOND
LIVRE DES TRAVAVX
DE PERSILES, ET DE SIGISMONDE.

Comme le Nauire se renuersa dans la Mer auec tous ceux qui estoient dedans.

CHAP. I.

IL semble que l'Autheur de ceste Histoire estoit plus entendu aux choses qui concernent l'amour, qu'en celles qui sont propres à vn historien. Car ce premier chapitre qui donne commencemét au secōd liure, il l'emploie tout en la difinitiō qu'il donne de la ialousie, causee de celle que tesmoigna Auristelle au recit que fit le Capitaine du Nauire de ce que nous auons dit cy-dessus. Neantmoins en ceste traduction que nous auons faicte, nous laissons toutes ces raisons, comme trop prolixes & trop souuent redites & rapportees. Venans doncques à la verité de l'accident qui arriua, nous dirons que le vent s'estant changé, & les nuës espanduës, la nuict obscure & tenebreuse suruint, les tonnerres donnans pour aduant-coureurs les esclairs qu'ils suiuent, commencerent de troubler les Mariniers, & d'obscurir la veuë de tout ceux de la nef : l'orage & la tempeste suruint auec tant de furie, qu'elle ne peut estre preueuë de la diligence & de l'art des Mariniers. A mesme temps le trouble & la tourmente les assaillit. Toutesfois chacun ne laissa pas pour cela d'estre attentif à son office & faire ce qui estoit necessaire, sinon pour euiter la mort, au moins pour dilayer la vie, puisque mesme les courageux qui se sauuent sur des aiz la leur confient, & comme cela l'entretiennent, iusques à mette leur esperance en vn morceau de bois qui par cas fortuit se descloüe du nauire, & lesquels ils embrassent, & tiennent pour vn grand heur cest embrassement. Cependant Maurice & Transile sa fille se tenoient embrassez, comme encores Antoine demeuroit embrassé auec Ricla sa mere, & auec Constance sa sœur. Il n'y auoit que la mal'heureuse Auristelle, qui n'ayant autre appuy que celuy que luy offroit donnee son angoisse, se seroit librement la mort, si la Religion Chrestienne & Catholique, qu'elle taschoit de garder exactement, le luy eust permis; de sorte qu'elle se recueillit parmy eux. Ainsi ayant faict vn nœud, ou pour mieux dire vn peloton, ils se laisserent aller presque iusques au fonds du Nauire pour euiter le son espouuantable des tonnerres; la lumiere different des esclairs, & le bruit confus des Mariniers. Or se treuuās comme en des limbes, ils pensoient quelquesfois toucher le Ciel auec la main, parce que le Nauire s'esleuoit au dessus des nuees, tandis que quelquefois ils croyoient estre au profond des abysmes, lors que la hune touchoit le profond du sablon de la Mer. Les yeux fermez ils attendoient la mort, ou pour mieux dire ils la craignoient sans la voir; car la figure de la mort est tousiours espouuantable en quelque maniere qu'elle se monstre; & redoutable à celuy qu'elle attaque inopinément & lors qu'il se porte fort bien. La tempeste s'accreut de telle sorte qu'elle espuisa toute la science des Mariniers, le soin du Capitaine, & finablement l'esperance du remede en tout. Desià on n'oyoit point que l'on dist, qu'on face cecy, ou cela: mais bien des cris, des prieres & des vœux qu'on enuoyoit au Ciel. Ils furent reduits à vne telle extremité que Transile ne se ressouuenoit plus de Ladislaus, ny Auristelle de Periādre: Car l'vn des effects plus puissants de la mort est d'effacer de la memoire toutes les choses de la vie. Et puis qu'elle faict qu'on ne ressent plus la passion de la ialousie, que l'on croye ce que ie viens de dire, & qu'elle peut l'impossible. Il n'y auoit là aucun horloge de sable, qui fist distinction des heures, ny aiguille qui signalast le vent, ny sçauoir qui peut designer le lieu où ils estoient. Ce n'estoient que cris que confusions, que souspirs, & que prieres. Le Capitaine deuint tout perclus, les Mariniers demeurerent abbatus, & les forces humaines se rendirent: Mais peu de temps apres ayans repris leur sentiment, le silence se rompit, & l'on entendit plus que iamais la voix des miserables qui se plaignoient. La mer esfrenee & insolente passa par la cime de la couuerture du Nauire & voulut visiter les plus hautes hunes, lesquelles pareillement comme pour se venger de leur fardeau allerent baiser le profond du sablon. En fin comme l'on vid paroistre le iour, si l'on peut appeller iour ce qui ne rend point de clarté, la nef demeure arrestee sans se bouger d'vn costé ny d'autre, qui est l'vn des plus grands perils, apres celuy du naufrage, qui puisse arriuer à vn vaisseau. Estant à la par fin combatuë de deux vents contraires, comme si l'on l'eust renuersee par quelque artifice, elle mit la plus grande hune au profond des eaux, &

& de la belle Sigismonde.

descouurit la quille au Ciel, seruant de sepulchre à tous ceux qui estoient dedans. Adieu chastes pensees d'Auristelle : Adieu desseins bien fondez: voyage non moins honorable que sainct vous estes acheué. N'esperez-pas d'autre Mausolee, d'autre Piramide, n'y d'autre monument que celuy que vous offrent ces ais mal calfeutrez. Et vous ô Transile, clair exemple d'honnesteté, vous pouuez entre les bras de vostre sage & ancien pere celebrer les Nopces, sinon auec vostre Espoux Ladislaus, au moins auec l'esperance qui desià vous conduict à vn meilleur mariage. Et toy ô Ricla, qui par tes desirs estois desià portee à ton repos, attache de tes bras Anthoine & Constance tes enfans, & offre les à celuy qui t'oste maintenant la vie, pour t'en donner au Ciel vne meilleure. Pour conclusion le renuersement de la nef & la mort certaine qui les menaçoit, fist escrire toutes ces raisons à l'autheur de ceste pitoyable histoire. Il escriuit encores celles que vous orrés au Chapitre suiuant.

D'vne estrange auanture, & comme ceux qui s'estoient perdus en Mer, se sauuerent.

CHAP. II.

IL semble que le renuersement de la nef renuersa de mesme, ou pour mieux dire, troubla le iugement de l'Autheur de ceste histoire, parce qu'il a donné quatre ou cinq commencements à ce second chapitre, comme doutant quelle fin prendroit ceste auanture. En fin il prend ceste resolution, & dit, que le bon-heur, & le malheur sont tellemēt ioincts ensemble que quelquefois il n'y a pas moyen de les separer. L'ayse & l'ennuy sont si bien liez, que bien sot est le mal'heureux qui se desespere, & le bien-heureux qui trop se confie en son heur, ainsi que cest estrange succez nous l'aprend facilement. La nef, cōme nous auons desià dit, demeura enseuelie dans les eaux, & les morts en vn sepulchre sans terre. Leurs esperāces se perdirent, puis qu'il leur sembloit que tout remede estoit impossible. Toutesfois les Cieux pitoyables, qui contre tout ordre prennent le soing de remedier à nos infortunes, permi-

rent

& de la belle Sigismonde. 193

sent que le Nauire porté peu à peu des ondes desià appaisées paruint au bord de la Mer, en vne plage qui alors durant le calme pouuoit seruir de port asseuré. Non loing de là estoit vn port qui contenoit plusieurs vaisseaux, & vne ville bien peuplee qui se miroit dans ces eaux comme dans vn clair miroir, & qui esleuoit ses edifices que l'on voyoit de loing par vne haute colline. Ceux de ceste ville descouurirent le ventre du Nauire, & creurent que c'estoit celuy de quelque Balaine, ou de quelque autre grand poisson, qui en la tempeste passee auoit donné à trauers. Vne infinité de peuple sortit pour le voir, & ayant cogneu que c'estoit vn vaisseau, l'on en aduertit le Roy Polycarpe Prince de la Cité. Il sortit pareillement accōpagné d'vne grande suitte, & de ses deux filles Polycarpa & Simphorose, belles Princesses. Apres il commanda qu'auec des cordes, des tours, & des engins, l'on tirast ce vaisseau au port, & par ce moyen qu'on l'enuironnast de batteaux. Quelques vns monterent au plus haut de l'ouuerture & ouyrent dedās du bruit, & cōme des voix de quelques personnes viuantes. Lors vn vieil Gentil-homme qui se treuua proche du Roy, luy tint ce langage: Sire, il me souuient auoir veu en la mer Mediteranee, & en la riuiere de Genes, vne Galere

N

d'Espagne, qui pour auoir mis la voile durant l'orage, se renuersa, cõme a faict ce vaisseau, la hune estant au profond de la Mer, & la quille vers le Ciel; & auant qu'on la redressast, lon y entendist premierement du bruit, de mesme qu'en ceste Nef: L'on dressa donques ceste Galere par la quille, & l'on fit vn trou capable pour voir ce qui estoit dedans. L'entree de la lumiere, & la sortie du Capitaine de ceste mesme Galere, auec quatre autres siens Compagnõs fut vne mesme chose. Ie l'ay veu de mes yeux, & cela demeure escrit en plusieurs histoires d'Espagne, & mesme il se pourroit faire que les personnes qui nasquirent au monde vne autre fois du ventre de ceste Galere, fussent encores viuantes. Or si vn pareil succez estoit icy, il ne faudroit pas le tenir pour vn miracle, mais bien pour vn mystere. Les miracles se font contre l'ordre de la Nature, & les mysteres sont ceux qui paroissent estre miracles, bien qu'ils ne soient que des accidents, qui arriuent rarement. A quoy doncques (repart le Roy) nous amusons nous dauantage? Qu'on ferme promptement l'ouuerture, & que l'on voye ce mystere. Si ce ventre vomit des personnes viuantes, ie tiendray cela à miracle. L'on employa vne grande diligence à boucher promptement le vaisseau, & tout le monde auoit vn grand desir de voir cet enfantemēt. En fin on ouurit vne grande concauité, laquelle decouurit des morts, & des viuants qui sembloient estre morts. Vn de la trouppe y mit les bras & les posa sur vne Damoiselle qui à son estomach pātelant monstroit qu'elle estoit en vie. D'autres en firent le mesme, & chacun fit vne prise: mais il y en auoit qui pensants tirer des personnes viuantes, en tiroient de mortes: car les pescheurs ne sont pas tousiours heureux. Finalement quand on eut donné l'air, & la lumiere aux demy viuans, ils respirerent & recouurerēt vigueur. Ils se froterent le visage & les yeux, estendirent les bras, & comme ceux qui s'esueillent d'vn profond sommeil, ietterent leurs regards de tous costez. Auristelle se treuua entre les bras d'Arnaldo, Transile en ceux de Clodio, Ricla & Constance en ceux de Rutilius, & d'Antoine le Pere. Anthoine le fils n'eut pas besoin de l'assistance d'aucun, puis qu'il sortit de luy mesme, & Maurice en fit autant. Arnaldo demeura plus estonné & plus confus que ces ressuscitez, & plus mort que les morts. Auristelle le regarda, & ne le cognoissant pas: elle rompit la premiere le silēce de tous, par ceste premiere parole qu'elle profera. Parauanture mon frere (dit-elle) la belle Simphorose est en ceste compagnie

O bon Dieu (dit alors à part soy Arnaldo) que sera tout cecy? Quel souuenir de Simphorose, en vn temps où l'on est plus obligé de ne se ressouuenir d'autre chose que de rēdre graces au Ciel pour les faueurs que l'on en a receuës. Toutesfois il luy respōdit qu'elle y estoit, & luy demanda comment elle la cognoissoit, parce que le Prince Arnaldo ignoroit ce qui s'estoit passé entre Auristelle & le Capitaine du Nauire, qui luy raconta le triomphe de Periandre: Mais il ne peut sçauoir la cause pourquoy elle s'informoit de Simphorose. Cependant l'on peut dire que la force de la ialousie est si grande & si subtile qu'elle entre & se mesle auec le glaiue de la mort mesme, & va treuuer l'ame amoureuse au dernier article de la vie.

Apres quelque temps la crainte s'estant esloignee des ressuscitez, (car ainsi les peut on nommer) & l'admiration des viuants qui les auoient tirez du vaisseau, chacun se mit à parler & à donner lieu à la raison. Ils se faisoient confusément des demandes. Ceux de la terre demādoient aux autres cōme ils estoient ainsi dans le Nauire: & ceux du vaisseau comme les autres estoient à terre. Cependant Polycarpe voyant que par l'ouuerture qu'on auoit faite le Nauire s'estoit remply d'eau, au lieu de l'air qu'il auoit

& de la belle Sigismonde. 197

auparauant, commāda qu'on le tirast à bord, & qu'auec artifices on le mit à terre : ce qui se fit promptement : Lors tous ceux qui occupoiét la quille du Nauire sortirent dehors, & ils furent receus du Roy Polycarpe & de ses filles, ensemble de tous les principaux de la ville, auec autant de plaisir que d'admiration : mais ce qui les fit d'auantage esmerueiller, & principalement Simphorose, fut l'incomparable beauté d'Auristelle. Celle encores de Transile leur donna pareillement de l'admiration, comme aussi la belle disposition, l'accoustrement estrange, la ieunesse & la bonne grace de la Barbare Constance, à laquelle l'honneste maintien, & la bonne mine de Ricla sa mere ne faisoiét point de deshonneur. La ville estoit si proche, que sans auoir besoin d'y estre portez, ils y allerét tous à pied. Tandis Periandre auoit moyen de parler à sa sœur Auristelle : Ladislaus à Transile : & Antoine le pere à sa femme & à sa fille : & les vns & les autres se racontoient leurs auantures. Il n'y auoit qu'Auristelle qui pour estre occupee à contempler Simphorose, demeuroit muëtte. En fin elle parla à Periandre, & luy dit : Mon frere parauanture ceste tresbelle Damoiselle que ie vois, est Simphorose la fille du Roy Polycarpe? C'est elle-mesme (repart Periandre) & le subiect où logent

N iij

la beauté & la courtoisie. Elle doit estre fort courtoise (replique Auristelle) puis qu'elle est fort belle. Encore qu'elle ne le fust pas tant (dit Periandre) les obligations que ie luy ay, ô ma chere sœur, m'obligent que i'en face beaucoup d'estime. S'il va par obligations (luy dit Auristelle) & si par elles tu veux mettre en prix les beautez, la mienne te doit paroistre la plus grande de la terre suiuant les obligatiõs que tu m'as. Les choses humaines (repart Periandre) ne doiuent point estre cõparees aux choses diuines. Les loüanges qui se font par hiperbole, quelques grãdes qu'elles soient, doiuent s'arrester en vn poinct limité. Quand on dit qu'vne femme est plus belle qu'vn Ange, l'on y adiouste par courtoisie & non par obligation. Il n'y a que toy seule (ma chere sœur) où l'on peut outrepasser les regles, & où le prix que l'on te donne prẽd de nouuelles forces pour dire la verité de ce que l'on doit à ta beauté. Si mes trauaux & mes angoisses (ô mon frere) ne troubloient point la mienne, peut-estre ie croyrois que les loüãges que tu luy dõnes sont veritables. Toutesfois i'espere que les Cieux pitoyables mettrõt quelque iour en repos mes inquietudes, & changeront en calme mes orages. Cependãt ie te supplie de tout mon cœur qu'autres Beautés, ny autres obligations n'ostẽt, ny n'effacent point de ta memoire ce que tu me dois. Tu pourras en ma beauté, & aux obligations que tu m'as, satisfaire à ton desir, & donner accomplissement à ta volonté. Si tu cōsideres la beauté de mon ame iointe à celle de mon corps, telle qu'elle est, tu y trouueras vne composition qui te donnera de la satisfaction. Periandre estoit tout confus, oyāt les raisons d'Auristelle: car il recognoissoit bien qu'elle estoit ialouse. Chose à luy fort nouuelle, par ce qu'vne longue experiāce luy auoit appris que la discretiō n'auoit iamais faict sortir Auristelle hors des bornes de l'honnesteté: Iamais sa langue ne se meut pour proferer sinon honnestes & chastes pensees: Et iamais elle ne luy auoit dit parole qui ne fust digne d'estre dite à vn frere, soit en public ou en particulier. Tandis Arnaldo estoit enuieux de Periandre, Ladislaus se resioüissoit auec son Espouse Trāsile, Maurice auec sa fille & son gendre, Antoine le pere auec sa femme & ses enfans, Rutilius auec le plaisir de ce recouuremēt, & le mesdisāt Clodio auec l'occasion qui s'offroit de raconter par tous les lieux où il se trouueroit, la grandeur de ceste estrange auanture. Ils paruindrent à la ville, & le liberal Polycarpe honora ses hostes royalement, commandant que tous fussent logez dans son Palais. Il faisoit

N iiij

cependant des caresses extraordinaires à Arnaldo, car il auoit desià sceu qu'il estoit l'héritier de Dannemarc, & que l'Amour d'Auristelle l'auoit fait sortir de son Royaume. Et quand il vit vne si grande beauté, Polycarpe excusa la peine que ce Prince prenoit à sa recherche. Le Roy & sa fille Simphorose logerēt Auristelle pres du lieu où ils faisoient leur demeure. Simphorose ne la perdoit point de veuë, & rendoit graces au Ciel de ce qu'il l'auoit faite sœur & nō amáte de Periādre. Ainsi tant pour son extresme beauté, comme pour le parentage si estroit d'elle & de Periandre, Simphorose l'adoroit, & ne pouuoit d'vn seul pas la quitter. Elle remarquoit de point en point ses actions, notoit ses paroles, pesoit ses façons de faire, & tout luy plaisoit, iusques au son & à l'organe de sa voix. Auristelle la regardoit de mesme, & de pareille affection, encores que les intentions de toutes deux fussent bien differentes: Auristelle la consideroit d'vn œil de ialousie, Simphorose de celuy de bienveillance : Ils demeurerent quelques iours en ceste ville pour s'y reposer de leurs trauaux passez : tādis qu'Arnaldo preparoit ce qui estoit necessaire, pour prendre la route de Dannemarc, ou bien du lieu qu'il plairoit à Auristelle & à Periandre: car il faisoit tousiours paroistre qu'il n'auoit point d'autre volonté que celle du frere & de la sœur. Durãt ce tẽps-là Clodio qui estoit de loysir, & qui auoit curieusement regardé les actions d'Arnaldo, & combien il estoit detenu sous le ioug amoureux, se treuuãt vn iour seul auec luy, luy tint ce langage. I'ay tousiours repris en public les vices des Princes, sans garder le respect que l'on doibt à leur grandeur, & sans considerer le dommage qui procede de la mesdisance: Mais maintenant sans ta permission, ie te veux dire en secret, ce que ie te supplie escouter auec patiẽce. Ce que l'on dit par maniere de conseil, encore qu'il ne soit point agreable, treuue pourtant excuse, quãd on le faict auec bonne intention. Arnaldo demeuroit cõfus, ne sçachant où tendoit l'auant-propos du discours de Clodio, & pour le sçauoir il se resolut de l'escouter: Si bien qu'il luy dit qu'il pouuoit parler & dire ce qu'il voudroit. Auec ce sauf-cõduit Clodio poursuiuit sõ discours en ceste sorte. Monsieur vous aymez Auristelle, mais plustost vous l'adorez: Et comme i'ay appris, vous ne sçauez chose aucune de ses affaires, n'y d'où elle est, sinon autant qu'elle a voulu vous en dire, & dont elle ne vous a rien dit. Vous l'auez tenuë en vostre pouuoir plus de deux ans, & durant ce terme (ainsi qu'il est croyable) auez employé tout le soin & toute la peine que vous auez peu, pour amolir sa dureté, adoucir sa rigueur, & rendre sa volonté conforme à la vostre. Vous y auez procedé par les moyés honnestes du mariage, & elle est auiourd'huy en mesme estat qu'elle estoit le premier iour que vous la recherchastes. Ie tire de là ceste cōclusion qu'elle manque autant de regnoissance, que vous surabondez de patience. Vous deuez doncques considerer, que voir vne femme rejetter & mespriser vn Royaume, & vn Prince qui merite d'estre aymé, cela cache vn grand mystere. Il y a encore quelque grand mystere de voir vne Damoiselle vagabonde, qui cele tant qu'elle peut le lieu de sa naissance, accompagnée d'vn ieune homme, qui pourroit n'estre pas son frere, ainsi qu'ils disent. Elle va de Prouince en Prouince, d'Isle en Isle, sujecte aux rigueurs du Ciel, & aux dangers de la terre, qui sont pires que ceux de la Mer orageuse. Les biēs que les Cieux eslargissent aux mortels, & que l'on doit plus estimer, sōt ceux de l'honneur que l'on prefere à ceux de la vie. Les plaisirs des hommes sages se doiuēt mesurer auec la raison & non point auec les mesmes plaisirs. Clodio vouloit poursuiure auec son discours graue & philosophique quand Periandre entra, qui le fit taire malgré son desir, & celuy d'Arnaldo, qui uoit enuie de l'escouter. Maurice, Ladiflaus, & Tranfile entrerent pareillement, & auec eux Auriftelle appuyee à l'espaule de Symphorofe. Elle eftoit mal difposee: deforte qu'il fallut la porter au lict. Or cefte maladie donnoit de tels troubles, & de telles craintes en l'ame de Periandre & d'Arnaldo, que si la difcretion ne leur eut fait cacher leur mal, il euffent eu pareillement affaire de Medecins, comme Auriftelle.

La ialoufie d'Auriftelle, les Amours de Symphorofe, & autres chofes dignes de recit.

CHAP. III.

A peine Polycarpe apprift l'indifpofition d'Auriftelle, qu'il commanda qu'on appellaft fes Medecins afin qu'ils la vifitaffent. Et comme le poulx eft la langue qui declare la maladie que l'on fouffre, les Medecins treuuerent par celuy d'Auriftelle: que fon mal eftoit vne maladie de l'ame, & non du corps. Mais Periandre auant qu'eux en auoit cognoifsãce: & Arnaldo la cognoiffoit pareillement en partie, & Clodio mieux que tous. Les Medecins ordonnerent qu'en nulle maniere on ne la laiffaft point feule, & que l'on taschast de l'entretenir & la diuertir par le moyen de la Musique si elle l'aymoit, ou bien auec d'autres entretiens plaisans & agreables. Symphorose prist la charge de sa santé, & luy offrit sa compagnie à toutes heures: Offre qui ne plaisoit gueres à Auristelle, par ce qu'elle eust bien voulu n'auoir pas si souuent à la veuë celle qu'elle pensoit estre cause de sa maladie dont elle n'esperoit iamais releuer, estant resoluë de ne la descouurir point. Son honnesteté luy attachoit la langue, & son merite s'opposoit à son desir. En fin tous sortirent de sa chambre, & il n'y demeura auec elle que Symphorose & Polycarpa, laquelle encores Symphorose fist desloger finemẽt, & par quelque occasion qu'elle prist. Si tost qu'elle se vit seule auec Auristelle elle colla sa bouche à la sienne, & puis ioignant estroictement ses mains, & tirant des souspirs ardents, il sembloit qu'elle vouloit influer son ame au corps d'Auristelle: passions qui troublerent l'autre de nouueau, & qui luy firent tenir ce langage. Qu'est cecy (Madame) vous tesmoignez par ces façons de faire, que vous estes plus malade que ie ne suis, & que vostre ame est plus affligee que la mienne: Regardez si ie vous puis seruir en quelque chose: Car pour ce faire, encores que ma chair soit debile, neátmoins i'ay saine la volonté. Ma douce amie (respond Symphorose) ie te remercie autant que ie peux, & ay fort agreable ton offre, & auec la mesme volonté d'ont tu t'obliges de me faire plaisir, ie t'offre vne pareille volonté, sans que pour ce regard il y ait icy aucun compliment feint, ny obligation tiede. Las! ma sœur (car ie te doibs nommer de ce nom, tant que la vie me durera) i'ayme, ie veus du bien, i'adore, le diray-ie? Non: ma honte & ma qualité retiennent ma langue côme par vn frein: Dois-je donc mourir en me taisant? Ma maladie doit elle estre guerie par miracle? Le silêce est il parauâture capable de parler? La vertu & la force doiuent elles auoir deux yeux modestes & vergongneux, pour declarer les pensees infinies d'vne ame amoureuse? Symphorose tenoit ce langage auec tant de larmes & de souspirs, qu'Auristelle toute esmeuë luy essuya les yeux, & en l'embrassant luy dist ces paroles: O Princesse rēplie de passion, que les paroles ne meurent point en ta bouche: chasse pour quelque peu de temps toute ceste confusion & cest empeschement, & me fais ta Secretaire. Les maux que l'on communique, s'ils n'apportent la santé, donnent au moins de l'alegement. Si ta passion est amoureuse comme ie l'imagine, tu dois sçauoir sans doute que ie n'ignore pas que tu es de chair, encores que tu paroisses estre d'albastre. Ie sçay aussi que nos ames sont tousiours en continuel mouuement, sans qu'elles puissent estre attentiues à ne vouloir du bien à quelque subiect, au quel les estoilles les enclinent, car l'on ne doibt pas dire qu'elles les y forcent. Dis-moy (Madame) qui est celuy que tu desires, que tu aymes, & que tu adores? Comme ie ne pense pas que tu aymes folement vn Taureau ainsi que fist autrefois quelqu'vne, ny que tu ressembles à celuy qui adora iadis vn arbre qu'on nomme Plane, & puis que celuy que tu cheris est vn homme, cela ne m'estonnera, ny ne me fera nullement esmerueiller. Ie suis fille comme toy: l'ay mes desirs, & iusques à ceste heure l'honneur a deffendu à mon ame, que ie les tirasse de ma bouche, ainsi que i'eusse peu faire comme signes de ma passion. Neantmoins il faut qu'à la fin ces inconueniens impossibles sortent. Car peut-estre ie mettray peine qu'en mon testamēt on sçache la cause de ma mort. Lors qu'elle proferoit ce langage. Symphorose la regardoit fixemēt, & n'estimoit pas moins chasque parole qu'elle proferoit que les sentences qui procedent de la bouche d'vn Oracle. Las Madame (dit elle alors) ie crois fermement que les Cieux ayans compassion de ma douleur & touchés de mõ angoisse t'ont icy conduite apres tant de destours qui semblent estre miracles à ceste Prouince: Ils te retirerent du ventre obscur du Nauire, & te rendirent à la lumiere afin que mon obscurité treuuast de la clarté, & mes desirs vne sortie de leur confusion où ils sont. Or pour ne te detenir dauantage en supens, tu doibs sçauoir que ton frere Periandre arriua il y a quelques iours en ceste Isle. Et sur cela elle luy conta de point en point, comme il y vint, les triomphes qu'il gaigna, les Concurrents qu'il vainquit, & les prix qui luy furent adiugez, en la mesme sorte que vous auez leu cy-deuant. Et elle luy dit pareillement que les perfections de son frere Periandre auoient excité en elle vne maniere de desir, qui estoit plus tost bienueillance qu'amour: que neantmoins depuis son penser nourry de la solitude & de l'oysiueté, venant à contempler tant de graces, l'Amour le luy auoit peint dans l'ame, non pas comme vn homme particulier, ains cõme vn Prince qui meritoit d'estre Prince s'il ne l'estoit pas. Ceste peinture fut (disoit elle) grauee dans mon ame, & mal conseillee que ie fus ie n'y fis point de resistence, de sorte que peu à peu ie vins à luy vouloir du bien, à l'aymer, & à l'adorer ainsi que i'ay desià dit.

Symphorose eust passé outre, sans le retour

de Policarpa sa sœur, laquelle desireuse d'entretenir Auristelle, venoit chantant au son d'vne harpe qu'elle tenoit à la main. Symphorose doncques demeura muëtte, & Auristelle toute esperduë. Toutesfois, ny le silence de l'vne, ny la confusion de l'autre ne furent pas capables de leur empescher de prester attentiuement l'ouye à la voix nōpareille de Polycarpa, qui cōmença de chanter en sa langue & en ceste maniere, ce que depuis le Barbare Antoine expliqua en Castillan, & que nous auons traduict ainsi en François,

SONNET.

Cloris, si la raison ne se rend point capable
  De rappeller à toy ta ieune liberté,
  Lasche la bride au dœuil miserable Beauté,
Et meurs, puis que la Mort te peut estre honorable.

La genereuse ardeur de ton mal incurable,
  Qui peut assubiectir ta libre volonté,
  Meurtrira ton silence en ceste extremité,
Si tu veux acquerir vn renom perdurable.

Fais sortir par ta bouche & ta voix & ton ame:
  La lāgue peut tousiours sans hōte & sans diffame
  Proferer librement ce qu'on a dans le cœur:

Quand le monde entendra la douleur qui te touche,
  Il verra clairement l'excez de ta langueur,
  Puis que des signes clairs sortiront de ta bouche.

Il n'y eut que Simphorose qui entendist les vers de Polycarpa, laquelle auoit cognoissance de tous ses desirs. Or bien qu'elle eust resolu de les enseuelir dans les tenebres du silence, elle voulut pourtant faire son profit du conseil de sa sœur, en declarant à Auristelle ses pensees, côme desià elle auoit commencé de luy en dôner la cognoissance. Simphorose demeuroit souuent auec Auristelle, & faisoit paroistre que c'estoit plustost par courtoisie que pour son contentement particulier qu'elle luy tenoit compagnie. En fin vn iour reprenant le discours passé, elle luy dist ces paroles: Madame, ie te prie que tu m'escoutes vne autre fois, & que mes discours ne te soient point importuns. Les passions qui me bruslent l'ame ne me permettent pas que ie refrenne m'a langue. Si ie ne parlois ie serois en danger de mourir: & ceste crainte, malgré ce que ie suis, & en depit de mon honneur, fera que tu sçauras que ie meurs pour ton frere. Ses vertus que i'ay recogneuës ont attiré à elles mes amoureux desirs; de sorte que sans m'informer qui sont ses parents, sa patrie, ou ses richesses, & en quel estat la fortune l'a esleué; ie considere seulement la main liberale dont la Fortune l'a voulu enrichir. Ie luy veux du bien pour l'amour de luy seulement: pour luy seul ie l'ayme, & pour luy seul ie l'adore: Et par toy seule, & par le merites que tu possedes, ie te supplie, que sans condāner mes pesers precipitez, tu me faces le bien que tu pourras. Ma Mere en mourant me laissa vne infinité de richesses, sans que mon Pere en sçache rien. Ie suis fille d'vn Roy, lequel, bien que par eslection, est neantmoins Roy. Tu vois mon aage, & ma beauté ne t'est point couuerte. Telle qu'elle est, encores qu'elle ne soit pas digne d'estre estimee, elle ne merite pas pourtant d'estre abhorree. Donne moy ton frere pour Espoux, & ie me donneray à toy pour sœur. Ie partageray auec toy mes richesses. Ie procureray de te dōner vn Mary qui apres, voire auant la mort de mon Pere, sera esleu Roy de ce Royaume. Si cela ne se peut faire, mes tresors sont capables pour acheter d'autres Royaumes.

Pendant que Simphorose proferoit ce langage pitoyable, elle tenoit Auristelle par la main, & la luy arrousoit de larmes. Auristelle les accompagnoit des siennes, iugeant en elle-mesme combien grandes sont les passions d'vn cœur amoureux. Et quoy qu'elle se representast Simphorose comme ennemie, toutesfois elle en auoit de la compassion. Car vn cœur genereux ne desire point la vangeance, lors qu'il se peut vanger. Et puis Sim-

phorose ne l'auoit point offensee en chose
qui l'obligeast à la vangeāce. Sa coulpe estoit
la sienne propre: ses pensees les mesmes qu'elle auoit: & son intention semblable à celle
qui la faisoit sortir hors de soy-mesme. En fin
elle ne pouuoit la blasmer, sans demeurer
premierement conuaincuë du mesme peché. Tout le mieux qu'elle pût faire, ce fut
qu'elle luy dist, Si Simphorose n'auoit point
receu quelquesfois aucune faueur de son
frere, quoy que ce fust en choses legeres:
ou bien, si de bouche, ou des yeux elle ne
luy auoit point descouuert son amoureuse
volonté. Simphorose luy respondit, que
iamais elle n'auoit eu la hardiesse de hausser
les yeux pour regarder Periandre, si ce n'est
auec la modestie que sa qualité le luy representoit, & que tousiours la bien-seance de sa
lāgue auoit esté cōduite à l'égal de celle de ses
yeux. Ie le crois, repart Aurise elle: mais est-il
bien possible qu'il n'aye point rendu tesmoignage qu'il te vouloit du bien? Il l'aura fait,
parce que ie ne l'estime pas si peu sensible &
si dur, qu'vne beauté comme la tienne ne
l'amolisse, & ne l'aleiche: C'est pourquoy ie
suis d'auis qu'auant que ie rompe ceste difficulté, que tu tasches de parler à luy: Tu luy
en pourras dōner occasion par quelque honneste faueur. Souuent les faueurs excitent &

O ij

allument les courages les plus froids & les moins soucieux. Si vne fois il ne respond à ton desir, il me sera facile de faire qu'il te donne vne entiere satisfaction. Chere amie tu dois sçauoir que tous les commencements sont difficiles, & tres-difficiles en Amour. Ie ne te cõscille pas que tu exposes ton honneur, ny que tu te precipites: car les faueurs que les Dames font à ceux qu'elles aiment, quelques chastes qu'elles soient, ne semblent pas pourtant l'estre: si bien que l'honneur ne se doit point mettre à l'auãture pour l'amour du contentement. Cependant en tout cecy la discretion peut beaucoup, & l'Amour maistre subtil pour conduire les pensees à bonne fin donne le moyen & le lieu aux plus troublez de declarer leurs pensees sans offense de leur honneur.

L'aduis que donne Clodio le mesdisant au Prince Arnaldo, & la fascherie de Periandre voyant Auristelle ialouse.

Chap. IIII.

L'Amoureuse Simphorose demeuroit attẽtiue aux honnestes raisons d'Auristelle. Elle ne fit pourtant aucune responce, mais reprenant le discours passé elle luy dist: Che-

&) de la belle Sigismonde. 213

re amie regarde iusques à quel point est paruenu l'Amour que la valeur de ton frere engendra dans mon ame. Cest Amour fist que ie priay vn Capitaine de la garde de mõ Pere de l'aller chercher, & de me l'amener ou de gré ou de force: Or le Nauire où il s'embarqua est celuy-la mesme où tu estois, & là où l'on a treuué ce Capitaine sans vie entre les morts. Il est ainsi (repart Auristelle) & il me raconta vne grande partie de ce que tu m'as dit, si bien que desià i'auois cognoissance, encores que confusément, de tes pensees. Et s'il est possible ie desire que tu les mettes en repos iusques à tant que tu les descouures à mon frere, ou bien iusques à ce que ie prenne à charge ton remede, qui sera incontinent que tu m'auras descouuert ce qui aura passé entre vous deux: car le lieu ne te manquera pas pour parler à luy ny à moy pareillement. Simphorose remercia de nouueau Auristelle, & Auristelle commença de nouueau d'auoir compassion d'elle.

Pendant leur discours, Arnaldo estoit entretenu de Clodio, lequel mouroit de desir de troubler, ou de deffaire les amoureuses pensees de ce Prince. L'ayant treuué seul, si l'on peut dire seul celuy qui a l'ame occupee d'amoureux desirs, il luy tint ce discours: Mon Seigneur ie te disois l'autre iour, le peu

O iij

d'asseurance que l'on peut retirer de l'humeur changeante des femmes, & qu'Auristelle en effect est vne femme, bien qu'elle semble estre vn Ange. Que Periandre est pareillement vn homme, bien qu'il soit son frere. Ie ne veux pas dire pour cela que tu doiues conceuoir en ton ame quelque mauuais soupçõ: mais bien que tu y mettes & y mesles de la prudence. Que si parauanture tu estois capable de cheminer par le sentier de la raison, ie voudrois que tu considerasses quelquesfois ce que tu es: comme tu as laissé seul ton Pere, & la faute que tu faicts à tes subjects: le danger où tu te mets de perdre ton Royaume, qui est maintenant semblable au Nauire priué du Pilote qui le gouuerne. Cõsideres encores que les Roys sont obligez de se marier non pas auec la Beauté, mais auec la race; nõ pas auec la richesse, mais auec la vertu, pour les obligations qu'ils ont de donner de bons successeurs à leurs Royaumes. Cela amoindrit & diminuë le respect que l'on doit au Prince, quand on luy voit prendre vne femme de basse condition. Or il ne suffit pas de dire que la grandeur du Roy est de soymesme si puissante qu'elle rend esgale à soymesme la bassesse de la femme dont il faict ellection: Le cheual & la iument de genereuse race promettent de meilleurs poulains que ne font le cheual & la iument qu'on ne cognoist point, & qui sont d'vne race abjecte. Le contétement doit auoir beaucoup de lieu parmy le populaire, mais non pas parmy ceux qui sont en eminence. C'est pourquoy (ô mon Prince) ie te conseilles de retourner à ton Royaume, ou que tu tasches d'estre si prudent que tu ne te laisses point tromper. Cependant ie te prie de pardonner à ma temerité: tu sçais que i'ay le bruit d'estre mesdisant, mais ie ne veux pas acquerir le tiltre d'vn qui a vne mauuaise intention. Ie marche soubs ton rampart: ma vie est couuerte de l'escu de ta valeur: soubs ton ombre ie ne crains point les rigueurs du Ciel, & il semble que par vne meilleure influence des estoiles mon humeur iusques icy deprauee, se rend meilleure.

Clodio (dist alors Arnaldo) ie te remercie du bon conseil que tu m'as donné: mais le Ciel ne consent ny ne permet point que ie le reçoiue. Auristelle est fille de bien: Periandre est son frere, & ie n'en veux point croire autre chose. Puis qu'elle m'a dit qu'il estoit son frere; ie tiés pour veritable tout ce qu'elle me dit. Ie l'adore sans contredit; & l'abisme presque infiny de sa Beauté emporte apres luy celuy-là de mes desirs, qui ne peuuent s'arrester sinon en elle. I'ay tenu, ie tiens,

& ie dois tenir ma vie d'elle. Voilà pourquoy ne me donne plus vn tel conseil, par ce que les vents emporteront tes paroles, & mes effects te feront paroistre combiē ces mesmes conseils sont enuers moy vains & inutiles. Clodio oyant ceste response serra les espaules, baissa la teste, & s'osta de sa presence en intention de ne seruir plus de conseiller, par ce que celuy qui veut estre Conseiller il faut qu'il aist trois qualitez : la premiere authorité, la seconde prudence, & la troisiesme qu'il soit appellé au Conseil. Tandis ces reuolutiōs, ces desseins, & ces menees amoureuses se treuuoiēt dans le Palais de Polycarpe, & en l'ame de ces Amans confus. Auristelle estoit ialouse, Simphorose amoureuse, Periandre tout troublé, & Arnaldo obstiné en son Amour, pendant que Maurice faisoit dessein de retourner en sa patrie contre la volōté de Trasile sa fille, qui ne vouloit point y retourner pour viure auec vn peuple tant ennemy de l'honneur & de la bienseance, comme estoit celuy de son pays. Son Espoux Ladisllaus n'osoit, ny ne vouloit pas luy conrredire. Antoine le pere mouroit de desir de se voir auec sa femme & ses enfans en Espagne : & Rutilius en Italie où il auoit pris naissance. Enfin tous desiroient ; mais nul n'auoit l'accomplissement de son desir. Miserable condition de la nature humaine, que Dieu crea parfaite au commencemēt, & laquelle, nous par nostre faute, trouuons tousiours deffectueuse : defaut que l'on verra sans cesse, tandis que nous ne desisterons point de desirer. Il arriua puis apres que Symphorose quasi par industrie donna lieu à Periandre de se voir seul auec Auristelle: car ceste Princesse estoit desireuse qu'ils commençassent à traicter de sa cause, dont la sentence luy deuoit apporter la vie où la mort. Voicy les premieres paroles qu'Auristelle dist à Periandre: Mon Seigneur & frere, ce voyage que nous faisons, si remply de trauaux & de troubles, & qui nous menace de tant de perils me faict chaque iour & à chaque moment craindre ceux de la mort. Ie voudrois que nous y missions fin, & que nous asseurassiōs la vie, en luy donnant quelque repos. Le meilleur moyen pour ce faire que i'y treuue est, que noꝰ nous arrestiōs en ce lieu où nous sommes. Icy l'on t'offre richesses en abondance, non pas en promesses, mais veritablement. Au reste vne femme noble & belle en toute extremité, digne non qu'elle te prie comme elle faict, ains que tu la pries, la demandes, & la recherches.

Tandis qu'Auristelle tenoit ce discours, Periandre la regardoit si attentiuement qu'il ne remuoit aucunémēt la prunelle des yeux,

& il faisoit à la haste des discours en son entédement pour treuuer où pouuoient tendre toutes ces paroles. Neantmoins Auristelle, passant outre, le retira de ceste confusion par ces mots : Ie dis mon frere ; car ie te dois appeller ainsi en quelque degré que tu sois colloqué : Ie dis que Symphorose t'adore & te recherche pour mary : Elle dist qu'elle possede des richesses incroyables : Et moy ie dis qu'elle est doüée d'vne Beauté croyable. Ie la nomme croyable, parce qu'elle est telle qu'elle n'a pas besoin qu'on l'esleue en l'exaggerant, ny que par hiperbole on la rende plus grande. En outre selon que ie l'ay peu remarquer, elle est d'vne humeur douce, d'vn entendement subtil, & d'vne façon de faire non moins remplie de discretion que d'honnesteté. Auec tout ce que ie viens de te dire, ie ne laisse pas de cognoistre ce que tu merites, estant ce que tu es. Toutesfois si l'on regarde à la fortune presente, vne telle compagnie sera bonne pour toy. Nous sommes hors de nostre patrie : tu es persecuté de ton frere, & moy de mon malheur. Plus nous taschons d'accomplir nostre voyage à Rome, & plus nous y treuuons de difficulté & d'empeschement. Mon intention ne se change point, mais elle craint & tremble de peur : & ie ne voudrois pas que la mort me saisist parmy les

& de la belle Sigismonde. 219

craintes & les perils; si bien que veux acheuer ma vie en Religion, & desirerois que tu acheuasses la tienne en honneur. Ce fut là que Auristelle mit fin à son discours, & commencement à des larmes qui contredisoient & effaçoient tout ce qu'elle venoit de dire. Elle tira hors de la couche honnestement les bras, les estendit par le lict, & tourna la teste du costé contraire à celuy où estoit Periandre. Luy voyant ces extremitez, & ayant ouy ces paroles, sans estre capable d'autre pouuoir, perdit la veüe : Sa langue se tint attachee à son palais, & il tomba sur les genoux, à terre, ayant la teste appuyee contre le lict. Auristelle tourna la sienne, & ayant apperceu qu'il estoit esuanouy, luy passa la main sur le visage, & luy essuya les larmes, que sans qu'il les sentist, luy arrousoiét fil à fil les ioües.

―――――――――――――

Comme le Roy Polycarpe deuient amoureux d'Auristelle, & declare sa passion à Symphorose sa fille, & du deus de Clodio & de Rutilius.

CHAP. V.

Nous remarquõs en la nature des effects dont nous ignorons les causes. Quelques vns en voyant coupper auec vn coûteau du drap, fentent que leurs dents deuiennent endormies & agaffees. Quelquesfois l'homme tremblera pour vne fouris, & moy i'en ay veu trembler lors que l'on couppoit vne raue. Moy-mefme ay veu des hommes qui fe leuoient d'vne table honnorable lors qu'ils y voyent feruir des Oliues. Si l'on en demande la caufe; il n'y a nul qui la fçache bien dire. Ceux qui croyent fçauoir plus que les autres, pour toute raifon alleguent que les Eftoilles ont vne certaine antipatie auec la complexion de tels hommes, & qu'elles l'enclinent ou la pouffent à ces actions, à ces craintes, & à ces eftonnements: & ils tiennent ce langage lors qu'ils voyent les chofes que nous venons de dire, & autres femblables que nous apperceuons à tout moment. L'vne des definitions qu'ils donnent à l'homme, Il eft (difent-ils) vn animal rifible, parce que le feul homme rit, & non quelque autre animal: Et ie dis que l'on le peut nommer animal plorable, animal qui pleure: Et comme par vne grande rifee on defcouure le peu d'entendement, l'on remarque de mefme par les pleurs trop abondants, le peu de difcours. Il eft vifible à l'homme prudent de pleurer pour trois raifons. L'vne, quand il a peché: La feconde pour obtenir le pardon:

la troisiefme quand il est ialoux: & les autres larmes ne sont pas bien seantes à vn visage graue. Voyons doncques que faict Periandre qui est esuanouy. Encores qu'il ne pleure pas comme pecheur ou comme repety, s'il pleure comme ialoux il treuuera plusieurs qui excuseront ses larmes, & qui les essuyeront encores comme fist Auristelle laquelle auec plus d'artifice que de verité le mist en tel estat. Il reprit en fin ses esprits, sentant qu'on marchoit par la chambre, & apperceut Ricla & Constance qui entroient pour visiter Auristelle. Il en fut plus aise que s'il fut demeuré seul, parce qu'il ne treuuoit point des parole pour respõdre à sa Maistresse. C'est pourquoy il eut loysir d'y pēser, & de considerer le conseil qu'elle luy auoit donné. Symphorose estoit pareillement desireuse de sçauoir ce qui s'estoit passé pour son secours en ceste audience d'amour & en la premiere veuë de son procez. Sans doute elle eust deuancé Ricla & Constance en ceste visite: Mais elle en fust empeschee par vn message du Roy son pere, qui luy commandoit, que tout presentement & sans aucun delay elle le vint treuuer. Ayant obey à ce mandement, elle le treuua seul à l'escart. Policarpe la fist soir aupres de luy & demeura quelque temps sans luy dire mot. En fin il rompit son silence,

& auec vne voix qui parloit baſſement, de peur d'eſtre entenduë, il luy tint ce langage. Ma fille, encores que ta grande ieuneſſe ne ſoit point obligee à reſſentir ce que l'on nomme Amour, ny mon long aage ſujet à ſa iuriſdiction, neantmoins la Nature ſort bien ſouuent hors de ſes bornes, de ſorte que les plus vertes annees s'embrazent, & les plus vieilles ſe ſeichent & ſe conſument. Si toſt que Symphoroſe ouyt ce langage, elle s'imagina que ſans doute ſon pere auoit cognoiſſance de ſes deſirs. Toutesfois elle ſe teut, & ne voulut pas l'interrompre, iuſques à ce qu'il ſe declaraſt dauantage. Cependant qu'il ſe deſcouuroit à elle, ſon cœur palpitoit dans ſon eſtomac. Sõ pere pourſuiuit puis apres ſõ diſcours en ceſte ſorte. Ma fille, depuis la mort de ta mere ie me ſuis repoſé à l'ombre de tes careſſes, tu m'as ſeruy de rempart : ie me ſuis gouuerné par ton cõſeil, & ay gardé cõme tu as veu de poinct en poinct les loix du veufvage, tant pour l'honneur de ta perſonne, que pour la conſeruation de la Foy Catholique dont ie fais profeſſion. Toutesfois depuis l'arriuee de ces nouueaux hoſtes l'horloge de mon entendement s'eſt deſbauché, le cours de ma bonne vie s'eſt troublé, & en fin ie ſuis tumbé de la cime de ma preſomption diſcrete, au bas abyſme de ie ne ſçay quels deſirs,

Si ie les tais, il m'en couſtera la vie ; & ſi ie les publie, ils me deshonnoreront. Il n'y a plus moyen ma fille, que ie te tienne en ſuſpend: il n'y a plus moyen que ie demeure en ſilēce. Et ſi tu deſires d'en ſçauoir dauātage, ſçache que ie meurs pour Auriſtelle. Le feu de ſa ieune Beauté embraſe & cōſume mes meures annees. Mes yeux deſià remplis d'obſcurité, ſe ſont eſclaircis aux eſtoilles de ſes yeux. La belle diſpoſition de ſa perſonne a donné vigueur à la foibleſſe de la mienne. Ie voudrois s'il eſt poſſible donner à toy & à ta ſœur vne belle mere, de qui le merite excuſe la faute que ie pourrois faire en vous la donnant. Si tu es de mon opinion, ie ne me ſoucie de tout ce que l'on puiſſe dire. Que ſi cela ſemble eſtre vne folie, & que pour ce ſubiect on me priue du Royaume: pourueu que ie regne entre les bras d'Auriſtelle, il n'y aura Monarque au monde qui m'eſgalle en felicité. Mon intention, ma fille, eſt, que tu le veuilles, & que tu tires d'elle la parole qui m'eſt d'vne telle importance Ie croys qu'elle ne s'y monſtrera pas trop difficile, ſi ſuiuant ſa diſcretion, elle oppoſe mon authorité à mes annees, & mes richeſſes à ſon ieune aage. C'eſt vne bonne choſe d'eſtre Reine & de commander. Les honneurs rapportent du contentement, & l'on ne rencontre point tous les plaiſirs aux mariages esgaux. En recompence de la bonne parole que tu m'apporteras de cste Ambassade, ie t'en reserue vne meilleure pour tõ heur. Que si tu es prudente comme tu as tousiours esté, tu ne dois point refuser le desir d'obtenir la meilleure. Considere qu'vn homme colloqué en grandeur doit procurer, auoir & posseder quatre choses. Vne bonne femme, vne bonne maison, vn bon Cheual, & de bonnes armes. Or la femme est autant voire plus obligee à rechercher les deux premieres que n'est pas l'homme, parce que la femme doit estre subiecte au mary, & non le mary à la femme. Les mariages bas & abiects n'amoindrissent point les Majestez ny les grandeurs, parce qu'en se mariant, on rend les femmes esgalles à soy. Auristelle, soit ce qu'elle puisse estre, estant mon Espouse elle sera Reyne, & Periandre mon Beau-frere, lequel ie te donneray en mariage. Lors qu'il sera mon beau-frere, tu seras pareillement honnoree, tant comme son Espouse, que comme ma fille. Et comment sçauez-vous (mon Seigneur) repart Symphorose, que Periandre n'est point marié, & que ne l'estant pas il se vueille marier à moy. Qu'il ne le soit pas (dist le Roy) ie le iuge en le voyant aller ainsi voyageant de Prouince en Prouince: chose qui est destournee par le mariage.

Qu'en

Qu'en outre il vueille estre tien, sa prudence & sa discretion qui est grande me le tesmoigne & m'en asseure, de sorte qu'il se rengera à ta volōté : & puis que la beauté fait sa sœur Reyne, il sera bien aisé que la tienne le face ton Espoux. Ce fut auec ces dernieres paroles & ceste grande promesse que le Roy chatoüilla l'esperance de Simphorose, & donna saueur au goust de ses desirs. Ainsi doncques sans aller contre l'intention de son Pere, elle promit de moyenner ce mariage, & receut les estreines & l'espoir de ce qu'elle n'auoit point encores negotié. Elle luy dist seulemēt qu'il regardast bien à ce qu'il faisoit en luy donnant pour Espoux Periandre: Car encores que sa belle disposition & sa bonne mine fissent iuger de sa valeur & de son merite, neantmoins il n'estoit pas bon de se precipiter, & sans que premiérement l'experience & quelque iour leur en donnast asseurance. Elle eust pourtant donné tout le bien qu'elle pouuoit desirer au Monde, & tous les siecles qu'elle eust peu viure, pourueu qu'au mesme instant on le luy eust baillé pour Espoux : car la langue des Dames vertueuses & d'illustre race dit vne chose, pendant que leur cœur en pense vne autre. Ce fut le pourparler de Polycarpe & de sa fille : mais cependant Rutilius & Clodio discouroient en vne autre

P

chãbre. Clodio, ainsi que nous auõs veu en ce que nous auõs leu de sa vie & de son humeur, estoit homme malicieux & plusque prudent; c'est pourquoy il estoit aussi extrememẽt médisant: & nous voyõs ordinairemẽt que le sot & le lourdaut ne sçait ny cõtredire ny mesdire. Et biẽ qu'il ne soit pas bõ de mesdire, ainsi que nous auõs dit vne autre fois; neantmoins on loüe le mesdisant discret & prudent: car la subtilité malicieuse dõne de la pointe à tous ses discours, & de la saueur, de mesme que faict le sel aux viandes. Et pour le moins si l'on blasme le subtil mesdisant, & si l'on le condamne pour vn homme pernicieux, on ne laisse pas de l'absoudre & de le loüer comme discret & prudent. Nostre Satyrique dõc, que la langue auoit banny de sa patrie, & faict mettre en la compagnie de la sale & vitieuse Rosemonde (le Roy ayant donné à la langue malicieuse de l'vn vne peine esgale à la saleté de l'autre) se treuuant seul auec Rutilius, luy tint ce langage. A la verité Rutilius, celuy-là est extremement sot & priué d'entendement, lequel en descouurant vn secret à vn autre, le prie auec passion de n'en dire mot, parce qu'il importe de la vie à celuy qui le dit, que cela ne se sçache nullement. Neantmoins, approche toy vn peu d'icy, il faut que ie te die. Descouureur de tes pensées, & es-

& de la belle Sigismonde.

uanteur de tes secrets (repart alors Rutilius en l'interrompant) si comme tu dis il y va de ta vie de les découurir à vn autre qui n'y a nul interest; s'il vient à les descouurir, comment veus-tu qu'il les enferme sous la clef du silence? Quelle plus grande asseurāce peus-tu receuoir que l'on ne les sçaura point, si ce n'est lors que tu ne les auras point publiez. Ie sçay tout cela Rutilius (dit Clodio) mais toutesfois ie sens pendre à ma langue & en ma bouche certains pensers qui enragent d'estre publiez & exposez en place publique auant qu'ils se pourrissent en mon estomac, ou que ie forcene auecques eux. Approche toy de moy Rutilius, & dis-moy vn peu ie te prie, que faict icy cest Arnaldo suyuant le corps d'Auristelle, cōme s'il estoit son ombre mesme. Il laisse son Royaume à la disposition de son pere, vieil & peut estre caducque. Il se perd icy, il faict naufrage en ce lieu, pleure deçà & souspire delà, se plaignant amerement de la Fortune, que luy-mesme se fabrique? Mais que dirons nous de ceste Auristelle & de ce sien frere, ieunes & vagabonds, & qui cachent leur race, parauanture pour faire douter s'ils sont nobles, ou s'ils ne le sont pas. Celuy qui demeure absent de sa patrie, & est en lieu où il n'est cogneu de personne se peut donner tels parents qu'il veut, & par finesse

P ij

& par artifice paroiſtre à ces façõs de faire, fils du Soleil & de la Lune. Ie ne nie point que ce ne ſoit vne vertu digne de loüange de ſe faire plus excellent qu'on n'eſt pas: Neantmoins cela doit eſtre ſans preiudice du tiers. L'honneur & la loüange ſont les ſalaires de la vertu, laquelle eſtant ferme & ſolide eſt digne de recompenſe: mais on ne la doit point à la vertu feinte & hypocrite. Et que penſes-tu que ſoit ce Luteur, ceſt Eſcrimeur, ce Coureur, & ce Sauteur? Ce Ganimede, ce Mignon, que l'on vent tantoſt icy, & que l'on achete tantoſt en autre part. Ceſt Argus de ceſte doucette Auriſtelle, qu'il contemple touſiours comme ſa bouſſole. En fin nous ne ſçauons ny nous n'auons peu ſçauoir de ce couple nompareil en beauté, d'où il vient ny où il va. Si eſt-ce pourtãt que ce qui me faſche daauntage d'eux, eſt que ie te iure par les onze Cieux qu'on dit eſtre, que ie ne me puis perſuader qu'ils ſoient freres. Et bien qu'ils le ſoient, ie ne puis faire vn bon iugement de ceſte fraternité, qui va ſi eſtroittement par Mers, par Terres, par Deſerts, par Campagnes, par Hoſtelleries, & par Maiſons. Ce qu'ils deſpenſent ſort de la bougette & des ſachets des Barbares Ricla & Conſtance. Ie vois bien que ceſte Croix de Diamant & ces deux Perles que porte Auriſtelle valent vn grand thresor: toutesfois c'est vn gage & vne marchandise qui ne se change ny ne se troque en destail. De penser puis apres qu'ils rencontrent tousiours des Roys qui les logent, & des Princes qui les fauorisent, c'est vne chose vaine & superfluë. Que dironsnous encores (Rutilius) de la fantaisie de Transile, & de l'Astrologie de son pere. Elle qui tranche de la vaillante, & luy qui s'estime le premier Astrologue Iudiciaire du Mõde? Ie gagerois que Ladislaus Espoux de Transile, voudroit estre maintenant en sa patrie, en sa maison, & à repos, encores que sa femme passast par le statut & par la coustume de ceux de son pays, plustost que se voir en vne maison estrangere, à la discretion de receuoir d'autruy ce qui luy faict besoing. Quant à nostre Barbare Espagnol, en quelle arrogance doit il auoir faict la description de la Terre. Ie gage pareillement que si le Ciel permet qu'il arriue à sa patrie, il fera courir le peuple apres luy, monstrant sa femme & ses enfans couuerts de leurs pellissons. Il leur depeindra l'Isle Barbare en vn tableau, & leur marquera auec vne verge, le lieu où il demeura enserré l'espace de quinze ans: le Cachot des prisonniers, l'esperance inutile & ridicule des Barbares, & l'embrasement inopiné de l'Isle. Il resemblera à ceux qui estans eschapez de la seruitude des Turcs auec les chaisnes sur les espaules, & qu'ils ont ostees des pieds, recitent leurs infortunes, en paroles pitoyables & humbles prieres, lors qu'ils arriuent en terre des Chrestiens. Toutesfois encores que ce qu'ils content de leurs auantures semble chose impossible, l'humaine condition est pourtant subiecte à de plus grands perils; & ceux d'vn banny, quelques grands qu'ils soient, peuuent estre croyables. Mais que veus-tu dire (Clodio) dist alors Rutilius. Ie veus dire (respond Clodio) que tu pourras mal vser de ton mestier en ces contrees, où ses habitans ne dancent point, ny n'ont point d'autres passe-temps que ceux que leur offre en ses couppes le bon Bacchus, qui rit tousiours, & qui est lascif en ses beuueries. Ie diray pareillement de moy, qu'ayant eschapé de la mort par la bonté du Ciel & par la courtoisie d'Arnaldo, ie ne remercie pourtāt ny le Ciel, ny Arnaldo. Plustost voudrois-ie procurer (encores que ce fust à son dam) que nous fissions nostre fortune meilleure. Les amitiez peuuent estre durables entre les pauures, par ce que l'esgalité de la fortune sert de lien pour attacher les courages: car les riches & les pauures ne peuuent point auoir vne amitié qui dure, à cause de l'inesgalité qu'il y a entre la richesse & la pauureté.

A ce que ie vois Clodio (repart Rutilius) tu es Philosophe: toutesfois ie ne me puis imaginer le moyen que nous prēdrons pour rendre, comme tu dis, nostre fortune meilleure, puis qu'elle n'a point commencé d'estre bonne depuis le iour de nostre naissance. Ie ne suis pas si sçauant que toy, neantmoins ie n'ignore pas, que ceux qui naissent de paures parents, s'ils ne sont extremement assistez du Ciel, bien raremēt s'esleuent-ils d'eux mesmes, pour estre signalez auec le doigt. Il faut que la vertu leur tēde la main. Mais qui est ce qui la tendra à toy, si la plus grande vertu que tu ayes, est de dire mal de la vertu mesme? Et qui est celuy qui me releuera, puis que quoy que ie fasse, ie ne pourray iamais mōter plus haut que l'on fait en vne capriole. Ie suis vn Dāseur, & toy vn Mesdisant: moy condamné en ma patrie au gibet, & toy banny de la tienne pour ta mesdisance. Et quel bien pourrions nous esperer qui rende nostre fortune meilleure. Clodio deuint tout cōfus oyant les raisons de Rutilius, & ceste confusion fait que l'Auteur de ceste grande Histoire met icy fin à ce Chapitre.

P iiij

Plainctes de Periandre, & continuation des Amours de Simphorose parlant à Auristelle.

CHAP. VI.

Tous estoient desireux de communiquer leurs pensees: Policarpe à sa fille, & Clodio à Rutilius. Il n'y auoit que le seul Periandre qui communiquoit les siennes à soy-mesme. Le discours d'Auristelle l'auoit mis en tant de resueries qu'il ne sçauoit de quel costé se tourner pour alleger le fardeau qui l'accabloit. O bon Dieu (disoit-il en soy-mesme) qu'est tout cecy? Auristelle a elle bien perdu le iugement qu'elle se mesle de me marier? Cōment est-il possible qu'elle aye mis en oubly nostre promesse & nostre accord? Qu'ayie affaire de Simphorose? Quels Royaumes, ny quelles richesses me peuuent si bien obliger, que ie quitte ma sœur Sigismonde, sice n'est que ie laisse d'estre Persiles? Proferant ceste parole il mordoit sa langue, & regardoit de toutes parts pour voir si quelqu'vn l'écoutoit, & estant asseuré pour ce regard, il poursuyuit son discours en ces termes. Sans doute Auristelle est ialouse: car la ialousie s'engendre parmy ceux qui s'aiment; Ils sont ialoux de l'air qu'ils respirent, du Soleil qu'ils touchent, & encore de la terre qu'ils foulēt. O chere Maistresse, regarde biē à ce que tu fais, & n'offense point tō merite ny ta beauté. Ne m'oste point la gloire de mes fermes pensees, de qui l'honnesteté & la constance me preparent vne couronne inestimable de vray Amant. Simphorose est belle, riche & de noble race : mais estant comparee à toy elle est laide, pauure, & de bas lieu. Cōsidere, Madame, que l'Amour naist & s'engendre en nos ames, ou par eslection, ou par destin. L'Amour qui procede du destin, demeure tousiours en son poinct : & celuy qui prouient de l'eslection peut croistre ou diminuer, selon que peuuent diminuer ou croistre les causes qui nous obligent & nous poussent à nous vouloir du bien. Or cela estant aussi veritable que la verité mesme, ie treuue que mon Amour n'a point de bornes qui l'enferment, ny de paroles qui le declarent. Ie puis presque dire que depuis que i'estois dans le berceau enueloppé du maillot, ie t'ay aymee, & là ie fonde que mon Amour prouient du destin. Auec l'aage, & auec l'vsage de la raison la cognoissance s'accreut en moy, pendant que les parties qui te rendent aymable prenoient en toy accroissance. Ie les vis, les contemplay, les cognus, & les grauay dans mon ame. De la tienne & de la mienne vne composition se fist si simple & si vnique, que ie dis librement que la mort aura bien de la peine à la diuiser. Laisse-là doncques (ô ma chere ame) ceste Simphorose, & ne m'offre point d'autres Beautez. Ne m'y conuie point par Empires & par Monarchies, & ne laisse point de faire retentir dans mes oreilles le doux nom de frere que tu me donnes. Ie voudrois bien te dire en mesmes termes, & comme ie le figure en mon imagination, tout ce que ie dis en moy-mesme: mais il ne me sera point possible: parce que la clarté de tes yeux, & principalement fils me regardent en courroux, troublera ma veuë, & rendra muëtte ma langue. Il sera meilleur que ie l'escriue en vn papier: Car tousiours les raisons que i'y mettray seront les mesmes, & tu les pourras voir plusieurs fois. Par elles tu recognoistras vne verité mesme, vne Foy confirmee, & vn desir loüable & digne d'estre creu. C'est pourquoy i'ay resolu de t'escrire. Cela l'arresta vn peu, luy semblant que son ame discourroit auec plus de prudence par la plume que par la langue. Laissons Periandre escriuant sa lettre & allons ouyr ce que dit Simphorose à Auristelle. Simphorose doncques desireuse

& de la belle Sigismonde. 235

de sçauoir la response que Periandre auoit faicte à Auristelle, procura de se voir seule auec elle, afin de luy faire sçauoir par mesme moyen l'intention de son pere, croyant qu'à peine elle la luy auroit declaree, qu'elle obtiendroit l'accomplissement de son desir. Car elle se representoit que bien peu souuent l'on mesprise les richesses, & les Seigneuries, & principalement elles ne sont point mesprisees des femmes, qui de leur nature sont d'autant plus ambicieuses qu'elles sont altieres & superbes. Quand Auristelle apperceut Simphorose, son arriuee ne luy fut gueres agreable d'autant qu'elle n'auoit de quoy luy respondre: n'ayant eu moyen de bien voir Periandre. Toutesfois Simphorose auant que traicter de sa cause, voulut mettre en auant celle de son pere. Elle s'imaginoit que par les nouuelles qu'elle portoit à Auristelle, capable de faire venir l'eau à la bouche; elle la reduiroit de son party, croyant qu'en elle consistoit tout le succez de son bien. Elle luy tint donques ce langage: Sans point de doute (tres belle Auristelle) les Cieux te sont fort fauorables, puis qu'il seble qu'ils vueillent faire pleuuoir sur toy le bon heur & plus que bonheur. Le Roy mon pere t'adore, & il te faict sçauoir de ma bouche qu'il desire estre ton Espoux. Et pour arres de ton consentement que ie luy dois rendre, il a promis de me donner en mariage Periandre. Tu es donques desià Reyne, & Periandre est mien: Desià les richesses te surabondent. Et si les contentements ne regorgent point aux blancs cheueux de mon pere, tu en receuras d'excessiuement grands en celuy du commandemēt, & de tes subiects, qui seront continuellement attentifs à ton seruice. Ie t'ay beaucoup dit (ma chere Dame) & tu dois faire beaucoup pour moy. D'vn grand plaisir on ne peut moins esperer qu'vne grande recognoissance. Que l'on voye desormais au monde deux belles sœurs qui se vueillent du bien, & deux amys qui s'ayment sans feintise. Cela se verra en nous, si ta prudence ne se rend oublieuse de soy-mesme. Or dis moy maintenant la response qu'a faicte ton frere à ce que tu luy as dit de ma part. Ie ne fais point de doute que ceste response ne soit bonne, puisque celuy seroit bien sot, & mal aduisé qui ne receuroit ton conseil non moins que s'il procedoit d'vn Oracle. Mon frere Periandre (respond Auristelle) est recognoissant comme vn Caualier issu de fort bon lieu. Il est pareillement sage & prudent comme vn qui voyage. Voir beaucoup & lire plusieurs choses, cela aiguise les entendements des hommes. Mes trauaux & ceux de mon frere, nous representent combien nous deuons estimer le repos. Et puis que cestuy-là que tu nous offre est tel, ie m'imagine que sans doute nous le receurons. Toutesfois iusques à present Periandre ne ma faict aucune responce, de sorte que ie ne sçay point de sa volonté chose qui puisse releuer ton esperance ou l'abattre. Ie te prie (ô belle Simphorose) donne quelque temps au temps. Laisse nous considerer le bien de tes promesses, afin que lors qu'elles produiront leurs effects nous puissions les estimer. Les œuures qui ne se doiuent faire plus d'vne fois, si l'on y manque, ne peuuent estre amandees en la seconde, puis qu'elles n'en ont point, & le Mariage est l'vne de ces actions: C'est pourquoy il est besoin que l'on considere auant que l'on le fasse. Toutesfois ie tiens le terme de ceste consideration pour accomply, & treuue que tu obtiendras la fin de tes desirs, & que i'accepteray tes promesses & tes conseils. Va doncques ma sœur, & fais que Periandre vienne icy de ma part: Ie desire sçauoir de luy des nouuelles qui te soient agreables, & me conseiller auec luy, de ce qui m'est necessaire: Car il est mon frere aisné, auquel ie dois le respect & l'obeyssance. Simphorose l'embrassa & la laissa pour faire venir Periandre vers elle. A l'heure il estoit enfermé, & se voyant seul, il auoit pris la plume. Il auoit faict plusieurs commencements d'vne lettre escrite en vn papier, lesquels souuent il effaça & recommença plusieurs fois. Mais en fin ce qu'il escriuit contenoit ces paroles.

Ie n'ay pas osé fier à ma langue, ce que ie fie à ma plume. Encore n'ay ie d'elle guères de confiance, puis que celuy qui à tous moments attend la mort ne peut escrire chose qui soit de consequence. Ie recognois maintenant que tous les sages ne sont pas bons Conseillers en toutes affaires : mais bien ceux qui ont de l'experience, & qui ont fait la preuue des autres ausquels on demande conseil. Pardonne-moy si ie ne reçois point le tien, parce qu'il me semble ou que tu ne me cognois point, ou que tu as oublié toy-mesme. Retourne en toy, Madame, & qu'vne vaine opinion ialouze ne te fasse point sortir des limites de la grandeur de ton rare entendement. Considere qui tu es, & n'oublie pas qui ie suis. Tu verras en toy tout le merite qu'on puisse desirer, & en moy l'Amour & la Constance que l'on sçauroit imaginer. Si tu t'arrestes en ceste sage consideration, tu n'auras point subiect de craindre qu'autres Beautez m'embrazent, ny d'imaginer qu'à ton incomparable vertu & beauté quelque autre soit preferee. Poursuiuons nostre voyage, accomplissons nostre vœu, & quittons toutes ces ialousies infructueuses, & ces doutes de mauuaise naissance. Ie sollliciteray le depart de ce pays le plus soigneusement & le plus tost qu'il me sera possible,

& de la belle Sigismonde. 239

puis qu'il m'est aduis qu'en sortant de ceste terre, ie sortiray de l'enfer de mon tourment, & me treuueray à la gloire de te voir sans ialousie.

C'est ce qu'escriuit Periandre, & qu'il mist au net, apres auoir faict six brouillards. Il plia puis apres le papier, & alla vers Auristelle de la part de laquelle on l'auoit desià appellé.

La temerité de Rutilius & de Clodio qui escriuent des lettres amoureuses à Policarpa, & à Auristelle.

Chap. VII.

Rutilius & Clodio, ces deux bons marchans, qui vouloient releuer leur basse fortune, se confians l'vn en son industrie, & l'autre en son impudence, s'imaginerent que tous deux meritoient l'vn Polycarpa, & l'autre Auristelle. La belle voix & la belle humeur de Policarpa plaisoit fort à Rutilius, de mesme que la beauté nompareille d'Auristelle estoit fort agreable à Clodio. Or il alloient cherchant l'occasion pour leur descourir leurs pensees, sans qu'il leur en arriuast du mal en les declarant. Car c'est bien faict à vn homme de basse condition de craindre, lorsque sa temerité luy faict dire à vne femme de grande qualité ce qu'il ne deuroit pas seulement penser. Toutesfois il arriue que bien souuent l'effronterie d'vne grande Dame donne subiect à vn homme de basse condition, de ietter sur elle ses yeux & de luy declarer ses pensees. La grauité & la modestie doiuent estre accidēts inseparables à vne grande Dame, sans que pourtant elle soit superbe, fascheuse & desdaigneuse. Car plus vne Dame est colloquee en grandeur & plus doit elle estre humble & graue. Mais ces deux Caualiers & nouueaux Amans ne pouuoient pas dire que leurs desirs prissent naissance de l'effronterie & du peu de grauité de leurs Dames. Toutesfois de quelque part qu'ils tirassent leur origine, Rutilius escriuit en fin vne lettre à Polycarpa, & Clodio à Autistelle, en la teneur suiuante.

Lettre de Rutilius à Polycarpa.

Madame, ie suis estranger, si bien que si ie te parlois icy de la grandeur de ma race, tu ne le croirois pas, puis que ie n'ay point icy de tesmoins pour la confirmer. Toutesfois pour faire paroistre que ie suis noble; Il suffist que i'aye eu la hardiesse de te dire que ie t'adore. Regarde qu'elle preuue tu demandes pour te rēdre asseuree de ceste verité. C'est à toy de requerir, & à moy de produire des effects, & puis que je te recherche pour Espouse, imagine-toy que ie desire selon que i'en suis digne, & que ie merite comme ie desire. C'est aux grands courages d'aspirer aux choses hautes. S'il te plaist donne responce à ceste lettre auec les yeux: car à la douceur & à la rigueur de ta veuë, ie liray la sentence de ma mort ou de ma vie.

Rutilius ferma le papier en intention de le donner à Polycarpa, s'appuyant sur l'opinion de ceux qui disent: Dis-le toy-mesme vne fois, & tu ne manqueras point de personnes, qui en auront souuenance vne centaine de fois. Mais auparauant il le montra à Clodio, & Clodio luy fit voir la lettre qu'il escriuoit à Auristelle. En voicy la teneur:

Lettre de Clodio à Auristelle.

Qvelques vns s'empestrẽt dans les filets de l'Amour auec l'appast de la Beauté. D'autres par le moyẽ de la bonne grace & de la gentillesse: & plusieurs y sont allechez par le merite qu'ils considerent en la personne à laquelle ils ont resolu d'assubiectir leur volonté: Mais par vne maniere differente i'ay soubsmis mon col à son ioug, & ma teste à ses liens, ma volonté à sa iurisdiction, & mes pieds à ses fers. La compassion en a esté cause: Car quel courage de pierre (ô belle Dame) ne seroit point touché de pitié, en te voyant venduë & achetee, & reduite en telles extremitez que bien souuent tu en as esté aux peines de la mort. L'erreur & le fer impitoyable ont menacé ton gosier, & le feu a bruslé le bord de tes robbes: La nege bien souuent t'a renduë glacee, la faim affoiblie & peint les roses de tes ioües de pale couleur. En fin l'eau t'a engloutie, & vomie. Or ie ne sçay point auec quelles forces tu souffres ces trauaux, puis que tu n'en peux receuoir de la foiblesse d'vn Roy vagabõd, qui te suit sous l'espoir de ta seule iouyssance. Celles encores de ton frere (si tant est qu'il le soit) ne sont pas si grandes qu'elles te puisseut soulager en tes miseres. Ne te fie point en des promesses esloignees, ains plustost fonde toy sur des esperãces prochaines. Choisis vne maniere de vie qui te rende asseuree, & que le te Ciel vient maintenãt offrir. Ie suis ieune, & ay assez d'esprit & d'industrie pour sçauoir viure aux derniers coings de la terre. Ie tascheray de te retirer de ce lieu, & te deliurer des importunitez d'Arnaldo. Te retirant de cest Egypte, Ie te rendray à la Terre de promissiõ qui est l'Espagne, ou la France, ou l'Italie, puis que ie ne peus viure en Angleterre ma douce & chere patrie. Pour faire la fin, ie m'offre d'estre ton Espoux, & des maintenant ie t'accepte pour mon Espouse.

Si tost que Rutilius eut ouy le contenu de la lettre de Clodio, il profera ces paroles: Certes nous sommes bien priuez de iugement puis que nous nous persuadons que nous pouuons monter au Ciel sans aisles, puis que celles que nous donne nostre pretention sont pareilles aux aisles de la fourmy. Escoute (Clodio) ie suis d'auis que nous deschirions ces lettres, puis qu'vne force amoureuse ne nous a point contraints à les escrire, ains plustost vne volonté oisiue & faineante. L'Amour ne naist, ny ne peut croistre s'il n'est soustenu de l'espoir, si bien que manquant l'espoir, il manque entierement. Et puis, pourquoy auons nous enuie de nous hazarder de perdre & non de gagner en ceste entreprise ? Declarer nostre passion, & voir la corde ou le glaiue à nostre col, c'est vne mesme chose : outre que pour paroistre Amoureux, nous montrerons que nous sommes des ingrats & des traistres. Ne vois-tu pas la distance qu'il y a entre vn maistre Baladin, qui a melioré son mestier en aprenant celuy d'Orfeure, & la fille d'vn Roy? Et l'inegalité encores d'vn banny mesdisant, & de celle qui mesprise les Royaumes? Mordons nous la langue, & que nostre repentance paruienne iusques au lieu où nostre folie est paruenuë. Au moins ie sçay bien que ceste mienne lettre sera donnée au feu, ou au vent, plustost qu'à Polycarpa. Fais ce que tu voudras (repart Clodio) quant à moy, bien que ie ne donne la mienne à Auristelle ie fais estat de la garder pour l'honneur que ie dois à mon bel esprit. Ie crains pourtant que si ie ne la donne, ie sentiray toute ma vie dans ma conscience vn remords d'auoir eu ce repentir; par ce que toutes les fois que l'on tente quelque chose, l'on n'en reçoit point de dōmage. Voilà le discours qui se passa entre ces deux Amans feints & temeraires, & veritablemēt remplis de folie. Cependant le point arriua que Periandre pût seul à seul parler à Auristelle. Il entra dans sa chambre pour la voir en intétion de luy donner le papier qu'il auoit escrit: mais en la voyant il oublia tous les discours & les excuses dont il l'a vouloit preuenir, & luy tint ce langage: Madame, considere moy bien: Ie suis Periandre qui fut autresfois Persiles: & suis pareillement ce que tu veux que soit Periandre. Il n'y a que la Mort qui puisse deslier le nœud qui serre nos volontez. Puis que cela est, que te sert de me donner vn conseil si contraire à ceste verité? Ie te suplie par tous les Cieux & par toy-mesme, plus belle qu'ils ne sont beaux, que tu ne me parles plus de Simphorose. Ne t'imagine point que sa beauté ny ses tresors soient capables de me faire oublier les minieres de tes vertus, & la beauté que tu possedes incomparable, tant du corps que de l'ame. Ie t'offre la mienne. Ce n'est pas pourtant auec plus d'affection que ie fis la premiere fois que ie te l'offris, & que mes yeux te veirēt; par ce qu'ō ne sçauroit adiouster à l'obligation que i'eus de te seruir alors que la cognoissance de tes vertus fut imprimee aux facultez de mon ame. Tasche de recouurer la santé, & ie procureray de sortir de ceste Isle. Ie disposeray le mieux que ie pourray nostre voyage. Encore que Romme soit le Ciel de la terre, elle n'est pas pourtãt posee dans le Ciel. Il n'y aura trauaux ny perils qui nous empeschent entierement de nous y rendre, encores qu'il y en ait beaucoup qui nous retardent. Arreste toy à la tige & aux rameaux de ton grand merite, & ne t'imagine point qu'il y ait rien au Mõde qui s'y puisse opposer. Lors que Periãdre proferoit ces paroles Auristelle le regardoit auec des yeux doux & auec des larmes de ialousie qui auoiẽt pris naissance de sa passion. Neãtmoins les amoureuses raisons de Periandre faisans de l'effect en son ame elle donna lieu à la verité enfermee dans ses paroles, & puis pour respõse elle profera en peu de mots cecy: Cher Amy ie te crois, sans qu'il soit besoin d'employer plus de forces: mais ie te supplie de tout mõ cœur que nous sortions bien tost de ceste Isle, & peut estre en autre lieu ie gueriray de la ialouse maladie qui me detient dans ce lict. Madame (respond Periandre) si ie t'auois donné quelque subject pour te rendre malade, ie supporterois en patiẽce

Q iiij

tes plainctes: mais tu treuueras en mes excuses le remede de tes doleances. Toutesfois ie n'ay pas besoin de m'excuser puisque ie ne t'ay point offensé. Ie te supplie par le merite que tu possedes, que tu resiouysses les cœurs de ceux qui te cognoissent, & que ce soit biē tost, puisque n'ayant point sujet d'estre malade tu ne dois point aussi nous faire mourir par ta maladie: Ie mettray en effect ce que tu me commandes, & nous sortirons de ceste terre le plustost qu'il nous sera possible. Periandre (dist Auristelle) il t'importe plus que tu ne penses. Tu dois sçauoir que l'on me va flatant & pressant auec des promesses & des dons, & non comme ie desire. Pour le moins on m'offre ce Royaume; car le Roy Polycarpe veut estre mon Espoux. Il me l'a fait dire par sa fille Simphorose, & elle par l'assistance qu'elle croit receuoir de moy estant sa belle mere, desire que tu sois son Espoux. Tu sçais si cela peut estre, & si nous ne sommes pas en grand peril. Cōsidere-le ie te prie & par mesme moyen prens conseil de ta prudence & cherche le remede que nostre necessité requiert. Cependant pardōne moy: car la force du soupçon, est ce qui m'a contrainte de t'offenser. Neantmoins l'Amour pardonne aisement ces erreur. L'on dit de luy (repart Periandre) qu'il ne peut estre sans ialousie, laquelle le faict croistre lors qu'elle procede d'vn sujet foible & debile seruant d'esperon à la volonté, qui entrant en confiance se refroidist, ou qui semble au moins s'affoiblir. Or ie te supplie par ce que tu dois à ton clair iugemẽt, que desormais tu me regardes non pas auec de meilleurs yeux, puis qu'il ny en a point au Monde de tels que les tiens; mais auec vne volonté plus entiere, & moins pointilleuse. Par ainsi n'éleue point quelque miẽne incõsideration plus petite qu'vn grain de moustarde, & ne la rens point vne montagne qui touche les Cieux, en paruenant à la ialousie. En outre vse de ton beau iugemẽt, & entretiẽs le Roy, & Simphorose, que tu ne sçaurois offenser, en controuuant des paroles qui seruent pour l'accomplissement des bons desirs. Ie te laisseray dõques en paix de peur que nostre pourparler n'engẽdre en quelque ame mauuaise, quelque mauuaise doute. Ce disãt Periandre prit congé d'elle, & en sortant de la chambre il rencontra Rutilius & Clodio. Rutilius venoit de rõpre le papier où il auoit escrit la lettre qui s'adressoit à Policarpa, & Clodio plioit le sien pour le mettre dans son sein. Rutilius se repentoit de sa fole pensee, & Clodio se flatant en son industrie estoit encores tout glorieux de sa temerité: Mais le temps viendra qu'il donneroit la moitié de sa vie, pourueu qu'il n'eust point escrit ceste lettre, si les vies se pouuoient diuiser.

Le deuis de Simphorose, & d'Auristelle touchant les mariages d'elles, de son Pere, & de Periandre, & les raisons qu'allegue Auristelle pour les dilayer.

CHAP. VII.

LE Roy Polycarpe tout ioyeux en ses amoureuses pensees, & desireux en outre de sçauoir la resolution d'Auristelle, estoit si asseuré qu'elle accompliroit ce qu'il souhaittoit, que desià dans soy-mesme il traçoit les nopces, assignoit les festes, & inuētoit toute la galenterie & la magnificence requise, & faisoit en esperāce mille faueurs en ce futur mariage. Neantmoins parmy tous ces desseins son aage manquoit de vigueur, & il ne regardoit pas sagement à l'inesgalité qu'il y a entre dix & sept ans & soixāte & dix. Ie veux qu'il n'en eust que soixante, cela pareillemēt est fort inesgal. Voilà comme les desirs lascifs flatent & amadoüent les volontez. C'est ainsi que les plaisirs imaginez trompent les grāds entendemēs. Ainsi tirent & emportent auec elles les douces imaginatiōs ceux qui ne font point de resistāce aux rencōtres amoureuses. Sa fille Simphorose auoit des pensees bien

& de la belle Sigismonde.

differentes. Elle ne se confioit pas trop en son bõheur, puisque c'est vne chose naturelle que celuy qui desire beaucoup, craint beaucoup. Et les choses qui pouuoient donner des aisles à son esperance comme estoiēt son merite, sa race, sa Beauté, s'arrachoient elles mesmes les aisles. Aussi c'est le propre des Amans vaincus, de penser tousiours qu'ils sont priuez des parties qui meritent d'estre aymees de ceux qu'ils ayment. L'Amour & la crainte vont tellement inseparables, que de quelque costé que vous tourniez la face, vous les verrez tousiours ensemble. Or l'Amour n'est point superbe comme quelques vns ont dit : au contraire il est humble, agreable & doux, & de telle sorte qu'il perd ordinairemēt de son droict, pour ne donner point de fascherie à celuy à qui il veut du bien. Et encores comme tout Amant prise & estime extremement la chose aymee, il euite pareillement aussi de son costé toute occasion qui la luy pourroit faire perdre. La belle Simphorose consideroit auec des discours fondez sur plus de raisons que ceux de son pere, toutes ces choses; si bien qu'estāt esgalement possedee de crainte & d'espoir, elle alla voir Auristelle pour en apprendre ce qu'elle craignoit & ce qu'elle esperoit. En fin elle vit Auristelle toute seule, & comme elle le desiroit. Cependant l'impatience qu'elle auoit de sçauoir les nouuelles de sa bonne ou mauuaise auanture estoit si grande, qu'estant entree pour la voir, au lieu de proferer quelque parole, elle la regarda attentiuement pour descouurir aux mouuements de son visage le signe de sa vie ou de sa mort. Auristelle eut incontinent compris son intention, & par vn demy ris & signe de ioye, luy tint ce discours. Aprochez vous Madame, puisque la crainte n'a point mis la coignee à la racine de l'arbre de vostre esperance pour la coupper. Il est bien vray que vostre bien & le mien se doiuent dilayer quelque temps: toutesfois ils arriueront en fin. Car encores qu'il y ait des inconuenients qui empeschent bien souuent la fin des iustes desirs, le desespoir pourtant ne doit pas estre capable pour nous en faire perdre l'esperance. Mõ frere dit, Que la cognoissance qu'il a de ton merite & de ta beauté, non seulement l'oblige, ains encores le force à t'aymer. Il tient à bien singulier, & à vne faueur particuliere de ce que tu desires qu'il soit tien. Toutesfois auant qu'il paruienne à vne si heureuse possession il a besoin de coupper les esperances qu'a le Prince Arnaldo que ie sois son Espouse. Aussi sans doute la serois ie si tu ne luy seruois d'empeschement puis que tu dois estre l'Espouse de mon frere. Car tu dois sçauoir (ma chere sœur) qu'il m'est autant impossible de viure sans Periandre qu'vn corps sans ame. Il faut que ie viue là où il viura. Il est l'esprit qui me meut, & l'ame qui m'anime. Cela estant ainsi, & si luy-mesme se marie en ce Royaume, comment pourrois-ie viure en celuy d'Arnaldo, absente de mon frere? Pour excuser ce peril qui me menace il veut que nous allions auec luy à son Royaume, & là ayans pris congé de luy nous prendrons le chemin de Rōme pour accomplir vn vœu qui nous a faict sortir de nostre pays. Or c'est vne chose toute claire, & l'experiéce m'en a donné de certains tesmoignages qu'il ne sortira d'vn seul point hors de ma volonté. Quand nous serons donques libres, ce nous sera vne chose bien aysee de retourner en ceste Isle, là où ayans trompé les esperances de ce Prince, nous treuuerons la fin des nostres: moy en espousant ton pere, & mon frere en te prenant en mariage.

Quand elle eut acheué ce discours, Simphorose luy fist ceste responce. Ma sœur ie ne sçay point auec quelles paroles ie pourrois exalter la faueur que tu m'as faicte, auec ce que tu viens de me dire. Ie laisseray donc ces choses en leur poinct, n'estant pas capable de les expliquer. Neantmoins ie te prie de receuoir par maniere d'auertissement, plustost que par conseil ce que maintenāt ie te veux dire : Tu es maintenant en vn pays, & au pouuoir de mon pere qui te portera & qui te deffendra contre tout le monde. Il n'est pas bon que l'on expose à l'auanture l'asseurance de ta possession. Et il ne sera pas possible qu'Arnaldo le permette. Il vous contraindra par force toy & ton frere, sinon de vouloir, au moins de consentir à ce que mon pere desire, & qu'il tient en son Royaume & dans sa maison. Ma chere sœur asseure moy plustost que tu as volonté d'estre Madame estant Espouse de mon pere, & que ton frere, ne doit point desdaigner d'estre mon Seigneur & mon Espoux ; & ie te rendray claires toutes les difficultez, & les inconuenients qu'Arnaldo pourroit mettre en auant, pour empescher de paruenir à cest effect. Les hommes prudents (respond Auristelle) iugent par les accidents passez & par les presens ceux de l'auenir & qui nous doiuent forcer ou en public ou en secret. Ton pere en nous detenāt irriteroit & exciteroit la colere d'Arnaldo, qui en fin est Roy puissant, & au moins plus puissant que ton pere. Les Roys qui ont esté moquez & trompez treuuent aysemēt le moyen de se venger. C'est pourquoy au lieu que nostre alliance vous apportast du contentement, vous en receuriez du dommage ; attirant la guerre en vos propres maisons. Que si tu dis qu'on doit tousiours auoir ceste crainte, ie te respons qu'en nous arrestans ores icy, & puis reuenans en ce lieu, nous treuuerons que les Cieux ne nous pressent pas de tant de maux, qu'ils ne nous laissent quelque lumiere pour en descouurir le remede. Ie suis d'auis que nous allions auec Arnaldo, & que toy-mesmes par ta prudence & par ta discretion sollicites nostre depart. Par ce moyen tu solliciteras & abbregeras nostre retour, de sorte que si ie ne possede point icy vn Royaume aussi grād que celuy d'Arnaldo, au moins i'y possederay auec plus d'asseurance la sagesse de ton pere, & toy la gentillesse & bonté de mon frere, sans que nos ames se diuisent & se separent. Simphorose oyant les raisons d'Auristelle, se ietta toute fole de plaisir sur elle, & luy mit les bras au col en luy pressant la bouche & les yeux auec ses belles leures. Sur cela elles virent entrer dans la chambre les deux qui sembloient estre Barbares, le pere & le fils, auec Ricla & Constance. Apres eux vindrent incontinent Maurice, Ladislaus & Transile, desireux de voir & de parler à Auristelle, & apprédre en quel poinct estoit sa maladie, qui les priuoit eux mesmes de santé. Simphorose partit de ce lieu plus contente & plus trompee qu'elle n'estoit en y entrant : car les cœurs amoureux croyent ayſément iuſques aux ombres des promeſſes de leur contentemens. Le vieil Maurice apres auoir entretenu Auriſtelle de demandes & de reſponſes qui ſe paſſent entre les malades & ceux qui les viſitent, luy tint ce diſcours: Si les pauures Mendians ſupportent malayſément & ſont faſchez lors qu'ils ſont bannis ou abſens de leur patrie, où ils n'ont laiſſé que les mottes de terre qui les nourriſſoient: quel reſſentiment auront les abſens qui ont abandoné en leur pays les biens qu'ils ſe pouuoiét promettre de la fortune. Madame ie tiens ce diſcours, parce que mon aage qui preſſe mes pas, & qui s'approche de la fin derniere, me faict deſirer de me voir en ma patrie, où mes amys, mes parens & mes enfans me ferment les yeux & me donnent le dernier adieu. Tout tant que nous ſommes icy receurons ce bien & ceſte faueur, puiſque nous ſommes tous eſträgers & abſens, & ie croy que tous auons en noſtre pays ce que nous ne treuuerons pas en vne Prouince eſtrange. Nous vous prions donques (Madame) que vous daigniez ſolliciter noſtre depart, ou au moins que vous ayez agreable que nous meſmes le procurions. Il nous eſt impoſſible de vous quitter, parce que voſtre humeur genereuſe, & voſtre rare beauté accompagnee de la prudence que l'on admire, est la pierre d'Aymant de nos volontez. Au moins (dit alors Antoine le pere) ie sçay bien quelle est celle de la miéne, de ma femme, & de mes enfans, voire de telle sorte que ie perdrois la vie auant que quitter la cōpagnie de Madame Auristelle si elle ne desdaigne point la nostre. Messieurs (repart Auristelle) ie vous remercie de la bonne volonté que vous me tesmoignés. Et quoy qu'il ne soit point en mō pouuoir d'y respondre comme ie deurois, neantmoins ie feray que le Prince Arnaldo & mon frere Periandre mettront en effect vostre desir, sans que ma maladie y serue d'empeschement, puisque elle s'est desià changee en santé. Cependant iusques à ce qu'arriue le iour & le poinct heureux de nostre depart, prenez courage, & ne donnez point entree dans vos ames à la melancolie. Ne penses pas aussi aux perils qui arriuent, car puisque le Ciel nous a retirez de si grands dangers, sans autre assistance il nous rendra encores en nos douces patries. Les maux qui ne sont pas capables de faire perdre la vie ne doiuent point estre capables de faire perdre la patience. Tout le monde admira la response d'Auristelle parce qu'on en descouurit son cœur remply de pitié, & sa sagesse admirable.

Sur cela l'on vit entrer en vn instant le Roy Polycarpe, extremement ioyeux : car il auoit desià sçeu de Simphorose sa fille, les esperances que l'on luy donnoit de l'accomplissement de ses desirs, moitié chastes & moitié lascifs. Les passions amoureuses que les hommes d'aage font paroistre sont couuertes du manteau de l'hypocrisie. Il n'y a hypocrite, si ce n'est celuy-là qui est recogneu pour tel, qui soit dommageable qu'à soy-mesme : & les vieillards soubs l'ombre du Mariage dissimulent leurs appetits desordonnez. Arnaldo & Periandre entrerent auec le Roy, lequel ayant appris qu'Auristelle se treuuoit mieux, commanda que ceste nuict mesme on fist des feux de ioye, par toute la ville des festes & des resiouissances, l'espace de huict iours continuels ; pour remercier le Ciel de la faueur qu'il leur faisoit à tous, en rēdant la santé à Auristelle. Periandre le remercia comme frere d'Auristelle ; & Arnaldo pareillement comme amoureux, qui pretēdoit estre son Espoux. Polycarpe rioit en soy-mesme considerant combien estoit doucement abusé Arnaldo, lequel esmerueillé de ce qu'Auristelle se treuuoit mieux, & sans qu'il sceust les desseins de Polycarpe recherchoit les moyens de sortir de ceste ville, puis que plus son depart estoit differé, & plus à son aduis se prolongeoit l'accomplissement de son desir. Maurice qui estoit pareillement desireux de retourner en sa patrie, eut recours à sa science, & treuua par elle que grandes difficultez deuoiét empescher leur depart. Il les cómuniqua à Arnaldo & à Periádre qui desià auoient appris les intentions de Simphorose & de Policarpe. Cela les mist en vn grád soucy, pour sçauoir par experience combien l'amoureux desir le rend puissant en l'ame des hommes qui ont du cómandement. Il rompt ordinairement toute difficulté & paruient enfin à ce qu'il pretend. Il n'y a respect, paroles, ny obligations qui tiénent. C'est pourquoy on ne se deuoit point fier en tout ce que Polycarpe leur pouuoit promettre. En fin ils furent tous trois d'auis que Maurice treuueroit vn vaisseau parmy tant d'autres qui estoient au port, pour les porter secrettement en Angleterre. Et quand il seroit téps de s'embarquer, ils ne manqueroient pas de moyen. Cependát que nul d'eux ne fist point paroistre qu'il auoit cognoissance des desseins de Polycarpe. On communiqua tout cecy à Auristelle qui appreuua leur aduis, & apprehenda de nouueaux soucis qui luy faisoient regarder à son salut & à celuy de tous.

R

Clodio donne sa lettre à Auristelle, & le ieune Antoine le tuë sans y penser.

CHAP. VIII.

L'Histoire nous apprend que l'insolence, ou pour mieux dire l'impudence de Clodio paruint à vn tel poinct, qu'il eut bien la temerité de remettre dans les mains d'Auristelle la lettre qu'il auoit escrite, & nõ moins pleine d'effronterie. Ceste belle Dame fut abusée en la receuant, parce qu'il luy dist que c'estoient des vers dignes d'estre leus, & estimez. Auristelle ouurit la lettre, & la curiosité eut tant de pouuoir en son ame, que l'ennuy qu'elle pouuoit receuoir en la lisant ne fut pas capable de l'empescher d'en faire la lecture d'vn bout à l'autre. En fin quand elle l'eut leuë elle la replia, iettant les yeux sur Clodio. On n'en voyoit point sortir quelque amoureuse lumiere, ainsi qu'on voyoit quelquesfois, ains pluftost des estincelles d'vn feu plein de fureur qui furent accompagnees de ces paroles : Arriere de moy, homme maudit & sans vergongne. Si ie croyois que le crime de ta fole temerité procedast de quelque mienne indiscretion preiudiciable à ma re-

& de la belle Sigismonde. 259

putation & à mon honneur, ie chastierois en moy mesme ton effronterie, laquelle ne demeurera point sans chastiment, si la compassion ne se met au milieu de ta folie & de ma patience. Clodio demeura si estonné de ces paroles, qu'il eust volōtiers donné la moitié de la vie, ainsi que nous auons desià dit & n'auoir pas esté si temeraire. Soudain mille frayeurs enuironnerent son ame, & luy mesme ne se promettoit pas d'auantage de vie que ce qu'il pourroit viure, pendant qu'Arnaldo ou Periandre n'auroiēt point cognoissance de sa vilenie. Or sans repliquer il baissa les yeux, tourna les espaules, & laissa seule Auristelle. Cependant vne peur, sinon fondee sur trop de raison, au moins non trop vaine, occupa l'imagination d'Auristelle. Car elle craignoit que Clodio estant desesperé, n'vsast de quelque trahison, faisant son profit de l'intention de Polycarpe, si parauanture il en auoit la cognoissance, de sorte qu'elle resolut d'informer Periandre & Arnaldo de cest accident.

Il arriua à mesme temps que le ieune Antoine estoit seul en sa chambre. C'estoit vne heure induë, lors qu'vne femme qui paroissoit aagée d'enuiron quarante ans y entra. Son embōnpoint & sa bonne mine en pouuoient peut estre biē coūurir quelque autres

R ij

dix. Elle estoit vestuë non pas à la mode de ce pays, sinon à celle d'Espagne. Encores que le ieune Antoine n'eust point cognoissance de la diuersité des habits, ains seulemēt de ceux qu'il auoit veus en l'Isle Barbare où il auoit pris naissance & nourriture; toutesfois il recogneut qu'elle estoit estrangere. Antoine se leua pour la receuoir courtoisement : car il n'estoit pas si Barbare qu'il n'eust esté bien nourry. Ceste Damoiselle (si l'on peut iustemēt attribuer ce nom à celles qui sont si aagees) ayant demeuré quelque temps sans dire mot, tousiours contēplant le visage d'Antoine, profera en fin ces paroles : Tu treuueras estrange (ô ieune homme) de ce que ie suis icy venuë pour te voir, par ce que tu n'as pas accoustumé d'estre visité des femmes. I'ay appris que tu as esté nourry en l'Isle Barbare, non entre les Barbares, ains parmy les roches entre-coupees, & les escueils. Or comme tu en as retiré la beauté & la vigueur que tu possedes : ces mesmes roches t'ont donné la dureté qui loge en ton ame; de sorte que ie crains que la douceur de la mienne ne me profite de rien. Ne te bouge point ie te prie, arreste toy vn petit, & ne sois point esmeu. Ce n'est pas vn Monstre qui parle à toy, ny vne personne qui vueille te dire, & conseiller des choses contraires à la nature humaine. Voy que ie parle Espagnol, qui est la langue que tu sçais, & dont la conformité engendre ordinairement de l'amitié parmy ceux qui ne se cognoissent point. L'on me nomme Zenotie, & ie suis d'Espagne. I'ay pris naissance & ay esté nourrie à Alhama ville du Royaume de Grenade, & mon nom me fait cognoistre de tous ceux qui viuēt en Espagne, voire de plusieurs autres peuples. Mon sçauoir ne permet pas que mon nom demeure couuert, puis que mes œuures me font assez cognoistre par tout. Il y a quatre ans que ie sortis de ma patrie, fuyant la vigilence de ces Mastins soigneux & vigilés, qui en ce Royaume font profession d'estre du troupeau Catholique. Ie suis de race Sarazine, & mes exercices sont les mesmes que ceux de Zoroastres : mais vnique en ce mestier. Voys-tu ce Soleil qui nous illumine : si en signe de ce que ie peux, tu desires qu'il perde ses rayons, & qu'il soit couuert de nuages, ie feray soudain que ceste clairté deuiendra en vn moment vne nuict obscure. Si tu veux encores voir vn tremblement de terre, vn souffle de vents contraires, & vne tempeste de Mer : Si tu prens plaisir que les montagnes se rencontrent ; que les bestes sauuages hurlent, ou quelques autres signes espouuantables, qui nous representent la confusion du premier Chaos, tu n'as qu'à le demander, & tu demeureras satisfaict, & moy en reputation en ton endroit. Tu dois sçauoir pareillement que ceste ville d'Alhama a tousiours faict naistre quelque femme qui porte mon nom, laquelle auec ce mesme nom de Zenotie est heritiere de ceste science, qui ne nous apprend point d'estre Sorcieres comme quelques vns nous appellent; mais Enchanteresses & Magiciēnes : Noms qui nous conuiennent bien mieux. Celles qui sont Sorcieres ne font iamais chose qui profite. Leur mestier s'exerce en des badineries, comme sont des feues escossees, des aiguilles sans pointe, des espingles sās teste, & des cheueux coupez au croissant ou decroissant de la Lune. Elles vsēt de characteres qu'elles n'entendēt point. Que si quelquesfois elles ont quelque chose de ce qu'elles pretendent, ce n'est pas en vertu de leurs niaizeries : mais parce que Dieu permet que pour leur plus grande condānation elles soient trōpees du diable. Et nous qui portons le nom de Magiciennes & d'Enchanteresses, tenons bien vn autre rang. Nous parlons aux Estoiles, contemplons les mouuements des Cieux; sçauons la vertu des herbes, des plantes, des pierres & des paroles : Et ioignans le present au passé, il semble que nous faisons des miracles. En effect nous produifons des chofes fi eftranges qu'elles caufent admiration au peuple, & de là procede noftre bône ou mauuaife renommee. Bonne, fi nous faifons bien par noftre fçauoir: Mauuaife, fi par ce fçauoir mefme nous faifons mal. Toutesfois comme la Nature fëble nous inciter pluftoft au mal qu'au bien, nous ne pouuons fi bien regler nos defirs, qu'ils ne fe laiffent couler à procurer le mal d'autruy : car qui fçauroit empefcher qu'vne perfonne courroucée & offenfee n'vfe point de vangeance? Qui pourroit deffendre à l'Amant defdaigné, la recherche d'eftre aux bonnes graces de celuy qui ne l'aime point, puis qu'il n'y a fcience, ny vertu d'herbes qui puiffent changer les volontez, & les ofter de leur gond : car ce feroit aller contre le franc Arbitre.

Antoine efcoutoit attentiuement tout ce que l'Efpagnole Zenotie difoit, auec grand defir de fçauoir quelle conclufion prendroit vn fi long recit. Tãdis la Zenotie pourfuiuit fon difcours en ces termes : En fin (fage Barbare) ie te dy que la perfecutiõ de ceux qu'en Efpagne l'on nomme Inquifiteurs, m'arracha de ma patrie : car lors que l'on fort par force de fon pays, l'on peut nommer cefte force vn arrachement, pluftoft qu'vne fortie. Ie vins à cefte Ifle apres plufieurs eftranges destours & dangers infinis. Ie tourne tousjours la teste comme si ie les auois apres moy, croyant que les chiens que ie redoute encores icy, ne soient à mes talons, & ne me mordent la robbe. Ie me donnay promptement à cognoistre au Roy predecesseur de Polycarpe. Ie fis quelques merueilles, dont ie rendis esbahy tout le peuple, & procuray de rendre venerable ma science, de sorte que i'en ay ramassé plus de trente mille escus en or. Attentiue à ce gain i'ay vescu chastement, sans rechercher autre plaisir: Et ie ne le rechercherois point, si ma bonne ou mauuaise fortune ne t'auoient icy amené: car il est en ton pouuoir de me la donner telle que tu voudras. Si ie te semble laide, ie feray de maniere que tu m'estimeras belle. Si c'est peu que trente mille escus que ie t'offre, eslargis ton desir, & remplis les sacs de la conuoitise. Tu trouueras maintenant autant de monnoye que tu en pourras conter & desirer. Ie tireray pour l'amour de toy les perles, qui sont enfermees dans les coquilles de la Mer. Ie feray venir à ta main les oiseaux qui fendent l'air. Ie feray que les arbres de la terre t'apporteront leurs fruicts, & que le plus precieux qui est caché dans les entrailles de la Terre te sera descouuert. Ie te rendray inuincible en tout, chery en paix, & craint en

& de la belle Sigismonde. 265

guerre : Finalement ie rendray ta fortune si bonne que tu seras tousiours enuié, & iamais enuieux. En eschange de tans de biens que ie t'offre, ie ne te requiers point que tu sois mon Espoux, ains que tu me reçoiues pour ton esclaue. Si ie suis ton esclaue, tu ne me seras nullement obligé cōme si tu estois mon Espoux. Or en quelque maniere que ie sois tienne, ie viuray contente. Commence donques (ô genereux ieune homme) de te monstrer prudent en tesmoignāt que tu es recognoissant. Tu te dois faire paroistre prudent, si auant qu'auoir agreable ce mien desir tu veux faire experience de mes œuures. Et pour signe que tu le feras, resiouys maintenant mon ame, en me donnant quelque tesmoignage de paix, & me laissant touscher ta valeureuse main. Ce disant elle se leua pour l'aller embrasser. Ce que voyant Antoine, tout remply de confusion, cōme s'il eust esté la pucelle la plus retiree du mōde, & cōme si des ennemys eussent assailly la forteresse de sa chasteté, il se mist en estat pour se deffendre. Il se leua pareillement & empoigna son arc, qu'il portoit tousiours ou qu'il tenoit bien proche de luy. Il y mit vne flesche, & puis s'estant esloigné de la Zenotie de quelque vingt pas, il commença de la mirer. La Dame amoureuse ne fut pas trop contente de la posture d'Antoine laquelle la menaçoit de la mort: Et pour éuiter le coup, elle ploya le corps de sorte que la flesche luy passa en volant pres du gosier, & en cela Antoine se fist paroistre plus Barbare qu'il ne paroissoit estre l'accoustrement qu'il portoit. Le coup de la flesche ne fut pas vain pourtant. Le mesdisant Clodio, qui à ce mesme instāt entroit par la porte de ceste chambre luy seruit de but, si bien qu'elle luy passa la bouche & la langue, & logea sa vie en perpetuel silence: digne chastiment de plusieurs fautes qu'il auoit cōmises. La Zenotie tourna la teste & voyant le coup mortel que la flesche auoit faict, elle eut peur de la seconde, de maniere que sans vser des grandes choses qu'elle promettoit par sa science, & estant remplie de confusion & de frayeur, choppant icy & tombant là, elle sortit de ceste demeure, en intention de se venger du cruel & nullement amoureux ieune homme.

& de la belle Sigismonde. 267

Remonstrance d'Antoine le Pere à son Fils, & du sortilege de la Zenotie qui rend malade le ieune Antoine.

Chap. IX.

ANtoine ne prit gueres de plaisir au coup que sa main auoit faict, encores que par erreur il eust fort bien tiré. Mais comme il ne sçauoit pas le crime de Clodio, de mesme qu'il auoit veu l'impudence de la Zenotie, il eust desiré que ce coup eust esté tiré auec plus de iustesse. Il alla voir si quelques reliques de vie estoient encores restees en Clodio, & il apperceut que la mort les auoit toutes emportees. Il vint alors à penser à son erreur, & il treuua qu'il estoit veritablement Barbare. Son pere entra cependant, & voyāt le sang & le corps mort de Clodio, cognut par la flesche que le coup auoit esté faict de la main de son fils. Il luy demanda s'il l'auoit tué, & l'autre luy respondit qu'il l'auoit faict. Il en voulut sçauoir la cause, & son fils la luy declara librement. Le pere tout estonné luy dist ces mots en colere : vien çà (Barbare) si tu tasches d'oster la vie à ceux qui t'ayment, que feras-tu à ceux qui t'ont en haine? si tu fais estat d'estre si chaste & si honneste, deffens ta chasteté & ton honnesteté par la souffrance. Le remède de tels perils ne se treuue point aux armes, ny en la resistance: Mais bien en la fuitte. Ie vois bien que tu ne sçais point ce qui arriua au ieune Hebrieu, qui laissa le manteau dans les mains de sa Dame lasciue, laquelle le sollicitoit. Et ne laisseras tu pas (sot ignorant que tu es) ceste peau grossiere dont tu es vestu, & cet arc auec lequel tu presumes de vaincre la mesme valeur. Tu ne te dois point armer contre la douceur d'vne femme vaincuë, laquelle rompt tous les inconuenients qui s'opposent à son dessein. Si en ceste condition tu passes outre durant le cours de ta vie, tu seras reputé pour Barbare iusques à ta mort, de tous ceux qui auront de toy cognoissance. Ie ne dy pas que tu offenses Dieu en quelque maniere, ains que tu reprenes & ne chasties point ceux qui veulent troubler tes honnestes pensees. Tu te dois preparer de rendre plus d'vn combat : Car ta ieunesse, & la vigoureuse disposition de ta personne te menassent de plusieurs assaults. Cependant ne crois point d'estre tousiours sollicité : Bié souuant tu solliciteras, & sans obtenir la fin de tes desirs, tu sentiras l'angoisse de la mort. Antoine escoutoit son père les yeux fichez

& de la belle Sigismonde. 269

à terre, ayant l'ame esgalement saisie de honte & de repentance. Toute sa responſe fut en ces termes : Mon Seigneur ne regarde point à ce que i'ay faict puis que i'en ſuis extremement faſché. Ie taſcheray d'ores en auant de m'amēder de ſorte que ie ne paroiſtray point Barbare, au lieu de rigoureux : ny laſcif, au lieu de debonnaire. Qu'on donne ſeulement ordre d'enterrer Clodio, & de faire la ſatisfaction la plus raiſonnable que l'on pourra.

Deſià la mort de Clodio s'eſtoit eſpanduë par le Palais : Mais on n'en ſçauoit pas la cauſe : car l'amoureuſe Zenotie la couuroit & diſoit ſeulement que le Barbare ieune homme l'auoit mis à mort ſans qu'elle ſceut pourquoy. Ceſte nouuelle paruint aux oreilles d'Auriſtelle, qui bien qu'elle tint à l'heure la lettre de Clodio entre les mains en intention de la monſtrer à Periandre où à Arnaldo, afin qu'ils chaſtiaſſent ſa temerité, neantmoins voyant que le Ciel en auoit voulu faire le chaſtiment, rompit le papier, ne voulant pas que les pechez des morts ſortiſſent en lumiere. Conſideration non moins prudente que Chreſtienne : Or quoy que Polycarpe fuſt tout eſmeu de ceſt accident, s'eſtimant offenſé de ce qu'on oſoit venger les iniures en ſon Palais, il ne voulut pourtant en faire vne plus ample information, mais remit le tout au Prince Arnaldo. Le Prince à la priere d'Auristelle & de Transile pardonna à Antoine, & commanda qu'on enterrast Clodio. Il ne s'informa point pareillement de la cause de sa mort, croyant estre veritable ce qu'Antoine disoit qu'il l'auoit tué sans y penser; toutesfois sans descouurir les Amours de Zenotie, de peur que l'on ne l'estimast du tout Barbare. La rumeur de cest accident vint a passer: on enterra Clodio: & Auristelle demeura vengee, comme si en son ame genereuse eust logé quelque genre de vengeance, de mesme qu'en celle de la Zenotie, qui beuuoit (ainsi que l'on dit) les vents, ayāt tousiours son imagination portee à se venger du cruel Archer. Deux ou trois iours apres il se sentit mal disposé, & fut contraint de se coucher dans le lict, auec tant de deffaillance, que les Medecins dirent qu'il mouroit, sans qn'ils recogneussent de quelle maladie. Sa mere Ricla pleuroit, & son pere Antoine auoit le cœur consumé de douleur. Auristelle ne s'en pouuoit resiouyr, n'y pareillement Maurice. Ladislaus & Transile ressentoiēt la mesme fascherie. Ce que voyāt Polycarpe il eut recours à sa Cōseillere Zenotie, & la pria de procurer quelque remede à sa maladie, puis que les Medecins par le peu de cognoissance qu'ils en auoiét, n'en pouuoiét treuuer aucun. Elle leur donna bonne esperance, les asseurāt qu'il n'en mourroit point. Que neātmoins il estoit necessaire d'en differer pour quelque tēps la guerison. Polycarpe la creut non moins que si elle eut esté vn Oracle. Simphorose estoit biē aise de tous ces accidents, voyant que par ce moyen le depart de Periandre estoit dilayé. Elle auoit tellement estably l'alegement de son cœur en la veuë de Periandre, qu'encores qu'elle desirast son partement puis qu'il ne pouuoit retourner sans premierement partir de ce lieu, le plaisir pourtant qu'elle receuoit en le voyant faisoit qu'elle ne vouloit point qu'il partist. Or il arriua par rencoutre que Polycarpe & ses deux filles se treuuerent auec Arnaldo, Auristelle, Maurice, Ladislaus, Transile & Rutilius; qui depuis auoir rescrit le billet à Polycarpa (quoy qu'il l'eust deschiré) alloit tout triste & tout pensif, comme vn coulpable qui croit que tous ceux qui le regardent ont cognoissance de son peché. Ie dis que tous ceux que i'ay cy-dessus nommez se treuuerent de compagnie dans la chambre du malade Antoine. Tous le vindrent visiter, à la priere d'Auristelle qui l'aymoit & luy vouloit autant de bien qu'elle faisoit à son Pere & à sa Mere: car elle luy estoit obligee de puis le iour qu'il les sauua du feu de l'Isle & les mena à la demeure de son pere. En outre comme aux infortunes que l'on souffre en commun, les ames s'estraignent, & les amitiez se contractent, elle ayant passé tant de perils en la compaignie de Ricla, de Constance & des deux autres Antoines, elle ne les aymoit pas seulemét par obligation : mais encores par eslection & par destin. Estans doncques vn iour assemblez, ainsi que i'ay desià dit, Simphorose pria de tout son cœur Periandre de leur raconter quelque succez de sa vie. Mais particulierement elle desiroit sçauoir d'où il venoit la premiere fois qu'il arriua en ceste Isle, & lors qu'il gaigna les prix de tous les ieux, & des festes, le iour qu'on celebroit la memoire de l'eslection de son Pere. Periandre respondit, qu'il le feroit, pourueu qu'on luy permit de commencer le recit de son histoire, non point par le commencement parce qu'il ne le pouuoit dire ny le descouurir à personne, iusques à ce qu'il eust accomply son voyage de Romme auec sa sœur Auristelle : Tous luy dirent qu'il en fist à sa volonté, & qu'ils prendroient plaisir à tout ce qu'il en diroit. Celuy qui en fut le plus aise, ce fut Arnaldo, croyát que Periandre diroit quelque chose, qui le feroit descouurir. Auec ceste permission Periandre

commença

commença son discours en ceste maniere.

Periandre recite le succez de ses estranges Auantures.

CHAP. X.

PVis que vous desirez (Messieurs) que ie vous raconte mon Auanture, ie veux que le commencement de mon Histoire soit cestuy-cy. Vous contemplerez doncques ma sœur & moy auecques vne siene gouuernāte fort âgee, embarquez dans vn Nauire. Vous vous represēterez encore que le Maistre de ce vaisseau, qui se disoit Marchant, estoit vn grand Corsaire. Nous costoyōs le riuage d'vne Isle, & ie veux dire que nous en estions si proches, que non seulement nous en recognoissions les arbres, mais aussi la difference qui est entr'eux. Ma sœur trauaillee de la Mer, où elle auoit vogué quelques iours, desira de prendre terre pour se recreer. Elle en demanda congé au Capitaine: & comme ses prieres treuuent tousiours lieu de commandement, le Capitaine luy accorda sa demande. Moy doncques, ma sœur, & Cloëlie (ainsi se nōmoit sa mere nourrice) fusmes mis dans l'esquif, & primes terre. Le Marinier apperceut vne petite riuiere, qui par vne petite embouscheure alloit rendre son tribut à la Mer. D'vn costé & d'autre en ses deux riuages, il y auoit des arbres verds & touffus à qui les eaux claires de ceste riuiere seruoient de miroir. Nous priasmes le Marinier, qu'il nous fist entrer dans ce petit fleuue, puis que la douceur du lieu nous y conuioit. Il le fit, & commença incontinent à y monter. Ayant perdu de veuë la nef, il deslia les rames, s'arresta & nous tint ce langage: Regardez bien (Messeigneurs) la maniere que vous deuez faire ce voyage, & faites estat, que ceste petite barque qui maintenant vous porte, est vostre grand vaisseau. Vous ne deuez jamais retourner vers celuy qui vous attéd en Mer, si ceste Dame ne veut point perdre l'hôneur, & vous qui vous dites son frere, ne desirez faire perte de la vie. Il me dist en fin que le Capitaine du vaisseau vouloit deshonorer ma sœur, & me faire mourir. Que nous regardassions donques à nostre salut, & qu'il nous suyuroit & accompagneroit en tout lieu, & en tout accidét. Ceux qui reçoiuent de mauuaises nouuelles, au lieu des biens qu'ils esperent, iugerôt si ceste nouuelle nous troubla. Ie le remerciay de son bon auis, & promis de le recompenser, lors que nous nous verrions en plus heureux estat. Dieu m'a fait vne belle grace (dit Cloëlie) que ie porte au moins auec moy les ioyaux precieux de ma Dame. Nous primes conseil tous quatre de ce que nous deuions faire, & le Marinier fut d'auis que nous entrassions plus auant dans la riuiere, & que peut estre trouuerions nous quelque lieu pour nous deffendre, si d'auanture ceux du Nauire venoiēt pour nous chercher. Mais ils n'ont garde de venir, par ce qu'il n'y a hōme en toutes ces Isles qui ne croye Corsaires tous ceux qui seillonnent ces riuages. Et lors que ce peuple voit aprocher quelque Nauire, soudain il prēd les armes pour se defendre; de sorte que les Corsaires n'y font iamais aucū butin, si ce n'est de nuict & secrettement. Son opinion me sembla fort bonne, si bien que ie pris vne rame pour le soulager en son trauail. Nous montasmes contre la riuiere, & ayans vogué enuiron vne lieuë nous ouysmes le son de plusieurs & diuers instruments, & puis descouurismes vne forest d'arbres mobiles qui croizoient legerement d'vne riue à l'autre. Nous nous approchasmes de plus pres & recogneusmes que ce qui nous sembloit estre des arbres, estoit des barques couuertes de ramees, & que le son procedoit des instruments, dont iouoient ceux qui estoient dedans. Si tost qu'ils nous eurent descouuerts, ils vindrent enuironner de toutes

S ij

parts nostre barque. Ma sœur se leua sur pieds, & ayant espandu sur ses espaules ses beaux cheueux, liez par le front d'vne ceinture tannee, ou plustost d'vn ruban, que sa mere Nourrice luy dóna, fit de soy vne monstre presque Diuine & inopinee: car comme i'ay sceu depuis, tous ceux qui estoient dans les barques la prenoient pour vne Deité. Or ils tenoient ces discours, ainsi que disoit le Marinier, qui entendoit leur langue. Qu'est cecy? quelle Deesse vient maintenant nous visiter, & donner la benediction au pescheur Carin & à la nompareille Seluiane, én leurs heureuses nopces? Soudain ils firent place à nostre barque, & nous aiderent à prendre terre pres du lieu où ils nous auoient rencontrez. A peine eusmes nous mis le pied au riuage, qu'vne grande troupe de pescheurs, selon que nous les recogneusmes à leur equipage nous vint enuironner. Ils venoient baiser le bord de la robbe d'Auristelle l'vn apres l'autre, remplis esgalement d'admiration & de reuerence. Elle malgré la crainte qui l'affligeoit, pour la mauuaise nouuelle qu'on luy auoit donnee, se monstroit alors si belle que i'excuse l'erreur de ceux qui la prenoiét pour vne Deesse. Estans vn peu esloignez du riuage, nous apperceusmes vn lict nuptial, soustenu par de gros piliers de bois de Sauine, &

& de la belle Sigismonde. 277

tout couuert de ioncs & de diuerses fleurs odoriferantes, qui seruoient de tapisserie au paué. Nous vismes encores à mesme temps se leuer de deux sieges, deux femmes & deux hommes. Elles ieunes, & eux ieunes pareillement & vigoureux. L'vne estoit extrememement belle, & l'autre extremement laide. L'vn gentil & dispos, & l'autre ne l'estoit pas tant: tous quatre se mirent à genoux deuant Auristelle, & celuy qui auoit meilleure mine luy tint ce langage: O toy quiconques tu sois (car tu ne peus estre autre que celeste) mon frere & moy te remercions autant qu'il nous est possible, de la faueur que tu nous fais en honorant nos pauures, & desormais riches nopçes. Vien (Madame) & si au lieu des Palais de cristal, que tu as laissez au profond de la Mer, comme l'vne de celles qui y font leur demeure, tu treuues en nos loges des murailles composees de coquilles & d'escailles, & des couuertures d'osier, ou pour mieux dire des murailles d'osier, & des couuertures de coquilles; tu y treuueras pareillemēt des desirs d'or, & des volontez de perles pour ton seruice. Ie fais ceste comparaison qui semble estre impropre, parce que ie ne treuue rien de meilleur que l'or, ny de plus beau que les perles. Auristelle se baissa pour les embrasser, confirmant par sa grauité, sa courtoisie, & sa

S iij

beauté l'opinion qu'on auoit d'elle. Tandis le pescheur qui n'auoit pas si bône mine que l'autre, se prepara afin que toute l'assemblee esleuast sa voix à la loüange de l'Estrangere nouuellement arriuee, & pour faire que l'on iouast de tous les instrumens en signe de resioüissance. Les deux Pescheresses, la belle & la laide, baiserent humblement les mains d'Auristelle, & elle les embrassa courtoisement, & amiablement. Mais cependant le Marinier ioyeux de ce bõ succez, apprit aux pescheurs comme vn Nauire estoit en Mer proche d'eux. Il leur dist encores que ceux de ce vaisseau estoient des Corsaires, & qu'il craignoit qu'ils ne vinssent chercher ceste Dame, laquelle estoit vne Princesse, fille de Roy (car pour esmouuoir leurs courages à la defédre, il creut qu'il estoit necessaire de leur dire que ma Sœur estoit de ceste qualité) A peine eurent-ils ceste cognoissance qu'ils quitterent tous leurs instrumêts de resioüissance, & eurent recours à ceux de la guerre, qui inuitoient de tous les costez du riuage, aux armes. La nuict estant venuë, nous nous retirasmes à la loge mesme des fiancez. On posa des sentinelles iusques à l'embouchere de la riuiere. On mit l'appast dans les nacelles, on tendit les filets, & l'on accommoda les hameçons, & tout en intention de faire bonne chere, & de seruir leurs nouueaux hostes. Et pour mieux encores les honorer, les deux nouueaux Espousez ne voulurent point passer ceste nuict auec leurs Espouses: car ayants quitté leurs logis & à elles & à Auristelle, & à Cloélie, eux & leurs amis: moy & le Marinier fismes la garde, & nous mismes en sentinelle. Et bien qu'on y vist clair, par ce que le croissant de la Lune rendoit vne grande clairté, & que les monceaux de bois qu'on auoit allumé en signe de resioüissance, y contribuoient de la lumiere, les Espousez voulurent pourtant que les hommes souppassent en plaine campagne, & les femmes dans les loges. Cela fut faict, & le soupper fut si magnifique, qu'on eust dit que la Terre & la Mer auoiët à l'enuy voulu môstrer quelle des deux estoit plus splendide, l'vne en chair, & l'autre en poisson. Quand on eut acheué de soupper, Carin me prit par la main, & nous nous allasmes pourmener le long des riues du fleuue. Apres qu'il m'eut tesmoigné la passion de son ame, par ses sanglots, & par ses souspirs, il me tint ce langage: Le miracle que ie remarque en ce que tu es icy arriué en vn poinct, que l'accomplissement de mes nopces a esté differé, me faict croire asseurement, que mon mal treuuera son remede, par le moyen de ton conseil. Or quoy que tu me tiennes pour vn homme de peu de iugement, & de goust encores plus depraué, ie ne laisseray pas de t'apprendre que de ces deux Pescheresses que tu as veuës, l'vne laide & l'autre belle, le sort a voulu que la belle qui se nomme Seluiane, soit mon Espouse: Toutesfois ie ne sçay qu'en dire, ny quelle excuse ie peux alleguer de la coulpe que ie commets, ny de l'erreur où ie suis: I'adore Leoncie qui est la laide, sans qu'il me soit possible de penser à autre chose. Auec cela ie te veux bien dire vne chose veritable, & qui ne me trompe point en ma croyance, que les yeux de mon ame ont remarqué tant de vertus en Leoncie, que ie la treuue la plus belle du Monde. Il y a bien encore plus: car ie sçay fort bien que Solercie, qui est le nom de l'autre Espoux, meurt pour Seluiane; de maniere que nos quatre volontez sont differentes. L'obeïssance que chacun de nous a voulu rendre à ses parents est cause de ce desordre. Ils ont ainsi voulu faire ces mariages, & ie ne me peux imaginer par quelle raison l'on est obligé de porter sur les espaules, & pour le plaisir d'autruy, vne charge qui doibt durer toute la vie. Or comme nous estions prests de lascher la derniere parole, & le consentement de la serui-

& de la belle Sigismonde. 281

tude de nos volontés, le Ciel l'a voulu empescher (& ie le crois ainsi) par le moyen de vostre arriuee; de sorte qu'il y a du temps encore pour remedier à ce malheur. C'est pourquoy ie t'en demande conseil, car comme estranger & par mesme moyen nullement partial, tu me peux conseiller mieux qu'aucun autre. Si ie ne treuue point de voye qui me face rencontrer le remede de mon mal, ie suis resolu de m'en aller si loing de ce riuages, qu'on ne m'y verra iamais, quelque ennuy, & quelque fascherie qu'en puissēt receuoir mon pere & ma mere, mes parens, & mes amys.

I'escoutay attentiuement son discours, & soudain ayant treuué son remede, ie luy fis ceste responfe: Mon amy, il ne faut pas que tu partes de ce lieu: ou pour le moins tu ne le dois point faire, auant que i'aye parlé à ma sœur Auristelle, qui est ceste excellente Dame que tu as veuë. Elle est si prudente & si sage, qu'il semble qu'elle possede vn esprit diuin, de mesme qu'vne Beauté diuine. Ainsi nous retournasmes aux loges, où ie racontay à ma sœur le discours que Carin & moy auions tenus. Elle par sa prudence treuua le moyen de rendre mes paroles veritables au grand contentement de tous. Auristelle tira à part Leoncie, & Seluiane, & puis leur dit, cecy. Mes amies, il faut que vous ne me deguisiez nullement la verité. Vous deuez sçauoir qu'auec ceste Beauté exterieure, le Ciel m'a doüée d'vn esprit si clair & si subtil qu'en voyant le visage d'vne personne ie lis dans son ame, & deuine ses pensees. Pour preuuer que ce que ie dis est veritable, ie vous appelle vous mesmes en tesmoignage. Leoncie tu meurs pour Carin, & toy Seluiane pour Solerce. Ie voy bien que la honte virginale vous rend muëttes: mais ma langue rompra vostre silence, & par mon conseil, qui sans doute sera recéu, vous aurez ce que vous souhaittez. Ne dictes mot, & laissez moy faire. Ou ie manqueray de prudence, ou vous obtiendrez l'accomplissement de vos desirs. Elles sans luy repliquer parole aucune luy baiserent mille fois les mains, & l'embrassants estroictement auoüerent que tout ce qu'elle auoit dit n'estoit que trop veritable, & principalement en ce qui concernoit l'eschange de leurs affections.

Sitost que le iour fut venu, on le commença par des aubades de resiouyssance. On vit les barques de ces pescheurs parees de nouueaux & verts rameaux: on ouyt les instrumens qui rendoient vn son plaisant, & agreable. Les acclamations se firent, & cela accreut l'alegresse publique. Les Espousez pafurent pour s'aller remettre au lieu nuptial où ils estoient le iour precedent. Seluiane, & Leoncie estoient accoustrees de nouuelles robbes de nopces, & ma sœur s'estoit expressement vestuë de celles-mesmes qu'elle auoit. Elle mit encores sur son beau front vne croix de Diamants, & à ses oreilles des perles: ioyaux d'vne telle valeur, que iusques à present nul n'a peu leur donner leur iuste prix, ainsi que vous verrez, lors qu'elle vous les monstrera. Elle sembloit vne image releuee au dessus de tout sçauoir humain. D'vne main elle tenoit Seluiane, & Leoncie de l'autre. S'estant plantee à la cime du Theatre où estoit le lict nuptial, elle appella & fit venir à elle Carin, & Solercie. Carin arriua tout tremblant & tout confus, comme celuy qui ne sçauoit pas ce qui auoit esté resolu. Desià le Prestre estoit sur le poinct de l'imposition des mains, & autres ceremonies dont vsent les Catholiques, lors que ma Sœur fit signe qu'on l'escoutast: Et à mesme temps vn tel silence fut par tout, qu'à peine oyoient on la respiration. Voyant que tout le monde luy donnoit vne agreable audience, elle parla en ces termes tout hautement: *Le Ciel le veut ainsi.* Ce disant elle prit par la main Seluiane & la bailla à Solercie: & puis prenant de l'autre Leoncie elle la donna à Carin. Messieurs (poursuit ma sœur) cecy est comme i'ay desià dit, vne ordonnance du Ciel, & non vn contentement fortuit, ains le propre plaisir de ces heureux Espousez, ainsi que l'on peut voir à l'alegresse de leurs visages, & au consentement que leurs langues prononcent. Ils s'embrasserent tous quatre, & par ce signe tous les assistans appreuuerent cest eschange. Cela confirma encores l'opinion qu'ils auoient, que ma Sœur estoit doüee d'vn esprit diuin, comme d'vne celeste beauté, puis qu'elle auoit ainsi changé, par vn seul cōmandement, ce mariage presques accomply. On celebra la feste, & l'on vit biē tost sortir quatre barques bien parees, d'entre celles qui estoient sur la riuiere. Il les faisoit beau-voir pour la diuersité des couleurs dont elles estoient peinctes : comme encores les rames qui estoient en nombre de six de chasque costé. Vne infinité de bāderolles peinctes de mesme de diuerses couleurs flottoient sur les filets. Les douze Rameurs estoient vestus de toile blanche & deslice, & de la mesme sorte que i'estois la premiere fois que i'entray en ceste Isle. Soudain i'appris que ces barques vouloient courre le pris, qui estoit pendu à l'arbre d'vne autre barque esloignée des quatre, de trois courses de cheual. Le prix estoit vn taffetas verd, bordé d'vn passement d'or, si visible, & si grand, qu'il alloit baisant les eaux, voire se pourmenant sur elles. Le bruit du peuple, & le son des instruments estoit si grand, qu'on ne pouuoit point entendre ce que commandoit le Capitaine de la Mer, qui venoit en vne autre barque peinte. Les barques couuertes de rames, se rengerent d'vn costé & d'autre pres du riuage, & laisserent au milieu de l'espace, par où les quatre qui vouloient disputer le prix, pouuoient voler, sans empeschement de la veuë d'vne infinité de peuple, qui depuis le lict nuptial, & des deux riues estoit attentif à le contempler. Cependāt on voyoit les Rameurs, qui ayans empoigné les rames, & descouuert leurs bras où paroissoiēt de gros nerfs, de larges veines & des muscles tortus, attendoient le signe de la course, auec non moins d'impatience, & de fougue, que le courageux chien d'Irlande, lors qu'ayant apperceu la chasse, son Maistre qui le mene en lesse, ne le veut point detacher. En fin le signe attendu fut donné, & au mesme instant les quatre barques delogerent auec tant de vistesse, qu'on eut dit qu'elles ne courroient point sur l'eau, ains sur les aisles du vent. L'vne d'elles, qui portoit pour enseigne vn Cupidon ayant les yeux bandez, deuança les autres qui faisoiēt quatre corps de la mesme barque. C'est auantage fit croire à tous ceux qui la regardoient qu'elle seroit celle qui gaigneroit le prix desiré. L'autre qui venoit apres enfloit son esperance, si confiant sur le trauail obstiné de ses Rameurs. Neantmoins voyant que la premiere ne perdoit nullement courage, les hommes de la seconde estoient pres de lascher les rames. Mais que les fins, & les accidents des choses sont differents de ce qu'on s'imagine! Encores qu'il ne soit pas permis à ceux qui regardent de fauoriser aucune des parties par signes ny par voix, ny par autre chose qui puisse seruir d'aduertissement aux combatans: neantmoins le peuple de ce riuage, voyant que la barque qui portoit pour enseigne vn Cupidon, alloit ainsi deuançant les autres, sans considerer les loix requises, & croyant qu'elle auoit desià gaigné la victoire, se mit à crier tout haut: Cupidon est vainqueur: Amour est inuincible. Les Rameurs semblerent alors deuenir lasches, pour escouter ces acclamations. La seconde barque qui venoit apres celle de l'Amour fit son profit de ceste occasion: Elle portoit pour enseigne le Lucre en forme d'vn petit Geant, & neantmoins richement equippé. En fin elle poussa sa rame auec tant de force que le Lucre se rendit esgal à l'Amour, & s'accostant de l'autre elle mit en pieces toutes les rames du costé droict, celle du Lucre ayāt premieremēt recueilly toutes les siēnes : Ainsi elle passa outre, laissant abusees les esperāces de ceux qui premierement auoient chanté la victoire en faueur de Cupidon : Si bien qu'on dit alors tout au contraire : Le Lucre est vainqueur : le Lucre est victorieux. La troisiesme barque auoit pour enseigne la Diligēce en figure d'vne femme toute nuë, & le corps tout couuert d'aisles, & si elle eust eu vne trōpette à la main, on l'eust prise pour la Renommee plustost que pour la Diligence. Ceste-cy voyant le bon succez du Lucre prit courage, & ses Rameurs se forcerent de telle sorte qu'ils esgallerent ceux du Lucre : Toutessois estant mal gouuernée de celuy qui tenoit le timō, elle s'alla embarrasser parmy les deux autres premieres, de maniere que les rames des vns & des autres ne seruoiēt de riē. La derniere qui auoit pour enseigne la bonne Fortune, ayant apperceu ce-cy & lors qu'elle auoit perdu courage, & quelle estoit preste de quitter l'entreprise, s'escarta vn peu d'elles pour ne tomber en ces embarrassements, & puis comme l'on dit serra les poings, & coulant par vn costé, deuança toutes les autres. Les cris que iettoiēt ceux qui la regardoient se changerent alors, & cela dōna courage à ses Rameurs qui tous joyeux & contens d'auoir gaigné l'auantage, ne cessoient pas de penser que si les autres pouuoient, ils leur rendroient la pareille afin de gaigner le prix que ceux-cy gaignerent, plus par bon heur que par legereté & vistesse. Finalement la bonne Fortune fut celle qui eust alors le bon: Et la mienne se changeroit maintenant en mauuaise, si ie passois plus outre au recit que ie vous fais de mes grandes, & estranges auantures. C'est pourquoy (Messieurs) laissons pour le present les choses en cest estat: Et ceste nuict prochaine ie rascheray de mettre fin à mon histoire, si mes infortunes peuuent auoir quelque fin. Cest le discours que tenoit Periandre, alors qu'vn grand accez,& vn grand esuanouyssemēt saisit Antoine le malade. Ce que voyant son pere, comme presque deuinant la cause de son mal, il quitta la compagnie & s'en alla, comme nous dirōs cy-apres, pour treuuer la Zenotie, auec laquelle il luy arriua ce que vous entendrez au Chapitre suiuant.

*La guerison du ieune Antoine, qui auoit esté
charmé, & les menees de la Sorciere
Zenotie pour empescher le partement d'Auristelle.*

Chap. XI.

IL me semble que si Arnaldo & Polycarpe n'eussent pris vn singulier plaisir à contempler Auristelle, & Simphorose à regarder Periandre, ils auroient perdu patience en escoutant son long discours. Maurice & Ladislaus iugerēt que ce discours auoit esté vn peu trop prolixe, & non gueres allongé à propos, puis qu'ayant à raconter ses infortunes il n'estoit pas besoin qu'il recitast les contentements d'autruy. Toutesfois ils y prindrent plaisir & s'y arresterent, esperans d'oüir la fin de son Histoire, laquelle Periandre contoit auec fort bonne grace, & d'vne belle disposition de paroles. Cependant Antoine le pere treuua la Zenotie, qu'il estoit resolu de chercher iusques dans la chambre du Roy, & l'ayant apperceuë s'approcha d'elle, & luy mettant la main gauche sur son bras, & leuant de l'autre vne dague toute nuë, auec vne colere d'Espagnol, & vn discours qui ne

T

regarde point ce qui doit succeder, luy dist ces paroles: Sorciere rens moy mon fils viuant & sain, & tout maintenant, autrement fais ton conte que tu es paruenuë au poinct de ta mort. Regarde si tu tiens sa vie enuelopee dās quelque espinglier d'aiguilles sans trou, ou d'espingles sans teste: regarde (perfide) si tu la tiens cachee en quelque gond de porte, ou en quelque autre part; car il n'y a que toy seule qui le sçache. La Zenotie deuint toute esperduë, voyant qu'vne dague toute nuë entre les mains d'vn Espagnol en colere la menaçoit de la faire mourir; de sorte que toute tremblante, elle luy promit de donner la vie & la santé à son fils, voire encores elle luy auroit promis la santé de tout le monde s'il la luy eust demandee; tant la frayeur s'estoit emparee de son ame. Aussi luy tint elle ce langage: Lasche-moy Espagnol, & remets ta dague dans son fourreau. La cruauté de ton fils est celle qui l'a cōduict à ce poinct: & puis tu sçais que les femmes sont naturellement vindicatiues, & principalement quād le desdain & le mespris nous appellent à la vengeance; de sorte que tu ne te dois point esbahir si sa dureté m'a endurcy le cœur. Conseille luy qu'il soit desormais plus humain enuers ceux qui fauoüent pour ses vaincus, & qu'il ne meprise point ceux qui le requierent de pitié. Va donc ques en paix, & demain au matin ton fils fera en vne si bonne disposition, qu'il se leuera du lict sain & gaillard. Si cela n'est pas (respond Antoine) ie ne manqueray point d'industrie pour te treuuer, ny de colère pour te faire mourir. Ce disant il la laissa, & elle demeura si possedee de frayeur, qu'oubliant toute l'offense passee, elle alla oster du gond d'vne porte les charmes qu'elle auoit faicts pour consumer peu à peu la vie du rigoureux ieune homme, lequel l'auoit renduë amoureuse par sa bonne mine, & par sa gentillesse. A peine la Zenotie eut osté ses charmes diaboliques de ceste porte, qu'Antoine recouura sa santé perduë. Il reprist en son visage sa fraische & premiere couleur. Ses yeux deuindrent alaigres, & ses forces affoiblies se rendirent vigoureuses. Tous ses amis & tous ceux qui le cognoissoient en receurent vn general contentement. Or son pere se treuuant auec luy puis apres seul, luy dist ces paroles : Mon fils parmy tout ce que i'ay maintenant à te dire, ie t'auertis que desormais mes raisons te conseillent de n'offenser point Dieu en aucune maniere. Tu peux auoir appris cela de moy depuis quinze ou seize ans qu'il y a que ie t'enseigne la Loy que mon Pere & ma Mere m'ont enseigné, c'est la Catholique, la vraye

T ij

& celle par qui se doiuét sauuer & se sont sauuez tous ceux qui ont iusques à present entré & qui entreront cy apres au Royaume des Cieux. Ceste saincte Loy nous apprend que nous ne sommes point obligez de chastier ceux qui nous offensent, ains plustost de les conseiller qu'ils s'amendent de leurs vices. Le chastiment appartient au Iuge, & la reprehension à tous, pourueu qu'elle se face auec les conditions que ie te diray. Quand quelqu'vn t'incitera à cõmettre des pechez qui offensent Dieu, il ne faut pas que tu prénes ton Arc, & que en lasches la flesche, ny que tu proferes paroles injurieuses. Pourueu que tu n'y prestes ton consentement, & que tu en fuyes l'occasion, tu demeureras victorieux en ce combat, & libre & asseuré de ne te voir point vne autre fois en l'angoisse où tu t'es veu maintenant. La Zenotie t'auoit ensorcelé, & par ses charmes faict si biē que peu à peu tu en eusses perdu la vie, si Dieu ne se fust seruy de ma diligence pour l'en empescher. Viens doncques quant & moy, afin que ta veuë resioüisse tes amis, & par mesme moyen nous entendrons les auantures de Periandre qu'il doit acheuer ceste nuict. Antoine promit à son Pere de mettre, auec l'aide de Dieu, desormais en effect tous ses bons conseils, malgré les persuasions & les pieges que l'on pourroit tendre à son honnesteté. Tandis la Zenotie courroucee & affligee, croyant auoir receu vn affront de l'orgueil du Fils sans amour, & de la temerité & colere du Pere, voulut véger son desplaisir par la main d'vn autre sans se priuer neantmoins de la presence de ce Barbare peu amoureux. Auec ceste pēsee & resolution elle alla treuuer le Roy Polycarpe & luy tint ce langage: Sire vous sçauez que depuis que ie vins à vostre maison & à vostre seruice, i'ay tousiours tasché de ne m'en esloigner point, & auec tout le soing qu'il m'a esté possible. Vous sçauez pareillement, qu'ayāt recogneu en moy l'affection veritable que i'ay de vous seruir, vous me faictes depositaire de tous vos secrets. Vous deuez sçauoir aussi comme sage & prudent que vous estes, qu'aux accidents qui nous touchent, & principalement lors que les desirs amoureux y sont meslez, les discours qui semblent estre les plus certains tōbent ordinairement en erreur. C'est pourquoy ie vous dy que la resolution que vous auez prise, de laisser librement sortir de vostre Royaume Arnaldo & toute sa cōpagnie, est contre toute raison, & fort mal à propos. Dites-moy ie vous prie, si lors que vous tenez en vostre pouuoir Auristelle, vous ne pouuez pas la soubsmettre à vostre volonté, comment l'y soubsmettrez-vous quand elle sera absente? Et comment aura elle enuie d'accomplir sa promesse retournant icy pour espouser vn vieil homme (car en effect vous estes tel, & la verité que nous recognoſsons en nous mesme nous empesche de nous abuser) ayant dans sa main Periandre, qui peut-estre n'est pas son frere, voire encores Arnaldo qui est vn Prince ieune, & qui ne la recherche pas moins que pour estre sõ Espoux. Sire ne laiſsez point eschapper l'occasion qui s'offre maintenant, de peur que puis apres elle ne vous tourne son derriere chauue au lieu des cheueux qu'elle vous monstre. Or vous auez sujet de les retenir en desirant de chastier l'insolence & la temerité de ce monstre Barbare, qui vient en leur compagnie, & lequel a tué dans vostre Palais mesme, celuy qui comme l'on dit se nommoit Clodio. Si vous le faictes, la renommée publiera de vous par tout que la Iustice & non la faueur loge dans vostre ame.

Polycarpe escoutoit attentiuement la malicieuse Zenotie, & autant de paroles qu'elle disoit, c'estoient autant de clous qui luy perçoient le cœur: Auſsi il vouloit mettre incontinent & sans delay en effect son conseil. Il luy sembloit desià qu'il voyoit Auristelle entre les bras de Periandre, non comme en

& de la belle Sigismonde. 295

ceux de son frere, mais en ceux d'vn Amoureux: ou bien il l'a contemploit desià portant la couronne de Dannemarc sur la teste, & qu'Arnaldo se moquoit de ses amoureux desseins. Finalement la rage de l'infernale passion de la ialousie s'empara de telle sorte de son ame, qu'il estoit sur le poinct de crier tout haut, & de requerir vengeance de ceux qui ne l'auoient nullement offensé. Mais la Zenotie voyant en quelle sorte elle l'auoit reduict, & combien il estoit prompt d'executer tout ce qu'elle luy conseilleroit, elle luy dist encores qu'il falloit qu'il dissimulast, & qu'il attendist que Periandre acheuast de raconter ceste nuict la fin de son Histoire, afin qu'elle eust le moyen de penser à ce qui estoit plus expedient, pour venir à bout de ceste affaire. Polycarpe la remercia, & ceste cruelle amoureuse songea dés lors en sa pensée comment elle pourroit accomplir le desir du Roy & le sien. La nuict vint cependant, & l'on s'assembla comme le iour precedent. Periandre commença de redire quelques paroles qu'il auoit desià dites afin de lier le fil de son Histoire, qu'il auoit laissee sur le combat des barques.

T iiij

Periandre poursuit le discours de son Histoi-re, & recite comme Auristelle fut desrobee.

CHAP. XII.

LA belle Simphorose estoit celle qui auec plus de plaisir escoutoit Periandre. Elle demeuroit penduë à ses paroles de mesme qu'on demeuroit pendu aux chaisnes qui sortoient de la bouche d'Hercules; si bône grace auoit Periandre en racontant ses auantures. En fin il reprit le fil de son discours, comme i'ay desià dit, & poursuyuit son Histoire en ceste maniere.

La bonne Fortune laissa derriere l'Amour, le Lucre, & la Diligence: Car sans ceste bonne Fortune la Diligence ne sert de rien, le Lucre ne rend gueres de profit, ny l'Amour ne peut vser de ses forces. La feste de nos Pescheurs non moins remplie de resioüissance que de pauureté, exceda celles des triomphes Romains: Car bien souuent les plaisirs plus grands se cachent en la liberté & aux choses plus basses. Mais comme les auantures humaines sont le plus souuent attachees à des filets desliez, &

comme ceux du changement se rompent & se défont aysément, ainsi que se rompirent ceux des Pescheurs, & que mes infortunes se tordirent & se renforcerent, nous passames ceste nuict en vne petite Isle qui estoit faicte sur le milieu du fleuue, estans couuerts de la verdure & de la douceur du lieu. Les Espousez se resiouyssoient, & sans faire paroistre qu'ils l'estoient, ils voulurent vser de courtoisie, & donner quelque recreation à ceux qui leur en anoient donné vne telle, en les ayant colloquez en vn estat si desiré & si heureux. C'est pourquoy ils commanderent qu'on renouuellast les festes en ceste Isle du fleuue, & qu'on les continuast l'espace de trois iours. La saison qui estoit celle de l'Esté, la commodité du lieu, la splendeur de la Lune, le murmure des fontaines, le fruict des arbres, & l'odeur des fleurs ; chasque chose, dis-ie, de celles que ie viens de dire, conuioient en particulier, & toutes ioinctes inuitoient, que nous fussions de l'aduis de ceux qui desiroient qu'on s'arrestast en ce lieu tout le temps que les festes dureroient.

Mais à peine nous estions nous rengez en ceste Isle, que d'vn petit bois qui y estoit, sortirent enuiron cinquante voleurs armez à la legere, comme ceux qui desirent de desrober & fuir à mesme temps. Or comme les negligents sont vaincus par leur negligence mesme, quasi sans nous mettre en deffense, & troublez de leur venuë inopinee, nous nous mismes plustost à regarder qu'à nous opposer à ces brigans. Comme Loups affamez il se ruerent sur le trouppeau des simples brebis, & emporterent, sinon dans la bouche, au moins entre leurs bras ma sœur Auristelle, Cloëlie sa nourrice, Seluiane, & Leoncie, comme si seulement ils fussent venus pour les offenser : car ils laisserent plusieurs autres femmes que la nature auoit doüees de singuliere beauté. Moy, que cest estrange accident auoit rendu plus courroussé qu'estonné, me lançay apres ces voleurs, les suiuis auec les yeux, & commençay à les iniurier, comme s'ils eussent esté capables de ressentir les iniures. Et ie le faisois seulement pour les irriter, & afin que mes iniures les poussassent à prendre vēgeance d'elles. Mais eux qui n'auoient autre dessein que d'accomplir leurs intentions, où ils n'ouyrent point mes iniures, ou ne voulurent pas s'en venger. Ainsi ils disparurent, & lors les Espousez, & moy, auec quelques principaux des Pescheurs nous ioignismes, comme l'on dit, pour tenir conseil sur ce que nous deuions faire, pour amander nostre erreur, & recouurer nostre perte. Quelqu'vn de la compagnie tint ce discours: Il n'est pas possible que quelque Nauire de voleurs ne soit en Mer, & en part d'où aysément il a enuoyé dehors ces hommes, ayant peut estre appris ces nopçes, & nos festes. Si cela est, comme ie le croy sans doute, pour meilleur remede il faut que quelques vnes de nos barques, aillent vers eux, & leur offrent en rançon tout ce qu'ils demanderont pour leur proye, sans retenir plus long temps ce que meritét pour estre rachetees les Espousees, iusques à la vie mesme de leurs Espoux. Ie seray (dis-ie alors) celuy là qui fera ceste diligéce. Le butin qu'ils ont faict de ma Sœur m'est aussi cher que la vie de tout le môde ensemble: Carin & Solercie en dirét autant, eux pleurãs en public, & moy mourant en secret. Lors que nous prismes ceste resolution, la nuict s'approchoit fort: neantmoins les deux Espousez & moy accompagnez de six Rameurs entrasmes dans vn batteau, & il fut obscure nuict quãd nous fusmes en Mer descouuerte; de sorte que l'obscurité nous empescha de voir aucun vaisseau. Nous resolumes d'attendre la venuë du iour, pour voir si auec la clairté nous en descouuririons point aucun. Le sort voulut que nous en apperceumes deux: l'vn qui sortoit de l'abry de la terre: & l'autre qui y venoit aborder. Ie recogneus tãt aux bannieres, qu'aux voiles qui auoient vne croix rouge, que le nauire qui laissoit la terre estoit le mesme, d'où nous estions sortis pour aller à l'Isle: L'autre vaisseau qui vouloit prendre terre auoit des croix vertes, & l'vn & l'autre estoit remply de Corsaires. Ie m'imaginay donques que le Nauire qui sortoit de l'Isle estoit celuy de nos voleurs, de sorte que ie fis mettre au bout d'vne lance vne banderolle blanche. Ie m'approchay comme cela du costé du vaisseau pour traicter de la rançon: Le Capitaine parut au bord, & quand ie voulus hausser la voix ie ne peus. Vn espouuentable tonnerre qui procedoit d'vne piece d'artillerie qu'auoit deschargee le Nauire estranger en signe qu'il deffioit à la bataille celuy de la terre, troubla, arresta & couppa ma voix à la moitié du chemin. A mesme temps on luy respondit auec vn autre coup non moins espouuentable; de sorte que sans aucun delay ils commencerent à se canonner, de mesme que s'ils se fussent recogneus pour mortels ennemis. Nostre batteau se tira du milieu de ceste furie, & nous regardames de loin la bataille. Quand l'artillerie eust ioüé pres d'vne heure, les deux vaisseaux s'accrocherent d'vne fureur non encore veuë. Ceux de la Mer plus heureux ou pour mieux dire plus vaillants sauterent dans le Nauire de la terre, & à mesme instant despecherent tous ceux qui estoient sur la couuerture, tuans leurs ennemis sans laisser à pas vn la vie. Quand ils se furent deliurez de leurs aduersaires, ils se mirent à saccager le plus precieux de ce vaisseau, qui pour estre de Corsaires n'estoit pas côblé de trop grandes richesses, encores que ce que l'autre y trouua & qu'il emporta fut à mon aduis le plus precieux thresor du monde, puis qu'ils rauirent ma sœur, auec Seluiane, Leoncie, & Cloëlie, dont ils enrichirent leur nef: car il leur sembloit qu'en la Beauté d'Auristelle, ils auoient vn butin le plus precieux qu'on eust iamais veu. Ie voulois approcher auec mon batteau pour parler au Capitaine des vainqueurs: mais comme mon bon-heur alloit tousiours au vent, vn de la terre souffla, & fit escarter le Nauire; de sorte que ie ne peus iamais l'approcher, ny offrir iusques à l'impossible, pour la rançon du butin. Ainsi nous fusmes contraints de rebrousser chemin, sans aucune esperance de recouurer nostre perte. Et comme ce Nauire ne prenoit point autre route que celle que le vent luy faisoit prendre, nous ne peusmes alors iuger du chemin qu'il feroit, ny moins encore pouuions nous auoir cognoissance de ces vainqueurs, afin d'auoir quelque espe-rance de trouuer quelque remede, ayant sceu de quel pays ils estoient. Le Nauire vo-gua en fin bien auant dans la Mer, & nous tous tristes & descõfortez entrasmes dans le fleuue, où toutes les barques des Pescheurs nous attendoient. Ie ne sçay (Messieurs) si ie vous dois dire ce que par contraincte il faut que ie vous die. Vn certain esprit, entra alors en mon corps; de sorte que sans changer d'e-stre, il me sembla que i'estois plus qu'hom-me. M'estant leué debout sur la barque, ie fis que toutes les autres l'enuironnerent, & que tous ceux qui estoient dedans demeurerent attentifs à ces paroles que ie proferay, en tels ou semblables termes. La basse Fortune (dis-ie) ne se releue iamais par le moyen de l'oysiueté, ny par la paresse. Iamais le bon-heur ne loge dans les courages craintifs & retenus. Nous mesmes nous bastissons no-stre fortune, & il n'y a nul qui ne soit capa-ble de s'esleuer au dessus de son throsne. Les couards, bien qu'ils naissent riches, sont pourtant tousiours pauures, comme les aua-res mendians. Mes amys ie vous tiens ce dis-cours, pour vous esmouuoir & inciter de rendre vostre Fortune meilleure. Il faut que vous laissiez le pauure mestier de tendre des filets dans des nacelles, & recherchiez les thrésors que le trauail glorieux apporte quāt & soy : l'appelle glorieux le trauail de celuy qui s'occupe en choses grandes. Si celuy qui caue la terre, suë en la rompant, & à peine en retire vn salaire qui le nourrisse plus d'vn iour, & cela sans acquerir aucune renommee, pourquoy ne prendra il vne lance au lieu d'vne besche, & pourquoy sans craindre le Soleil, ny toutes les rigueurs du Ciel ne procurera il de gaigner du bien pour viure à son ayse, & vn renom qui le rende grād au dessus des autres hommes. Comme la guerre est la marastre des poltrons, elle est mere des vaillants; & les salaires qu'on en reçoit peuuent estre nommez sur-humains. Courage mes amys : ô ieunesse valeureuse, Iettez les yeux sur ce Nauire qui emporte les chers ioyaux de vos parents. Mettons nous dans cest autre qu'ils nous ont laissé en ce riuage par la volōté du Ciel ainsi que ie le crois. Allons apres, & faisons nous Pirates non conuoiteux comme sont les autres: mais iusticiers, ainsi que nous le ferons. Nous entendons tous l'art de la marine, & nous treuuerons assez de viures en ce vaisseau, & tout ce qui est necessaire, pour la nauigation. Ses ennemis ne l'ont despoüillé que de femmes. Si le desplaisir que nous auons receu est grand, tres-grande est l'occasion qui s'offre pour nous venger. Qui m'aymera qui me suiue. Ie vous en supplie, & Carin & Solercie vous en prient : car ie sçay bien qu'ils ne m'abandonneront iamais en ceste genereuse entreprise. A peine auois ie acheué de proferer ces raisons, qu'il se fit vn murmure confus par toutes les barques, se conseillans les vnes les autres de ce qu'ils deuoient faire. Peu de temps apres vne voix sortit d'entre toutes, laquelle se fit ouyr en ces termes : Embarquetoy seulement (genereux hoste,) & sois nostre Capitaine & nostre guide, & nous te suiurons tous. Ceste resolution tant inopinee de tous, me seruit d'heureux auspice, & craignant que le delay de mettre en œuure ma bonne pensee ne leur donnast occasion de se desdire, I'allay auant auec ma barque qui fut suiuie d'autres quarante. Ie recogneus le vaisseau, entray dedans, & visitay tout; Ie foüillay tout ce qu'il auoit, & pensay à ce qui luy manquoit, & treuuay tout ce que ie desirois, & qui estoit necessaire à nostre voyage. Ie conseillay qu'aucun ne retournast à terre, afin d'oster par ce moyen ce qui pouuoit empescher de mettre en effect vne si belle entreprise, comme eussent peu faire les plainctes des femmes & des chers enfans. Tous le firent donques ainsi, & dés l'heure mesme prindrent en imagination congé de

leurs

leurs parents, de leurs enfans, & de leurs femmes. Chose estrange, & qui a besoin que la courtoisie, y apporte sa creance: Nul ne retourna à terre, ny ne fist prouision d'autres accoustremens que de ceux qu'il portoit entrant dans le Nauire; auquel sans qu'il y eust quelqu'vn plus releué en charge, tous seruoient de Mariniers & de Pilotes, hormis moy, qui du consentement de tous fus esleu Capitaine. M'estant recommandé à Dieu, ie commençay au mesme instant d'exercer mon office. La premiere chose que ie fis, fut de vuider le Nauire des morts qu'on y auoit laissez en ce dernier conflict, & le nettoyer du sang dont il estoit plein. I'ordonnay pareillement qu'on cherchast toutes les armes offensiues & deffensiues qui y estoient, & puis les ayant desparties à tous, ie donnay à chacũ celle qui à mon aduis luy estoit la plus propre. Ie recueillis les viures, & supputay pour combien de iours ils seroient suffisants, ou à peu pres pour nous nourrir. Ce faict i'adressay encores vne priere au Ciel, le suppliãt de rẽdre heureux nostre voyage, & de fauoriser nos pensees honnestes. Ie fis délier les voiles, qui encores estoient attachees aux antennes: Nous les exposames aux vents, qui comme i'ay dit, souffloient de la terre, & aussi ioyeux que hazardeux, & autant cou-

V

rageux que remplis d'asseurance, nous commençasmes de prédre la mesme route qu'auoit prise le vaisseau du butin. Me voilà donques, Messieurs qui m'escoutez, faict Pescheur & riche, faiseur de mariages auec ma chere Sœur & pauure sans elle, volé par des brigans, & paruenu au degré de Capitaine pour les combattre: car les destours de ma Fortune n'ont pas vn poinct pour s'arrester, ny termes pour les enfermer. C'est assez (dist alors Arnaldo) amy Periandre: car encores que tu ne te lasses point de raconter tes infortunes, elles sont si grandes, & en tel nombre, que nous mesmes en receuõs de l'ennuy. Valeureux Prince (repart Periandre) ie suis faict comme ce que l'on nomme Lieu, où toutes choses sont contenuës; de sorte que n'y ayant chose aucune hors du Lieu, toutes les infortunes se treuuent en moy; Encores, puis que i'ay treuué ma Sœur Auristelle, ie les estime heureuses, par ce que le mal qui se finist sans finir la vie, n'est point mal proprement. Quant à moy (dit alors Transile) i'auoüe que ie n'entens point ceste raison. I'entens seulement que ce sera vne grande chose, si vous ne donnez point accomplissement au desir que nous auons, de sçauoir les succez de vostre histoire, qui à mon advis sont tels qu'ils doiuent donner occasion à plusieurs langues de les reciter, & à plusieurs plumes iniurieuses de les escrire. De vous voir Capitaine des voleurs (car ie iuge que ce nom conuient fort bien à vos vaillans Pescheurs) cela me tient en suspend. I'attends pareillement pour sçauoir qu'elle fut la premiere prouësse que vous fistes, & l'auanture premiere que vous rencontrastes. Madame (dist Periandre) ie mettray peine de vous acheuer ceste nuict s'il est possible, le conte qui n'est encores qu'en son commencement. Ainsi tous furent d'accord que la nuict prochaine on tiendroit la mesme assemblee, & pour l'heure Periádre mit fin à son discours.

Periandre continuë le recit de ses estranges Auantures.

CHAP. XIII.

Quand le ieune Antoine qui auoit esté ensorcelé, eut recouuré sa santé, il reprit son premier embōpoint, & sa premiere gentillesse. Mais cepēdant les mauuais desirs cōmencerent de se renouueller en la Zenotie, lesquels renouuellerent pareillement en son cœur la crainte de le voir absent: car ceux qui sont possedez d'vn mal desesperé, ne de-

V ij

s'esperent jamais la guerison, tant qu'ils voyét presente la cause d'où leur mal procede. Ainsi elle procuroit auec tous les moyens que son entendement subtil pouuoit imaginer, que nul de ses hostes, ne sortist point de la ville. C'est pourquoy elle conseilla encores Polycarpe, qu'il ne laissast en aucune maniere sans chastiement, la temerité du Barbare homicide : Car au moins bien qu'il ne luy donnast point la peine conforme au delict, il le deuoit faire prendre & le chastier auec des menaces, donnant lieu que la faueur s'opposast pour l'heure à la Iustice, ainsi que bié souuent il se faict en plus importantes occasions. Polycarpe ne voulut point suyure ce conseil : car il dist à la Zenotie que ce seroit faire tort à l'authorité du Prince Arnaldo, qui le menoit soubs sa protection, & fascher encores sa bien-aymee Auristelle, qui le cherissoit autant que s'il eust esté son propre frere. Et qu'en outre ce meurtre auoit esté perpetré par accident, & plus par malheur que par malice, & qu'il n'y auoit aucun qui fit partie. Au contraire tous ceux qui cognoissoient Clodio asseuroient que ceste peine estoit digne de ses demerites, puis qu'il estoit le plus grand mesdisant qui fust au Monde. Que veut dire cecy (repart la Zenotie) qu'ayant esté resolu l'autre iour de l'arrester prisonnier, & par mesme moyen prendre sujet d'arrester Auristelle, tu en es maintenant si esloigné? Ils s'en iront, elle ne reuiédra point, & tu pleureras alors ta douleur, & ton peu de iugement, au temps que les larmes ne te profiteront de rien, & que tu ne pourras mesme reparer en ton imagination ce que maintenant tu veux faire pour acquerir le nom de pitoyable. Les fautes que cōmet vn Amoureux pour l'accomplissement de son desir, ne sont pas fautes: par ce qu'il n'est pas à luy, & ce n'est pas luy qui les cōmet: mais l'Amour qui commande sa volonté. Tu es Roy, & les iniustices & rigueurs des Rois sont appellees du nom de Seuerité. Si tu prens ce ieune hōme, tu donneras lieu à la Iustice; & en luy faisant grace, à la Misericorde. Et en l'vn & en l'autre tu confirmeras le nom que tu portes de Bon. C'est en ceste maniere que la Zenotie conseilloit Polycarpe, lequel en quelque lieu qu'il fust, tout seul ou accompagné, pensoit tousiours à cest accident, sans se pouuoir resouldre en quelle maniere il pourroit arrester Auristelle, sans offenser Arnaldo, dont il craignoit bien à propos la valeur & le pouuoir. Toutesfois au milieu de toutes ces considerations, & de celles qu'auoit Simphorose, qui pourtāt n'estant pas si fine, ny si cruelle que la Zenotie, desiroit le depart de Periandre, pour entrer en l'esperance de son retour. L'heure que Periandre deuoit poursuyure son Histoire arriua, & il la poursuyuit en ceste maniere.

Mon Nauire voloit legerement au gré du vent, sans que pas vn de tous ceux qui estoiēt dedans s'opposast au chemin qu'il faisoit. Nous auions laissé au pouuoir de la Fortune nostre voyage, lors que du plus haut de la Hune nous vismes tomber vn Marinier, qui auant que paruenir à la couuerture du Nauire, demeura pendu d'vne corde qu'il s'estoit attachee à son col. Ie m'approchay de luy promptement, & ayāt coupé le cordeau, empeschay qu'il ne s'estranglast. Il demeura comme mort, & fut de la sorte presque deux heures. Apres ce temps il reprit ses esprits, & quand on luy demanda la cause de son desespoir, il fist ceste responce : I'ay deux enfans, l'vn qui a trois ans, & l'autre qui en a quatre. Leur mere ne passe pas plus de vingt & deux : mais sa pauureté passe tout ce qu'il est possible de dire, puis qu'elle se nourrissoit du trauail de mes mains. Estant ores à la cime de ceste Hune, i'ay tourné les yeux vers le lieu où ie les ay laissez, & quasi comme si ie les eusse veus, ie les ay apperceus à genoux, les mains leuees au Ciel, prians Dieu pour la vie de leur pere, & m'appellans auec paroles pitoyables. Ie voyois aussi pareillement pleurer leur mere, qui me donnoit le nom du plus cruel de tous les hommes. I'ay imaginé cela auec tant de vehemence, que ie suis forcé de dire que ie l'ay veu, pour n'y mettre point de doute. Or considerant que ce Nauire m'esloigne d'eux, & que ie ne sçay pas où nous allons, & le peu ou point de raison qui m'obligea d'y entrer, cela m'a faict perdre le sens; de sorte que le desespoir m'ayant mis ce cordeau à la main, ie l'ay donné à mon gosier, pour acheuer en vn moment les siecles de peine qui me menacent. Cest accident toucha de pitié tous ceux qui l'escoutoiér. Nous le consolasmes, apres l'auoir quasi asseuré que nous retournerions bien tost riches & contens : nous le fismes garder à deux hommes, pour l'empescher de ne mettre point en execution vne autre-fois son mauuais dessein. Cependāt afin que ceste auanture n'excitast en l'imagination de quelqu'vn des autres la volonté de l'imiter, ie leur dis que la plus grande coüardise du monde estoit celle de se tuër : par ce qu'estre homicide de soy-mesme c'est vn signe que le courage manque à vn tel homme pour souffrir les maux qu'il redoute? Et quel plus grand mal peut arriuer à vn homme que la mort? si cela est vne sagesse de la differer. Les mauuaises fortunes se reparent & se rendét meilleures par la vie. Au lieu que par vne mort desesperee, tant s'en faut qu'elles finissent & se rendent meilleures, qu'elles s'empirent & recommencét de nouueau. Ie dis cecy mes Compagnons, afin que l'accident que vous auez veu de nostre desesperé ne vous estonne point, encores qu'il soit arriué le premier iour de nostre nauigation : car le cœur me dit que mille heureux succez nous attendent. Tous donnerét la voix à vn seul pour respondre pour tous, & celuy-là parla en ceste maniere. Valeureux Capitaine l'on raconte tousiours plusieurs difficultez aux choses que l'on considere beaucoup. Quand il est question d'executer quelque valeureuse entreprise, il faut donner quelque chose à la Raison, & plusieurs choses à la Fortune. Or en la Bône que nous auons rencontree en te choisissant pour nostre Capitaine, nous allōs tous asseurez d'obtenir les bōs succez que tu dis. Que nos femmes & nos enfans demeurent, que nos anciens peres pleurent, que la pauureté les visite tous : Le Ciel qui nourrit les vermiçeaux qui sont dans l'eau, aura soin de nourrir les hommes qui sont sur la terre. Commande Seigneur, que l'on hausse les voiles, que l'on mette des sentinelles aux Hunes, pour voir si nous ne descouurirons point quel-

& de la belle Sigismonde.

ques vns, ausquels nous puissions monstrer que tous tant que nous sommes icy pour ton seruice auons plus de courage que de temerité. Ie les remerciay de ceste response, & ayant faict hausser toutes les voiles, nous nauigeasmes tout ce iour sans rencontre. A la poincte du iour la sentinelle qui estoit à la gabje plus grande, dist tout haut ces paroles: *Nauire, Nauire.* Nous luy demandasmes quelle route il prenoit, & de quelle grandeur il pouuoit estre. Cest homme respondit que ce vaisseau estoit aussi grand que le nostre, & que nous le tenions par la prouë. Sus doncques mes amys (dis-ie alors) empoignez les armes, & monstrez à ceux cy, s'ils sont Corsaires, la valeur qui vous a faict quitter vos filets. Ie fis incontinent charger les voiles, & en moins de deux heures nous découurismes & approchasmes le Nauire. Apres l'auoir inuesti, sans qu'on fist aucune deffense, plus de quarante de mes soldats sauterent dedans, & ils n'y treuuerent aucun pour ensanglanter leurs espees: Car il n'y auoit que certains Mariniers, & hommes de seruice. Ayans bien regardé ce qui estoit dedans, ils treuuerent en vne chambre deux personnes attachees par le col d'vne chaisne de fer, & esloignees l'vne de l'autre de quelque deux ou trois pas. C'estoient vn homme & vne femme. L'homme auoit fort bonne mine, & la femme eſtoit plus que moyennement belle. En vne autre chambre ils virent couché dans vn riche lict, vn venerable vieillard, de telle authorité que ſa preſence nous obligea à luy porter du reſpect: Et ne ſe bougea point du lict parce qu'il ne le pouuoit pas faire. Neantmoins en ſe ſouſleuant vn petit il hauſſa la teſte, & tint ce langage: Meſſieurs remettez vos eſpees dans le fourreau, puis qu'ē ce Nauire vous ne treuuerés point des aduerſaires ſur qui vous les puiſſiez exercer. Si la neceſſité vous contraint d'vſer de ce meſtier, de chercher voſtre Fortune aux deſpens d'autruy, vous eſtes arriuez en part qui vous rendra heureux. Ce n'eſt pas qu'en ce Nauire il y ait des richeſſes & des commoditez pour vous enrichir: Mais vous en deuiendrez riches, parce que ie ſuis Leopolde Roy des Danois. Ce nom de Roy me fit deſirer, d'entendre quels ſuccez auoient contraint vn Roy d'eſtre ſi mal accompagné & ſans aucune deffenſe. Ie m'approchay donques de luy, & luy demanday ſi ce qu'il diſoit eſtoit veritable: Car encores que ſa graue preſence fiſt iuger qu'il eſtoit Roy, neantmoins l'eſquipage auec lequel il nauigeoit faiſoit mettre en doute ceſte croyance. Seigneur (diſt ce vieillard) commande que ces hommes s'arreſtent, eſcoute-moy vn petit, & en peu de mots ie te diray de grandes choſes. Mes compagnons s'arreſterent, & eux & moy demeuraſmes attentifs à ce qu'il vouloit dire, & il parla en ces termes. Le Ciel me fit Roy des Dannois, & ie fus heritier de ce Royaume ayant ſuccedé à mes peres qui pareillemét en ont eſté Roys, ſans y auoir iamais exercé la tyrannie, ny autre negotiation ſemblable. Ie me mariay en ma ieuneſſe à vne femme de ma qualité. Elle mourut ſans que i'en euſſe aucuns enfans. Il ſe paſſa puis apres vn long traict de temps, & ie me contins pluſieurs annees en vne honneſte pauureté. En fin par ma faute (car de tous les pechez que l'on commet nul n'en doit attribuer la coulpe à autre qu'a ſoy-meſme,) Ie dis donques que par ma faute ie treſbuchay, & cheus en ce deffaut, que ie me rendis amoureux d'vne qui auoit eſté Damoiſelle de ma femme. Si elle euſt eſté celle qu'elle deuoit eſtre, elle ſeroit auiourd'huy Reyne ſans eſtre attachee à vne chaiſne ainſi que vous auez peu voir. Ceſte femme donques preferant les cheueux friſez d'vn mien ſeruiteur, à la blancheur des miens, ſe donna à luy, & ne ſe contétant pas de m'oſter l'honneur, elle taſcha auec luy de m'oſter encores la vie. Ils attenterent contre ma perſonne, &

machinerent tant d'estranges menees par des moyens obliques, que si ie n'y eusse pris garde de bonne heure ma teste seroit maintenant hors de mes espaules, & au vent sur vn posteau; & les leurs porteroient la couronne du Royaume des Dannois: Finalemēt ie descouuris leurs desseins, & lors qu'ils sçauoient pareillement que i'en auois la cognoissance. C'est pourquoy vne nuict s'estās mis dans vn petit vaisseau, qui les attendoit les voiles haulsees pour partir, & pour fuir le chastiement de leur coulpe, & de ma iuste colere, ie sceus leur embarquement, courus à la marine porté sur les aisles de ma passion, & treuuay qu'il y auoit vingt heures qu'ils estoient partis. Lors aueuglé de mon ennuy, & troublé auec le desir de la vengeance, sans faire premierement aucun discours fondé sur la raison, ie m'embarquay dans ce Nauire. Ie les suiuy non pas auec vn esquipage, & vne authorité royale. Au bout de deux iours ie les treuuay en vne Isle que l'on nomme du Feu. Là ie les attrapay inopinement, & les ayant mis à la chaisne que vous auez veuë. Ie les ramenois en mon Royaume pour en faire la Iustice & les punir par vne peine digne de leur crime. Ce que ie vous ay dit contient la pure verité, & les coulpables que vous auez veus (encores que se soit contre leur volonté) la rendent asseuree. Ie suis le Roy des Dannois qui vous promets cent mille pieces d'or. Ie ne vous les deliureray pas maintenant: Mais ie vous donne ma parole de vous les faire tenir là où vous voudrez. Et si pour vostre asseurance vous ne vous contentés pas de ma parole, emmenez moy auec vous dans vostre Nauire, & laissez voguer cestuy cy, qui est desià vostre, auec quelqu'vn des miens, iusques en mon Royaume, & il vous apportera ceste somme là où il vous plaira: c'est tous ce que i'ay à vous dire. Mes Compagnons se regardoient les vns les autres, & ils me donnerent la charge de respondre pour tous, encores qu'il n'en fust pas de besoin, puis que comme Capitaine ie le pouuois & deuois faire. Neantmoins ie voulus prendre conseil de Carin & de Solercie, & de quelques autres, afin qu'ils ne creussent pas que ie me voulusse esleuer par le moyen du commandement que leur volonté m'auoit donné. Voicy doncques la responsse que ie fis au Roy. Sire la necessité ne nous a point mis les armes à la main, ny aucun autre desir qui procede de l'Ambition, ou chose semblable. Nous allons cherchans les larrons, desireux de chastier les voleurs, destruire les Pirates. Puis que vous n'auez rien de commun auec telles sortes de personnes, tant s'en faut que vostre vie doiue craindre nos armes, qu'au contraire si vous auez affaire de nous, il n'y aura chose aucune qui nous empesche de vous en seruir. Et bien que la riche promesse de vostre rançon nous soit agreable, toutesfois nous vous la remettons : car puis que vous n'estes point captif, vous n'estes pas obligé à son accomplissement. Suyuez en paix vostre chemin, & en recompense de ce que nous vous auons mieux traicté en ceste rencontre que vous ne pensiez, nous vous supplions de pardonner à vos ennemis : car la grandeur d'vn Roy reluit bien dauantage estant Misericordieux, que Iusticieux. Leopolde se vouloit ietter à mes pieds, mais ma courtoisie, ny sa maladie ne le permirent pas. Ie luy dis qu'il nous fit part de sa poudre s'il en auoit, & de ses viures; ce qui fut faict au mesme instant. Ie luy cōseillay pareillement que s'il ne vouloit point pardonner à ces deux ennemis, au moins il les laissast en mon Nauire, luy promettant que ie les mettrois en lieu d'où ils ne pourroient iamais l'offenser. Il me respondit qu'il le vouloit bien, parce que la presence de celuy qui a offensé renouuelle ordinairement l'iniure en l'ame de celuy qui a receu l'offense. Lors ie commanday que nous retournassions promptement dans nostre Nauire auec la poudre

& les viures que le Roy nous auoit partagez. Cependant comme ie voulus aller voir les deux prisonniers desià desliez de la pesante chaisne, vn grand vent qui s'esleua subitement ne m'en donna pas le moyen : car il separa les deux vaisseaux, sans que nous peussions nous ioindre vne autre fois. Ie pris congé du Roy du bord de mon vaisseau : & luy porté dans les bras de ses seruiteurs, sortit du lict & prit congé de nous. Et moy ie feray icy vn peu de pause par ce que nostre seconde auanture me contraint à me reposer si ie veux la reciter comme il faut.

Periandre raconte comme il rencontra auec ses Mariniers la niepce du Roy de Bituanie, & autres choses memorables.

CHAP. XIIII.

TOus les assistans prenoient vn singulier plaisir a ouyr la maniere dont Periandre recitoit son estrange voyage. Il n'y eut que Maurice, qui s'approchant de l'oreille de Transile sa fille luy dit ces paroles: Il me semble Transile que Periandre pourroit raconter l'auanture de sa vie auec moins de paroles, & de discours plus succincts: Il ne deuroit pas tant s'arrester au long recit qu'il a faict des festes des barques, ny encores du mariage des Pescheurs: parce que les auantpropos que l'on met pour l'ornement de l'Histoire ne doiuent pas estre aussi grands que l'Histoire mesme: Mais c'est sans doute que Periandre nous veut monstrer la grandeur de son esprit, & l'elegance de ses paroles. Cela doit estre, respond Transile: Neantmoins tout ce que i'en peus dire est, Que quoy qu'il s'estende, ou qu'il soit succint en ce qu'il dit, tout n'est que bō, & tout est plaisant & agreable. Cependant, si quelqu'vn y prenoit du goust, il n'y auoit nul qui y receust tant de plaisir que Symphorose, ainsi que nous auōs desià dit: Chasque parole que Periandre proferoit estoit si agreable à son ame, qu'elle la rauissoit hors de soy-mesme. Mais les pensees qui agitoient diuersement Polycarpe, empeschoient qu'il n'estoit pas trop attentif au discours de Periandre. Il eust bien voulu que Periandre n'eust eu rien plus à dire: car par ce moyen luy-mesme eust eu plus que faire: parce que les esperances prochaines d'obtenir le bien qu'on desire, donnent plus de trauail que les esloignees. Neantmoins le desir que Simphorose auoit d'ouyr la fin de l'Histoire de Periandre estoit si grande, qu'elle les fit encores asśebler vn autre iour, auquel Periandre poursuiuit son discours en ceste maniere.   Messieurs

Messieurs considerez mes Mariniers, mes Compagnons, & mes soldats, plus riches de renommée que d'or, & moy encores remply de la doute que i'auois que ma liberalité ne leur eust point esté agreable. Encores que la liberté de Leopolde eut autant procedé de leur vouloir que du mien, toutesfois comme les humeurs des hommes ne sont pas toutes vnes, i'auois subiect de craindre que tous ne fussent pas contens, & qu'il ne leur semblast difficile de pouuoir recompenser la perte de cent mil escus que Leopolde auoit promis pour sa rançon. Ceste consideration fit que ie leur tins ce lagage : Mes amis que l'occasion perduë d'aquerir vne si grande somme que le Roy nous auoit promise ne vous rende nullemét tristes. Vous deuez sçauoir qu'vne once de bône renomee vaut mieux qu'vne liure de Perles, & il n'y a que celuy qui commence de gouster la gloire, & d'aquerir vn bon renom, qui le puisse sçauoir. Le pauure que la vertu enrichist est ordinairement renômé, de mesme que le riche est remply d'infamie s'il est vitieux. La liberalité est l'vne des plus aimables vertus, d'où s'engendre la bonne renommee. Cela est si veritable qu'il n'y a liberal qui ne soit bien aymé : au lieu qu'vn auare est hay de tout le monde. I'en eusse dit dauantage, m'estát aduis que tous me tendoient l'oreille favorable: ainsi qu'ils faisoient paroistre par l'allegresse de leurs visages; lors qu'vn Nauire que ie descouuris, m'osta les paroles de la bouche. Ce Nauire passoit à ourse vn peu deuant que le nostre, & lors ie fis sonner l'allarme, & luy donnay la chasse auec toutes les voiles tenduës. Apres en peu de temps ie fis tirer vne piece d'artillerie où il n'y auoit point de bale, en signe, & afin que ce vaisseau calast les voiles. Ce qu'il fit, en les desliant de haut en bas. M'estant approché de plus pres, i'y apperceus vn des plus estranges spectacles du monde. C'estoient plus de quarante hommes qu'on auoit pendus aux anténes & aux cordages. Ie fus esmerueillé de ceste auanture, & ayāt accroché le Nauire mes soldats sauterent dedans sans que personne s'y defendist. Toute la couuerture du vaisseau estoit pleine de sang, & de corps d'hommes demy viuants. Les vns auoient la teste fenduë, & les autres le nez coupé. L'vn vomissoit le sang, & l'autre l'ame. Cestuy-cy gemissoit douloureusement, & cestuy-là crioit auec impatience. Il sembloit que ceste boucherie auoit esté faicte à table, par ce que les viandes nageoient dans le sang, & les plats meslez parmy retenoient l'odeur du vin. En fin foulans aux pieds les morts & les blessez, les miens passerent outre, & treuuerent au dongeon de la poupe quelque douze tres-belles femmes. Vne qui monstroit estre la Capitanesse paroissoit la premiere; elle estoit armee d'vn corcelet blanc, si luisant & si poly qu'il pouuoit seruir de miroir à quiconque eust voulu s'y regarder. Elle estoit paree d'vn gorgerin, & n'auoit pourtant aucun cuissot ny brassart, mais bien vn morion composé d'vne peau de serpent venimeux, & enrichy d'vne infinité de pierreries de diuerses couleurs. Elle tenoit à la main vn espieu couuert de clous d'or de haut en bas, dont le fer estoit bien tranchant & luisant. En cest equipage elle parut si valeureuse & si courageuse, que sa veuë fut capable de retenir la furie de mes soldats qui commencerent à la regarder attentiuement. Moy qui la contemplois de mõ Nauire, saute dans le sien pour mieux la voir, & ce fut lors qu'elle tenoit ce langage: Soldats, ie pense bien que ce petit esquadrõ de femmes que vous voyez maintenant vous donne plus d'admiration que de crainte. Puis que nous auõs pris vengeance du mal qu'on nous auoit faict, il n'y a chose qui nous puisse faire peur. Si vous estes alterez de sang ruëz vous sur nous, & ostez nous la vie, laquelle nous tiendrõs pour bien employee, pourueu que vous ne nous ostiez point l'hõneur. Ie me nomme Sulpicie

X ij

niepce de Cratilus Roy de Bituanie. Mon oncle m'auoit mariee au grand Lampidius, non moins renommé par la noblesse de sa race, que pour les biens de la Nature & de la Fortune. Nous alliõs tous deux visiter le Roy mon Oncle, auec l'asseurance que l'on peut auoir, quand on est parmy ses vassaux & ses domestiques, tous obligez pour les biē-faicts que nous leur auons tousiours conferez. Neantmoins la beauté & le vin, qui ordinairement troublent les plus sains entendemēs, leur ayants effacé de la memoire les obligations, & mis en leur place les appetits desordonnez, firent que la nuict passee apres auoir beu de telle maniere qu'ils en demeuroient couchez comme morts, quelques vns demy endormis vindrent & mirent la main sur mõ Espoux, & en luy ostant la vie donnerent cõmencement à leur abominable intention. Toutesfois comme c'est vne chose naturelle que chacun tasche de deffendre sa vie, Nous pour ne mourir point sans vengeance, nous mismes en deffense, faisant nostre profit de l'assaut qu'ils nous dõnoient auec peu de iugement & beaucoup d'yurongnerie. Ainsi auec quelques armes que nous leur ostames, & assistees de quatre seruiteurs qui n'estoiēt point yures, nous exercaſmes sur eux ce que vous voyez sur ce tillac. Poursuyuans encore noſtre vengeance, nous auons faict que ces arbres & ces anténes produiſent le fruict que vous y voyez pendant. Il y en a quarante de pendus, & s'ils eſtoient quarāte mille ils n'en auroient pas moins, parce que leur peu ou point de defenſe a fait que noſtre colere s'eſt eſtenduë à ceſte cruauté, ſi peut eſtre on la doit ainſi nommer. I'ay auec moy des richeſ-ſes que ie puis vous dōner, & ie diray mieux, ſi ie diſois que vous meſmes pouuez prendre. I'adiouſte ſeulement que ie vous les laiſſe de bonne volonté. Prenez les, Meſſieurs, & ne touchez point à noſtre honneur, puiſque par ce moyē vous demeureriez plus infames que riches. Les raiſons de Sulpicie me ſemblerēt eſtre ſi raiſonnables, qu'encores que i'euſſe eſté vn vray Corſaire, ie luy euſſe accordé ſa demande. Lors vn de mes Peſcheurs profera ceſte parole: Ie meure ſi nous n'auons pas en-cores icy rencōtré vn autre Roy Leopolde, auquel noſtre valeureux Capitaine fera pa-roiſtre ſa naturelle courtoiſie. Seigneur Pe-riandre que Sulpicie s'en aille libre, nous ne deſirons point acquerir vne autre plus gran-de gloire, que celle d'auoir ſurmonté nos ap-petits naturels. Cela ſera fait, dis-je, puis que vous le deſirez mes amis. Or vous deuez ſça-uoir que le Ciel ne laiſſe iamais telles bonnes œuures ſans recompenſe, de meſme que ſans chastiment les mauuaises. Despoüillez ces arbres d'vn si mauuais fruict, nettoyez ce tillac, & offrez auec la liberté à ces Dames la volonté de les seruir. L'on mit en effect mon commandement, & Sulpicie pleine d'amiration & de merueille me fit vne grande reuerance. Neantmoins cōme elle ne sçauoit pas encores ce qui luy estoit arriué, elle ne me respondoit pas aussi cōme il faut. Tout ce qu'elle fit, ce fut de cōmander à vne de ses Damoiselles d'aller faire apporter les coffres où estoient ses ioyaux & son or. La Damoiselle obeït à son cōmandement, & à mesme tēps on me mit deuant quatre coffres pleins de pierreries & de monnoye, & cela fut faict si promptement qu'on eust dit que c'estoit de la pluye du Ciel. Sulpicie les ouurit, & fit la monstre de ce thresor aux yeux de mes Pescheurs. Et peut estre, voire sans peut-estre, la lueur qui en procedoit esblouit en quelques vns l'intentiō qu'ils auoient d'estre liberaux, parce qu'il y a bien grāde difference de donner ce que l'on possede & que l'on tient entre les mains; & ce qu'on ne possede qu'en esperance. Sulpicie tira vn riche collier d'or qui reluisoit pour les pierres precieuses qu'on y auoit enchassees, & puis tint ce langage: Receuez (valeureux Capitaine) ce riche present, non pour autre chose que par ce qu'il

& de la belle Sigismonde. 327

vous est offert de bonne volõté. C'est vn don que vous faict vne pauure veufve qui hier se voyoit au sommet de la bonne Fortune estãt au pouuoir de son Espoux, & auiourd'huy se voit sujette à la discretiõ des soldats qui sont autour de vous, & ausquels vous pouuez departir ces thresors, capables, comme l'on dit, de fendre les rochers. Lors ie luy fis ceste response. L'on doit faire autant d'estime des presents d'vne si grãde Dame que s'ils estoiẽt des faueurs. Ce disant ie pris le collier, & me tournant vers mes soldats ie parlay à eux en ceste maniere. Mes amis, ce carquan est à moy, & ainsi en puis-ie disposer comme de mon bien propre. Mais puis que son prix est à mon auis inestimable, il ne faut pas qu'on le dõne à vn seul. Que celuy le prenne qui voudra : qu'il le garde iusques à ce qu'on treuue qui l'achepte, & apres l'on en partagera le prix parmy tous. Cependãt qu'on ne touche point à ce que la grande Sulpicie vous offre, afin que par ce haut faict vostre renommee paruienne iusques au Ciel. Ayant acheué ce discours l'vn de la troupe me fist ceste respõse : Nous voudrions bien (ô bon Capitaine) que tu ne nous eusses point preuenu auec le conseil que tu nous as donné : car tu eusses veu que volontairement nous eussions esté conformes à ton vouloir. Rens le carcan à

X iiij

Sulpicie, puis qu'il n'y a joyau précieux qui vaille le renom que tu nous promets, ny limite qui le contienne.

Ie fus fort content de la responſe de mes ſoldats : & Sulpicie demeura toute eſtonnee de leur peu de conuoitiſe. Finalement elle me requiſt que ie luy donnaſſe douze de mes ſoldats qui luy ſeruiſſent de gardes & de Mariniers pour conduire ſon nauire à Bituanie. Cela fut faict, & ces douze en furẽt fort contens, pour la croyance qu'ils auoient de faire bien. Sulpicie nous pourueut de bons viures, & de pluſieurs confitures, afin que nous en fiſſions bonne chere. Le vent ſoufloit heureuſemẽt pour le voyage de Sulpicie & pour le noſtre, qui n'auions point de deſſein arreſté. Nous priſmes cõgé d'elle, qui ſceut mon nom, & celuy de Carin & de Solercie. Elle nous eſtreignit de ſes bras, & tous les autres des yeux, plorant de ioye & de triſteſſe. De triſteſſe pour la mort de ſon Eſpoux : & de ioye pour ſe voir deliuree des mains qu'elle croyoit eſtre à des voleurs & à des Corſaires. Ainſi nous nous ſeparaſmes. I'auois oublié de vous dire que ie rẽdis le collier à Sulpicie, & qu'elle le reprit comme par force & par mon importunité, eſtimant que ie luy faiſois vn grand affront de le luy rendre. I'entray en conſeil auec les miens ſur la route que nous deuions prendre, & il fut conclu que nous deuions aller par où le vent nous guideroit, puis que les autres Nauires qui nauigeoiēt en Mer prendroient le mesme chemin, ou pour le moins si le vent ne leur estoit fauorable, s'arresteroient à l'ancre iusques à tant qu'ils eussent le vēt propice. Sur cela la nuict arriua claire & seraine, & moy ayāt appellé vn Pescheur Marinier qui nous seruoit de maistre Pilote m'assis sur le Chasteau de la poupe, & puis esleuant les yeux au Ciel me mis attentiuement à le regarder. Ie gageray (dit alors tout bassement Maurice à Transile sa fille) que Periandre nous veut maintenant faire vne description de toute la Sphere celeste, comme s'il importoit beaucoup à ce qu'il nous va racontant de nous declarer les mouuemēts du Ciel: Quant à moy ie desire qu'il acheue, parce que le desir que i'ay de sortir de ceste terre est si grand, qu'il ne me donne pas le loisir de m'entretenir ny m'occuper à sçauoir qu'elles estoilles sont les fixes & qu'elle les errantes: & moins encores que ie sçay plus de leurs mouuemens qu'il ne m'en sçauroit dire. Tandis que Maurice disoit tout bas ces paroles à Transile, Periandre recouura haleine afin de poursuiure son Histoire en ceste forme.

Le plaisant songe de Periandre, qu'il recite comme si c'estoit une chose veritable.

CHAP. XV.

LE sommeil & le silence commençoient de prendre possession des sentiments de mes Compagnons, & ie m'imformois de celuy qui estoit auec moy de plusieurs choses necessaires qui seruoient à l'vsage & à l'art de la marine, lors que soudainement il commença à pleuuoir sur le Nauire, non pas des gouttes, ains des nüees entieres d'eau; de sorte qu'il sembloit que toute la Mer estoit montee à la region du vent, & que de là elle se deschargeoit sur le vaisseau. Nous deuismes tous estonnez, & fusmes bien tost sur pieds, regardans de toutes parts. Mais nous apperceuions que le Ciel estoit clair & serain, sans qu'il y eust apparence d'aucun orage. Chose qui nous remplit esgalement de crainte & d'admiration. Lors celuy qui estoit auec moy, tint ce discours : Sans point de doute ceste pluye procede de l'eau que iettent ces mõstrueux poissons qui se nomment Naufrages. Si cela est nous sommes en grand peril de nous perdre & il est besoin de lascher toute l'Artillerie, dont le bruit les espouuante. Comme ils tenoient ce discours, ie vis hausser & entrer dans le Nauire le col comme d'vn horrible serpent, qui empoignant vn Marinier l'engloutit soudainemét sans auoir besoin de le mascher. Ce sót Naufrages, cria alors le Pilote, qu'on lasche donc l'Artillerie auec des balles ou sans balles. Car le bruit & non le coup, comme i'ay desià dit, est celuy-là qui nous doit deliurer. La peur rendoit si confus & estonnez les Mariniers, qu'ils n'auoient pas le courage de se leuer debout, de crainte d'estre attrapez par ces phátosmes. Neantmoins l'on fut soigneux de lascher l'Artillerie d'vn costé, & des cris de l'autre, afin de faire retourner l'eau dans l'eau: Nous tendismes toutes les voiles, & comme si nous eussions fuy quelque grosse armee d'ennemis, nous fuismes le peril present, qui fut le plus grand que nous eussions encore espreuué. Le iour suiuant & entre chien & loup, lors que la nuict estoit proche nous nous tournasmes au riuage d'vne Isle que pas vn de nous ne cognoissoit. Ayans fait dessein d'y prendre eau nous voulusmes attendre le iour sans nous esloigner de ce riuage, & pour ce subiect nous baissames les voiles, iettasmes les ancres, & donnasmes au repos & au sommeil nos corps trauaillez, dé qui le sommeil prit vne douce possession. En fin nous y prismes tous terre, & foulasmes le doux riuage, le sablon duquel (& cela soit dit sans flatterie) formoit des grains d'or & des perles menuës. Estans entrés plus auāt, nous apperceumes des prez, dont les herbes pour estre herbes n'estoient pas vertes mais pour estre Esmeraudes. Et ceste verdure n'estoit pas arrousee d'eaux Cristallines comme l'on dit ordinairement, ains du courant de Diamans liquides & bien formez, lesquels croizans par tout le pré sembloient estre des serpens de Cristal. Apres nous descouurismes vne forest d'Arbres de differentes sortes, & si beaux qu'ils donnoient de l'admiration à nos ames & de l'alegresse à nos sentimens. A quelques vns des rameaux pendoient des rubis, qui sembloient estre des cerises, ou des cerises que l'on eust prises pour grains de rubis. A d'autres on voyoit pēduës des pōmes. L'vne auoit les iouës de rose, & l'autre de fine topaze. En vn autre arbre on aperceuoit des poires, dont l'odeur estoit d'Ambre, & elles portoiēt la couleur qui se forme dans le Ciel lors que le Soleil se couche. En fin tous les fruicts dont nous auōs cognoissance estoient là en leur saison, sans que les differences de l'annee leur dōnassent empeschement. Tout estoit là Printemps, & tout Esté: Mais Esté

& de la belle Sigismonde. 333

sans incommodité & tout agreable Automne, plus qu'on ne sçauroit croyre. Ce que nous regardions contentoit tous nos cinq sens. La beauté y rauissoit nos yeux : le doux murmure des fontaine & des ruisseaux estoit delicieux à nos oreilles : comme de mesme le chãt d'infinis oiselets, qui degoisoient leurs voix non apprises, & qui sautoient d'arbre en arbre, & de rameau en rameau, & sembloit qu'ils auoient si bien captiué leur liberté en ce destroit, qu'il ne leur prenoit pas enuie de la recouurer. L'odorat y reccuoit du contentement par le moyen de la senteur que les herbes rendoient : les fleurs & les fruicts rapportoient du plaisir au goust, par la preuue que nous fismes de leur douceur en les touchant, & en les tenant entre les mains : car il nous estoit aduis que nous y auions les perles del Sur, les Diamants des Indes, & l'or de Tibar.

Ie suis fasché (dit alors Ladislaus à son beau-pere Maurice) que Clodio soit maintenant mort. Ie vous iure que Periandre luy auroit bien donné du subiect pour parler, par le discours qu'il vient de faire. Monsieur (luy dit Transile son Espouse) taisez-vous : car quoy que vous sçachiés dire vous ne sçauriés pourtant dire que Periãdre ne poursuiue fort bien son histoire. Or luy quand quelqu'vn de la

Compaignie s'entremettoit de parler prenoit haleine, afin de poursuiure son discours, parce que bien qu'vn recit soit fort bon, il degoute pourtant neantmoins plustost qu'il ne resiouyst, lors qu'il est trop long. Ce n'est rien (Messieurs) ce que ie vous ay dit cy-deuant (poursuiuoit Periandre) parce qu'il n'y a entendement qui puisse comprendre ny courtoisie qui puisse croyre ce qui reste à dire. Tournez les yeux & faictes estat que vous voyez sortir d'vne roche, comme nous le vismes sans que la veuë nous peust abuser, Ie dis que nous entendismes vn doux son qui procedoit de l'ouuerture de ce roc, lequel vint donner dans nos oreilles, & nous rendit attentifs; C'estoit vn concert de diuers instrumens de Musique. Apres sortit vn char de qui ie ne sçaurois dire la matiere. Si feray bien sa forme, qui estoit comme d'vn Nauire rompu qui eschappoit d'vne grande tempeste. Il estoit tiré de douze puissans Singes animaux lascifs. Au plus haut du char paroissoit vne tres-belle Dame vestuë d'vne robbe pompeuse de diuerses couleurs. Elle estoit couronnee de ces roses iaulnes qu'on nomme rosagines ameres & sauuages: elle s'appuyoit sur vn baston noir, au bout duquel estoit attaché vn tableau ou escu, auquel l'on auoit escrit ce mot *Sensualité*. Apres elle sorti-

& de la belle Sigismonde. 335

rent plusieurs autres belles femmes, qui tenoient à la main divers instrumens, & formoient vne Musique tantost alegre, & tantost triste. Neantmoins elles estoient toutes ioyeuses. Moy & mes compagnons estions si estonnez qu'on nous eust pris pour des statuës sans voix & composez de pierre dure. La Sensualité s'approcha de moy, & auec vne parole moitié douce, & moitié courroucee me tint ce langage: Genereux ieune homme, si pour estre mon ennemy, il ne t'en couste point la vie, tu en perdras neantmoins le goust & le plaisir. Ce disant elle passa outre. Et les Damoiselles de la Musique rauirent (car ainsi on le peut dire) sept ou huict de mes Mariniers, & les emporterent auec elles suiuans leur maistresse par l'ouuerture du roc. Ie me tournay alors vers mes Compagnons, pour leur demander, ce qui leur sembloit d'vne telle auanture: mais ie fus empesché par plusieurs voix qui paruindrent à nos oreilles. Elles estoient bien differentes des passees, & bien plus douces, & plus alegres. Vn escadron qui sembloit estre composé de tres-belles Damoiselles vierges formoit ceste Musique. Or selō la guide qui les menoit elles estoiēt sans doute telles. Ma sœur Auristelle marchoit deuant, & si elle ne me touchoit de si pres i'employerois quelques paroles à la loüäge de sa Beauté plus qu'humaine. O que i'eusse bien alors donné tout ce qu'on m'eust demandé en recompense d'vn si riche recouurement. I'eusse volontiers baillé ma vie, si la peur de perdre le bien que i'auois treuué sans y penser ne m'en eust empesché. Ma Sœur auoit à son costé deux Damoiselles, & l'vne me dist ces paroles. Nous sommes la Continence & la Pudicité, qui comme amies & Compagnes, suiuons perpetuellement la Chasteté, laquelle a voulu auiourd'huy paroistre sous la figure de ta chere Sœur Auristelle: Et nous ne la quitterons point iusques à ce qu'elle soit paruenuë à l'alme Cité de Rome, aprés auoir donné heureuse fin à ses trauaux & à son voyage. Lors estant attentif à de si heureuses nouuelles, & rauy d'vne si belle veuë & d'vne auanture non moins estrange qu'inoüie, & mal asseuré de ceste nouueauté, ie haussay la voix pour tesmoigner auec ma langue la gloire que mon ame receuoit; de sorte qu'en voulant preferer ces paroles: O vniques consolateurs de mon ame, ô riches ioyaux, trouuez pour mon bië, doux & alegres en tout temps. L'effort que ie mis en le voulant dire rompit mon songe: la belle vision disparut: & ie me treuuay en mon Nauire auec tous les miens, sans qu'il y eust deffaut d'aucun d'eux. Vous dormiez doncques

ques Seigneur Periandre (dist alors Constance:) Il est vray (respondit-il) par ce que tous mes biens sont en songe. A la verité (replique Constance) ie voulois desià demander à Madame Auristelle où elle auoit demeuré durant le temps qu'elle n'auoit point paru. Mon frere (repart Auristelle) a raconté de telle sorte sõ songe qu'il me faisoit desjà douter si ce qu'il disoit estoit veritable ou non. Maurice aiousta ces paroles: Ce sont des effets de l'imagination, en laquelle se representent les choses auec autant de vehemence qu'on les apprehende en la memoire, si bien qu'elles y demeurent comme si tels mensonges estoient veritables. Arnaldo ne disoit mot à tout cecy: mais il consideroit les affections & les demonstrations dont Periandre contoit son Histoire, & il n'en pouuoit voir clerement les doutes que le mesdisant Clodio auoit, auant que mourir, imprimees en son ame; à sçauoir, qu'Auristelle & Periandre n'estoient pas veritablement freres. Il tint pourtant ce langage: Periandre ie te prie acheue ton conte, sans redire des songes que les esprits trauaillez engendrent en grand nombre & confusément. Tu contenteras par mesme moyen le desir de la nompareille Simphorose, qui attend auec impatience que tu dies d'où tu venois la pre-

Y

miere fois que tu arriuas à ceste Isle, & d'où tu en sortis auec la couronne de vainqueur de la feste que l'on y faict pour celebrer chaque annee le iour de l'eslection de son Pere. Le plaisir que ie pris en ce que ie songeay (respond Periandre) m'empescha de prendre garde au peu de fruict que rapportent les digressions en vn discours quand il doit estre succint, & en peu de paroles. Polycarpe ne disoit mot, estant occupé à contempler Auristelle, & à penser en elle. C'est pourquoy il ne se soucioit gueres que Periãdre se teust, ou qu'il parlast; & lequel desià aduerty de quelques vns qui se lassoient de son long discours, resolut de le poursuyure & de l'abreger en moins de paroles qu'il pourroit. Ce fut doncques en ceste sorte.

Periandre raconte l'infortune qui arriua, &
à luy, & à ses Compagnons en
la Mer Glaciale.

CHAP. XVI.

IE m'esueillay de mon songe, comme i'ay desià dit, & pris conseil auec mes Compagnons, sur la route que nous deuions prendre; & il fut resolu que nous irions là où le

& de la belle Sigismonde. 336

vent nous emporteroit: car puis que nous allions cherchant les Corsaires, lesquels ne nauigent iamais contre le vent, il y auoit apparence que nous en treuuerions sans doute. Cependant ma folie estoit montee à vn tel point, que ie demanday à Carin & à Solercie s'ils n'auoient point veu leurs Espouses en compagnie de ma sœur Auristelle que i'auois veuë en songe: Ils se mirent à rire de ma demande, & par leur priere m'obligerent & me forcerent de leur reciter ce songe. Nous courusmes la Mer l'espace de deux mois sans qu'il nous succedast chose digne de consideration, si ce n'est que nous la nettoyasmes de plus de soixāte Nauires de Corsaires. Nous remplismes nostre vaisseau de leurs vols, & d'innumerables despouilles. C'est ce qui resiouïssoit mes Compagnons, de sorte qu'ils n'estoient pas faschez d'auoir changé leur mestier de Pescheurs en celuy de Pirates, par ce qu'ils n'estoient que larrons des larrons, & ne desroboient que ce qui auoit esté desrobé. Il arriua puis apres qu'vn grand vent opiniastre nous accueillit vne nuict, lequel sans nous donner loisir de caller tant soit peu ou de moderer les voiles, les enfla de telle maniere que nous fusmes portez plus d'vn mois par vne mesme route, si bien que mon Pilote considerant

Y ij

la hauteur du Pole où le vent nous portoit, & contant les lieuës que nous faisions par heure, & les iours que nous auions nauigé, nous trouuasmes que nous auions faict enuiron quatre cens lieuës. Le Pilote recommença de contempler la hauteur, & vit que nous estions soubs le North au parangon de Noruergue, si bien que tout triste il profera hautement ces paroles. Miserables que nous sommes, si le vent ne nous permet de nous destourner pour suyure nostre chemin, c'est icy la fin de nostre vie, par ce que nous sommes dans la mer Glaciale; de sorte que si la glace nous prend icy nous demeurerons empestrez dans ces eaux. A peine eut-il proferé ce discours que nous sentismes que nostre vaisseau touchoit par les costez & par la quille, cōme des roches mobiles. Cela nous fit cognoistre que la Mer commençoit à se geler: car les montagnes de glace qui s'y formoient dedans empeschoient le mouuemēt de nostre Nef. Nous callasmes promptement les voiles, de peur que le Nauire heurtant contre ces glaçons ne vint à s'ouurir. Dans vn iour & dans vne nuict les eaux se congelerent si durement & se durcirent de telle sorte, que nostre vaisseau demeura enchassé au milieu des glaces, de mesme qu'vne pierre precieuse en vn anneau. Au mesme instant la glace commença d'endurcir nos corps, & d'attrister nos ames, si bien que la peur venant à faire son office, & nous considerans le manifeste peril ne nous promismes pas plus de iours de vie que les viures que nous auions dans le Nauire nous en pouuoient accorder. C'est pourquoy nous y mismes incontinent taxe, & les partageasmes si miserablement & si escharcemét, que dés l'heure mesme la faim cōmença de nous tuër. Nous iettions la veuë de toutes parts, & n'apperceuions chose qui peust soulager nostre esperance. Seulement nous descouurismes ie ne sçay quoy de noir qui pouuoit estre esloigné de nous de quelques 3. lieuës. Nous imaginasmes que ce pouuoit estre quelque autre Nauire, lequel la commune disgrace des glaçons tenoit emprisonné. Ce peril surpasse de bien loin vne infinité d'autres qui m'ont faict courre Fortune de perdre la vie, d'autant qu'vne peur differee, & vne crainte non vaincuë, trauaille plus l'ame que ne faict vne mort soudaine: car en mourant l'on met fin incontinent aux frayeurs que la mort apporte quant & soy, & lesquelles sont aussi sensibles que la mort mesme. Or ceste mort aussi pressee que differee, & laquelle nous menaçoit, nous fist prendre vne resolution, sinon desesperee, au moins temeraire. Nous considerasmes que si les viures venoiét à faillir, mourir de faim, est la mort la plus enragee qui puisse tomber en l'imagination de l'homme. Voylà pourquoy nous resolumes de sortir du Nauire, & de cheminer par la gelee, pour voir si en celuy que nous descourions, il n'y auoit pas quelque chose dont nous peussions faire nostre profit, ou de gré, ou de force. Ayans mis en œuure nostre resolution, les eaux virent marcher à pied sec sur elles vn petit escadron; mais composé de tres-vaillants soldats: I'en estois la guide, & ainsi en roulant, tōbant, nous & releuāt, nous paruismes à l'autre Nauire qui estoit presque aussi grand que le nostre. Il y auoit des hommes dedans qui se mirent sur le bord, deuinans nostre intentiō, & l'vn d'eux commença de proferer tout haut ces paroles: Que venez vous faire icy (hommes desesperez) & que cherchez vous? Venez vous, peut estro, pour auancer nostre mort, & pour mourir auec nous? Retournez à vostre vaisseau, & si les viures vous manquent rongez les cordages s'il est possible: car penser que nous vous recueillions, c'est vne vaine pensee, & contre les commandements de la Charité, qui doit commencer par soy-mesme. L'on dit que ceste gelee doit durer deux mois, & nous n'auons que pour quinze iours de viures:

& de la belle Sigismonde. 343

Iugez maintenant s'il est raisonnable que nous vous en faßions part. Lors ie fis ceste responfe : Aux perils extremes on foule aux pieds toute raison : Il n'y a respect qui vaille, ny courtoifie qui tienne. Recueillez nous en vostre vaisseau de bon gré, & nous y mettrõs les viures qui sont au nostre. Mangeons les paisiblement auant que la neceßité nous face prendre les armes & vser de force. Ie luy fis ceste respõse, croyant qu'il ne disoit point la verité en la quantité des viures qu'il designoit. Mais eux, se voyants superieurs & auoir de l'auantage, sans craindre nos menaces, ny receuoir nos prieres prindrent les armes, & se mirẽt en defense. Mes soldats que le desespoir rendoit de vaillans, encores tres-vaillants, adiouftans de nouueaux efforts à la temerité, se ruërent sur le Nauire, & presque sans qu'aucun fust blessé, y entrerent & l'emporterent. Lors vne voix se hauffa parmy nous, qu'on les deuoit faire tous passer par le tranchant de l'espee, par ce que ce seroit se deffaire par mesme moyen d'autant d'estomacs qui eussent peu aualer les viures qui estoient en ce vaisseau. Ie fus de cõtraire aduis & peut estre pour ce subject le Ciel nous secourut puis apres, ainsi que ie vous diray: mais auparauant il faut que ie vous raconte que ce Nauire estoit celuy-là mesme des

Y iiij

Corsaires qui auoiēt desrobé ma Sœur & les des deux nouuelles Espousées. A peine eus-ie recogneu ce vaisseau, que ie me mis à pro-ferer tout haut ces paroles : En quel lieu (voleurs) detenez vous nos ames. Où sont les vies que vous nous auez desrobees. Qu'auez vous faict de ma Sœur Auristelle, & de Seluiane & de Leoncie, qui sont la moitié du cœur de mes bons amis Carin & Solercie, L'vn d'eux me fit ceste responſe: Ces fem-mes Pescheresses dont vous parlez, nostre Capitaine qui est desià mort, les rendit à Ar-naldo Prince de Dannemarc. Il est vray (dit alors Arnaldo) que i'acchepray Auristelle & Cloëlie sa nourrice auec deux autres belles Damoiselles, de certains Pirates qui me les vendirent, & non pas pour le prix qu'elles meritoient. Bon Dieu (ce dit alors Rutilius) par combien de destours, & de chaisnes se vient enfiler l'histoire des auantures de Pe-riandre. O historien autant veritable, que tu es agreable (adiouste Simphorose) ie te con-iure par ce que tu dois au desir que nous auons tous de te seruir, d'abreger ton recit. Ie le feray (respond Periandre) s'il est possi-ble qu'en peu de paroles l'on puisse enfermer de grandes choses.

De la trahison de Polycarpe, & de la fuite d'Arnaldo, de Periandre, & de sa Compagnie.

CHAP. XVII.

TOut ce long recit de Periandre estoit si peu au goust de Polycarpe, qu'il ne pouuoit estre attentif pour l'escouter, ny mesme il n'auoit point de patience pour penser meurement à ce qu'il deuoit faire ; afin de se marier auec Auristelle. Il vouloit que cela se fist sans preiudice de l'opinion qu'il auoit acquise de genereux & de veritable. Il pesoit la qualité de ses hostes, & principalement se representoit Arnaldo Prince de Dannemarc, non par election, ains par succession & par heritage. Il descouuroit encores aux façons de faire & à la maniere de proceder de Periandre, à sa gētillesse, & à sa generosité, que c'estoit quelque homme de qualité. Comme aussi la Beauté d'Auristelle luy faisoit croire qu'elle estoit quelque grande Dame. Il eust bien voulu accomplir ses desirs en asseurance, sans destours ny inuentions, couurant toute difficulté & toute opinion contraire auec le voile du mariage. Car encores que sa vieillesse ne le permit point, toutesfois il le pouuoit diffimuler, parce qu'en tout temps il eft meilleur de fe marier que brufler. Les penfees qui follicitoient & donnoient de l'angoiffe à l'Enchantereffe Zenotie, agitoient & follicitoient les fiennes. En fin elle le fit refoudre à cecy, qu'auāt que donner vne autre audience à Periandre on mettroit en effect fon deffein : qui fut, que de la à deux nuicts prochaines, on donneroit vne fauffe alarme à la ville, & l'on mettroit le feu au Palais, de trois ou quatre parts: Par ce moyen ceux qui eftoient dedans tafcheroient de fe retirer enfemble en quelque lieu de feûreté: & par confequent la confufion & la peur s'y mefleroient. Parmy cefte cōfufion, des gens apoftez enleueroient le ieune Antoine le Barbare, & la belle Auriftelle. Cefte refolution prife le Roy manda à Polycarpa fa fille que feignant d'eftre touchee de compaffion Chreftienne, elle donnaft aduis à Arnaldo & à Periandre du peril qui les menaçoit, fans leur defcouurir le vol, mais feulement en leur monftrant le moyen de fe fauuer, qui eftoit de prendre le chemin de la marine, où ils treuueroiēt au port, vne fregate qui les mettroit dedans. La nuict eftant venuë, l'alarme commença de fonner fur les dix à onze heures. Cela mit en confufion & en defordre tout le peuple de la ville: Le feu commença

& de la belle Sigismonde. 347

pareillement de reluire : & en ceste ardeur s'augmentoit celle que Polycarpe ressentoit en son ame. Sa fille non troublee, ains de sens rassis alla donner aduis à Periandre des desseins de son traistre & amoureux Pere, & de ceux de la Zenotie, qui auoiét enuie de se marier l'vn auec Auristelle, & l'autre auec le ieune Antoine, sans s'arrester à l'infamie qui en pouuoit proceder. Ce qu'oyans Arnaldo & Periandre, il appellerent promptement Auristelle, Maurice, Transile, Ladislaus, les deux Barbares Pere & fils, Ricla, Constance, & Rutilius, & apres auoir remercié Policarpa de son bon aduis ils allerent en flotte, les homme deuant; & suiuant le conseil de ceste Princesse, par vn chemin qui sans aucun empeschemeht les conduisoit iusques au port, afin de s'embarquer en asseurance dans ce vaisseau leger. Car les Pilotes & les Mariniers qui y estoient auoient eu mandement de Polycarpe, qu'au mesme temps qu'vne Compagnie qui viendroit en fuyant pour s'y embarquer s'y rédroit, on la receust, & qu'on luy fist incontinent faire voile sans s'arrester iusques à ce qu'on fust en Angleterre, ou en quelque autre contree bien esloignee de ceste Isle. Parmy la confusion des cris & l'alarme continuelle qui sonnoit parmy l'esclat & le petillement du feu, qui comme s'il eust eu licence du maistre de ce Palais, ne s'espargnoit pas de l'embraser, Polycarpe alloit desguisé pour voir si le vol d'Auristelle ne sortiroit point à effect. La Zenotie estoit aux mesmes peines pour l'amour d'Antoine. Toutesfois quand le Roy vit que tous s'estoient embarquez sans que pas vn fut demeuré: (car il y auoit apparence que cela estoit & le cœur le luy disoit) il commnada promptement que toutes les Fregates & tous les Nauires qui estoient au port deschargeassent l'artillerie contre le vaisseau de ceux qui fuyoient. Cela augmenta de nouueau la confusion & la crainte de tous les habitans de la ville, qui ne pouuoient comprendre de quels ennemis ils estoient assaillis, ou quels accidents les surprenoient ainsi hors de propos. Durant ce trouble, l'amoureuse Simphorose ignorante du cas, eust recours à ses pieds, & remist son espoir entre les mains de son innocence. Elle monta à pas inesgaux & tremblans au sommet d'vne haute tour du Palais, qui à son aduis estoit asseuree du feu qui consommoit le reste du Palais. Sa Sœur Polycarpa la suiuit, & s'enfermant auec elle, luy conta la fuite de leurs hostes, de mesme que si elle l'eust veuë. Ces nouuelles priuerent de sentiment Simphorose, & firent repentir Polycarpa de les luy auoir donnees. L'aube du iour commençoit de descouurir la cause de la presente calamité : Mais cependant la nuict de la plus grande tristesse qu'on sçauroit imaginer s'eparoit de l'ame de Polycarpe. La Zenotié se mordoit les mains, & maudissoit sa science trompeuse, & les promesses de ses maudicts maistres. Il n'y auoit que la seule Simphorose qui estoit encores esuanouye, & sa Sœur pleuroit seule son infortune, sans oublier de rechercher les remedes qu'elle pouuoit pour luy faire reprendre ses esprits. Finalement elle les recouura, & ietta la veuë sur la Mer. Elle vit voler le vaisseau leger qui emportoit la moitié de son ame, ou la meilleure partie d'elle. Et comme si elle eust esté vne autre Didon abusee, qui se pleignist d'vn autre fugitif Ænee, elle enuoyoit des souspirs au Ciel, des larmes à la terre, & des plaintes à l'air, proferant ces paroles, ou autres semblables : O bel hoste venu en ce riuage pour mon mal-heur : non point toutesfois trompeur, puis que ie n'ay iamais esté si heureuse d'ouyr de toy des paroles d'amour pour me tromper, fais abaisser ces voiles, ou les lasche quelque peu, afin que ie voye plus long temps ce Nauire, la veuë duquel me contente, parce seulement que tu es dedans. Considere que tu fuis celle qui te suit, que tu t'esloignes de celle qui te cherche, & que tu fais paroistre d'abhorrer celle qui t'adore. Ie suis fille de Roy, & ie me contente d'estre ton esclaue. Si ie n'ay pas assez de beauté pour plaire à tes yeux, i'ay des desirs qui peuuent remplir & contenter les plus desgoustez en amour. Ne te soucie si l'embrazement est par toute ceste ville: Car si tu retournes, il n'aura seruy que de feu de ioye pour l'alegresse de ton retour. O fugitif precipité, i'ay des richesses, & en part où le feu ne peut donner, quelque recherche qu'il en face, parce que le Ciel les garde pour toy seul. Acheuant ceste plainte elle dit encores ces paroles à sa Sœur. Ma chere Sœur ne te semble t'il pas qu'il a faict abaisser aucunement les voiles? Ne te séble il point que le vaisseau ne va pas si viste. O Dieu s'il s'estoit repenty: ô Dieu si le Remore de ma volonté retenoit le Nauire. Pour Dieu ma sœur (respond Policarpa) ne t'abuse point. Les desseins & les abus vont ordinairement ensemble. Le Nauire court sans que côme tu dis le Remore de ta volonté le retienne. Au contraire le vent de tant de souspirs que tu pousses, semblent pousser ce vaisseau. Sur cela le Roy les surprit: car il vouloit voir du plus haut de la tour aussi bien que sa fille, non pas la moitié, ains toute son ame qui s'en alloit, encores qu'on ne peust desià rien voir. Les hommes qui auoient eu

& de la belle Sigismonde. 351

la charge de mettre le feu au Palais eurent pareillement celle de l'estaindre. Cependant le peuple sceut la cause de ce trouble, le mauuais dessein de leur Roy Policarpe, les tromperies & les conseils de l'Enchanteresse Zenotie; de sorte que ce iour mesme on le deposa de la Royauté, & l'on pendit la Zenotie à vne antenne. Simphorose & Polycarpa furent honorees suiuant leur qualité, & leur fortune fut telle qu'elle respondit à leur merite. Ce ne fut pas pourtant que Simphorose obtint la fin heureuse de ses desirs, parce que le destin reseruoit à Periandre vn plus grand heur. Ceux du Nauire se voyant tous ioincts ensemble, & tous en liberté ne cessoient de rendre graces au Ciel d'vn si bon succez. Ils sceurent plus amplement des Mariniers les perfides desseins de Polycarpe, qui toutesfois ne leur sembloient pas si perfides, qu'on ny treuuast de l'excuse, puis que l'amour les auoit produicts. Excuse suffisante pour amoindrir de plus grandes fautes, puis que quand la passion amoureuse occupe vne ame, il n'y a discours qui tienne, ny raison qui ne choppe. Le temps estoit clair & serain, & bien qu'vn grand vent soufflast, la Mer estoit pourtant tranquille. Ils prenoient la route d'Angleterre, là où ils pensoient puis apres prendre le dessein qui leur seroit plus propre. Et ils nauigeoient auec tant de contentement qu'ils n'auoient nullement peur d'aucun mauuais succez. Ce calme dura trois iours, le vent prospere souffla durant ce temps, iusques au quatriesme iour que lors que le Soleil se couchoit le vent commença de se tourner, la Mer de s'enfler, & vne grande tempeste de troubler les Mariniers; Car l'inconstance de nostre vie & de la Mer symbolisent de telle sorte, qu'elles ne nous promettent iamais long temps asseurance ny fermeté. Toutesfois le bon-heur voulut que lors que ceste crainte les saisissoit, ils descouurirent vne Isle proche, que ces Mariniers recogneurent incontinent: Ils dirent qu'elle se nōmoit l'Isle des Hermites. Cela les resiouit fort, par ce qu'ils sçeurêt des Mariniers qu'il y auoit là deux cales ou abris capables de garentir de tous vents plus de vingt Nauires: En fin ils pouuoient seruir de port asseuré. Ils disoient pareillement qu'en l'vne de ces Isles où estoit vn Hermitage, se tenoit vn grand Seigneur François appellé René, qui y seruoit d'Hermite. En l'autre estoit vne grande Dame Françoise nommée Eusebie, & que l'Histoire de tous deux estoit la plus estrange qu'on eust iamais ouïe. Le desir d'en auoir la cognoissance, & celuy de se garentir de la tempeste en cas qu'elle vint, fist que

tous

tous furét d'aduis qu'on tournast la proüe ce costé là. Cela fut fait auec tāt d'adresse qu'ils se rendirent en l'vne de ces cales, & y prindrent port sans empeschement d'aucun. Arnaldo ayant sceu qu'il n'y auoit autre personne en ceste Isle que ces deux Hermites, afin de recreer Auristelle & Transile qui estoient trauaillees de la Mer, & du consentement de Maurice, de Ladislaus, de Rutilius & de Periandre, commanda qu'on iettast l'esquif dans l'eau, & que tous sortissent à terre, pour passer la nuict en repos, libres des vagues de la Mer. Encores que cela suffist, neantmoins le Barbare Antoine fut d'aduis que luy, son fils, Ladislaus, & Rutilius demeurassent dans le Nauire pour le garder, puis que le peu d'experience qu'ils auoient faicte de leurs Mariniers ne leur dōnoit pas tant d'asseurance qu'ils se deussent fier d'eux. Et en effect ceux qui demeurerent dans les deux Nauires furent les deux Antoines pere & fils auec tous les Mariniers, lesquels treuuent plus de contentement aux aiz empoissez de leurs Nauires, & la senteur du goulderon & de la resine leur plaist mieux, que ne font aux autres hommes les roses, les œuillets, & les amarantes des iardins. Ceux qui auoient pris terre, se mirent à couuert du vent soubs l'ombre d'vne roche, & par le

Z

moyen des rameaux qu'ils couperent en vn mesme instant ils se deffendirét du froid. Or comme ils estoient desià accoustumez à de semblables incommoditez, ils passerent ceste nuict sans ennuy, & furent encores tous resiouys par le recit que Periandre fist de la suitte de sō Histoire à la requisitiō de Trāsile. Il refusoit de le faire: mais Arnaldo, Ladislaus & Maurice y adiousterent leurs prieres, assistez d'Auristelle. L'occasion donecques & le temps le fit poursuyure en ceste forme.

Periandre poursuit son Histoire, & raconte comme il donta le Cheual indontable du Roy Cratilus: & de leur arriuee en l'Isle des Hermites.

Chap. XVIII.

S'Il est veritable (comme sans point de doute il est vray) qu'il y a du plaisir de raconter l'orage durant le calme, & durāt la paix presente le peril de la guerre passee, voire durāt la santé la maladie qu'on a soufferte: ce me sera maintenant vne chose douce de reciter mes trauaux en ce repos. Bien que ie ne puisse pas dire que ie sois libre d'eux; toutesfois ayans esté si grands & en si grand nombre, ie puis asseurer que ie suis en repos. C'est la condition de la destinee de l'hôme, que quád les biens commencent à luy croistre, il semble que les vns appellét les autres, & qu'ils ne treuuent point de fin pour s'y arrester. On en peut dire de mesme des maux. Ie m'imagine que les trauaux que i'ay soufferts iusques icy sõt paruenus au dernier poinct de ma miserable fortune, & qu'il faut necessairement qu'il deffaillent. Car quand la mort, qui est le dernier des trauaux, n'arriue point en ceste extremité, il est necessaire que le changement se face, non de mal à mal, ains de mal à bien, & de bien à plus de bien. Or le bien où ie suis maintenant, ayant auec moy ma Sœur, vraye & precise cause de tous mes maux & de tous mes biés, m'asseure & me promet que ie dois paruenir au sommet des plus heureux que ie sçaurois desirer. Auec ceste heureuse pensee ie vous dis que ie m'arrestay au Nauire de mes aduersaires desià vaincus. Il nous aprindrent, comme i'ay desià dit, la vente de ma Sœur & des deux Pescheresses nouuellemét Espousees, ensemble de Cloëlie, qu'ils auoiét faicte au Prince Arnaldo qui est icy present. Tandis que mes soldats alloient fouillant & contant les viures qui estoient dans ce Nauire empestré, nous descouurismes à l'impourueuë vne bāde d'hommes armez en nombre de plus de quatre mille, qui cheminoient sur

Z ij

la glace. Ceste veuë nous rendit plus glacez que la Mer mesme: neantmoins nous aprestames les armes, pl[9] pour faire paroistre que nous estions hommes, qu'auec intention de nous deffendre. Ils cheminoient sur vn pied seulement, se heurtãs du pied droict le talon gauche, & par ce moyen ils se poussoient & glissoient sur la Mer vn grand traict, & puis en reïterant le coup, ils faisoient encores vne bonne piece de chemin. C'est pourquoy ils furent bien tost à nous, & nous enuironnerẽt de toutes parts. Lors l'vn d'eux qui estoit le Capitaine de tous, ainsi que ie l'ay sçeu depuis, s'approchant de nostre Nauire, d'aussi pres que l'on se peut faire entendre, & nous asseurant de la paix, auec vn drap blanc qu'il portoit à l'entour du bras, profera hautemẽt ces paroles en langue Polacque: Cratile Roy de Bituanie, & Seigneur de ces terres, a de coustume de venir chercher les Nauires detenus de la glace, & auec main armee de les retirer, ou pour le moins les hommes, & la marchandise qu'ils portent. Par ce moyen l'on paye le bien faict qu'on en reçoit, en luy laissant la marchandise. Si vous estes contés d'accepter ce party sans vous defendre, vous iouyrez de la vie & de la liberté, que l'on ne doit point captiuer en aucune maniere. Songez-y, autrement preparez vous de vous defendre de nos armes toujours vainqueresses. Ie pris plaisir d'entendre la resolution de celuy qui parloit à nous en peu de mots. Ie luy respondis, qu'il me donnast vn peu de temps pour prendre conseil de nous mesme. En fin mes Pescheurs me dirent que la perte de la vie estoit la fin de tous les maux, & que le plus grand des maux estoit ceste mesme perte. Que l'on deuoit conseruer la vie par tous les moyens possibles, pourueu que ce ne fust par ceux de l'infamie : & puis qu'au party qu'on nous faisoit il n'y auoit point de houte, & que celuy de perdre la vie nous estoit aussi asseuré comme nous estions douteux de la deffence : qu'il seroit bō de nous rendre & de faire place à la mauuaise fortune, qui à l'heure nous persecutoit, & qui peut estre nous reseruoit pour vne meilleure occasion. Ie fis presques ceste mesme responce au Capitaine de ceste bande : Et au mesme temps auec plus d'apparence de guerre que de signe paix, ils entrerent dans le vaisseau, le deualiserent tout, & transporterent tout ce qui estoit dedans, iusques mesme à l'Artillerie & aux cordages; ayans esté du certaines peaux de bœuf sur la place, qu'ils auoient liees par le bout, & comme cela tirás tout l'attirail auec des cordes sans qu'il se perdist chose aucune. Ils emporterent pareillement tout ce qu'ils treuuerent en nostre autre Nauire, & nous ayants mis sur d'autres peaux, & faisans retentir vne voix d'allegresse, nous tirerent & nous porterent iusques à terre qui pouuoit estre esloignee de nostre Nauire de quelque sept ou huict lieuës. Il me semble que c'estoit vne chose rare de voir marcher à pied sec sur les eaux tant d'hommes, sans que le Ciel y employast aucun de ses miracles. En fin ceste nuict mesme noº paruinsmes au riuage, d'où nous ne sortismes point iusques au iour suyuant au matin. Nous le vismes couronné d'vn nombre infiny de peuple qui estoit là venu pour voir la prise des glacez & roides de froid. Le Roy Cratilus, que nous recogneusmes à ses accoustrements royaux, venoit le mieux môté de tous, sur vn beau cheual. Vne tres belle Dame paree d'armes blãches marchoit à sõ costé. Elle estoit aussi à cheual, & vn voile noir qu'elle portoit ne pouuoit du tout couurir ses armes. Sa bonne mine comme encores celle du Roy Cratilus attira soudain ma veuë. Ie la regarday attentiuement, & recogneus que c'estoit la belle Sulpicie, à qui la courtoisie de mes Compagnõs auoit quelques iours auparauant donné la liberté, dont elle iouyssoit alors. Le Roy s'approcha pour voir les vaincus. Le Capitaine me prenant par la main & me presentant au Roy luy dist

& de la belle Sigismonde. 359

ces paroles. Valeureux Roy Cratile, il me semble qu'en te presentât ce seul ieune homme ie te presente le plus riche butin que les yeux mortels ayent veu iusques à present, si l'on considere vne personne humaine? O bon Dieu (dist à l'instant la belle Sulpicie en se iettant du cheual à terre) ou ie n'ay point de veuë, où c'est icy mon Liberateur Periandre. Proferer ceste parole, & me ietter les bras au col fut vne mesme chose. Ces demõstrations singulieres & amoureuses obligerent pareillement Cratilus de mettre pied à terre, & de me receuoir auec les mesmes signes d'allegresse. Mes Pescheurs estoiẽt alors bien loin d'esperer quelque bon succez en leur disgrace. Mais quand ils eurent veu la reception qu'on me faisoit, ils reprindrent courage, & tesmoignerent ce contentement à leur contenance, leur bouche rendant graces à Dieu pour vn tel bien-faict, qu'ils ne tenoient pas encores pour bien-faict, ains pour vne singuliere & apparente faueur. Cependant Sulpicie dist à Cratile ces paroles : Ce ieune homme est vn subiect où la courtoisie & la mesme liberalité logent & font leur seiour. Encores que i'en aye faict l'experience, tu le croyras beaucoup mieux, & trouueras que ce que ie dis est veritable, si tu regardes sa belle disposition: (Elle pourtant faisoit bien paroistre

Z iiij

qu'elle parloit comme recognoissante, & encores comme abusée) Ce fut celuy qui me donna la liberté apres la mort de mon mary. C'est celuy qui ne mesprisa point mes thresors, mais qui ne les voulut point accepter. C'est celuy qui apres auoir receu vn present me le rendit meilleur qu'il n'estoit auparauant, puis qu'il m'offrit vn desir de me faire encores plus de plaisir, s'il luy eust esté possible. Finalement ce fut celuy-là mesme qui s'accommodant, ou pour mieux dire, accommodant ses soldats à sa volonté, & m'en donnant douze pour m'accompagner, faict que ie suis maintenant auec toy. A l'heure moy, qui comme ie crois, auois le visage tout rouge, pour les loüanges flateresses & excessiues qu'on me donnoit, ne sceus faire autre chose que me mettre à genoux deuant Cratile, luy demandant les mains afin de les luy baiser. Il me les donna non pas pour ce subiect, ains pour me releuer. Tandis les douze Pescheurs qui estoient venus en ceste Prouince pour la garde de Sulpicie, alloient parmy la foule du peuple cherchans leurs cōpagnons. Ils s'embrasserent les vns les autres, & pleins de contentemēt & de resioüissance se conterēt leurs bonnes & mauuaises fortunes. Ceux de la Mer exageroient la glace qui les auoit arrestés, & ceux de la terre leurs richesses. Sulpicie, disoit l'vn, m'a dôné ceste chaisne d'or: Et à moy (disoit vn autre) ceste bague qui vaut deux chaisnes. Elle m'a donné (ce disoit quelque autre) vne telle somme d'argent, I'ay receu d'elle (repliquoit vn autre) par ceste croix de Diamâts plus moy seul, que vous n'en auez eu tous ensemble. Vn grand bruit qui se leua parmy le peuple imposa silence à tous ces discours. Ceste rumeur procedoit d'vn puissant Barbe, que deux forts laquaiz menoient par la bride, sans qu'ils en peussent auoir la raisô. Il estoit moreau & tout tacheté de mouches blanches qui le rendoient extremement beau. Il n'estoit point enharnaché, parce qu'il ne permettoit pas qu'autre que le Roy le sellast: Et quand il estoit dessus, le cheual ne le cognoissoit plus ny ne gardoit aucun respect: car il n'y auoit embarassemét, qu'on mist deuant luy, qui fust capable de le retenir. Cela faschoit extremement le Roy; de sorte qu'il eust donné vne de ses Citez a celuy qui eust peu donter ce cheual vicieux. Le Roy me conta en peu de paroles ce que ie viens de vous dire, & ie me resolus de faire encores plus briefuement ce que maintenât ie vous diray. Periandre acheuoit ces mots, lors que d'vn costé de la roche soubs laquelle ils s'estoient retirez, Arnaldo entendit vn bruit comme d'vne personne qui cheminoit,

& qui s'approchoit d'eux. Il se leua soudain sur pieds, mist la main à l'espee, & attendit courageusement, ce qui arriueroit. Periandre se teut, & les femmes remplies de crainte, & les hommes, & principalement Periandre, attendoient d'vn grand courage ce qui arriueroit. La Lune couuerte de nüages n'estoit guere claire, si bié qu'on ne peut discerner deux personnes, dont l'vne dist en termes clairs ces paroles. Qui que vous soyez (Messieurs) que nostre venuë inopinee ne vous espouuäte point, puis que c'est seulement pour vous seruir que nous sommes icy venus. Vous pourrez changer si vous voulez ceste demeure solitaire & deserte en vne meilleure qui est la nostre, situee à la cime de ceste montagne: vous y treuuerés de la lumiere & du feu auec des viádes, sinō delicates & cheres, au moins necessaires & de fort bon goust. Parauanture (dis-ie alors) estes vous René & Eusebie sinceres & vrays Amās, pour qui la Renommee occupe ses langues, en publiant d'eux le merite qu'ils possedent? Si vous disiez les malheureux (repart le mesme) vous auriez donné au but. Toutesfois nous sommes ceux dōt vous parlez, & qui vous offrons de fort bonne volonté le recueil que nostre petit logis vous pourra donner. Arnaldo fut d'aduis qu'on les prist au mot, puis qu'ils y estoient obligez par la rigueur du temps qui les menaçoit. Ils se leuerent donc tous, & suiuans René & Eusebie paruindrent au sommet d'vne colline, d'où ils apperceurent deux hermitages, plus commodes pour passer la vie en pauureté que pour resiouyr la veuë auec le riche ornemét. Ils entrerent dedans, & en celuy qui paroissoit estre plus grand treuuerét deux lumieres qui procedoiét de deux lampes, par le moyen desquelles les yeux pouuoient distinguer ce qui y estoit. Or c'estoit vn Autel auec trois Images sacrees, l'vne de l'Autheur de la vie, desià mort & crucifié: l'autre de la Reyne des Cieux, & de la Dame de l'alegresse, triste & debout deuant celuy qui tient les pieds sur tout le monde. Et l'autre de l'aymé Disciple, qui vit plus en dormant, que n'ont faict en veillant autant d'yeux qu'il y a au Ciel d'Estoilles. Ils se mirent à genoux, & apres auoir faict chascun leur priere en deuotion, René les mena en vne chambre iointe à l'hermitage, à laquelle l'on entroit par vne porte qui estoit ioignant l'Autel. Finalement comme les petites choses ne demádent point vn long discours, nous passerons soubs silence ce qui se passa, tant au pauure souper, qu'au peu de magnificence que la douceur & la bonté des Hermites rendoit seulement memorable. On y remarqua leurs pauures vestemens, leur aage qui commençoit de toufcher les bords de la vieilleffe, & la beauté d'Eufebie, qui ne laiffoit pas pourtant de faire clairement paroiftre qu'elle auoit efté extremement belle. Auriftelle, Tranfile, & Conftance, f'accommoderent en cefte chambre, & fe feruirent pour couche de certaines herbes plus propres à contenter l'odorat qu'aucun autre fens. Les hommes demeurerét en l'hermitage l'vn deçà & l'autre delà, & ce lieu eftoit auffi froid que dur. Cependant le téps courut comme de couftume, la nuict fe paffa, & le iour parut clair & ferain. La Mer pareillement fe faifoit paroiftre fi courtoife & fi humble qu'il fembloit qu'elle y conuioit vn chacun. Ils fe voulurent embarquer, & l'euffent faict fans doute, fi le Pilote du Nauire ne leur euft dit, qu'on ne fe deuoit pas fier fur la belle monftre du temps, puis que les effects deuoient bien toft eftre fort contraires au calme que le Ciel leur promettoit. On le creut, puis que tout f'arrefterent à luy: car en faict de marine le plus fimple Marinier fçait plus que le plus fçauant hôme du monde. Les Dames laifferent leurs licts herbus, & les hommes leurs dures pierres, & fortirét pour voir du haut de cefte colline la douceur de la petite Ifle qui pouuoit contenir enuiron de tour quelques quatre on cinq lieuës. Elle estoit pourtant remplie de si bons arbres portans-fruicts, si fraische pour les ruisseaux infinis, si agreable pour ses herbes vertes, & si odoriferante pour les fleurs, qu'elle pouuoit en mesme temps & esgallement satisfaire à tous les cinq sens. Le iour n'estoit point encores gueres auancé, quand les deux venerables Hermites appellerent leurs hostes, & estendans dans l'Hermitage de vertes & de seches herbes, ils y formerent vne espece de tapisserie fort agreable, & peut estre plus remarquable que celle qui pare ordinairement les Palais des Roys. Ils y poserent dessus diuersité de fruicts verts & secs, & du pain non pas si frais qu'il ne ressemblast à du biscuit. La table estoit pareillement couronnee de couppes composees d'escorses de liege artistement elabourees, & remplies de belle eau fraische & claire. Ce bon fruict, la pureté de l'eau, qui malgré la couleur grise du liege faisoit paroistre sa beauté & netteté, iointe à la necessité, obligea tous, voire les força, pour mieux, dire de s'asseoir à l'entour de ceste table. Apres auoir disné aussi promptement que sauoureusement, Arnaldo supplia René qu'il leur contast son histoire, & la cause qui l'auoit poussé de mener vne vie si estroicte & si pauure. Luy qui estoit de noble race, où l'on trouue toufiours la courtoifie fans qu'on luy fift vne feconde femonce, commença de reciter la verité de fon Hiftoire en cefte forte.

Le fubiect pourquoy René gentil-homme François, fe rendit Hermite en ce lieu defert & inhabité.

CHAP. XIX.

LOrs que durant la profperité l'on raconte les trauaux paffez, le plaifir qu'on y prend en les racontant eft plus grand que ne fut l'ennuy qu'on receut en les fouffrant. Ie ne peux point dire cecy des miës, puis que ie ne les recite point hors de la tempefte, ains au milieu de la tourmête. Ie nafquis en France, & fuis iffu d'vn Pere & d'vne Mere, nobles, & riches, & gens de bien. Ie fus nourry aux exercices d'vn Caualier, & mefuray mes penfees à ma qualité. Neahtmoins i'ofay ietter les yeux fur Madame Eufebie qui eftoit vne des Damoifelles de la Reyne de France: Et des yeux feulement ie luy donnay à entendra que ie l'adorois. Mais elle peu foucieufe, ou ny prenant point garde, ne me monftra point par fes yeux, ny ne me fit entendre par fa langue, qu'elle euft cognoiffance de mon ardeur. Et bien que la rigueur & le desdain facent ordinairement mourir l'Amour à sa naissance, & lors que l'on est privé d'espoir, qui a de coustume de l'accroistre, le contraire se treuua en moy, parce que mon espoir, prenoit du silence d'Eusebie, des aisles, dont ie cuidois monter au Ciel pour la meriter. Cependant l'enuie ou l'extreme curiosité de Lizomire Caualier François, & non moins riche que noble, fut capable de cognoistre mes pensees. Sans leur donner l'estime qu'il deuoit, il me porta plus d'enuie que de pitié. Il deuoit pourtant faire le contraire: parce qu'en Amour il y a deux maux qui se rendēt du tout extremes: l'vn d'aimer & n'estre point aymé; l'autre d'aymer & d'estre abhorré: & à ce mal celuy de l'absence & de la ialousie ne se peut esgaller. En fin sans que i'eusse offensé Lizomire, il alla vn iour treuuer le Roy, & luy dist que ie iouyssois illicitement d'Eusebie au deshonneur de la Maiesté Royale, & contre la loy que comme Caualier i'estois obligé de garder. Qu'il deffendroit par les armes la verité de son dire, parce qu'il n'auoit pas enuie que la plume ny autres tesmoings le fissent paroistre, afin de ne faire point ce deshonneur à Eusebie, laquelle il accusoit mille fois pourtant d'impudicité, & de mauuaise vie. Le Roy bien fasché de cet aduis, me fist appeller, me recita ce que Lizomire luy auoit dit. I'excusay mon innocence, & soustins l'honneur d'Eusebie, donnāt courageusement vn desmenty à mon ennemy. L'on en remit la preuue au combat: & le Roy ne voulut point qu'il se fist en aucune terre de son Royaume, pour ne contreuenir à la loy Catholique qui deffend les duels. Vne des Citez libres de l'Empire nous en donna la permission? Le iour du cōbat arriua. Ie parus auec les armes qu'on nous auoit assignees, & qui estoient l'espee & la rondelle, sans autre artifice. Les Parrains & les Iuges obseruerent les ceremonies en tel cas requises, nous partagerent le Soleil, & puis nous laisserent faire. I'entray au combat auec non moins de conscience que de courage, pour sçauoir indubitablement que i'auois le droict auec moy, & la verité de mō costé. Pour mon Aduersaire ie sçay bien qu'il y entra plus courageux & arrogant, qu'asseuré de sa cōscience. O bonté du Ciel! ô Iugement de Dieu que l'on ne peut sonder? ie fis ce que peus, ie mis mon esperance en Dieu, & en la netteté de mes desirs non executez: La crainte ne treuua point de place en mon ame, ny la foiblesse en mes bras, & i'obseruay tous les points que l'on garde en tels mouuemens: toutesfois ie ne sçaurois dire comment ie me treuuay

estendu

à terre ayant la poincte de l'espee de mon ennemy sur mes yeux. Il me menaçoit d'vne mort prompte & ineuitable: Pousse seulement (ce disois-ie alors) ô mon vainqueur, plus heureux que vaillant, ceste poincte d'espee, & tire moy l'ame puis qu'elle a sceu si mal deffendre son corps. N'espere point que ie me rende, & que ma langue confesse vn crime que ie n'ay point commis. A la verité i'aduouë bien que mes pechez sont si grands qu'ils meritent de plus grands chastiments: Mais ie n'en veux point adjouster encores cestuy-cy, de porter faux tesmoignage contre moy-mesme. C'est pourquoy i'ayme mieux mourir auec honneur, que viure auecques honte. Si tu ne te rens René (repart mon aduersaire) la pointe de ceste espee te percera iusqu'au ceruceau, & fera qu'auec tō sang tu tesmoigneras & cōfirmeras ma verité & ton peché. Sur cela les Iuges arriuerent qui me tindrent pour mort, & donnerent à mon ennemy le laurier de la victoire. On le tira du champ sur les espaules de ses amis, & l'on me laissa seul au pouuoir de l'angoisse & de la cōfusion, & plus remply de tristesse que de blesseures. Ce ne fut pas pourtant auec autant de douleur que ie pensois, puis qu'elle ne fut pas capable de m'oster la vie que l'espee de mon ennemy ne m'auoit point aussi ostée.

A a

Mes seruiteurs me releuerēt, & ie retournay en ma patrie. Par le chemin, & lors que ie fus au pays, ie n'auois pas le courage de leuer les yeux au Ciel, car il me sembloit que ie portois sur mes paupieres tout le fardeau du deshonneur, & toute la pesanteur de l'infamie. Et quand mes amis parloient à moy, ie croyois qu'ils m'offençoient. Si le Ciel estoit clair & serain, il estoit pour moy couuert de tenebres & d'obscurité. Si quelquefois ie treuuois aux ruës quelque assemblee de voisins, ie m'imaginois soudain que leurs discours naissoiēt de mon deshōneur. En fin ie me treuuay si pressé de mes melācholies, de mes pensees & confuses imaginations, que pour en sortir, ou au moins pour les aleger & auancer ma mort, ie resolus de quitter ma patrie. C'est pourquoy ie laissay tout ce que i'auois à vn mien frere puisné, & accompigné de quelques seruiteurs, ie vins en ces contrees Septentrionales pour y trouuer vn lieu où l'infamie de ma honteuse defaicte ne paruinst point, & où le silence enseuelist mon nom. Ie rencōtray par fortune ceste Isle: sa situation me pleut, & auec l'aide de mes seruiteurs ie dressay cet Hermitage. Apres que ie m'y fus enfermé ie leur donnay congé, & donnay ordre qu'ils vinssent tous les ans faire vn voyage icy pour me voir, afin de donēr

& de la belle Sigismonde. 371

sepulture à mon corps. Les promesses que ie leur fis, & les presents qu'ils receurent de moy les obligerent d'accomplir mes prieres, que ie ne veux point nommer commandements. Ils me laisserent dans ce desert, & i'y treuuay si bonne compagnie en ces arbres, en ces herbes, en ces plantes, en ces claires fontaines, & en ces bouillonnans & frais ruisselets, que de nouueau ie pris cōpassion de moy-mesme, pour n'auoir point esté vaincu beaucoup de temps auparauant, puisque par ce moyen i'aurois plustost iouy d'vn si grand plaisir. O solitude, plaisante cōpagnie des tristes! O silence, voix agreable aux oreilles où tu paruiens, sans que la flaterie ny la charlaterie t'accompagnent! Que ie dirois de choses (Messieurs) à la loüange de la saincte Solitude & de l'agreable Silence, si ie ne vous disois premierement comme de là à vn an mes seruiteurs retournerent ayans auec eux mon adorée Eusebie. C'est ceste Dame Hermite que vous voyez icy presente: Mes seruiteurs luy apprindrēt l'extremité où ie m'estois reduict, & elle contente de mes desirs, & faschee de mon infamie, voulut m'accompagner, nō en la coulpe, ainsen la peine. Elle s'embarqua donques auec eux, abandonna sa patrie, pere & mere, ses delices & ses richesses: Elle quitta encores bien plus, & ce

A a ij

fut l'honneur, puis qu'elle le laissa au vain discours du vulgaire, presques tousiours abusé, & que par sa fuitte elle confirma son peché & le mien. Ie la receus ainsi qu'elle esperoit, & la solitude & la beauté qui deuoient allumer nos desirs commencez firent vn effect contraire, moyennant la grace de Dieu & l'honnesteté de ceste Dame. Nous nous donnasmes la main de legitimes Espoux, enterrasmes le feu dans la nege, & il y a presques dix ans, que comme deux statuës mobiles nous viuons en paix & en Amour en ce lieu. Tous les ans mes seruiteurs ne manquēt point de faire icy vn voyage pour me voir & pour me pouruoir de certaines choses dont i'ay besoin necessairement. Ils menent quelques fois vn Religieux pour nous confesser: Nous auons en l'Hermitage des ornemens à suffisance pour celebrer les diuins Offices. Nous dormons à part, mangeons ensemble, parlons du Ciel, mesprisons la Terre, & asseûrez de la misericorde de Dieu esperons la vie eternelle.

René mit la fin à son discours, qui donna subiet à tous les assistans d'admirer son auanture. Ce n'est pas qu'il leur semblast nouueau que le Ciel chastiast, contre l'esperance des pensées humaines, puis que l'on sçait que ce qui semble malheur aux hommes, succede

& de la belle Sigismonde. 373

pour deux raisons : aux meschans pour chastimens, & aux bons pour leur plus grand bien. Or ils mettoient René au nombre des bons, & ils eurent auec luy quelques paroles de consolation, & pareillement auec Eusebie, qui se monstra fort bien apprise, en les remerciant, & consolee en l'estat de sa vie. O vie Solitaire (dit alors Rutilius qui auoit escouté attentiuement l'Histoire de René) O vie Solitaire (dit il) saincte, libre, & asseuree, & que le Ciel imprime dans les douces imaginations! Heureux qui t'aymera, qui t'embrassera, qui te choisira, & qui finalement iouyra de toy. Amy Rutilius (dist alors Maurice) tu parles fort bien : mais ces considerations doiuent tomber sur de grands subiects. Nous ne deuõs pas nous esmerueiller si vn berger se retire à vn desert, ny pareillement nous estõner si vn pauure qui meurt de faim à la ville faict son sejour au desert, ou viures ne luy peuuent manquer. Il y a des manieres de viure que l'oisiueté & la paresse entretiennent : & ce n'est pas peu de paresse si ie remets le remede de mes trauaux aux mains d'autruy, quoy qu'elles soient pitoyables. Ie serois tout estonné si ie voyois vn Anibal de Carthage enfermé dans vn Hermitage, cõme i'ay veu Charles V. enserré dans vn Monastere : mais quand vn homme vul-

Aa iij

gaire, & vn pauure s'y retirent, ie ne m'en esmerueille nullement. René est hors de ce nombre : car la force & non la pauureté l'a conduit à ce desert. Ceste force proceda & fut fondee sur la raison. Il y a icy abondance en la charité, & compagnie en la solitude : & n'ayant à perdre dauantage : cela le faict viure auec plus d'asseurance. Periandre adiousta cecy, Si i'auois, dist il, plusieurs ans d'aage, comme ie n'en ay que bien peu, ma fortune m'a reduict en telles angoisses & occasions, que i'eusse tenu à grand heur d'estre accompagné de la solitude, & que mon nom fust enseuely au sepulchre du silence. Toutesfois mes desirs ne me donnent pas la resolution de changer de vie, ny la haste que fait le cheual de Cratilus sur lequel ie m'arrestay en vous racontant mon Histoire. Tous les assistans furent fort ioyeux de ces paroles, sçachans que Periandre auoit enuie de reprendre le fil de son discours, si souuent commencé & non iamais acheué. Il le poursuyuit en ceste maniere.

Periandre recite le terrible saut qu'il fist faire au cheual de Cratilus, & donne fin au long discours de ses auantures.

CHAP. XX.

LA grandeur, la ferocité & la beauté du cheual, que ie vous ay descrit, rendoient Cratilus fort amoureux de luy, & autāt desireux de le voir doux & traictable que i'auois enuie de luy faire paroistre le seruice que ie luy auois voué. Il me sembloit que le Ciel m'offroit vne occasion pour me rēdre agreable aux yeux de celuy à qui il appartenoit, & pour faire treuuer veritables en quelques manieres les loüanges que la belle Sulpicie luy auoit dites de moy. C'est pourquoy auec plus de promptitude que de meureté, ie fus au lieu où estoit le cheual, me iettay sur luy sans mettre le pied à l'estrieu, puis qu'il n'en auoit point, & courus auec luy sans que la bride fust capable de le retenir. Ie paruins à la pointe d'yne petite roche qui pendoit sur la Mer, & le pressant de nouueau auec les talons ie le fis voler en l'air, auec autant de dépit pour luy que de cōtentement pour moy. Nous allasmes tous deux voir la profondeur de la Mer: mais au milieu de mon vol ie me ressouuins, que puis que la Mer estoit gelee, ce coup me deuoit mettre tout en pieces, si bien que ie tins pour certaine ma mort & la sienne. Toutesfois cela n'arriua point, par ce que le Ciel qui pour autres choses à luy cogneuës m'a pris en sa garde, fist que les iambes du puissant cheual resisterent au coup, sans que ie receusse autre mal, si ce n'est que ce Barbe me fist sauter de son dos, & comme cela rouler long temps. Il n'y eut nul au riuage qui ne creust que i'estois mort: neantmoins quand ils me virent leuer sur pieds, encores qu'ils tinssent ce succez à miracle, ils ne laisserent pas de m'estimer vn fol.

Le terrible saut du cheual, sans se faire mal, sembla fort estrange à Maurice: car pour le moins il eust voulu qu'il se fust brisé les trois ou quatre iambes, & cela mesme pouuoit diminuer la creance de ceux qui l'escoutoient. Toutesfois Periandre estoit en si bonne estime parmy tous, qu'aucun ne voulut pas passer plus auant auec la doute de ne le croire pas. Car comme c'est la peine du menteur, qu'on ne le croit pas quand il dit la verité: aussi c'est la gloire d'vn homme qui est en bône reputation d'estre creu lorsqu'il profere quelque mésonge.

& de la belle Sigismonde. 377

Et comme ce que Maurice en pensoit ne peut destourner le recit de Periandre, il le poursuiuit en ceste sorte. Ie retournay au riuage auec le cheual, ie montay encores sur luy, & par les mesmes pas qu'il auoit faicts auparauant ie l'incitay de sauter encores vn coup: Mais il ne me fut iamais possible, parce qu'estāt paruenu à la pointe de ce roc esleué, il fit tant d'effort pour ne s'eslancer point, qu'il mit la croupe à terre, rompit les resnes, & demeura là comme cloué. Vne sueur le prit depuis la teste iusques aux pieds, si plein de frayeur, que de Lion il se changea en aigneau, & d'vn animal indomptable en vn genereux cheual; de sorte que les petits laquaiz s'ingererent de le manier, & les Escuiers du Roy l'ayans enharnaché le monterent & le firent courir en asseurance. Or il fist paroistre sa vistesse & sa bonté qu'on n'auoit point veuë iusques alors. Le Roy en fut fort content, & Sulpicie extremement ioyeuse, voyāt que mes effects auoiēt respōdu à ses paroles. La gelee demeura trois mois en sa rigueur, & ils se passerent au parachement d'vn Nauire que le Roy auoit faict commencer, afin de courir ces Mers en vne saison plus propre, pour les nettoyer de Corsaires, & s'enrichir de leurs vols. Durant ce temps-là ie luy rēdis quelque seruice à la chasse, où ie me fis paroistre bien expert & homme qui souffroit les trauaux: Car il n'y a exercice qui responde mieux à celuy de la guerre que celuy de la chasse, qui est tousiours accompaigné de lassitude, de soif, & de faim, & quelques foi de la mort. Sulpicie fit paroistre son extreme liberalité enuers moy & enuers les miens, & la courtoisie de Cratile ne fut pas moindre en nostre endroict. Les douze Pescheurs que Sulpicie auoit menez auec elle estoient desia riches, & les autres qui s'estoiét perdus auec moy n'auoient pas mal faict leurs affaires. Cependant le Nauire du Roy s'acheua, & il commanda qu'on le munist & qu'on l'esquipast de toutes choses necessaires sans rien espargner. Apres il m'en fit le Capitaine à ma volõté, sans m'obliger de faire chose qui fust outre mon gré. Luy ayant baisé les mains pour tãt de bien-faicts, ie le priay de me donner permission d'aller chercher ma Sœur Auristelle, qui comme l'on m'auoit appris estoit au pouuoir du Roy de Dannemarc. Cratile me dõna permission de faire tout ce que ie voudrois, & me dist que ma courtoisie l'obligeoit à bien danãtage. Il parloit en Roy, à qui les faueurs qu'il faict, & la douceur dont il vse enuers tout le monde, sont inseparables. Et si l'on peut parler de la bõne nourriture, Sulpicie la fist si bien paro stre, & l'accompagna de tant de liberalité, que moy & les miens, & sans que pas vn fust malcontent, nous embarquames riches & ioyeux. Nostre premiere route fut d'aller à Dannemarc, où ie croyois trouuer ma Sœur; & les nouuelles que i'en appris furent que des Corsaires l'ayant surprise au riuage de la Mer auec quelques autres Damoiselles, les auoiẽt enleuees. Mes trauaux se renouuellerent, & mes angoisses commencerent de nouueau de se mettre en vain. Elles estoient accompagnees de celles de Carin & de Solercie, lesquels creurent qu'en l'infortune de ma Sœur, & en sa captiuité, on deuoit cõprendre celle de leurs Espouses. Ils auoient raison de le penser (dit alors Arnaldo.) Et Periandre poursuiuant son discours, profera ces paroles : Nous courusmes, & baloyasmes toutes les Mers, & circuismes toutes les Isles, ou la plus part d'alentour, demandans toûsiours nouuelles de ma Sœur; car il me sembloit (& cela soit dit sans offenser toutes les plus belles du monde) que la lumiere de son beau visage ne pouuoit demeurer couuerte, quelque obscur que fust le lieu où elle faisoit sa demeure, & que sa prudence incomparable estoit le fil et capable de la retirer de tout labirinte. Nous prismes des Corsaires, desarmasmes des prisonniers, restituasmes le bien à qui il appartenoit, & nous enrichifmes de la volerie des autres. Ayans ainfi remply noftre Nauire de mille biens differents de Fortune, mes Compagnons voulurent retourner à leurs filets, à leurs maifons, & voir entre leurs bras leurs enfans. Carin & Solercie s'imaginoiét que peut eftre ils trouueroient leurs Efpoufes en leur pays, puis qu'ils n'auoiét peu les trouuer aux Prouinces eftrangeres. Auant cecy nous paruinfmes en cefte Ifle qui comme ie penfe fe nomme Scinte. Là nous apprifmes les feftes de Polycarpe, & l'enuie nous prit à tous de nous y rendre : noftre Nauire n'y pût aborder parce que le vent eftoit contraire. Efquipez doncques en Mariniers Rameurs nous entrafmes dãs vn batteau ainfi qu'il a efté defià dit. C'eft là que ie gaignay les prix, & où ie fus couronné comme vainqueur de tous les exercices. De là pareillement Simphorofe prit occafion de fçauoir qui i'eftois, ainfi que l'on a peu voir par les diligences qu'elle en fift. Ie retournay au Nauire, & voyant que les miens eftoient refolus de me quitter, ie les priay qu'ils me laiffaffent le batteau en recompenfe des trauaux que i'auois fouffertsauec eux. Ils me le laifferent & m'euffent encores librement laiffé le Nauire fi ie l'euffe voulu. Ils me dirent que s'ils me laiffoient feul ce n'eftoit pour autre subiect sinon qu'ils voyoient bien que mon desir estoit seul & impossible d'estre accomply, ainsi que l'experience nous l'auoit monstré en la diligence que nous auions prise pour son accomplissement. Ayant embrassé mes amis ie m'embarquay auec six Pescheurs qui me suiuirent, allechés de la recompense que ie leur donnay, & de l'offre que ie leur fis. Ie tournay la proüe vers l'Isle Barbare, ayant desià appris leur coustume & la fausse prophetie qui les abusoit. Il n'est pas besoin que ie vous en parle, puis que vous mesmes la sçauez fort bien. Ie donnay au trauers de ceste Isle : ie fus pris, & mené en vn lieu où des personnes viuantes estoient enterrees. Le lendemain on m'en retira pour estre sacrifié, l'orage de la Mer suruint, le bois des raseaux qui seruoient de barque se deslia. Ie fus porté sur la Mer par vne de ces pieces, ayant des chaisnes qui m'enuironnoient le col, & des ceps qui m'attachoient les mains. Ie tombay en la misericorde du Prince Arnaldo qui est icy present, & de son aduis entray en l'Isle pour y seruir d'espion, & pour remarquer si ma Sœur Auristelle n'y estoit pas, & personne ne sçauoit point que ie fusse son frere. Elle y vint quelques iours apres, en habit d'homme pour y estre sacrifiee. Ie la recognus, sa douleur m'affligea, & ie preuins sa mort en disant qu'elle estoit femme, ainsi que sa nourrice Cloëlie qui l'accompagnoit l'auoit desià dit. Or ma Sœur quand il luy plaira vous dira comment elles y vindrent toutes deux, & vous sçauez ce qui nous succeda en ceste Isle. Auec ce que ie vous ay dit, & par ce qui reste à dire à ma Sœur vous serez contents & satisfaicts de tout ce que vostre desir pourroit demander, pour sçauoir la verité de nostre auanture.

Comme le frere de René arriue en l'Isle des Hermites, & luy apporte de fort bonnes nouuelles, & comme le Prince de Dannemarc faict dessein de retourner en son Royaume.

CHAP. XXI.

IE ne sçay si ie dois tenir cecy pour si certain que i'ose encores l'affirmer, que Maurice & la plus part des autres escoutans furent bien aisez que Periandre eut mis fin à son discours; parce que le plus souuent vn recit qui est trop long, bien qu'il soit d'importance, degouste ceux qui l'oyent. Auristelle pouuoir auoir ceste mesme croyance;

& de la belle Sigismonde. 385

puis qu'elle ne voulut point cōmencer alors l'histoire de ses auantures: bien qu'elles ne fussent pas en fort grand nombre, depuis qu'elle fut ostee du pouuoir d'Arnaldo, iusques a ce que Periandre la trouua en l'Isle Barbare. Pour ce subiect doncques elle desista d'en faire le recit attendant vne meilleure occasion : & quand elle l'eust voulu elle n'eust peu le faire. Elle en eust esté empeschee par vn Nauire qu'ils virēt venir en pleine Mer, & lequel venoit à l'Isle auec toutes les voiles tenduës; de sorte qu'en peu de téps il se rendit à l'vne des calles ou abris de l'Isle. Ce Nauire fut recognu de René, lequel leur tint ce discours : Messieurs voicy la nef où mes seruiteurs & mes amis s'embarquent pour me visiter quelquefois. Desià l'on auoit lâcé l'esquif en l'eau tout remply d'hommes, lors que René & tous ceux qui estoient auec luy s'acheminerent au riuage pour le receuoir. Ceux qui s'estoient desembarquez pouuoient estre quelque vingt hommes entre lesquels paroissoit vn de fort bonne mine, qui sembloit le Maistre de tous. A peine eut-il veu René, que les bras ouuerts il vint à luy, & luy tint ce discours : Mon frere embrassez-moy, en recompense que ie vous apporte les meilleures nouuelles que vous sçauriez desirer. René l'embrassa : car il le recogneut pour son frere Sinibalde, auquel il fist ceste response. Il n'y a nouuelles (ô mon frere) qui me puissent estre si agreables que celles de te voir. L'estat malheureux où ie suis reduict ne permet pas que ie recoiue aucune alegresse, & neantmoins le bien de te voir passe outre, & met exception en la commune reigle de mon malheur: Lors Sinibalde se tourna à mesme temps pour embrasser Eusebie, à laquelle il tint ce langage:

Madame donnez-moy pareillement les bras: Car vous me deués aussi les estrenes des nouuelles que ie vous apporte, & lesquelles il n'est pas bon de vous dilayer, afin que vostre peine ne s'allonge point dauátage. Vous deuez sçauoir que vostre ennemy est mort d'vne maladie où il demeura six iours sans parler. Le Ciel luy accorda tant de grace que six heures auant que rendre l'ame, il recouura la parole, & durant cest espace, auec vn tesmoignage d'vne grande repentance, confessa la faute où il estoit tombé de vous auoir accusee faussement. Il confessa son enuie, declara sa malice, & finalement rendit toutes les preuues capables de manifester son peché. Il rapporta au secret Iugement de Dieu la victoire que sa malice auoit obtenuë contre vostre bonté. Et ne se contenta pas seulement de le dire, ains il voulut que ceste verité tité demeurast escrite par main de Notaire publique. Le Roy ayant appris ceste nouuelle, vous a rendu pareillement vostre honneur par vne ordonnance qu'il en a faicte. Mon frere, il vous a déclaré pour vainqueur, & vous Eusebie pour Damoiselle d'honeur, & non coulpable. Il a pareillement ordonné qu'on vous allast chercher, & que vous ayāt treuuez on vous ramenast à sa Majesté, qui veut recompēser par sa magnanimité & par sa grandeur Royale, les extremitez que vous auez souffertes. Ie laisse maintenant à iuger à vostre bon iugement si ces nouuelles ne sont pas dignes de vous resiouyr. Elles sont telles (dist alors Arnaldo) qu'il n'y a accroissance de vie qui les surpasse, ny possession de richesses non esperees qui les esgale, puis qu'il n'y a bien sur la terre qu'on puisse mettre à la comparaison de la restitutiō de l'honneur perdu. Puissiez-vous iouyr long temps de ceste ioye, Seigneur René, & en vostre compagnie en puisse iouyr la nompareille Eusebie, lierre de vostre muraille, ou rameau de vostre lierre, miroir de vostre plaisir, exēple de douceur & de recognoissance. Chacun leur fist vn mesme souhait, encorés que ce fust en paroles differentes. Apres on luy demanda des nouuelles de ce qui se passoit en Europe & autres parties du monde, dont

Bb

ils auoiët peu de cognoissance à cause qu'ils estoient tousiours sur Mer. Sinibalde leur respondit, que ce dequoy l'on parloit le plus estoit la misere où se trouuoit reduict le vieil Roy de Dannemarc. Il leur apprist que Leopolde Roy des Danes assisté d'vne ligue qui le fauorisoit l'auoit mis en piteux estat. Il leur conta pareillement, que l'on disoit par tout que l'absence d'Arnaldo Prince heritier de Dannemarc estoit cause de la prochaine ruine de son pere : Que ce mesme Prince voletoit comme vn papillon apres la lumiere des beaux yeux d'vne sienne esclaue, yssuë d'vne race si peu cogneuë qu'on ne sçauoit pas qui estoit son pere ny sa mere. Il raconta pareillement les guerres de la Transiluanie, les leuees du Turc ennemy commun du genre humain, donna nouuelles de la glorieuse mort de Charles V. Roy d'Espagne, & Empereur Romain, terreur des ennemis de l'Eglise, & la frayeur des sectateurs de Mahomet. Il dist encores plusieurs autres choses par le menu, dont les vnes remplirent de ioye, & les autres d'admiration ; les vnes & les autres furent pourtant agreables à tous. Il n'y eut que le seul Arnaldo qui dés le poinct qu'il entendit l'oppression de son pere, ietta tout pensif les yeux à terre, se tenant appuyé sur sa main. Quand il eut demeuré quelque temps en ceste posture, il esleua les yeux, & regardant le Ciel fist ceste exclamation: O Amour, ô honneur, ô compassion paternelle, de quelle angoisse pressez-vous mon ame! Amour pardonne moy: car si ie m'esloigne de toy ce n'est pas pour te quitter: Honneur attends moy: car encores que ie sois Amoureux, ie ne laisseray pas de te suyure. Console toy mon pere, car ie reuiens bien tost à toy. Attendez moy mes vassaux, puis que l'Amour ne rendit iamais aucun coüard; Et ie ne le dois pas estre en vostre deffense, puis que ie suis le plus parfaict Amoureux de tous les mortels. Ie veux aller gagner ce qui est mien, pour l'offrir à la nompareille Auristelle, & afin de meriter estant Roy ce que ie ne merite point estāt Amant: car il est impossible qu'vn Amoureux pauure, si le bon-heur ne le fauorise à pleines mains, paruienne iamais au bout de son desir. Estant Roy ie desire la rechercher, Roy ie la veux seruir, & comme Amant ie la dois adorer. Et si auec tout cela ie ne peux la meriter, i'en donneray la coulpe plustost à mon infortune qu'à sa recognoissance.

Tous les assistans demeurerent muëts oyās le discours d'Arnaldo: mais celuy qui en fut le plus estonné fut Sinibalde, à qui Maurice auoit desià dit que c'estoit le Prince de Dannemarc; & en luy monstrant Auristelle, ceste esclaue, qui comme l'on disoit, l'auoit asseruy. Lors Sinibalde ietta plus attentiuement les yeux sur Auristelle, & soudain iugea que ce qu'Arnaldo faisoit estoit plustost par iugement que par folie : car la beauté d'Auristelle, ainsi que nous auons dit plusieurs fois, estoit telle, qu'elle captiuoit les cœurs de tous ceux qui la regardoient, & l'on treuuoit en elle l'excuse de toutes les erreurs que pour elle on pouuoit commettre. Le mesme iour il fut resolu que René & Eusebie retourneroient en France, portans en leur Nauire Arnaldo, afin de le rendre en son Royaume. Ce Prince voulut auoir auec luy Maurice & Trasile sa fille auec son gêdre Ladislaus : Cependât il treuua bon que Periandre, les deux Antoines, Auristelle, Ricla & la belle Constance poursuiuissent leur voyage iusques en Espagne dâs le vaisseau où ils s'estoiët enfuis. Rutilius voyant ceste separation, attendoit pour sçauoir le lieu où ils le laisseroiët : Mais auât qu'on le luy declarast il se mit à genoux deuant René, & le supplia qu'il le fist heritier de ce desert, & qu'il le laissast en ceste Isle, afin qu'il n'y manquast point d'vne personne qui peust allumer le fanal pour guider les nauigeans qui se seroient perdus. En fin il auoit enuie d'acheuer vne bône vie que iusques alors il auoit mené fort mauuaise. Tous l'assisterent en sa requeste Chrestienne, & le bon René qui n'estoit pas moins réply de pieté que liberal luy accorda tout ce qu'il vouloit. Il luy dist encores que toutes les choses qu'il luy laissoit estoiét d'importāce, puis qu'elles estoiét necessaires pour cultiuer la terre & passer la vie humaine. Arnaldo luy promit encores que s'il se voyoit pacifique en son Royaume il luy enuoyeroit chaque annee vn vaisseau pour le secourir. Rutilius fist contenance de vouloir baiser les pieds à tous. Chacun l'embrassa, & la plus part se mit à pleurer, voyant la saincte resolution de ce nouueau Hermite: Car encores que nostre vie ne s'amende point, nous sommes pourtāt bien aises de l'amandement de la vie d'autruy; si peut estre nostre peruersité n'est pas si grande, qu'elle se plaise de voir dans l'abisme, ceux qui s'esloignent de l'abisme. Ils demeurerent deux iours à se preparer & à s'accommoder pour suiure chacun son voyage. Sur le poinct de leur depart, il y eut des compliments remplis de courtoisie, & principalement entre Arnaldo, Periādre, & Auristelle. Et bien que parmy eux on y meslast des paroles amoureuses, elles furent pourtant honnestes & bien seantes, puis qu'elles ne donnerent aucune emotion à l'ame de Periandre. Transile pleura, Maurice ne peut aussi s'empescher de pleurer, ny pareillement Ladislaus, Ricla gemit, Constance versoit aussi des larmes, comme faisoient pareillement son pere & son frere. Rutilius qui estoit desià vestu des habits de l'Hermite René, prenant congé des vns & des autres mesloit en mesme temps ses sanglots auec ses pleurs. En fin estans inuitez de la douceur du temps, & d'vn vent qui pouuoit seruir à differens voyages, ils s'embarquerent, & luy donnerent les voiles. Rutilius qui s'estoit plaçé au plus haut des Hermitages leur donna mille benedictions. Et c'est icy que l'Autheur de ceste estrange Histoire a mis fin à son second Liure.

Fin du second Liure des Trauaux de Persiles & de Sigismonde.

LES TRAVAVX DE PERSILES ET DE SIGISMONDE.

LIVRE TROISIESME.

L'arriuee de nos Pelerins à Lisbonne, & autres choses dignes & memorables.

CHAP. I.

COMME nos ames sont tousiours en perpetuel mouuement, & ne peuuent s'arrester ny se reposer, si ce n'est en leur centre qui est Dieu, pour lequel elles ont esté creées, ce n'est pas de merueilles si nos pensees se changent. Si l'on préd cecy & si l'on laisse cela. Si l'on recherche vne chose, & si l'on oublie l'autre. Or celle qui va plus proche de son repos est bien meilleure lors qu'elle ne se mesle point auec l'erreur de l'entēdement. Cecy soit dit pour excuser la legereté que fist paroistre le Prince Arnaldo en quittant soudainement le desir qu'il auoit tesmoigné de seruir Auristelle. Toutesfois on ne peut pas dire qu'il le quittast; mais bien qu'il l'interrompit, de telle sorte que celuy de l'honneur qui commande sur toutes les actions des hommes s'empara de son ame. Le mesme Arnaldo vne nuict auant son depart declara ce desir à Periandre, en le tirant à part en l'Isle des Hermites. Et comme celuy qui a besoin d'vn autre, vse plustost de supplications que de prieres, il le supplia de regarder au bié de sa sœur Auristelle, & qu'il la gardast pour estre Reyne de Dannemarc. Il luy dist aussi, qu'encores que la Fortune luy fust contraire au recouurement de son Royaume, & qu'il perdist la vie en vne si iuste demande, qu'Auristelle neātmoins s'estimast estre veufve d'vn Prince, & cōme telle sçeust puis apres choisir vn mary: Puis que Periandre sçauoit bien, & il le luy auoit dit plusieurs fois, qu'elle meritoit de soy-mesme sans dependre d'autre grandeur, d'estre Reyne non seulement de Dannemarc, ains de tous les Royaumes du Monde. Periandre luy respondit, qu'il le remercioit fort de sa bonne volonté, & qu'il tascheroit d'auoir soin d'elle, comme d'vne chose qui le touchoit de si pres, & où il alloit de son auancement. Cependant Periandre ne rapporta nullement aucune de ces paroles à Auristelle, par ce que l'Amant doit luy mesme dire à la personne aymee les loüāges qu'on luy donne, & non pas les faire dire par la bouche d'autruy. Vn Amoureux ne doit pas rēdre amoureuſe ſa Maiſtreſſe par la gloire qu'vne autre luy donne: Il doit luy meſme teſmoigner à ſa Dame l'eſtime qu'il fait d'elle. S'il n'a pas bonne voix pour chanter ſes loüanges, qu'il ne luy amene point vn autre qui les chante: & s'il n'eſt point gentil & de bonne mine, qu'il ne s'accompagne point d'vn Ganimede. Finalement ie ſuis d'aduis qu'il n'amende point les deffauts qu'il a de nature, par la ſurabondance & le reſte du merite qu'vn autre poſſede. Neantmoins ie ne donne point ce conſeil à Periandre, puis que ſi l'on regarde les biens de la Nature, il emportoit le prix ſur toute la gentilleſſe du monde: & pour les biens de la Fortune, peu d'autres la ſurpaſſoient pour ce regard.

Les Nauires ſoufflees d'vn meſme vent voguoient cepédant par differents chemins, & c'eſt-icy l'vne des choſes qui ſemblét eſtre myſteres en l'art de la nauigatiō. Ie dis qu'elles fendoient non des Criſtaux clairs & argenrez, ains de couleur de bleu celeſte. Il ſēbloit que la Mer dormoit, & que le vent la traictoit auec du reſpect, parce qu'il en oſoit ſeulement touſcher la ſuperficie. La nef luy baiſoit doucement la bouche, & rouloit deſſus auec tant de viſteſſe, qu'à peine euſt on dit qu'il la touchaſt. Ils nauigerent de ceſte ſorte, & auec le meſme calme, l'eſpace de dixsept iours, sãs qu'il fust necessaire de hausser, d'abaisser, ny de moderer les voiles. Plaisir & contentement qui semble estre incomparable à ceux qui nauigent, si la crainte de l'orage futur n'y estoit entremeslee. Au bout de ce terme, ou vn peu auparauant, & sur la poincte du iour, vn Marinier qui estoit sur le hault de la plus grãde Hune pour descouurir la terre, se mist à crier tout haut ces paroles: Les estreines, Messieurs, ie vous demande les estrenes, puis que ie les ay meritees. Terre, terre, ou pour mieux dire, Ciel, Ciel, puis que sans doute nous sommes fort proche de la fameuse ville de Lisbone. Ces nouuelles tireret des yeux de tous larmes d'alegresse, & principalement de Ricla, des deux Antoines, & de sa fille Constance: Car il leur sembloit qu'ils estoient desià arriuez à la terre de promission si long temps desiree. Aussi Antoine le Pere ietta alors ses bras au col de sa Ricla, & luy dit ces paroles: C'est maintenant (ma chere Barbare) que tu apprendras la manière de seruir Dieu, par vn autre relation plus ample, quoy que non pas differente, de celle que ie t'ay faicte. C'est maintenant que tu verras les riches Temples où Dieu est adoré. Tu verras pareillement les ceremonies Catholiques dont on le sert. Tu remarqueras aussi cõme la Charité Chrestienne est en son point. Tu apperceuras comme en ceste ville les hospitaux y sont les bourreaux de la maladie, & comme celuy qui y perd la vie par l'efficace des infinies indulgences gagne celle du Ciel. C'est icy que l'amour & l'honneur se prennent par la main & se promenent ensemble. La courtoisie ny donne point d'accez à l'arrogance: la valeur ny laisse pas approcher la coüardise. Tous les habitans de ceste Cité sont aymables, courtois, liberaux & amoureux, parce qu'ils sont remplis de discretion. Ceste ville est la plus grande ville de l'Europe, & celle où l'on faict de plus grandes negoces. Icy l'on descharge les richesses de l'Orient, & d'elle on les distribuë par tout le monde. Son port est capable non seulement de contenir des vaisseaux qui se peuuent reduire en nombre, ains encores des forests mobiles d'arbres que ceux des Nauires forment. La beauté des femmes y est admirable, & y donne de l'amour; ainsi que la piaffe des hômes y fait estonner ceux qui la regardent. Finalement c'est la terre qui rend au Ciel vn saint & ample tribut. N'en dictes pas dauantage (dist alors Periādre) & laissez amy Antoine quelque chose pour nos yeux. Les loüanges ne doiuent pas dire tout, il faut reseruer quelque chose pour la veuë, afin que par elle nous y treuuions dequoy y admirer: & par ainsi le plaisir venant à croistre de degré en degré, il sera beaucoup plus grand lors qu'il sera paruenu en son extremité.

Auristelle estoit fort ioyeuse voyant que l'heure s'approchoit de mettre desormais pied en terre ferme, sans qu'il leur fallust aller de port en port, & d'Isle en Isle, au vouloir de l'inconstance de la Mer, & de la legere volonté des vents. Elle fut encores plus contente quand elle sceut qu'on pouuoit de là aller à Romme à pied sec, & sans s'embarquer vne autresfois si l'on vouloit. Il estoit desià midy quand ils arriuerent à sainct Iean, là où il fallut enregistrer le Nauire, & là où le Capitaine du Chasteau & ceux qui estoient auec luy, admirerét la beauté d'Auristelle, la belle disposition de Periandre, la mode de l'accoustrement Barbare des deux Antoines, la bonne mine de Ricla, & l'agreable beauté de Constance. On sceut qu'ils estoient estrangers, & qu'ils alloient à Romme en pelerinage. Periandre contenta magnifiquement les Mariniers qui les auoient portez, & les paya auec de l'or que Ricla auoit apporté de l'Isle Barbare, & lequel ils auoient desià reduict en monnoye courante en l'Isle de Polycarpe. Les Mariniers voulurent aller à Lisbone pour l'employer en certaines marchandises, pendant que le Capi-

& de la belle Sigismonde. 397

taine du Chasteau de sainct Iean aduertit le gouuerneur de la ville qui estoit pour lors l'Archeuesque de Brague en l'absence du Roy, de la nouuelle venuë de ces estrangers. Il luy fist sçauoir la beauté nompareille d'Auristelle, y adioustant celle de Constance, que l'habit Barbare releuoit plustost qu'il ne l'amoindrissoit. Il exaggera pareillement la gentille disposition de Periandre, & la discretion de tous, qui sembloient estre plustost des courtisans que des Barbares. Le Nauire paruint au bord du riuage de la ville, & ils prindēt terre à celuy de Bellen, parce qu'Auristelle amoureuse de la renōmee de ce sainct Monastere, & portee de deuotion le voulut premieremēt visiter & y adorer le vray Dieu en pureté, sans vser des ceremonies obliques de son pays : Vne trouppe infinie de personnes s'estoit desià renduë au riuage pour voir les Estrangers qui s'estoient desembarquez à Belen, & l'on couroit de toutes parts pour voir la nouueauté, qui tousiours attire à soy les desirs & les yeux. La nouuelle bande de beauté sortoit desià de Belen : Ricla moyennement belle: mais extrememēt bien vestuë à la Barbare : Constance tres-belle, & toute couuerte de peaux : Antoine le Pere auoit les bras & les iambes nuës, & le reste de son corps estoit couuert de peaux de Loup : Antoine le fils marchoit en mesme esquipage, mais l'arc à la main, & la trousse de flesches sur les espaules: Periandre portoit vne casaque de velours vert, & des hauts de chausses de mesme estoffe à la Mariniere: son bonnet estoit poinctu par le hault, & si estroict qu'il ne pouuoit point couurir les filets d'or de ses cheueux: Auristelle auoit auec soy toute la piaffe du Septentrion en son habit, la plus belle disposition au corps, & la plus grande beauté du monde au visage. En fin tous ensemble, & chascun de soy mesme remplissoit de merueille & d'estonnemēt tous ceux qui les regardoient. Mais entre tous paroissoit la nompareille Auristelle, & le braue Periandre. Ils allerent à pied par Lisbone enuironnez d'vne infinité de peuple & de Courtisans. On les mena au Gouuerneur, qui apres les auoir admirez, ne se lassoit point de leur demander leur nom, d'où ils venoient, & où ils alloient. Periandre qui auoit desia preueu la responce qu'il deuoit faire à semblables demandes, sçachant qu'on les luy feroit souuentesfois, alongeoit lors qu'il luy sembloit besoin & conuenable son Histoire, & cachoit tousiours le lieu de sa naissance; de sorte que satisfaisant à ceux qui s'en informoient, il leur contoit en peu de paroles, sinon tout, au moins vne grande partie de son auanture. Le Viceroy cômanda qu'on les logeast en l'vne des meilleures maisôs de la ville: Ce fut en l'hostel d'vn magnifique Cheualier Portugais, & où le côcours du peuple qui venoit voir Auristelle, dont le bruit auoit esté semé par tout, estoit si grand, que Periandre fut d'aduis qu'ils changeassent leurs habits de Barbares en ceux de Pelerin. Car la nouueauté des accoustrements qu'ils portoient estoit la cause principale qui les faisoit ainsi suiure, & de telle maniere que le peuple les persecutoit. Ioint que pour le voyage qu'ils deuoient faire à Romme, nul autre ne leur venoit mieux à propos. Ils le firent donques, & de là à deux iours on les vit accoustrez en pelerins. Or vn iour côme ils sortoient du logis, vn homme Portugais se ietta aux pieds de Periandre, & le nommant de son nom, & luy embrassant les iambes luy tint ce langage. Quelle bonne auanture est cecy Seigneur Periandre, que tu honores ce pays de ta preséce. Ne t'esmerueille point de ce que ie sçay ton nom: Ie suis l'vn des vingt qui recouurerent la liberté lors que l'Isle Barbare fut embrazee, & où tu auois aussi perdu ta frâchise. Ie me treuuay à la mort de Manuël de Soza Coytin, Cheualier Portugais. Ie me separay de toy & de ta compagnie au logis où arriuerent Maurice & Ladislaus en la queste de Transile, Espouse de l'vn, & fille de l'autre. La bonne Fortune me ramena icy à mon pays, où ie contay aux parés de Soza sa mort amoureuse. Ils la creurent & l'eussent creuë, bien que ie ne leur eusse point asseuré de l'auoir veuë; parce que c'est presques vne chose ordinaire que les Portugais meurent d'amour. Vn sien frere qui a recueilly l'heritage a faict faire ses obseques où l'on a mis en vne Chapelle de sa maison vne pierre de Marbre blanc, & comme s'il estoit dessous ensouely, vn epitaphe qu'il faut que vous veniez voir tous tost que vous estes. Car ie croy que vous le treuuerez fort bié fait, & que vous y prendrez plaisir. Persandre vit bien à ces paroles que cest homme disoit verité : Neantmoins il ne pouuoit se resouuenir de l'auoir iamais veu. Ils ne laisserent pourtant de s'acheminer au Temple dont il parloit. Ils virent la Chappelle, & la pierre de Marbre, sur laquelle estoit escrit en langue Portugaise cest Epitaphe qu'Antoine le Pere leut presque en Castillan. La teneur en estoit telle :

Icy gist & repose viue la memoire du defunct Manuel de Soza Coytin Cheualier Portugais. S'il n'eust esté Portugais il seroit

& de la belle Sigismonde.

il seroit encore en vie. Il ne mourut point par les mains de quelque Castillan: mais par celles de l'Amour qui peut tout. Passant si tu procures de sçauoir sa vie tu enuieras sa mort.

Periandre cognut que le Portugais auoit eu raison de loüer l'Epitaphe, & il faut sçauoir qu'en ceste maniere d'escrire la nation Portugaise y excelle. Auristelle demanda à cest homme, quel ressentimēt auoit eu la Dame Religieuse de la mort de son Amoureux. Il luy respōdit, que quelques iours apres qu'elle sceut ceste nouuelle, elle passa de ceste vie à vne meilleure; soit que cela fust arriué pour l'austerité de la vie qu'elle menoit, ou pour le sentiment d'vn accident non pensé. De là ils allerent au logis d'vn peintre renommé, où Periandre fist tirer dans vn grand tableau les principales Auantures de son histoire: d'vn costé estoit l'Isle Barbare embrasee & reluisante de flames. L'Isle de la prison estoit proche, & vn peu au delà le bois sur lequel Arnaldo le trouua lors qu'il le mit dans son Nauire. L'on voyoit en vne autre part l'Isle Negeuse où l'Amoureux Portugais perdit la vie: Et puis le Nauire que les soldats d'Arnaldo ouurirent. Là estoit la separation de

Cc

l'esquif & de la barque, ensemble le duël des Amoureux de Taurise & leur mort. Le Nauire de mesme, qui par la quille seruoit de sepulture à Auristelle & à ceux qui estoient dedans. On y remarquoit aussi l'Isle plaisante & agreable où Periādre vit en songe les deux escadrōs des Vertus & des Vices. Le vaisseau pareillement où les poissons qu'on nomme Naufrages pescherent lez deux mariniers, & les enseuelirent dans leur ventre. Periandre ne fist pas oublier en ceste peinture lors qu'il se vit auec ses compagnons empestré dans la Mer glaciale, l'assaut & le cōbat du vaisseau, & quand ils se rendirent à Cratilus. Le peintre y tira de mesme la temeraire course du puissant Cheual que la peur rendit de Lion, vn doux Aigneau: car tels cheuaux deuiennent maniables par le moyen de la frayeur qu'on leur donne. Il peignit aussi comme en vn petit sommaire les festes de Polycarpe où Periandre se rendit le vainqueur. En fin il n'y eut chose memorable en son Histoire qui ne fust là depeinte, iusques à la Cité de Lisbōne, & à leur desēbarquement & au mesme equipage qu'ils y estoiēt venus. L'on vid aussi en la mesme toile brusler le Palais de Polycarpe, Clodio percé de la fleche d'Anthoine, & la Zenotie penduë à vne antenne. Le Peintre y peignit encores l'Isle des Hermites, & Ru-

Rutilius en la figure d'vn homme sainct. Ceste peinture se faisoit comme par vn recueil qui les excusoit de raconter leur Histoire par le menu: car le ieune Antoine declaroit les peintures & le succez, lors qu'on le pressoit de le dire. Mais en ce que le Peintre renommé excella dauantage fut au portraict d'Auristelle, car tout le monde disoit qu'il auoit fort bien sceu depeindre vne belle figure, encores qu'il y eust du defaut, puis qu'il n'y a pinceau mortel, s'il n'estoit possedé d'vne pēsee diuine, qui peust iamais atteindre à la beauté d'Auristelle. Ils sejournerent à Lisbonne deux iours, qu'ils employerent tous à la visite des Eglises, taschãs de conduire leurs ames par le droict sentier de leur salut. Au bout de ce terme ayants pris congé du Viceroy, & receu des patētes veritables & fermes de leur qualité, & du lieu où ils alloient, ils dirēt adieu au Cheualier Portugais leur hoste, & au frere de l'Amoureux Albert, de qui ils receurent de grandes caresses & des bienfaicts. Ayans pris le chemin de Castille, il fallut qu'ils sortissent de nuict, craignans que le peuple ne les suiuist de iour, & ne les empeschast, bien que le changement de l'habit eust desià faict qu'on ne couroit pas tant apres eux.

La plaisante imagination d'vn Poëte qui veut induire Auristelle de se rendre Comedienne, & de l'estrange auanture d'vne ieune Dame & d'vn petit enfant.

Chap. II.

LEs tendres annees d'Auristelle, & les plus tendres encores de Constance, auec les desià meures de Ricla, requeroient vn coche, plus d'esclat, & plus d'appareil, pour le long voyage qu'ils deuoient faire: mais la deuotion d'Auristelle qui auoit promis d'aller à pied iusques à Romme si tost qu'elle seroit paruenuë en terre ferme, attira quant & soy les autres deuotions. Tous doncques vnanimement, tant les hommes que les femmes vouërent leur voyage à pied, y adioustans, s'il estoit besoin de mendier de porte en porte. Auec cela Ricla ferma celle qui fournissoit, & Periandre s'excusa de ne pouuoir point disposer de la croix de Diamans qu'Auristelle portoit, la reseruant auec les Perles inestimables pour vne meilleure occasion. Ils acheterent seulement vne beste pour porter le bagage que leurs espaules ne pouuoient souffrir. Apres ils s'accommoderent de bourdons, qui seruoient de soustien & de deffense, comme de fourreau d'espees qu'ils auoient mises dedans. Auec cest appareil Chrestien & humble ils sortirent de Lisbonne, qui demeura seule estant priuee de leur beauté, & pauure sans la richesse de leur prudence & de leur discretion. Le concours infiny du peuple qui se fist alors en rendit tesmoignage: Car la renommee ne parloit d'autre chose que de l'extreme sagesse & beauté des Pelerins estrangers. En ceste sorte ils se resolurent de souffrir le trauail de deux ou trois lieuës de chemin chaque iour, & arriuerent à Badajoz. Le Gouuerneur auoit desià eu nouuelle de Lisbonne, que les nouueaux Pelerins deuoient passer par là. Entrans dans la ville il leur arriua d'auoir pour logis vne maison, où logeoit vne Compagnie de fameux Comediens, lesquels deuoient ceste mesme nuict faire la monstre de leur sçauoir dans la maison du Gouuerneur, pour obtenir puis apres de luy licence de reciter en public. Mais à peine eurent ils apperceu le visage d'Auristelle & celuy de Constance, qu'ils furent surpris de l'estonnement & de l'admiration, qui saisissoit de premier abord tous ceux qui les voyoient. Toutesfois celuy qui s'en esmerueilla le plus fut vn Poëte, qui venoit expres auec les Comediens, tant pour corriger ses vieilles comedies, que pour en composer de nouuelles: Exercice plus ingenieux & de plus de trauail que de profit. Si est ce pourtant que l'excellence de la Poësie est aussi nette que l'eau claire qui profite à tout ce qui n'est pas net. Elle est comme le Soleil qui passe par toutes les choses immondes sans qu'il en soit nullement soüillé. C'est vne chose de neant qui vaut autant qu'on l'estime. Elle est vn rayon qui ordinairement sort du lieu où l'on l'enferme, non pas pour brusler, ains pour illuminer, & pour esclairer. C'est vn instrument de Musique bien côcerté, qui réjoüit doucement les sens, & qui auec les delices porte auec soy l'honnesteté & le profit. Finalement ie vous dy que ce Poëte à qui la necessité auoit faict changer les Parnasses pour des Cabarets, & des hostelleries & les eaux Castalides & Agannipides, pour des Marais bourbeux des chemins, & pour des tauernes qu'on y trouue: Ce Poëte, dis-ie, fut celuy qui plus s'esmeruëilla de la beauté d'Auristelle, & soudain la marqua en sô imagination, trouuant qu'elle n'estoit que trop bonne pour estre Comediëne, sans prendre garde si elle sçauoit ou ignoroit la langue Castillane. Sa belle taille luy pleut, & sa belle disposition; si bien qu'en vn instant il la vestit en sa pensee d'vn accoustrement de garçon: apres il luy fist prendre vne robbe de Nimphe, & au mesme temps l'accoustra de la Majesté d'vne Reyne, sans laisser aucun equipage qui ressentist son bouffon, ou sa grauité. Mais en tous ces accoustrements il se la representa graue, ioyeuse, discrete, subtile, & extremement honneste. Extremitez qui s'accommodent fort mal auec vne belle farfante. Bon Dieu, auec combien de facilité discourt l'entendement d'vn Poëte, lequel s'eslāce parmy vne infinité de choses impossibles, croyant passer tout au trauers. Voyez vn peu sur quels legers fondemens il bastist de grandes Chimeres. Il trouue desià tout faict, tout aisé, tout facile, & de telle sorte que les esperances luy surabondent, lors que la fortune luy manque. Nostre Poëte moderne le fist bien paroistre, quand il vid fortuitement desployer la toile où estoient portraicts les trauaux de Periandre : Iamais de sa vie il ne se treuua en telle peine : car à l'heure mesme il luy tomba en l'imagination vn tres-grand desir de composer de tous ces trauaux vne Comedie : neantmoins il ne se pouuoit bien resoudre du nom qu'il donneroit à son Poëme. Il ne sçauoit s'il l'appelleroit Comedie ou Tragedie, ou biē Tragecomedie : par ce que s'il sçauoit le com-

Cc iiij

mencement, il ignoroit le milieu & la fin : & parce encores que les vies de Periandre & d'Auristelle y couroient de suitte, & leurs fins devoient imposer le nom à ce qu'on voudroit representer d'eux. Mais ce qui le travailloit encores plus estoit de penser comme il pourroit y enchasser vn laquais ou estafier Conseiller & plaisant sur la Mer, & parmy tant d'Isles de feu & de neges. Il ne se desespera pas pourtant de faire la Comedie, & d'y introduire vn tel laquais, en despit de toutes les regles de Poësie, & malgré le mestier de Comique. Pendant qu'il ruminoit & repassoit toutes ces choses en son entendement il eut moyen de parler à Auristelle & de luy proposer sõ dessein. Il luy disoit qu'elle n'auroit pas monté deux fois sur le Theatre que mines d'or luy pleuuroient de tous costez, parce que les Princes de ce siecle estoient cõme lingots d'alquimie, qui estant ioincte à l'or est or, & ioincte au cuiure est cuiure : Neantmoins que la plus grande partie d'iceux assubietissoient leurs volontez aux Nimphes des Theatres, aux Deesses & aux Demy-deesses, aux Reynes d'estude, & en apparence seruãtes de cuisine. Il luy conseilloit encores que le iour de quelque grande feste elle se vestist d'accoustrements clinquantez d'or, parce que tous, ou la plus grande partie des Caualiers viendroient à son logis pour luy baiser les pieds. Il luy representa le contentement des voyages, & le plaisir qu'elle prendroit de mener auec elle trois ou quatre Caualiers masquez qui luy seruiroint aussi bien de seruiteurs que d'Amants. Mais sur tout il extolloit & mettoit au dessus des nuës l'excellence & l'honneur qu'elle receuroit, ayant la charge de paroistre aux premiers actes. En fin il luy disoit que si en quelque chose on pouuoit verifier la verité d'vn certain prouerbe Castillan, c'estoit aux belles Farfantes, de qui l'honneur & le proffit sont contenus dans vn sac.

Auristelle luy respondit qu'elle n'auoit nullement entendu aucune des paroles qu'il luy auoit dictes, & que par ce moyen il pouuoit cognoistre qu'elle ignoroit la langue Castillanne. Elle luy dist encores que bien qu'elle en eust la cognoissance, ses pensees estoient autres, & qu'elle auoit pour but bien d'autres exercices, si non autant agreables, pour le moins plus conuenables & mieux seants. Le Poëte entra en desespoir oyant la froide & resoluë response d'Auristelle. Il se regarda aux pieds de son ignorance, & rompit la rouë de sa vanité & de sa folie. Ceste mesme nuict les Comediës allerent monstrer ce qu'ils sçauoient faire, à la maison du Gouuerneur, Luy ayant desià appris que la belle compagnie des Pelerins estoit arriuee à la ville, les enuoya chercher & les conuia à sa maison pour voir la Comedie, & pour y receuoir les tesmoignages du desir qu'il auoit de les seruir. Il auoit esté informé de leur merite par les lettres qu'on luy auoit écrites de Lisbône.

Periandre accepta ceste offre, du consentement d'Auristelle, & d'Antoine le Pere ausquels ils deferoient, comme estant le plus ancien de leur compagnie. La femme du Gouuerneur estoit accompagnee dans son hostel de plusieurs Dames de la ville, lors qu'on vit entrer dans la sale Auristelle, Ricla & Constance, auec Periádre & les deux Antoines. Ils rauirent & esblouyrent la veuë de tous les assistans par leur rare & estrange equipage, & par leurs qualitez singulieres. Or ils augmentoient la bienueillance de ceux qui les accueilloiēt, par leur humilité & douce conuersation. On leur fist tenir presque le plus honorable lieu en ceste action où l'on represēta la fable de Cephale & de Pocris: lors qu'elle estant ialouse plus qu'elle ne deuoit estre, luy auec moins de iugement qu'il n'estoit necessaire, lascha le dard, qui osta la vie à ceste ialouse, & le priua pour iamais de tout contentement. Les vers estoit extremement

bien faicts, comme estants de la façon,
ainsi qu'on disoit, de Iuan de Herrerra de
Gamboa, à qui on imposa le nom de Magante: & le iugement duquel toucha le plus haut
sommet du Ciel de la Poësie. Quand la farce
fut acheuee, les Dames commencerent de
contempler par le menu la beauté d'Auristelle, & treuuerent que toutes les parties de ceste beauté faisoient vn tout auquel ils donnerent le nom de perfection sans point de
deffaut. Les hommes en dirent autant de la
gentillesse de Periandre. On n'oublia pas aussi de loüer la beauté de Constance, & la bonne mine de son frere Antoine. Ils sejournerent trois iours en ceste ville, là où le Gouuerneur leur fist paroistre qu'il estoit vn Caualier fort liberal, & sa femme leur monstra
pareillement qu'elle ressentoit sa Reyne par
les dons & les presens qu'elle fit à Auristelle,
& aux autres Pelerins, qui apres les auoir remerciez de tant d'obligation, promirent de
leur faire sçauoir de leurs nouuelles en quelque part qu'ils fussent. Estans partis de Badajoz ils prindrent le chemin de Nostredame de Guadalupe. Ayãs fait cinq lieuës dans
trois iours, la nuict les surprit sur vne Montagne plantee d'infinis chaisnes verdoyans, &
autres arbres sauuages. Le Soleil estoit alors
entré dans la maison de la Balance, rendant

esgaux les deux equinoxes. Ny la chaleur ne trauailloist point, ny le froid n'apportoit aucune incommodité; de sorte qu'en cas de necessité on pouuoit aussi bien passer la nuict en pleine campagne que sous vn couuert. C'est pourquoy, & d'autant qu'ils estoient vn peu loing de giste, Auristelle voulut qu'ils s'arrestassent en certaines grâges de Laboureurs, lesquelles ils descouurirét. L'on fit ce qu'Auristelle voulut & à peine estoient ils entrez deux cens pas dãs le bois, que la nuict les surprit auec tant d'obscurité qu'elle les fist arrester & ietter attentiuemét les yeuz vers la lumiere des Laboureurs, afin que ceste clairté leur seruit de Nort pour ne mãquer point le chemin. Vn bruit encores retint leurs pas, & fist que le ieune Antoine empoigna son arc, qui estoit son perpetuel cõpagnon. Sur cela vn hõme à cheual arriue, duquel ils ne virent point le visage. Il leur dist ces paroles: Estes vous de ce pays gens de bien? Non certes, respond Periandre, mais d'vn pays fort esloigné de ceste Prouince. Nous sommes Pelerins estrangers qui allons à Romme, & premierement à Guadalupe. Comme aux contrees estranges (replique l'homme qui estoit à cheual) la Charité & la courtoisie logent, il y a pareillement des ames charitables en tous lieux. Il est vray (dist Antoine) c'est pourquoy

& de la belle Sigismonde.

qui que vous soyez regardez si vous auez besoin de nous, & vous treuuerez que vostre parole est veritable. Prenez donques Messieurs (repart ce Caualier) prenez ceste chaisne d'or qui peut valoir quelques deux cens escus, & prenez pareillemét ce gage que l'on ne sçauroit apprecier, au moins ie n'y treuue point de prix. Vous le remettrez, lors que vous serez arriuez à la ville de Trugile entre les mains de l'vn de ces deux Caualiers que ie vais vous nommer. L'vn s'appelle François Pizare, & l'autre Dom Iean d'Orellana. Ils sont tout deux cogneus de tout le monde: tous deux ieunes, tous deux liberaux, tous deux riches, & en fin tous deux extremement vertueux. Sur cela il mit entre les mains de Ricla, qui comme femme remplie de compassion s'estoit approchee, vne Creature, qui commençoit de pleurer. L'on ne peut alors discerner si ce petit enfant estoit enuelopé dans de riches ou pauures langes. Vous direz (poursuit ce Gentil-homme) à l'vn où à l'autre de ces Caualiers qu'ils le gardent, & que bien tost ils sçauront à qui il appartient, & les infortunes qui le rendent heureux, pourueu qu'il puisse tomber entre leurs mains. Pardonnez-moy cependant parce que mes ennemis me suiuent. S'ils vous rencontrét & vous dem...adét si vous ne m'auez point veu, vous leur direz que non, puis que cela ne vous importe pas de beaucoup de leur faire ceste responce. Toutesfois s'il vous semble meilleur, vous leur direz que trois ou quatre hommes de cheual ont passé par icy, disans : A Portugal, à Portugal. Or à Dieu ie vous recōmāde, puis que ie ne sçaurois faire icy vn plus lōg seiour : Car encores que la peur donne des esperons, l'honneur en fournist bien de plus poinctus. Ce disant il piqua son Cheual, & disparut d'eux comme vn esclair. Neantmoins il reuint presque au mesme instant pour leur dire : Il n'est point baptisé : Et auec cela il suiuit son chemin. Voylà doncques nos Pelerins : Ricla tient ce petit enfant entre ses bras, Periandre a la chaisne d'or au col, le ieune Antoine tient tousiours son arc prest à descocher, & le Pere est en posture de mettre la main à l'espee qui luy seruoit de bourdon. Auristelle est toute confuse & estōnee de ceste estrange auanture, qui remplissoit esgalement tous les autres d'admiration. Tout ce qu'ils firent alors pour se retirer de ceste confusion fut de suiure le conseil d'Auristelle, qui estoit d'aduis d'aller le plus tost qu'ils pourroient à la metairie des Laboureurs, où ils pourroient treuuer quelque aliment, pour sustenter ceste Creature nouuellement nee. Sa po-

& de la belle Sigismonde. 415

ritesse, & la foiblesse de sa plainte mõstroient qu'elle auoit pris naissance depuis peu d'heures. Ils s'y acheminerent donques, & à peine arriuerent ils à la grange des Laboureurs, apres auoir souuent choppé, & tombé par le chemin, & auant qu'ils sceussent si on les y voudroit loger ceste nuict, qu'vne femme pleurant arriua aussi à coste metairie. Elle estoit triste, toutesfois il sembloit qu'elle ne l'estoit pas trop, parce qu'elle se cõtraignoit en ses gemissemens, & se forçoit de retenir sa voix dans son estomach. Elle n'estoit vestuë qu'à demy & neantmoins les robbes qui la couuroient estoient de riche estoffe & faisoient paroistre que ceste femme estoit de bonne maison. La lumiere pourtant que rendoit vn feu que les Bergers auoient allumé fist qu'elle ne peut si bien cacher son visage qu'on ne descouurit qu'elle estoit aussi ieune que belle, puis que Ricla qui s'entendoit mieux que les autres à la cognoissance de l'aage, iugea qu'elle ne pouuoit auoir que seize à dixsept ans. Les Laboureurs luy demanderent si quelqu'vn la poursuiuoit, ou si elle auoit besoin de quelque autre chose où l'on falluft promptement remedier. Lors la ieune dolente leur fist ceste responfe: Messieurs mes bons amis la premiere chose que vous auez de faire, c'est de me mettre soubs terre. C'est à dire que vous me cachiez de telle sorte que ie ne sois point trouuee de ceux qui me chercheront. La seconde que vous me donniez quelque aliment, parce que les deffaillances me font mourir. Le soin que nous prendrons pour vous, repart vn ancien Laboureur, fera paroistre que nous sommes charitables. Ce disant il alla promptement vers le creux d'vn arbre, qui estoit vn gros chaisne, estendit dedans des peaux blanches de brebis & de cheures, fist vne maniere de lict capable de supleer à ceste necessité pressee: apres il prit incontinent la femme entre ses bras & l'enferma dans ce tronc. Il luy dōna aussi ce qu'il peut, à sçauoir, de la souppe au laict, & puis on luy presenta du vin, si elle auoit enuie d'en boire. On pendit d'autres peaux à ce tronc, & deuant le creux, comme si on eust voulu les faire seicher. Ricla ayant apperceu tout cecy, coniectura soudain que ceste femme estoit sans doute la mere du petit enfant qu'elle portoit. C'est pourquoy elle s'approcha de ce berger charitable, & luy tint ce langage. Homme de bien ne mettez point de terme à vostre charité. Exercez la encores enuers ceste creature que ie tiens entre les bras, auant qu'elle meure de faim. Et sur cela elle luy conta en peu de mots comme on le luy auoit donné.

Le

Le Laboureur sans s'arrester à luy respondre appella promptement vne des bergeres & luy commanda de prendre ceste creature, & de la porter à la bergerie des cheures, afin qu'elle tetast l'vne d'icelles. A peine la Bergere eut faict cecy, & à peine eut on loisir d'esloigner les dernieres plainctes du petit enfant, qu'vne troupe d'hommes à cheual arriua à la Mestairie demandant nouuelles de la femme affligée, & du Cheualier qui emportoit le petit enfant. Mais ces hommes voyans qu'on ne leur en disoit mot, & qu'ils n'en pouuoient apprendre autre chose, passerent outre d'vne vistesse incroyable. Cela resiouït fort ces bons hommes, & nos pelerins passerent ceste nuict auec plus de commodité qu'ils ne pensoient pas. Les Laboureurs estoient aussi extremement aises pour se voir si bien accompagnez.

Qui estoit la Damoiselle enfermée dans l'arbre.

Chap. III.

LE Chesne estoit plein, & enceint (si lon peut ainsi parler.) Les nuees pleines & grosses, & leur obscurité donna dans les

Dd

yeux de ceux qui demandoient nouuelles de la prisonniere de l'arbre : mais cependant le charitable Pasteur qui iouoit le premier personnage de l'acte, pour tant d'empeschemens ne laissa pas de donner ordre à ce que ses hostes fussent bié receus & bien traictez. Le petit enfant receut la mamelle de la cheure : l'enfermee l'aliment rustique, & les Pelerins le nouueau & agreable logis. Lors chacun desira sçauoir quel subiect auoit là mené ceste dolente, qui sembloit estre fugitiue, & l'enfant qui auoit ainsi esté exposé. Neantmoins Auristelle fut d'aduis qu'on attendist de luy en faire la demande iusques à la venuë du iour, parce que le trouble de l'ame ne permet pas à la langue de reciter non pas mesme des auantures ioyeuses & agreables, & à plus forte raison de tristes & funestes. Et bien que le vieil Pasteur visitast souuent l'arbre, il ne s'en informoit pourtant de celle qui estoit là mise comme en depost, ains seulement estoit curieux de son salut. Il luy demandoit comme elle se portoit, & elle luy respondoit qu'encores qu'elle eust occasion de ne se porter gueres bien, toutesfois elle seroit en bonne disposition, si tost qu'elle se verroit deliuree de ceux qui la cherchoient, lesquels estoient son pere & ses freres. Le Laboureur la couurit & la laissa, & reuint

& de la belle Sigismonde. 419

à ses hostes; qui passerent ceste nuict auec plus de clairté que rendoit le feu des Bergers qu'ils n'en receuoient du Ciel. Or auant que le trauail qu'ils auoient pris en chemināt les obligeast de donner leurs sentiments au sommeil, ils furēt d'aduis que le Pasteur qui auoit porté la creature, pour estre nourie des cheures, la portast encores & la baillast à vne sœur du vieil Laboureur; laquelle se tenoit en vne petite grange esloignee de ce lieu de quelques deux lieuës. Ils luy firent encores emporter la chaisne d'or, afin qu'on la gardast en la mesme Mestairie, disant qu'elle appartenoit à vne autre vn peu plus esloignee: Tout cela ce fist afin de s'asseurer, & pour tromper les espions, si parauanture il en reuenoit encores pour chercher ces perdus & esgarez, ou au moins qui sembloient l'estre. En parlant de ces choses, en mangeant & en dormant puis apres vn peu, le iour vint, plus agreable pour toutes ces persōnes, que pour la craintiue qui estoit enfermee dans l'arbre, & qui à peine osoit regarder la belle clarté du Soleil. Neātmoins apres qu'on eust mis & pres & loin de la bergerie des sētinelles, pour prendre garde si quelqu'vn venoit en ce lieu, Ils la tirérent de l'arbre, pour luy faire prendre l'air, & pour sçauoir d'elle ce qu'ils desiroient. Or auec la lumiere du iour ils apper-

Dd ij

ceurent que celle de son visage estoit admirable; de sorte que tous furent en doute à qui des deux, à elle ou à Constance on deuoit donner le prix de la Beauté, parce qu'en quelque part que fust Auristelle elle y paroissoit tousiours la plus belle, puis que la Nature l'auoit faicte sans pareille. On luy fist plusieurs prieres, afin qu'elle leur racontast son auanture, & elle qui estoit remplie de courtoisie & recognoissante, auec vne haleine foible & debilitee, commença de parler en ceste sorte.

Messieurs, encores que ce que i'ay à vous dire descouure la faute que i'ay faite, & me face perdre enuers vous l'estime de fille d'honneur, neantmoins i'ayme mieux paroistre courtoise pour vous obeïr, qu'ingrate en ne satisfaisant point à vostre desir. Ie me nomme Feliciane de la Voix, & vn village non gueres loin d'icy m'a dôné naissance. Ceux qui m'ont engendree sont plus nobles que riches, & ma beauté lors qu'elle n'estoit pas si flaistrie qu'elle est maintenant, a esté estimee & loüee de quelquesvns. Prés du village que le Ciel m'a donné pour patrie, se tenoit vn Gentil-homme fort riche, de qui la douce conuersation & les grandes vertus le mettoient au nombre des Caualiers. Il a vn fils qui faict paroistre qu'il n'est pas moins heritier des vertus de son pere, qui sont en grãd nombre, que de ses moyens qui sont infinis. Au mesme Bourg faisoit sa demeure vn Caualier, auec vn autre sien fils, plus nobles que riches; & en vn train de vie si honorable, qu'elle ne les raualloit nullement, ny ne les enorgueillissoit point. Mõ pere & deux freres que i'ay, voulurẽt que ie fusse mariee auec ce noble ieune homme, sans auoir esgard à la recherche que faisoit de moy. le riche Gentilhomme. Moy que le Ciel reseruoit pour ceste infortune où ie me vois reduicte, & pour autres qui me succederont encores, me donnay pour Espouse au riche au deceu de mon pere & de mes freres: car pour mon plus grãd malheur ie n'ay point de mere. Il me vit souuent seul à seul, & iouyt de moy : car en tels accidents, tant s'en faut que l'occasion tourne les espaules, qu'au cõtraire parmy les choses impossibles, elle offre ses cheueux. Ceste veuë & ces larcins amoureux enflerent ma robbe & accreurent mon infamie, si telle se peut appeller la conuersation de deux Amãs espousez. Au mesme temps mon pere & mes freres voulurent que ie fusse espousee au noble ieune homme, & precipiterent l'affaire de telle sorte, qu'ils l'amenerẽt de nuict en nostre maison en la compagnie de deux siens proches parents, & en resolution que dés l'heure mesme nous nous donnerions la main. Ie deuins toute troublée quand ie vis entrer Louys Antoine (c'est le nom de ce noble ieune homme,) & fus encores biē plus esbahie lors que mon pere me dist que i'entrasse dans la chābre, & que ie me parasse vn peu mieux que de l'ordinaire, parce que tout maintenant ie deuois donner la main de mariage à Louys Antoine. Il y auoit deux iours que i'estois entrée aux termes que la Nature exhige des enfantements, & auec le trouble & la nouuelle inesperee ie demeuray comme morte. Mais au lieu de me parer dans ma chambre, comme ie dis que ie ferois, ie me iettay dans les bras d'vne mienne fille de chambre depositaire de mes secrets, à laquelle en pleurant ie tins ce langage. Las! ma Leonore, ie crois que la fin de mes iours est arriuee. Voilà Louys Antoine qui est dans ceste salle, & qui attend que ie sorte pour m'espouser. Regarde si ie n'ay pas subiect d'estre angoissee, & si ie ne suis pas reduicte en la plus grande extremité que se puisse trouuer vne malheureuse femme. Si tu as quelque chose pour ce faire, perce mon cœur de part en part, & que plustost mon ame sorte de ce corps que le deshonneur de ma folie. Las ma grande amie ie meurs! ie suis aux peines de la mort.

Ce disant & tirant vn grand souspir ie rendis sur le paué vne creature. Ceste auanture remplit de confusion ma fille de chambre, qui n'auoit pas accoustumé de voir telles choses, & aueugla mon iugement de telle sorte, que sans sçauoir ce que ie faisois, i'attendois que mon pere ou mes freres entrassent, & au lieu de me donner vn Espoux, m'enuoyassent au sepulchre.

Feliciane acheuoit ces paroles lors qu'ils virent que les sentinelles qu'on auoit posées pour leur asseurance faisoient signe de la venuë de quelques hommes en ce lieu. C'est pourquoy le vieil Pasteur vouloit remettre en depost Feliciane, dans l'arbre, azyle asseuré de son malheur: Mais les sentinelles les ayants aduertis qu'ils ne bougeassent, par ce que la troupe qu'ils auoient descouuerte croyzoit par vn autre chemin, chacun reprist sa premiere asseurance, & Feliciane de la Voix reprit le fil de son discours qu'elle acheua en ceste maniere.

Considerez Messieurs, ie vous prie, le danger pressé où ie me vis reduicte la nuict passée. Vn Espoux qui m'attendoit dans la salle, & vn Adultere (si ie le dois ainsi nommer) en vn iardin de nostre maison pour parler à moy, ignorant l'extremité où i'en estois, & la venuë de Louys Antoine: Moy sans au-

Dd iiij

cun sentiment pour le succez non esperé) Ma fille de chambre troublee, & tenant le petit enfant entre ses bras : mon pere & mes freres me pressants afin que ie vinse accomplir ces malheureuses espousailles. Iugez si toutes ces extremitez n'estoient pas capables de faire perdre l'entendement à des personnes plus sensees que ie ne suis, & s'opposer à toute raison & bon discours. Ie ne sçay que vous dire, sinon qu'estant sans sentiment i'ouys que mon pere entra & me dist ces paroles : Depesche toy ma fille, & sors en l'esquipage que tu es. Ta beauté suppleera à ta nudité, & te seruira de riche parure. Ie pense qu'alors la plainte que faisoit le petit enfant donna dans ses oreilles, & lequel ma fille de chambre estoit preste de porter à quelque mere nourrice, ou bien à Rosanio, qui est le nom de celuy que i'ay choisi pour mon Espoux. Mon pere deuint alors tout esmeu, & auec vne chandelle à la main me regarda au visage, & iugea par ma contenance de mon trouble & de mon esuanouyssement. La plainte du petit enfant vint sur cela à refraper ses oreilles, de sorte que mettant la main à l'espee il courut vers le lieu d'où ceste voix procedoit. La lueur de ceste espee venant à donner à mes yeux, mit la peur dans mon ame. Et comme c'est vne chose naturelle que chacun desire la cõseruation de sa vie, la crainte de la perdre me mist dans le cœur la volonté de la sauuer. A peine eut-il tourné les espaules que de la mesme sorte que i'estois ie descendis par vne montee à vne basse salle de nostre maison, & de là ie me mis aysément dans la rue, & de la rue dans la campagne, & de la campagne en ie ne sçay quel chemin. En fin poussée de la crainte & de la frayeur, ie cheminay comme si i'eusse eu des aisles aux pieds, plus que ma foiblesse pouuoit permettre. Ie fus mille fois en volonté de me lancer dans vn fossé plein d'eau afin d'y acheuer mon mal-heur & ma vie, & mille fois ie pris resolution de m'asseoir, & de m'estendre à terre pour me laisser treuuer de ceux qui me chercheroient. Toutesfois ayant apperceu la lumiere de vos cabannes ie taschay de m'y rendre, pour treuuer quelque repos à mon angoisse, & sinon le remede, au moins quelque allegement à mon infortune. I'y vins doncques en l'equipage que vous me voyez, & ie m'y treuue comme ie m'y voy, par la faueur de vostre charité & de vostre courtoisie. C'est tout ce Messieurs que ie vous puis raconter maintenant de mon Histoire. I'en laisse la fin au vouloir du Ciel, & la remets en terre à vos bons Conseils.

Feliciane de la Voix mist fin à son discours pitoyable, qui remplit les escoutans d'admiration & de pitié tout ensemble. Periandre recita alors l'auanture du petit enfant, le present de la chaisne d'or, & tout ce qui leur estoit succedé auec le Caualier qui l'auoit donnee. Las (dist Feliciane) si c'estoit parauanture le fruict de mon ventre? si celuy qui vous l'a baillé estoit Rosanio? si ie le voyois peut estre par les drappeaux dont il est enueloppé & non par le visage, car ie ne l'ay iamais veu, ie pourrois tirer la verité des tenebres de ma confusion, parce que ma fille de chambre ne peut auoir eu le loysir de l'enuelopper en d'autres draps qu'en ceux qui sont dans nostre maison, & que ie cognois fort bien. Et quand cela ne seroit pas, le sang fera peut estre son office, & par des sentimens incognus fera recognoistre ce qui me touche de si pres. La creature (repart alors le Laboureur) est desià en vne mienne mestairie au pouuoir d'vne mienne sœur, & d'vne mienne cousine. Ie feray qu'elles mesmes l'apporteront icy, & à l'heure vous pourrez belle Feliciane, faire l'experience de ce que vous desirez. Cependant mettez en repos vostre esprit. Mes Bergers & cest arbre seruiront de nuage, qui couuriront les yeux de ceux qui vous pourroient chercher.

Comme nos Pelerins accompagnez de Feliciane de la Voix, prennent le chemin de Guadalupe, & d'vne auanture funeste & memorable.

CHAP. IIII.

IL me semble mon frere (dit Auristelle à Periandre) que les trauaux & les perils exercent non seulement leur Empire sur la Mer, mais encore par toute la terre: car les infortunes & les malheurs ne se treuuét pas moins parmy ceux qui demeurent sur les hautes montagnes, que parmy les hommes qui sont cachez dans les plus basses cauernes. Celle que l'on nomme Fortune, & de qui i'ay souuent ouy parler, & que comme l'on dit, oste & donne les biens quand il luy plaist, & à qui elle veut, doit sans point de doute estre aueugle & bien fantasque, puis que nous voyons qu'elle esleue ceux qui deuroient ramper sur le limon de la terre,& raualle ceux qui estoient esleuez au dessus des monts de la Lune. Ie ne sçay peut estre ce que ie dis : mais ie sçay bien pourtant que ie veux dire, que nous auons du subiect de nous estonner, voyant ceste Damoiselle,qui se nomme comme elle dit Feliciane de la Voix, & qui à peine à assez de voix pour raconter son mal-heur. Ie me represente qu'il n'y a pas longtemps qu'elle estoit en sa maison auec son pere, ses freres & ses domestiques, croyant remedier auec de la prudence à ses desirs vehements; & maintenant ie puis dire que ie la voys cachee dans le creux d'vn arbre, craignant la moindre mouche qui passe, & le moindre vermisseau. Il est vray que sa faute, n'est pas vne faute de Prince: elle est pourtant vn accident qui peut seruir d'exemple aux honnestes Damoiselles, qui font profession d'acquerir vn bon bruit. Ceste consideration (mon frere) me pousse de te supplier que tu ayes soin de mon honneur. Si tost que ie sortis du pouuoir de mon pere, & de celuy de ta mere, ie remis mon honneur entre tes mains. Or bien que l'experience m'aye renduë fort asseuree de la bonté de ton ame, autant parmy les deserts, que dans les villes peuplees, neantmoins ie crains que le changemēt des heures ne change les pēsees, qui d'elles mesmes sont fort faciles à changer. Il y va du tien: mon honneur est ton honneur. Comme vn seul desir nous gouuerne, vne mesme esperance nous entretient pareillement. Le chemin que nous auons entrepris est fort long: mais il n'y a

& de la belle Sigismonde. 429

voyage qu'il ne s'acheue, pourueu que la paresse & l'oysiueté ne s'y opposent point. Desià le Ciel, à qui ie rends mille graces nous a conduis en Espagne, sans la compagnie d'Arnaldo. Desià nous ne deuons plus craindre les naufrages, les tempestes, ny les voleurs, puis que selon que la Renommee le publie, parmy toutes les Prouinces du monde l'Espagne porte le nom de Pacifique & de Saincte; si bien que nous pouuōs nous promettre vn asseuré voyage. O ma Sœur (respond alors Periandre) comme à tous moments tu fais paroistre ton extreme prudence. Ie voy bien que tu crains comme femme, & que comme prudente & sage, tu as bon cœur, ie voudrois afin de mettre en repos tes iustes soupçons, treuuer de nouuelles esperances, qui me missent en bonne opinion enuers toy: car puis que les effects peuuent chāger la crainte en esperance, & l'espoir en ferme asseurance, & puis incontinent en possession agreable, ie desirerois que quelques nouuelles occasions me donnassent le moyen de ce faire. Nous n'auōs a demeurer plus long temps dans la Mestairie de ces Laboureurs, & nous ne sçaurions faire autre chose au malheur de Feliciane, qu'auoir pitié d'elle. Taschons de faire porter à Trugille ce petit enfant, suiuant la charge que nous en a baillée celuy qui en nous le donnant nous a laiſſé la chaiſ-ne d'or, pour recompenſe de ceſte peine. Ce-pendant qu'ils tenoient ces diſcours, voicy le vieil Laboureur qui arriue auec ſa ſœur, qui portoit le petit enfant, qu'on eſtoit allé querir à la Meſtairie, pour voir ſi Feliciane le recognoiſtroit, ainſi qu'elle le deſiroit. On le luy preſenta, & elle le conſidera attentiue-ment. Elle luy oſta les drappeaux: mais elle ne peut nullement recognoiſtre ſi c'eſtoit celuy qu'elle auoit enfanté: ny pareillement l'inſtinct naturel ne l'eſmouuoit point, à la recognoiſſance de ceſte creature nouuelle-ment nee, qui eſtoit vn garçon. Non non (di-ſoit Feliciane) ce ne ſont pas icy les drapeaux ny les langes que ma fille de chambre auoit preparez pour enuelopper le fruict de mon ventre. Ceſte chaiſne ſert encore moins d'en-ſeigne: ie ne la vis iamais au pouuoir de Ro-ſanio: ceſt enfant n'eſt point à moy; il eſt à quelque autre. Ie ne ſuis pas ſi heureuſe de recouurer ce que i'ay vne fois perdu. Enco-res que i'aye ouy dire pluſieurs fois à Roſanio qu'il auoit des amys à Trugille, toutesfois il ne me ſouuient du nom d'aucun d'eux. Si eſt-ce pourtant (repart le Laboureur) que puis que celuy qui laiſſa le petit enfant pria qu'on le portaſt à Trugille, il y a de l'aparēce que c'eſtoit Roſanio. C'eſt pourquoy ie ſuis

d'aduis, si mon seruice vous est agreable que
ma sœur accompagnee de deux miens seruiteurs, s'en aille à Trugille, & presente l'enfant à quelqu'vn de ces deux Caualiers, pour
voir s'ils le receuront. Lors Feliciane en san-
glottant se ietta aux pieds du Laboureur, &
les embrassa estroictement, pour monstrer
qu'elle estoit bien aise de ceste resolution.
Tous les Pelerins furent de semblable aduis,
& en donnant la chaisne au Laboureur rendirent la chose plus aisee. Sa sœur qui comme nous auons dit cy-dessus estoit nouuellement accouchee, fut mise sur vne mulle,
en intention de passer par sa Metairie, & d'y
laisser son enfant, & de porter l'autre à Trugille, cependāt que les Pelerins qui alloient à
Guadalupe la suiuroiēt tout à leur aise. Tout
cela se fit, & bien tost, parce que la necessité
de cest accident ne demandoit point aucun
delay. Feliciane ne disoit mot, & par son silence remercioit ceux qui prenoient tant de
peine pour elle. Ayant sçeu que ces Pelerins
alloient à Romme, elle qui en ce peu de
temps qu'elle les auoit frequentez, auoit remarqué leur honneste procedure, & s'estant
renduë amoureuse de la beauté & de la discretion d'Auristelle, de la courtoisie de Periandre, de la douce conuersation de Constance & de sa mere Ricla, & de l'humeur

des deux Antoine pere & fils (car elle considera, & remarqua en si peu de temps qu'elle demeura en leur compagnie, toutes ces choses) & ayant encore vn extreme desir de tourner les espaules au pays où son honneur demeuroit enterré, elle les supplia qu'ils la receussent en leur Pelerinage, disant, que comme elle auoit esté errante & Pelerine en coulpe, il estoit raisonable qu'elle taschast de l'estre encore en grace, si le Ciel luy accordoit tant de faueur qu'ils la menassent auec eux. A peine eut elle descouuert son intention, qu'Auristelle luy octroya l'accomplissement de son desir, estant touchee de compassion, & desireuse de retirer Feliciane de tant de frayeurs qui la persecutoient. Toute la difficulté qu'elle y treuuoit, c'estoit le danger de se mettre en chemin, y ayant si peu de téps qu'elle s'estoit accouchee. Mais le vieil Pasteur leur dit, qu'il n'y auoit pas grand difference entre l'accouchement d'vne femme, & celuy d'vne brebis: car comme la brebis, sans autre ceremonie, soudain qu'elle s'est deliuree s'exposoit aux rigueurs du Ciel, ainsi la femme pouuoit de mesme, faire ses exercices accoustumez, & que l'vsage auoit introduit parmy les femmes toutes ces dorloteries que prattiquent celles qui viennent d'accoucher. Ie diray bien plus (disoit ce bon homme) que quand Eue enfanta son premier fils, elle ne se mit nullement dans le lict, ne se garda de l'air, ny n'vsa point de toutes ses mignardises dont elles vsent auiourd'huy. Efforcez-vous seulement (Madamoiselle Feliciane) & suyuez vostre dessein. Dés maintenant ie l'approuue quasi pour sainct; puis qu'il est si Chrestien. Elle ne demeurera pas icy (dit encore Auristelle) à faute d'habit de Pelerin. I'en fis faire deux quād ie pris cestuy-cy que ie porte, & ie donneray celuy que i'ay de reste à Madamoiselle Feliciane de la Voix, à la charge qu'elle me dira le mystere, & pourquoy on la surnomme de la Voix, puis que ce n'est pas son surnom. A la verité (repart Feliciane) ie ne tire pas ce nom de ma race : mais c'est qu'ayant la meilleure voix du monde, tous ceux qui m'oyent chāter m'appellent par excellence Feliciane de la Voix. Et si ie n'estois point maintenant en estat de pleurer & de plaindre plustost que de chanter, ie vous ferois aisement paroistre ceste verité. Toutesfois si le mauuais temps se change, & si i'ay loisir d'essuyer mes larmes, ie reciteray des chansons, sinon d'allegresse, au moins des complainctes, qui parmy la tristesse & les pleurs charmeront & rejouyront. Ce que Feliciane vint de leur dite, fit naistre alors en l'ame de tous vn desir de l'ouyr chanter: neantmoins ils n'oserent pas l'en prier, parce que cōme elle leur auoit dit, le temps ne le permettoit pas. Le lendemain Feliciane de la Voix quitta les robbes qui ne luy seruoient de rien, & s'accoustra en Pelerine, auec l'habit que luy donna Auristelle. Elle osta pareillement vn collier de perles qu'elle portoit, & deux bagues, qui monstroient qu'elle estoit de riche & noble maison, (si tels ornements sont capables de rendre ceste preuue.) Ricla prit ces ioyaux, comme thresoriere generale de tous, & Feliciane fut seconde Pelerine, Auristelle estāt la premiere, & Constance la troisiesme, encore qu'il y eut quelques vns qui donnassent à Constance le secōd lieu de beauté apres Auristelle, qui n'auoit point alors au monde de pareille. Si tost que Feliciane eust pris ce nouuel habit, elle prit de mesme vn nouueau courage, & vn desir de se mettre en chemin. Auristelle en ayant eu cognoissance, fit qu'auec le consentement de tous ils prindrent congé du charitable Laboureur, & de tous ceux de la metairie. Ils suiuirent le chemin de Caçeres marchant au petit pas, pour ne se lasser point. Et si par fois quelqu'vne de ces femmes estoit lasse, on la mettoit sur la beste qui portoit le bagage, ou bien ils se reposoient aux bords de quelque ruisseau, ou bien de quelque fontaine, où sur la verdure de quelque pré, qui les conuioit au repos. Et voilà comme le repos & le trauail, la paresse & la diligence, leur tenoient compagnie: La paresse en ce qu'ils cheminoient peu: & la diligēce en ce qu'ils cheminoient tousiours. Mais comme le plus souuēt les meilleurs desseins ne peuuent arriuer à heureuse fin, sans beaucoup d'empeschemens, le Ciel permit que le dessein de ceste belle troupe, qui n'auoit qu'vn seul & mesme vouloir, fust trauersé en la sorte que ie vais vous dire. Ils estoiēt assis sur l'herbe verte d'vn pré delicieux: l'eau claire & douce d'vn petit ruisseau qui couroit au milieu de l'herbe, seruoit de rafraischissement à leur visage. Au reste ils estoient enuironnez de murailles de roses & de buissons: Seiour agreable & necessaire pour le repos, lors que soudainement ils virent sortir de ces espais buissons vn ieune homme vestu d'vn habit de campagne ayant vne espee qui luy perçoit le derriere & luy sortoit par l'estomach. Il cheut tout plat à terre & en tombāt profera ces paroles: Dieu soit auec moy. Acheuer ces mots, & rendre l'ame, fut vne mesme chose: Tous se leuerēt troublez pour cest estrange spectacle, & Periandre fut le premier qui courut au secours, & qui ayant trouué ce ieune homme mort mit la main à

Ee ij

l'espee: les deux Antoines sauterent les buissons pour voir s'ils n'en descouuriroiēt point le cruel & desloyal homicide: car ils iugeoiēt que puis qu'on auoit pris cest hōme par derriere, la blesseure mortelle ne pouuoit auoir esté faicte qu'en trahison. Mais n'ayans apperceu aucun, ils retournerent à leur Compagnie. Lors la ieunesse du mort, sa belle taille & sa bonne mine leur accreut la compassion. Ils le considererent de tous costez, & luy trouuerent soubs vne roupille de velous minime qu'il portoit sous vn pourpoint, vne chaine d'or, laquelle luy faisoit quatre tours. Elle estoit composee de petits anneaux: Au bout de ceste chaisne estoit vn Crucifix d'or pareillement: Entre la chemise & le pourpoint ils luy trouuerent encores vne petite boite d'ebene richement elabouree, & au dedans le pourtraict d'vne femme extremement belle, en vn tableau racourcy: Tout à l'entour on auoit escrit en lettres menuës & bien lisables, ces vers:

Vous glacez, vous bruslez, vous parlez, vous voyez,
Miracle de beauté, du Ciel, & de Nature,
Qu'vne telle vertu, Madame, vous ayez
Et mesmes en peinture.

Periandre iugea par ces vers qu'il leut le

premier, que la mort de cest homme procedoit quelque subiect amoureux. Ils fouillerent dans ses pochettes, & ne treuuerent chose qui leur peust donner cognoissance d'où il estoit. Pendant qu'ils faisoient ceste recherche, voilà quatre hommes qui paroissent inopinément. Ils portoient l'arbaleste tenduë & preste à descocher. Antoine le pere recogneut soudain aux enseignes que c'estoient Archers de la Iustice establie contre les voleurs. L'vn de ces hommes se mit tout haut à proferer ces paroles: Arrestés-vo⁹ larrons, homicides & brigans, & n'acheuez point de le despouiller; vous estes venus en temps où nous vous menerōs en lieu où vous serez payez suiuant vos demerites. Cela n'est pas canaille (repart le ieune Antoine) il n'y a point icy de larrons: au contraire nous sommes ennemis de ceux qui le sont. Il paroist bien du contraire (replique l'Archer) l'homme mort, sa despouille en vostre pouuoir, son sang dont vos mains sont souillees, rendent tesmoignage de vostre meschanceté. Vous estes des larrons, des brigans, des homicides, & comme tels vous portez la peine de vostre crime, sans que le manteau de la vertu Chrestienne, dōt vous taschez de couurir vos deffauts, vous profite de rien. Le ieune Antoine pour response luy lascha vne fleche, dont il luy perça le bras, ayāt resolu de luy en percer l'estomac. Les autres Sergens effrayez de ce coup, ou plustost pour se saisir d'eux auec moins de peril tournerent soudain les espaules, & en fuyant & s'arrestant par fois, se mirent à crier tout haut : Secours & faueur à la saincte Iustice. Or l'on fait bien paroistre que ceste Iustice qu'on nōme *Hermandad* est sacree, par ce qu'a mesme instant, cōme par miracle, plus de vingt Sergens s'assemblerent, & munis d'arbalestes, prindrent prisonniers ceux qui ne se deffendoient pas, sans porter respect à la beauté d'Auristelle, ny des autres Pelerines. Ils prindrēt aussi le corps du mort, & se rendirent à Caçeres. Le Gouuerneur de la ville estoit vn Cheualier de l'Ordre de sainct Iean, lequel voyant le mort, l'Archer blessé, & l'information des autres Sergens, auec l'indice que donnoit Periandre en-ensanglanté, vouloit suyuant l'aduis de son Lieutenant faire donner la question à ces hommes, quoy que Periandre se defendist, & fist paroistre du contraire, monstrant en sa faueur les lettres & les passeports qu'il auoit pris à Lisbonne pour l'asseurāce de son voyage : faisant voir pareillement le tableau où estoit peinte son auanture, laquelle le ieune Antoine declara fort bien : Ces preuues arresterent le iugement, & firent aucunement croire que ces Pelerins n'estoient nullement coulpables. Cependant Ricla la thresoriere qui estoit peu ou point du tout versee, & qui n'auoit aucune cognoissáce de l'humeur des Praticiens & Procureurs, offrit secrettement à son solliciteur, qui faisoit semblant de les assister, ie ne sçay quelle somme d'argēt, afin qu'il prit la charge de leur affaire. Et cela pésa estre leur ruine entiere, par ce que les Satrapes de la plume ayās sceu que les Pelerins portoient de la laine, eurent dessein de les tondre iusques aux os, ainsi qu'ils ont accoustumé de faire. Or ils l'eussent faict sans doute, si par la permission du Ciel que les forces de l'innocence n'eussent surmōté celles de la malice. Vn habitant de la ville ayant apperceu ce corps, le recogneut fort bien, & alla treuuer le Gouuerneur, auquel il tint ce langage : Monseigneur, cest homme que les Sergents ont faict icy apporter, est party ce matin de ma maison auec vn autre, qui sembloit estre Cheualier. Auant que partir il m'a pris par la main, & c'estant enfermé dans ma chambre, m'a dit : Mon hoste, par la Foy de Chrestien, dont vous faictes profession, ie vous prie, si ie ne reuiens point icy dans six iours, allez treuuer la Iustice, & deuant elle ouurez ce papier. Ce disant il m'a baillé cecy que ie remets entre vos mains. Ie crois que l'on y treuuera quelque chose qui pourra seruir à cest estrange accident. Le Gouuerneur prit le papier, & l'ayāt ouuert y leut ces mesmes paroles :

Ie Dom Diego de Paraçez, suis sorty de la Court de sa Maiesté un tel iour, accompagné de Dom Sebastien de Soranço mon cousin. Il m'a prié de luy tenir compagnie en un certain voyage où il y alloit de son honneur & de sa vie. Pour ne luy donner point subiect de croire que les faux soupçons qu'il auoit de moy estoient veritables, & me fiant en mon innocence, i'ay donné lieu à sa malice, & l'ay accompagné. Ie pense qu'il me mene à la mort. Si cela arriue & que mon corps se treuue, l'on sçaura que l'on m'a tué en trahison, & sans que i'aye commis aucune offense. Cela est ainsi :

Dom Diego de Paraçez.

Le Gouuerneur enuoya soudain à Madrid ce papier en toute diligence. La Iustice fit soudain sō deuoir de chercher le meurtrier, lequel arriua la nuict mesme qu'on le cherchoit en sa maison. Mais ayant ouy quelque vent qu'on le cherchoit, sans mettre pied à terre tourna bride & ne parut plus. Ainsi le crime demeura sans chastiment, le mort fut mort, les prisonniers furent mis en liberté, & la Iustice se donna par les ioües de la cha-

& de la belle Sigismonde.

ne d'or qu'auoit Ricla. Le pourtraict demeura pour contenter les yeux du Gouuerneur, & le sergent blessé eust quelque recompense. Le ieune Antoine reprit encores la toille où leurs auātures estoient portraictes, & laissa le peuple rauy en admiration, cependant que Feliciane de la Voix durant toutes ces procedures garda le lict, & feignit d'estre malade de peur qu'on ne la recogneut. Ils partirēt de ceste ville, & allerent vers Guadalupe, ne parlans d'autre chose sur le chemin que de cest estrange accident. Auec cela chacun desiroit extremement d'ouyr chanter Feliciane, & leur desir fut accomply, puis qu'il n'y a douleur qu'il ne s'appaise auec le temps, ou qui ne finisse par la fin de la vie. Toutesfois elle pour garder la bien seance qu'elle deuoit à son mal-heur, tournoit ses douleurs en plaintes: & sa voix en gemissements. La belle fut vn peu soulagée de la douleur: car ils rencontrérēt par les chemins la sœur du pitoyable Laboureur, laquelle reuenoit de Trugille. Elle leur dit qu'elle auoit laissé au pouuoir de Dom Francisque Pizaro, & de Dom Iean de Orellana le petit enfant. Ces deux Caualiers auoient soudain coniecturé qu'il ne pouuoit appartenir à autre qu'a leur grand amy Rosanio, eu esgard au lieu où l'on l'auoit treuué, puis que par toute ceste contrée, ils ne cognoissoient aucun qui leur voulut fier vn gage si cher. Soit en fin ce qui peut estre (dit la villageoise) ils ont au moins dit, que celuy, qui s'estoit ainsi fié d'eux ne seroit pas trōpé en son attente. Tant y a que le petit enfant est demeuré à Trugille au pouuoir de ceux que i'ay dit. S'il reste encores quelque chose que ie puisse faire pour vostre seruice, me voicy toute preste auec la chaisne, de laquelle ie ne me suis point encores deffaicte, par ce que celuy qui m'inspire d'estre Chrestienne, m'astraint & m'oblige à chose qui vault plus que de l'or. Feliciane luy respondit, qu'elle la possedast plusieurs années, sans que la necessité la forçast de s'en deffaire, parce que les riches ioyaux des pauures ne demeurent pas long temps en leurs maisons, d'autant qu'on les engage pour ne les recouurer point, ou bien on les vent pour ne les racheter iamais. La Païsanne leur dit adieu, & ils la chargerent de faire mille recommandations à son frere, & aux autres Pasteurs. Cependant nos Pelerins arriuerent peu à peu à la terre saincte de Guadalupe.

Description du Temple de nostre Dame de Guadalupe: & de ce qui arriua à Feliciane ainsi qu'elle chantoit.

CHAP. V.

A Peine eurent les deuots Pelerins mis le pied en l'vne des entrees qui conduisent à la vallee que forment & enserrent les hautes montagnes de Guadalupe, qu'à chaque pas qu'ils faisoient leur ame auoit autant de suject pour entrer en admiration. Mais ceste admiration arriua à son poinct lorsqu'ils descouurirent le grand & somptueux Monastere, les murailles duquel enserment l'image de l'Imperatrice des Cieux. L'Image, dis-ie, sacree que les Catholique Romains croyent estre la liberté des Captifs, la lime de leurs fers, & l'alegement de leurs passions: la saincte Image qui est la guerison des maladies, la consolation des affligez, la Mere des Orfelins, & le reparement des infortunes. Ils entrerent dans le Temple, & au lieu qu'ils croyoient voir ses murailles parees de pourpre de Tyr, de damas de Syrie, & de brocatel de Milan, ils y apperceurent des potences, & des yeux de cire, que des boiteux & des aueugles y auoient laissees ; des bras que des manchots y auoient pendus, & des suaires dont les morts s'estoient despoüillez : & tous (apres tant de miseres souffertes) viuants, sains, libres, & contents, par la misericorde de la Mere des misericordes, qui faict reluire en ce petit lieu les misericordes infinies de son Fils glorieux. Or nos deuots Pelerins eurent le cœur tellement touché de l'apprehension de ces grands miracles, que iettans les yeux par tous les endroits du Temple, il leur sembloit qu'il voyoient venir en l'air les esclaues attachez de leurs chaisnes pour les appendre à ces murailles sacrees, & les malades traisner leurs potences, comme encores les morts leurs suaires, cherchans quelque lieu pour les poser, parce qu'elles n'en treuuent point dans ce Temple, occupé de la grande quantité de choses pareilles. Periandre, & Auristelle qui n'auoient iamais veu vne semblable nouueauté, comme aussi Riclà, Constance, & le ieune Antoine, estoient comme tous confus, & n'estoient iamais lassez de regarder ce qu'ils voyoient, ny d'admirer ce qu'il imaginoient. Mais apres, auec des demonstrations deuotes & chrestiennes, s'estans mis à genoux, ils adorerent Dieu au sainct Sacrement, & prierent sa saincte Mere qu'en consideration de son image sacree, elle voulut auoir soing d'eux. Toutesfois le plus remarquable en cecy est que la belle Feliciane de la Voix, s'estant agenoüillee, & mis les mains iointes à son estomach, auec vne contenance rassise, versant vne source de larmes demeura quelque temps en ceste sorte sans remuër les leures, ny faire autre demonstration ou mouuement qui tesmoignast qu'elle estoit vne creature viuante. Et puis elle lascha sa voix aux vents, & esleuant son cœur au Ciel, chanta des vers qu'elle sçauoit par cœur, & qu'elle donna puis apres par escrit. Tous ceux qui l'entendirent en furent rauis, & alors elle fit croire que les loüanges qu'elle mesme auoit dõnees à sa voix, estoiẽt veritables, satisfaisant par mesme moyen entierement les desirs que aux Pelerins auoient de l'escouter.

Or elle auoit desià chanté quatre Stances, lors que quatre estrangers entrerent par la porte du Temple. La deuotion & la coustume les ayant faict pareillement agenouiller, la voix de Feliciane qui ne cessoit de chanter les rauit aussi en admiration. Lors l'vn d'eux, qui paroissoit homme d'aage s'adressant à vn autre qui estoit à son costé, tint ce langage: Ou ceste voix est de quelque Ange bien-heureux, ou bien de ma fille Feliciane de la Voix. Et qui est celuy qui en faict doute (repart l'autre) c'est elle mesme, & celle qui bien tost ne le sera point, si ma main ne manque au coup que ie veux faire. Ce disant il mit la main à vne dague, & à pas rompus, & tout troublé & sans couleur alla vers le lieu où estoit Feliciane. Lors le venerable vieillard ayant recognu son intention, se ietta sur luy, & l'embrassant par derriere luy tint ce discours : O mon fils, ce n'est pas icy le theatre de misere, ny le lieu de chastiment. Donne du temps au temps : car puis que ceste traistresse ne nous peut eschapper, il ne se faut point precipiter, de peur que pensant chastier le crime d'autruy, tu n'attires sur toy-mesme la peine de ton peché. Ces paroles, & ce trouble, fermerent la bouche de Feliciane. Les Pelerins, & tous ceux qui estoient au Temple en deuindrent tous confus, & l'on ne peut empescher que ce Pere, & ce frere ne trainassent Feliciane, du Temple à la ruë. Là au mesme instant se ramassa tout le peuple du Bourg auec la Iustice qui osta ceste miserable Damoiselle à ceux qui sembloient estre plustost bourreaux, que Frere, ou Pere. Or comme en ceste cõfusion le Pere crioit apres sa fille, & le frere apres sa sœur, cependant que la Iustice la deffendoit, iusques à tant qu'elle eut cognoissance de ce different, voilà quelques six hommes à cheual qui arriuerent en ceste place. Deux de ces hommes furent bien tost recognus de tous: car l'vn estoit Dom François Piçarro, & l'autre Dom Iean de Orellana qui à la rumeur & au tumulte de tant de gens s'estans rendus en ce lieu auec vn autre Caualier qui auoit le visage couuert d'vn taffetas noir, s'informerent du subiect de tant de bruict. On leur apprit, qu'ils n'en pouuoient sçauoir autre chose, sinon que la Iustice vouloit deffendre ceste Pelerine, que deux hommes qui se disoient son Pere, & son Frere vouloient tuer. François Piçarro, & Iean Orellana escoutoiet ces paroles, lors que le Caualier masqué, se iettant du cheual en bas, & mettant l'espee à la main & découurāt son visage, se rengea du costé de Feliciane, & puis profera tout haut ces paroles: C'est de moy, Messieurs, que vous debuez prendre la reparation du peché de Feliciane, s'il est si grand, qu'vne fille merite la mort pour s'estre mariee contre la volonté de son Pere. Feliciane est mon Espouse, & ie suis Rosanio comme vous voyez, & au reste homme qui n'est pas de si petite qualité, qu'il ne merite que vous luy donniez par accord, ce qu'il a sceu choisir par industrie. Ie suis noble, & ie vous le tesmoigneray par actes vallables. Ie possede des richesses qui soustiennent ma noblesse. Or il n'est pas raisonable que pour voſtre plaiſir Louys Antoine m'oſte ce que i'ay gaigné par bon-heur. S'il vous ſemble que i'aye commis offenſe en m'alliant auec des perſonnes de telle qualité, ſans leur en rien dire, ie vous prie me pardonner. Les puiſſantes forces de l'Amour, troublent ordinairement les eſprits ſages: ioint que vous voyant ſi affectionnez à Louys Antoine, cela a faict que ie n'ay pas gardé le reſpect que ie vous deuois, & ie vous en demande vne autrefois pardon. Pendant que Roſanio tenoit ce diſcours, Feliciane ſe tenoit attachee à luy, le tenant embraſſé par le milieu du corps, toute tremblante, toute craintiue, toute triſte, & toute belle pareil-lement. Mais auāt que ſon Pere & ſon Frere ouuriſſent la bouche pour parler, Dom Fran-çois Pizarro embraſſa le Pere, & Dom Iean de Orellana le Frere: car ils eſtoient grands amis. Dom Pizarro tint ce langage au Pere: Où eſt voſtre prudence Seigneur Don Pedro Tenorio? Eſt-il bien poſſible que vous meſ-mes cherchiez de fabriquer voſtre domma-ge. Ne voyez-vous pas que ces offenſes por-tent auec elles pluſtoſt l'excuſe que le chaſti-ment? Qu'a Roſanio qu'il ne merite point Feliciane? ou que peut-il reſter doreſenauant à Feliciane, ſi elle vient à perdre Roſanio? Telles ou pareilles raiſons diſoit Dom Iouan

de

& de la belle Sigismonde. 449

de Orellana, à son Frere, & y adioustant encore cecy : Seigneur Dom Sanche, iamais l'impetuosité de la cholere ne promit vne bonne fin. C'est vne passion de l'Ame,& bien rarement vne Ame passionnee rencontre vn heureux succez en son entreprise. Vostre sœur a sceu faire eslection d'vn bon mary : & maintenāt prendre vengeance, parce qu'on n'a pas gardé les ceremonies & les respects que l'on deuoit, cela ne seroit pas bien faict. Vous vous mettriez en danger de renuerser & de ietter par terre tout l'edifice de vostre repos. Considerez, Seigneur Dom Sancho que i'ay vn gage dans ma maison qui vous appartient : vn petit nepueu, & vous ne sçauriez le nier si vous ne vous niez vous-mesmes, tant bien il vous ressemble. La résponse que fit le Pere à Dom Pizarre, fut de s'approcher de son fils Dom Sancho, & de luy arracher des mains la dague. Apres il courut soudain embrasser Rozanio, lequel se laissant choir aux pieds de celuy qu'il recognoissoit desià pour beau-pere, les luy baisa mille fois. Feliciane se mit pareillement à genoux deuant son pere : elle versa des larmes : tira du profond de son estomach des souspirs, & plusieurs defaillements luy suruindrent. La ioye courut à lors parmy tous les assistans : le Pere acquit le surnom de Prudent aussi bien

Ff

que le Fils, & les amis, celuy de discrets, de sages, & de bien-parlants. Le Gouuerneur les mena à son Palais, & le Prieur du sainct Monastere les traicta magnifiquement. Les Pelerins visiterēt les Reliques, qui y sont en grād nombre, fort sainctes & riches. Ils confesserent leurs pechez, & receurent les Sacrements. Au mesme temps, qui fut de là à trois iours, Dom Piçarro enuoya chercher le petit enfant que la Paysanne luy auoit cōsigné: Et c'estoit le mesme que Rozanio donna à Periandre la nuict mesme qu'il luy donna encores la chaisne d'or. Ce petit enfant estoit si gentil, que l'Ayeul ayant mis en oubly toute injure, profera ces paroles en le voyant: Mille biens puisse auoir la Mere qui t'a enfanté, auec le Pere qui t'a engendré. Sur cela il le prit entre ses bras, luy baigna le visage de ses larmes, qu'il essuya auec des baisers, & seicha auec ses cheueux blancs. Cependant Auristelle pria Feliciane de luy dōner vne copie des vers qu'elle auoit chantez deuant l'image sacree. Feliciane luy dit qu'elle n'auoit chanté que quatre Stances, & que ceste piece estoit composee de douze, dignes d'estre grauees dans la memoire. Or elle les escriuit de mesme qu'on les peut icy lire.

Stances à la loüange de la saincte Vierge Mere de nostre Seigneur.

AVant que Dieu tirast de son entendement
Les Anges messagers de son commandement :
Auant qu'on vit mouuoir la viste & lente Sfere :
Auant que le Soleil espandit sa clairté,
D'vne matiere saincte & toute pureté
Ce grand Dieu pour soy mesme vn Palais voulut
  faire :

Les ciments hauts & forts de ce sainct Bastiment
Dessus l'Humilité voyent leur fondement,
Et ceste Humilité l'esleue dauantage :
La Terre est au dessous, elle y paroist bien peu,
La Mer pareillement, & les Vents & le Feu
Et la Lune reluit aux pieds de cest ouurage.

D'Esperance & de Foy les piliers en sont faicts :
Charité ceinct les murs de ce Royal Palais,
Charité qui nous donne vne gloire supreme :
Temperance y rauit les yeux de ce grand Dieu :
Prudence rend aisez les degrez de ce lieu :
Degrez de sa Iustice, & de sa Force extreme.

De grands puits est fourny ce Palais eternel :
Des sources on y voit le surgeon perennel :
Les iardins y sont clos, & le fruict salutaire

Aux peuples sert de gloire & de felicité:
Les Palmes, les Cyprés, les Cedres à costé
Y sont comme un miroir qui pres & loin esclaire.

Le Myrrhe en ses Iardins, & ceste belle fleur
De Ierico, s'y treuue auec ceste couleur
Qui peint des Cherubins l'ardente & belle face:
Le vice n'oseroit s'approcher de ce lieu:
Tout n'est là que lumiere, & que gloire de Dieu,
Tout Ciel ce bastiment qu'on voit en ceste place.

Ores de Salomon le Temple on voit icy:
Toutes perfections du grand Dieu sont aussi
Dans ce lieu qui reluict d'vne eternelle flame.
Dieu découure auiourd'huy sa gloire & sa grandeur,
Vne Estoile y produit la Diuine splendeur,
Le beau Soleil luisant, qui donne vie à l'Ame.

Auant que le Soleil l'Estoile auiourd'huy luit:
Signe prodigieux! mais signe qui ne nuit,
Ains qui rend de plaisir vne ame toute pleine.
L'Humilité se voit auiourd'huy haut monter:
Ores icy paroist la belle & sage Esther:
Nous voyons du peché rompre la forte chaisne.

O fille du Tres-haut, née à nostre profit,
Ieunette, mais aussi dont la force suffit
Pour escraser le chef du Serpent execrable,
Vous fustes l'instrument qui dechassa la Mort,

& de la belle Sigismonde.

Et qui met desormais en eternel accord
Le grand Dieu tout puissant, & l'homme miserable.

La Iustice & la Paix se donnent vn baiser
Par vous Vierge sacree, & viennent appaiser
Le mortel differend source de tout dommage:
Vous estes la premiere Aurore du Soleil,
La parfaicte des Saincts, le Phare nompareil,
Qui luit aux Nauigeants, & sauue du naufrage.

Vous estes la Colombe excellente en beauté,
L'Espouse dont le Verbe a pris humanité,
Par qui d'Adam la coulpe est à l'homme propice:
Le bras de ce grand Dieu, qui le tranchant cousteau,
Arreste d'Abraham, pour nous donner l'Agneau,
Le debonnaire Agneau pour le vray Sacrifice.

Croissez, ô belle Plante, & le Fruict nous donnez,
Le Fruict dont l'Ame attend les beaux iours fortu-
   nez
Qu'elle despouillera sa robbe ridicule:
Sa robbe qu'elle auoit pleine de saleté,
Et prendra cest habit tout plein de netteté
Qu'on laue dans le Sang de l'Agneau sans macule.

Dans le Ciel Empiree vn diuin Messager
A preparé desià son vol prompt & leger
Afin de nous donner le Salut de la vie:
La bonne & douce odeur (Vierge) qui sort de vous,

Sert tousiours enuers Dieu de requeste pour nous,
Et nous faict obtenir le fruict de nostre enuie.

Ce furent les vers que Feliciane commença de chanter, & qu'elle donna par escrit, encores qu'ils fussent estimez d'Auristelle mieux qu'entendus. En fin la Paix se fit entre ces personnes qui n'estoient pas auparauant de bonne intelligence. Feliciane, son Espoux, son Pere, & son Frere, reprindrent le chemin de leur village, donnant charge à François Piçarro, & à Iean de Orellana de leur enuoyer le petit garçon : mais Feliciane ne voulut point souffrir le desplaisir de l'attente. C'est pourquoy elle l'emporta. Et de ce bon succez tout le monde receut du contentement.

Continuation du voyage de nos Pelerins, & de l'histoire memorable d'vn Polonois.

CHAP. VI.

NOs Pelerins s'arresterent quatre iours à Guadalupe, pendant lesquels ils commencerent de voir les grandeurs de ce sainct Monastere. Ie dis qu'ils commencerent de

& de la belle Sigismonde. 455

les voir, puis qu'il est impossible d'en voir jamais la fin. De là ils se rendirent à Trugille, où les deux nobles Caualiers Dom François Piçarro, & Dom Iean de Orellana leur firent bonne chere. Ce fut là encores qu'ils renouuelerent le discours de l'Auanture de Feliciane, & dirent que sa prudence & sa discretiō marchoiēt à l'esgal de sa voix. Ils loüerent aussi la bonne procedure de son Pere, & de son Frere, & Auristelle exagera les offres pleines de courtoisie que Feliciane luy auoit faictes au temps de son partement. De Trugille, ils prindrēt deux iours apres le chemin de Talauera, où ils treuuerent que l'on preparoit la grande feste de la Monda, dont l'origine est plus ancienne que la Natiuité de nostre Seigneur Iesus Christ. Or les Chrestiens l'ont reduicte à si bon point, & à tel terme, que si les Gentils la celebroient iadis à l'honneur de leur Deesse Venus, les Chrestiens la celebrent auiourd'huy à l'honneur & à la loüange de la Vierge des Vierges. Ils eussent bien voulu attendre ceste feste: mais pour ne donner point dauantage de lieu au retardement, ils passerent outre, sans donner satisfaction à leur desir. Desià ils auoient marché six lieuës depuis qu'ils auoient quitté Talauera, quand ils apperceurent vne Pelerine qui marchoit deuant eux. Elle estoit

Ff iiij

bien Pelerine, puis qu'elle alloit toute seule. Elle les releua de la peine qu'ils vouloient prendre à luy crier qu'elle s'arrestast, parce qu'à mesme temps elle s'assist sur l'herbe verte d'vn petit pré, conuiee de la douceur du lieu, ou forcee de la lassitude. Ils s'approcherent d'elle & treuuerent qu'elle estoit faicte d'vne telle sorte, que nous sômes obligez de la descrire. Sõ âge passoit les bornes de la ieunesse, & touchoit desià les bords de la vieillesse. Sa face donnoit en face, parce que l'œil d'vn Linx, eut eu bien de la peine à luy voir le nez; car elle l'auoit si plat & si camus qu'auec des pincettes on n'en eut peu empoigner vn seul brin. Les yeux luy rendoient de l'obscurité, par ce qu'ils luy sortoient de la teste beaucoup plus que le nez. Son accoustremẽt estoit vne Esclauine, ou habit de Pelerin, toute rompuë; & laquelle luy touchoit les talons. Elle portoit par dessus vne Mossete, qui pour estre aussi toute rompuë & deschiree, ne pouuoit faire recognoistre si elle estoit de marroquin, ou bien de bazane. Elle auoit vne ceincture de natte si grosse, & si forte, qu'elle ressembloit plustost à vn chable de Nauire, qu'a vn cordon de Pelerin. Sa coiffe estoit de toile grossiere, mais pourtant nette & blanche. Vn vieil chappeau sans cordon ny sans crespe luy couuroit la teste. Elle auoit aux pieds des souliers de corde rompus, & à la main vn bourdon faict en forme de houlette, auec vne poincte d'acier au bout. Vne calebace, ou coucourde, vn peu plus que de moyenne stature, luy pendoit au costé gauche, & son col estoit chargé d'vn Rosaire, de qui les patinostres estoient plus gros que ne sont les boules dont la ieunesse iouë au billard. En effect ceste femme estoit toute rompuë, toute penitente, & comme l'on descouurit apres, toute de mauuaise vie. Ils la saluerent, en s'approchant, & elle leur rendit le salut, auec la voix que pouuoit promettre son nez camard, qui parloit mieux qu'il ne sentoit bon. On luy demanda où elle alloit, & en quelle deuotion. Tandis en parlant, conuiez comme elle de la douceur du lieu, ils s'assirent en rond, & laisserent paistre le bagage, qui leur seruoit de garderobe, de despense & de sommeillerie. Apres contentants leur faim, ils inuiterent ioyeusement leur Pelerine. Lors elle respondant à la demande qu'ils luy auoient faicte, parla à eux en ces termes: Mon Pelerinage ou ma deuotion est celle là mesme que prattiquent certains Pelerins. Ie veux dire que c'est celle qui leur est la plus agreable, pour excuser leur oysiueté. C'est pourquoy il me semble que ce sera bien à propos, si ie vous dis que pour le present ie vais à la grande Cité de Tolede, pour visiter l'image saincte du Sacraire. De là ie me rendray au petit Enfant de la garde, & puis fondant côme vn faucon de Nouergue, ie m'entretiendray auec la saincte Veronique de Iaën, iusques à ce qu'arriue le dernier Dimanche d'Auril. C'est en ce iour qu'on celebre dãs le cœur de Sierra Morene, ou Montagne noire, trois lieuës loin de la ville d'Andajar, la feste de nostre Dame du Chef. C'est vne feste qui (selõ que ie l'ay apris par le bruit commun) ne doit rien à la magnificence des festes de l'ancien Paganisme, que celle de la Monda de Talauera, imite. Ie voudrois s'il m'estoit possible l'arracher à mon imagination où ie l'ay depeinte, & vous la representer & l'estaler à vostre veuë auec des paroles, afin que la comprenant, vous vissiez si ie n'ay pas raison de la loüer. Mais ceste charge appartenãt à vn esprit plus grãd que le mien, ie vous renuoye au riche Palais de Madrid, seiour de nos Rois, où ceste feste est represẽtee exactement en vne Galerie. Là est le Mont, ou pour mieux dire le Rocher, au sommet duquel paroist le Monastere qui a en depost vne Image sacree, appellee de *la Cabeça*, qui tire son nom de la Roche où il est basti, & laquelle Roche on nommoit anciennement, *el Cabezo*, parce que ce Roc est au millieu

& de la belle Sigismonde. 459

d'vne plaine libre & descouuerte, seul & singulier, & sans estre enuironné d'autres montagnes ny rochers. Il est haut d'vn quart de lieuë, & a de tour vn peu plus que demy-lieuë. Ce lieu spacieux, & doux, est tousiours verdoyant & agreable, pour l'humeur que luy communiquent les eaux du fleuue Xandula, qui tout doucement & comme en reueréce luy baise les bords. Le lieu, la Roche, l'Image, les Miracles, & le Peuple infini qui s'y rend de pres & de loing, le iour de la feste dont ie vous ay desià parlé, rendent ce Monastere fameux au monde, & celebre en Espagne, par dessus tous les lieux dont les plus grandes memoires se puissent souuenir.

Les Pelerins deuindrent estonnez au recit de ceste nouuelle, quoy que vieille, Pelerine. Ils eurent presques enuie d'aller auec elle pour voir tant de merueilles : Mais le desir qui les poussoit d'acheuer leur voyage, ne permit pas que d'autres nouueaux desseins l'empeschassent. Cependant (poursuit la Pelerine) ie ne sçay quel voyage ie feray. Ie sçay pourtant bien que ie ne manqueray pas de subiect, pour occupper l'oisiueté & entretenir le temps, comme font ordinairemét, ainsi que i'ay dit, certains Pelerins. Il me semble (luy dit alors Antoine le Pere) Madame la

Pelerine, que le pelerinage vous donne sur la face. Rien moins (repart elle) parce que ie sçay qu'il est iuste, sainct, & loüable, & qu'il a eu & aura tousiours cours au monde. Toutesfois ie n'appreuue point les mauuais Pelerins, comme sont ceux qui font leur profit & leur gaing de la saincteté, & leur lucre infame de la vertu loüable. Ie parle de ceux qui desrobent l'aumosne des vrais pauures. Ie n'en diray rien plus, quoy que ie le peusse faire.

Tandis ils virent venir par le chemin royal, qui estoit proche vn homme à cheual. Estant vis-à-vis d'eux il voulut mettre la main au chappeau pour les saluer: mais à mesme temps sa monture ayans posé vn pied de deuant dans vne fosse, ainsi qu'il parut puis apres, elle & son Maistre allerent par terre fort rudement. Tous les autres accoururent pour le secourir, croyants qu'il estoit en mauuais estat. Le ieune Antoine attacha la monture qui estoit vn puissant mulet: & les autres couurirent cest homme & le secoururent le mieux qu'ils peurent auec le remede plus ordinaire dont on vse en pareils accidents. Or ce fut en luy donnant à boire de l'eau. Mais comme ils virent que son mal n'estoit pas si grand qu'ils pensoient, ils luy dirent qu'il pouuoit remonter sur son mulet,

& de la belle Sigismonde. 461

& suiure son chemin. Peut estre, Messieurs les Pelerins (leur respondit-il) suis ie cheut en ceste plaine, pour me releuer des perils où des imaginations emportent mon ame. Messieurs, encores que vous ne vous en informiez pas, ie suis estranger, & natif de Pologne. I'estois ieune garçon quand ie sortis de mon pays, & vins en Espagne, comme au centre des Estrangers, & Mere commune des Nations. Ie seruis des Espagnols, appris le Castillan de mesme que vous voyez que ie le parle. Poussé du naturel desir qu'ont tous les hommes de courir le monde, ie vins en Portugal pour voir la grande ville de Lisbonne. Et la mesme nuict que i'y entray il m'y arriua vne telle chose, que vous ferez beaucoup si vous la croyez : & si vous n'y adioustez point foy, il n'importera de gueres, encores que la verité demeure tousiours, quand ne seroit, qu'en elle mesme.

Periandre, Auristelle, & leurs autres Compagnons furent esbahis du discours inopiné & bien rangé de ce passager : & desireux d'entendre son auanture, Periandre luy dit, Qu'il poursuiuit seulement son recit, & qu'il ne doubtast point que chacun ny apportast sa creance, par ce qu'ils estoient tous courtois, & biē versez aux affaires du monde. Le Passager animé de ces paroles leur tint ce langage: Vous deués sçauoir que la premiere nuict que i'entray dans Lisbonne, i'allois par l'vne de ses principalles ruës, afin de changer de giste, par ce que le logis où ie m'estois arresté ne me sembloit pas des meilleurs. Comme ie passois par vn lieu estroict, & plein de bouë, vn Portugais masqué, que ie rencontray, me poussa si rudement que ie fus contraint d'aller à terre. Lors ceste offense excita ma colere, si bien que remettant la vengeance à mon espee, ie la tiray du fourreau. Le Portugais la tira pareillement auec non moins de vigueur que de promptitude. Mais la nuict obscure, & la fortune plus aueugle à la lumiere de mon heur, sans que ie sceusse alors ce que ie faisois, mit la poincte de mon espee dans la veuë de mon aduersaire, lequel tombant à la renuerse donna son corps à la terre, & son ame là où Dieu sçait. Soudain la crainte me representa ce que i'auois faict. Ie fus saisi de frayeur, & taschay de prendre la fuitte, pour euiter le chastiment. Ie ne sçauois pourtant ou tirer: toutesfois la rumeur des gens, qui accourroient en ce lieu, ainsi qu'il me sembloit, mit des aisles à mes pieds. Ie pris donques legerement la fuitte le long de la ruë en bas, cherchāt quelque lieu pour m'y cacher, ou pour y nettoier mon espee, afin que si la iustice m'empoignoit, elle ne me treuuast point auec des indices manifestes de mō delict. Ainsi que i'estois en ceste frayeur, ie descouuris vne lumiere dans vne grande maison: Ie me iettay dedans sans sçauoir à quel dessein. Ie rēcontray vne salle basse ouuerte, & fort bien paree. Ie passay outre & treuuay vne chambre qui estoit pareillement bien paree. Estant guidé d'vne lumiere qui procedoit d'vne autre chambre, ie vis vne Dame couchee dans vn riche lict. Elle deuint toute esmeuë en me voyant, & leuant la teste me demanda, qui i'estois, où i'allois, & qui m'auoit donné la permission d'entrer dans sa chambre auec si peu de respect. Ie luy fis ceste responfe: Madame ie ne vous sçaurois respondre à tant de demandes. Ce que ie vous peux maintenāt dire est, Que ie suis vn Estranger, qui comme ie croy ay laissé mort vn homme en ceste ruë: mais ç'a esté par sa disgrace, & par son orgueil, plus que par ma faute. Ie vous supplie au nom de Dieu, & par la qualité que vous possedez, que vous me sauuiez des mains de la Iustice, qui comme ie croy me poursuit. Estes-vous (dit ceste Dame en sa langue Portugaise) quelque Castillan? Non, Madame (luy dis-ie) mais vn estranger, & d'vn pays bien esloigné du vostre. Encores (repart elle) que vous fussiez mille fois Castillan, ie ne laisserois pas de vous sauuer, si ie pouuois, & vous sauueray si ie peux. Montez par le ciel de ce lict, & entrez dans ceste tapisserie : vous treuuerez là dedans vn trou, ne bougez de là : & si la Iustice vient, elle aura esgard à ma qualité, & croira ce que ie luy diray. Ie fis soudain ce qu'elle me commanda : ie haussay la tapisserie, treuuay le trou me mis dedans, retins mon haleine, & commençay à me recommander à Dieu, le mieux que ie peus. Pendant que i'estois en ceste confuse affliction, vn seruiteur de la maison entra, & profera tout haut ces paroles : Madame l'on a tué Monseigneur Dom Duard. On le porte icy ayant vne estocade qui le perce de part en part par l'œil droit. L'on n'en cognoist point le meurtrier, & si l'on ne sçait pas le subject de sa mort : car à peine a on ouy les coups des espees. Il y a seulement vn ieune garçon qui dit auoir veu vn homme qui fuyoit, & qui est entré dans cest hostel. C'est sans doute son meurtrier, respond la Dame, & il ne nous peut eschaper. O combien de fois auois ie craint, miserable que ie suis, de voir porter icy mort mon fils, par ce qu'on ne pouuoit esperer de son arrogāte procedure, autre chose que malheur. Sur cela voicy quatre qui portoient le mort sur leurs espaules, lesquels entrerent & le poserent à terre deuant les yeux

de

de la mere affligee. Elle d'vne voix lamentable commença de tenir ce langage. Las! vengeance, tu m'appelles à la porte de l'ame, & neantmoins ie ne veux pas respondre à ton desir, parce que ie dois tenir ce que i'ay promis. Mais toutesfois, ô douleur, comme tu me presses extrememēt! Vous iugerez, Messieurs (disoit ce Polonois) en quel estat estoit mon cœur, oyant les paroles de ceste dolente mere : car il me sembloit que la presence de son fils mort, luy mettoit entre les mains mille geres de mort, pour se venger de moy : car il y auoit de l'apparence qu'elle deuoit croire que i'estois le meurtrier de son fils. Toutesfois que pouuois-ie faire à l'heure, sinon clorre la bouche, & esperer dans le mesme desespoir? Mais i'en eus encores bien plus de subiect, lors que la Iustice entra dans la chambre, & auec du respect dit ces paroles à ceste Dame. Vn ieune garçon qui a dit qu'en cest hostel est entré le meurtrier de ce Cheualier, nous a donné subiect d'oser venir icy. Lors i'ouuris les oreilles, & demeuray attentif à la response que feroit ceste mere affligee, laquelle ayant l'ame remplie de generosité, & de pitié Chrestienne, respondit en ces termes: Si vn tel homme est entré dans ce logis, il n'est point entré pour le moins dans ceste chambre. On le pourra doncques chercher autre part qu'icy. Ie prie Dieu pourtāt qu'on ne le treuue point, par ce que mal remedie-t'on à vne mort par vne autre, & principalement quād les iniures ne procedent point de malice. La Iustice doncques alla fouiller toute la maison, & ie recouuray les esprits qui m'auoient abandonné. Ceste Dame cōmanda qu'on ostast de sa presence son fils mort, qu'on luy mit le drap mortuaire, & qu'on dōnast ordre à sa sepulture. Elle commanda encores qu'on la laissast seule, parce qu'elle n'estoit en estat de receuoir consolation d'vne infinité de personnes, tant parents comme amis qui venoient pour la consoler. Ce fait, elle appella vne sienne Damoiselle, qui sans doute deuoit estre sa confidente. Apres que ceste Dame eut parlé à elle à l'oreille, elle luy donna congé, & luy commanda de fermer la porte apres elle. Ceste fille le fit, & lors la Dame s'estant assise au lict mit la main sur la tapisserie, & comme ie pense la posa iustement sur mon cœur, lequel en palpitant tesmoignoit la frayeur qui le possedoit. Elle cognoissant la peur que i'auois, profera tout bassement ces paroles pitoyables : O homme, qui que tu sois, tu vois bien que tu m'as osté la respiration de mon ame, la lumiere de mes yeux, & finalement la vie qui me soustenoit : Neantmoins par ce que

& de la belle Sigismonde. 467

ie crois qu'il n'y a point eu de ta faute, ie veux que ma parole soit plus forte que ma vengeance. C'est pourquoy pour accomplir ce que ie t'ay promis de te deliurer des mains de la Iustice, lors que tu es entré ceans, fais ce que ie te diray. Mets les mains à tō vilage, afin que si par mesgarde ie venois à ouurir mes yeux, ie ne sois point contrainte de te cognoistre. Sors doncques de ce cachot, & va apres vne mienne Damoiselle, qui viendra maintenant icy, & te mettra à la ruë. Elle te donnera encores cent escus d'or pour te suruenir en tes necessitez. Tu n'es point cogneu, & n'as aucun signe qui te face recognoistre. Appaise doncques l'emotiō de ton cœur, par ce qu'vne telle emotion descoure ordinairement vn coulpable. Comme elle tenoit ce langage, la Damoiselle reuint, & ie sortis de la tapisserie tenant ma main sur ma face. Et en signe du remerciment ie pliay les genoux à terre, & baisay plusieurs fois le pied du lict. Apres ie suiuis la Damoiselle, qui sans mot dire, me prit par le bras, & me mit dehors sans lumiere, par la fausse porte d'vn iardin. Si tost que ie fus à la ruë, la premiere chose que ie fis ce fut d'essuyer mon espee: & puis marchant tout doucemét ie me treuuay dans peu de temps & fortuitement dans vne grande ruë : Ie recogneus mon logis, où

Gg ij

j'entray aussi froidemēt que si je n'eusse rencontré ny bonne ny mauuaise fortune. L'hoste me conta le desastre du Cheualier qu'on auoit tué, exagerant la grandeur de sa race, non moins que son humeur altiere & arrogante. Or il disoit que sans doute son orgueil luy auoit acquis quelque ennemy secret, qui l'auoit reduict à vn si malheureux poinct. Ie passay ceste nuict rendant graces à Dieu des faueurs qu'il m'auoit faictes : Et pesant le genereux, & inimitable courage, & l'admirable & inouïe procedure de Madame Guiomar de Soza (c'est ainsi que se nommoit ceste debonnaire Dame) ie me rendis de bon matin au fleuue, & y treuuay vn bateau plein d'hommes, qui s'alloient embarquer en vn grand Nauire, qui estoit au port de S. Iean, & qui vouloit partir pour les Isles Orientales. Ie retournay à mon logis, & vendis à mon hoste mon cheual. Apres sans discourir longuement ie reuins au fleuue & au bateau, & le iour suyuant me treuuay dans le grand Nauire & hors du port. L'on donna les voiles au vent, & on suyuit la route que l'on desiroit. I'ay demeuré quinze ans aux Indes, où estant soldat & compagnon de plusieurs valeureux Portugais, il nous succeda des choses, dont peut estre on pourroit composer vne aggreable & veritable Histoire, &

principalement des proüesses de la nation Portugaise, inuincible en cette contree, & dignes que les siecles presents, & les futurs leur rendent vne loüange eternelle. Là ie gaignay quelque or, & quelques perles, & autres choses de plus de valeur, que de grosseur. Comme mon General estoit prest de retourner à Lisbonne, ie pris occasiõ de le suiure. De là ie me mis en chemin pour reuoir ma patrie: mais premierement ie resolus de voir toutes les principales & meilleures villes d'Espagne. Ie reduisis en lettre de change toutes mes richesses, & en autant d'argent qu'il me falloit pour faire mon voyage. Mon dessein estoit de me rendre premierement à Madrid, où la Court du grand Philippes troisiesme estoit nouuellemẽt fort grosse. Toutesfois la Fortune qui estoit desjà lassee de porter mon auanture auec vn vent prospere par la mer de la vie humaine, voulut qu'elle rencontrast des bancs perilleux, pour la ruiner entierement. Aussi le fit elle; car arriuant vne nuict à Tallauere, bourg non gueres loin d'icy, ie m'arrestay en vne hostellerie, qui ne me seruit point de retraicte, ains de sepulture, puis que i'y treuuay celle de mon honneur. O puissantes forces d'Amour: d'Amour, dis-ie, inconsideré, precipité, lascif, de mauuaise intention, auec combien de facilité fais tu chopper les bons desseins, les chastes desirs, & les sages resolutions. Ie dis doncques qu'estant dans ceste hostellerie, il y entra fortuitement vne fille de quelque seize ans: pour le moins elle ne me sembloit pas plus aagee, encores que ie sceus puis apres qu'elle en auoit vingt & deux. Elle n'auoit qu'vn corps de cotte, & ne portoit que du ruban à ses cheueux: En fin elle estoit paree de drap, mais pourtant fort nette & nullement deschiree. Quand elle passa pres de moy, il me sembla que son haleine estoit vn pré remply de fleurs au mois de May. Ceste odeur me fut plus agreable que toutes les senteurs aromatiques de l'Arabie Heureuse. Vn garçon de l'Hostellerie s'approcha d'elle, & ayant parlé à son oreille, elle fit vne grande risee, & tournant les espaules sortit de l'hostellerie & entra dans vne maison voisine. Le garçon hostellier courut apres elle sans la pouuoir atteindre, si ce n'est auec vn coup de pied qu'il luy donna sur les espaules, de telle sorte qu'il la fit entrer dans sa maison en tombant tout à plat, & la teste la premiere. Ce que voyant vne autre ieune fille de la mesme hostellerie, pleine de cholere dit ces paroles à ce garçon: Vrayement, Alonso, vous faites mal car Louyse ne merite pas qu'on la marque ainsi à ruades. Si ie vis (respond Alonso) ie la traicteray de la sorte: Tais-toy doncques ma Martine, parce qu'à ces ieunes escerueleés il est besoing de leur imposer non seulement les mains, mais encores les pieds, & autre chose. Ce disant il nous laissa seuls moy & Martine; à laquelle ie demanday qui estoit ceste Louyse, & si elle estoit mariée ou non. Elle n'est point mariée, respond Martine, mais elle le sera bien tost auec ce ieune garçon Alonso que vous auez veu: Et sur les paroles que se sont donnez les parents de l'vn & de l'autre, qu'ils s'espouseront, Alonso prend la hardiesse de la battre à coups de poing & de pied, toutes les fois qu'il en a enuie; & encores que ce soit peu, si l'on regarde ce qu'elle merite: Car pour dire la verité, Monsieur nostre hoste, ceste Louyse est vn peu effrontee, libre & trop deliberee. Ie le luy ay assez dit, mais tout cela ne sert de rien: car quand on luy osteroit les yeux de la teste elle n'en feroit ny plus ny moins. Or en verité, en verité, le meilleur douaire que puisse apporter vne fille, est l'honnesteté. Et Dieu garde de mal la mere qui m'enfanta. C'estoit vne femme qui ne me laissoit pas voir la ruë, non pas seulement par vn trou, tant s'en faut qu'elle me laissast sortir au sœuil de la porte. Elle sçauoit bien, ainsi qu'elle disoit, que pour trop trotter la femme & la poulle, &c. Et dictes moy Dame Martine, (luy repliquay-ie) comment doncques en sortant d'vn si estroit Nouitiat estes vous venu faire profession en vne si large & si spacieuse hostellerie. Il y a (respond Martine) plusieurs choses à dire sur ce subject. Et moy mesme (poursuiuit le Polonois) aurois beaucoup d'autres choses à reciter sur ces petites particularitez, si le temps le requeroit, & si la douleur que ie porte dans l'ame le permettoit.

Le Polonois poursuit son histoire, & du conseil que Periandre luy donne.

Chap. VII.

NOs Pelerins escoutoient attentiuement cest estranger Polonois, & desiroient desià d'apprēdre de luy la douleur qu'il auoit en l'ame, de mesme qu'ils sçauoient à peu pres le mal qu'il pouuoit auoir au corps. C'est pourquoy Periandre luy dit ces paroles: Racontez seulement, bon Seigneur, tout ce que vous voudrez, & auec toutes les particularitez que vous desirerez. Ces petites choses rendent bien souuét vn recit plus recommandable : & nous voyons qu'en vn festin vne fraische, verte, & appetissante salade ne demeure pas mal auprés d'vn faizan bien appresté. La proprieté du langage, quel que ce soit, est la vraye sausse des contes. Poursuiuez doncques vostre Histoire. Acheuez de nous dire d'Alonso & de Martine, les coups de pied & de poing donnez à la Louyse : & mariez la, ou ne la mariez pas : Soit elle libre & deliberee comme vne cresserelle : le nœud de l'affaire ne gist pas en telle gaillardise : mais bien à ce qui en est succedé, selon que ie le treuue en mon Astrologie.

Ie vous diray donques Messieurs (poursuit le Polonois) qu'ayant ceste permission de vous, ie n'auray rien dans le cornet de mon escritoire, que ie ne mette à la page de vostre iugement, auec tout ce que i'auois alors, qui n'estoit pas chose de trop grande consequence. Ceste mesme nuict ie ne fis mille fois que penser a la bonne mine, à la grace, & à la belle humeur de ceste beauté, à mon aduis nompareille, & que ie ne sçay si ie doibs nommer, la ieune voisine, ou la fille cognuë de mon hostesse. Ie fabriquay mille desseins, bastis mille tours de vents : ie me mariay : & fis la figue à tout ce qu'on en pourroit dire. En fin ie me resolus de rompre mon premier dessein, & la premiere iournee de mon voyage, & de m'arrester à Talauere, marié auec la Deesse Venus : car ceste ieune fille ne me sembloit pas moins belle, quoy que le garçon de l'hostellerie l'eust ainsi estrillee à coups de pied. Ceste nuict se passa : Ie tastay le poulx de mon contentement, & le recognus tel, que si ie ne me mariois auec Louyse, en peu de temps en perdant mon contentement, ie viendrois à perdre la vie, laquelle i'auois desià deposee dans les yeux de ceste villageoise. Apres auoir choppé par toute sortes d'inconueniens, ie resolus de parler à son Pere, & de la luy demander pour femme. Ie luy descouuris mes perles, luy manifestay mon argent, & luy appris les loüanges de mon esprit, & de mon industrie, capable de non seulement les conseruer, mais encores de les augmenter. Ces raisons, ioinctes à la monstre que ie luy fis de mes moyens, rendirent le Pere de la fille plus doux qu'vn gand; de sorte que bien tost il fut d'accord auec moy : & il estoit d'autant plus induict à me donner sa fille en mariage, qu'il voyoit que ie ne m'arrestois point sur la dot, & que ie me tenois pour bien payé, content & satisfaict de la seule beauté de sa Louyse. Alonso eut doncques son sac, & elle fut mon Espouse, meschante & dissimulee, ainsi qu'elle le fit

& de la belle Sigismonde. 475

paroiſtre par ce qui arriua quinze iours apres à mon grand deſplaiſir, & à ſa grande vergoigne. Finalement elle s'accommoda de certaines bagues qui m'apartenoient, & de quelque argent, & puis accompagnee de cét Alonſo qui luy auoit mis des aiſles aux pieds, auſſi bien qu'à la volonté, elle diſparut de Talauere. Voylà comme i'ay demeuré mocqué, & repentant. Et voylà comme elle donna ſujeʄt à tout le village de diſcourir publiquement de ſon inconſtance & de ſon ingratitude. L'affront que i'auois receu me fit recourir à la vengeance : toutesfois ie ne treuuay ſur qui ie la pouuois exercer ſi ce n'eſt ſur moy-meſme, & ie fus mille fois en fantaſie de m'eſtrangler de mes propres mains. Neantmoins la Fortune, qui peut eſtre me reſerue pour auoir ſatisfaction du tort que l'on m'a faiʄt, ne la pas voulu: Car il eſt arriué que mes ennemis ont eſté pris, & enſerrez dans la priſon de Madrid, ainſi que l'on m'en a aduerty, afin que i'y aille pour me rédre partie, & pour faire dire droit ſur la iuſtice de ma cauſe: Ie vais donc en reſolution que leur ſang laue & efface les taches de ma honte : car en leur faiſant perdre la vie, i'eſpere d'oſter de mes eſpaules le peſant fardeau de leurs crimes, lequel m'accable & me conſume. Sur mon Dieu ils en mourront, & j'en iure par le mesme Dieu qui me doit vanger, que tout le monde sçaura qu'il m'est impossible de dissimuler les affronts qu'on m'a faicts, & principalement ceux qui sont si nuisibles & si dommageables qu'ils perçent iusques au profond de l'ame. Ie vais à Madrid, & me treuuāt maintenāt mieux de ma cheute ie n'ay autre chose à faire que de remonter à cheual, & qu'on se garde de moy iusques aux moucherons de l'air. Que prieres de Moynes, ny d'autres personnes deuotes ne viennent point abreuuer mes oreilles: ny moins encores aucunes promesses de quelques gens de bien, ny dons de richesses, ny commandements des grands, ny aussi toute la trouppe qui a de coustume d'interuenir à semblables actions: car mon honneur ira tousiours au dessus de leurs crimes, comme faict l'huile sur l'eau. Ce disant, il se vouloit prōptement leuer, pour monter à cheual & poursuiure son chemin lors que Periādre le prenant par les bras, l'arresta, & luy tint ce langage. Monsieur mon amy, aueuglé de vostre colere, vous ne considerez pas que vous allez estendre & dilater vostre deshonneur. Iusques icy il n'y a que ceux qui vous cognoissent à Talauere, & qui doiuent estre bien peu de gens, qui sçachent la honte que vous auez receuë: Et maintenant vous auez enuie, que l'on vous cognoisse à Madrid pour ce mesme subject. Vous desirez iustement estre, comme ce Laboureur, qui nourrit dans son sein tout le long de l'hyuer le Vipere : & le Ciel luy fut si fauorable, qu'à l'arriuee du Printemps, & lors qu'elle se pouuoit preualoir de son venin, il treuua qu'elle s'en estoit allee. Mais luy au lieu de remercier le Ciel de ceste faueur, se mit à la queste du Serpent, afin de le loger encores dans sa maison & dans son sein. Il deuoit plustost croire que c'estoit vne grande prudence, de ne rechercher point, ce qui n'est pas bō que l'on treuue. Plustost il se deuoit ressouuenir du Prouerbe qui dit : Qu'il faut faire vn pont d'argent à l'ennemy qui fuit. Or le plus grand ennemy que l'hōme aye, ainsi que l'on dit communemēt, c'est sa femme propre : neātmoins cela doit estre parmi des hōmes qui font profession d'autre Religion que de la Chrestiēne, & où les Mariages sont entr'eux vne maniere d'accord, & comme des loüages des maisons, ou des Mestairies que l'on prend à ferme : Mais en la Religion Catholique, le Mariage est vn Sacrement, qui ne se deslie point que par la mort, ou par autres choses plus ameres & plus dures que la mort mesme, & lesquelles peuuent empescher la copulation des deux mariés, sans desfaire pourtant le nœud dons ils sont attachez. Or que croyez vous qui vous arriuera, lors que la Iustice exposera vos ennemis liez & abbatus sur vn theatre publique, à la veuë d'vne infinité de personnes, tenãt l'espee toute preste pour leur coupper la gorge, comme si leur sang estoit capable de lauer, ainsi que vous dites, les taches de vostre honneur. Que vous pourra il, dis-ie, succeder, sinõ que vous rendrez vostre infamie plus publique. Vous deuez sçauoir que la vengeance chastie, mais elle n'esface point la coulpe : Les crimes que l'on commet en tels accidents, parce que la reparation ne procede point de la volonté, demeurent tousiours en la memoire des hommes, ou au moins autant que vit celuy qui a receu l'affront. C'est pourquoy, mon bon Seigneur, pensez à ce que ie vous dis, & donnant lieu à la Misericorde, ne courez point apres la Iustice. Ie ne vous conseille pas pourtant, que vous pardonniez de telle sorte à vostre femme, qu'elle reuienne à vostre maison : car il n'y a loy aucune qui vous y oblige. Ie vous conseille seulement que vous la laissiez-là : & ce sera le plus grand chastiment que vous luy sçauriez dõner. Viuez esloigné d'elle, autremẽt vous ne viurez point si vous estes ensemble, parce que la vie que vous menerez sera vne mort continuelle. La

& de la belle Sigismonde. 479

loy du Divorce fut fort en vsage parmy les Romains. Bien que ce seroit vne plus grande charité de luy pardonner, de la reprendre, de la souffrir, & de la conseiller: Toutesfois il est besoin en telles occasions d'auoir beaucoup de patience, & encores plus de discretion & de sagesse, dont peu d'hommes se peuuent fier en ceste vie, & moins encores quand les inconuenients si grands, & du tout insupportables, s'y meslent. En fin ie desire que vous consideriez, que vous allez commettre vn peché mortel, si vous leur faictes perdre la vie: Et l'on ne doit pas pecher mortellement, quoy qu'on en doiue gaigner tout l'honneur du monde.

Le Polonois courroucé demeuroit attentif aux raisons de Periandre, & apres l'auoir regardé fixement depuis la teste iusques aux pieds, il luy respondit en ces termes: Tu as parlé mieux qu'on ne sçauroit esperer de tes ieunes annees. Ta sagesse surpasse ton aage, & la meureté de ton entendemét surmonte la verdeur de ta saison. Vn Ange a parlé par ta lague, auec laquelle tu as aydé à ma volonté, puis qu'elle est deuenuë toute autre qu'elle n'estoit auparauant. Ie desire maintenant de retourner à mon pays, & de rendre graces au Ciel de la faueur que tu m'as faicte. Ie te prie ayde moy à leuer: car si la cholere m'oste la force, il ne faut pas que ma patience bien aduisee m'en priue pareillement. Nous le ferons tous de fort bonne volonté, repart Antoine le pere. Et sur cela tous l'embrasserent, & luy ayderent à monter sur son mulet. Il leur dit qu'il vouloit retourner à Talauere pour mettre ordre à des choses qui concernoient son particulier. Qu'apres il s'embarqueroit à Lisbonne, pour reprendre le chemin de sa patrie. Il leur apprit encores son nom & leur dit qu'il se nommoit Ortel Banedre, qui en Castillan vaut autant que si l'on disoit Martin Banedre. Apres leur auoir de nouueau offert son seruice, il tourna la bride de son Mulet, & reprit le chemin de Talauere. Tous nos Pelerins estoient esmerueillez de son auanture, & de la bonne grace qu'il auoit en la racontant. Ils se reposerent ceste nuict au mesme lieu, & de là à deux iours, ayans en leur compagnie la vieille Pelerine, ils arriuerent au territoire de Tolede, que l'on oppelle Sagra, & descouurirent le renommé fleuue du Taje, fameux pour son sablon, & celebre pour ses eaux claires & nettes.

Description

Description du terroir de Tolede, & du fleuue du Taje, & autres choses memorables.

CHAP. VIII.

LA renommee du fleuue du Taje n'est pas si petite qu'elle soit enfermee dans des bornes & des limites, & ignoree des nations les plus reculees. Le bruit de son nom s'espand, & se faict cognoistre par toutes les Prouinces du Monde ; de sorte qu'il n'y a personne qui ne desire le voir. Or comme aux contrees du Septentrion toutes les personnes de qualité sçauent la langue Latine, & sont versees en la lecture des anciens Poëtes, Periandre l'estoit aussi comme vn des plus Illustres de toutes ces froides Prouinces. C'est pourquoy, tant pour ce suject, que pour auoir veu, leu, consideré, & admiré les œuures du Poëte Garcillas de la Vega, que l'on ne sçauroit iamais assez louër; Si tost qu'il descouurit le clair fleuue, il profera ces paroles : Nous ne dirons pas ; Icy donna fin à sa chanson Salice : Icy commença de chanter Salice : Icy en ses Eclogues il se surmonta soy mesmes : Icy resonna sa Musette, au son de

Hh

laquelle les eaux de ce fleuue s'arresterent, les fueilles des arbres demeurerent coyes; & les vents ayants retenu leurs haleines donnerent loisir à l'admiration d'enuoyer son chant de langue en langue, & de nation en nation par toutes les Prouinces de la Terre. O bien-heureuses & cristallines cauës, & sablons dorez. Mais que dis-ie, dorez: pluftost de fin or & naturel, receuez ce pauure Pelerin qui vous adore maintenant de loin, & qui espere vous rendre l'honneur qu'il vous doit, quand il sera plus pres de vous. Ayant acheué ce discours, il ietta les yeux sur la grande ville de Tolede, & tint ce langage. O ville entournee de roches, gloire d'Espagne, & lumiere de ses Citez, dans le sein de laquelle l'on a conserué durant plusieurs siecles les reliques des valeureux Gots, pour en faire reuiure leur mort glorieuse, & pour seruir de clair miroir & de reliquaire aux ceremonies Catholiques. Ie te saluë doncques, ô saincte Cité, & te prie de permettre que nous, qui, venōs pour te voir, y treuuions du cōtentement. C'est ce que dit Periandre, & Antoine le pere l'auroit encores mieux dit, si comme luy il l'eust sceu, parce que la lecture des liures dōne plusieurs fois vne plus certaine experience des choses, que ne faict la veuë mesme. Car celuy qui regarde attentiuement vne chose, s'arreste souuent sur ce qu'il lit: & celuy qui regarde sans attention, ne s'arreste nullement en part aucune: si bien qu'en ce subiect la lecture surpasse la veuë. Or au mesme instant leurs oreilles furent remplies du son d'infinis instruments de resjouyssance, lequel son s'espandoit par les valons qui enuironnent la ville. Ils virent pareillement venir vers eux des escadrons, non pas d'hommes armez, ains des bandes de filles plus belles que le Soleil mesme. Elles estoient vestuës à la villageoise. Elles auoient la gorge semee de petits colliers de medailles, où l'on voyoit reluire le corail & l'argent, auec plus de lustre que s'ils eussent esté de perles ou d'or, lequel à l'heure s'estoit osté du sein & ramassé aux cheueux, qui estoiët aussi blonds & aussi luisants que l'or mesme. On les voyoit, bien qu'espars sur les espaules, recueillis à la teste par de vertes guirlandes côposees de fleurs odoriferantes. Là paroissoit entr'elles le gros drap de Luença, mieux que le damas de Milan, & le veloux ras de Florence. Finalement leur parure rustique, surpassoit la plus riche piaffe de la Court: car si on descouuroit en elles l'honeste mediocrité, on y voyoit pareillement vne netteté extreme. Ce n'estoient que fleurs: tout n'estoit que roses, & tout que gentillesse. Et toutes

Hh ij

ces choses iointes ensemble faisoiët vn honneste mouuement, encores qu'il fust formé de diuerses danses. Ce mouuement estoit incité du son des instruments differents, & dőt nous auons desià parlé. A l'entour de chaque escadron, & au dehors, l'on voyoit plusieurs ieunes garçons bien dispos, & vestus de belle toille blanche, & ayants la teste bandee d'vn linge de poinct coupé: C'estoient de leurs parents, ou gents de leur cognoissance, ou bien voisins de leurs villages. L'vn battoit le tambour, & ioüoit de la fluste: l'autre du psalterion: cestuy-des sonnettes, & cestuy là du flageolet. Or de ces sons il en procedoit vn seul qui resiouïssoit extrememét auec son accord, lequel est la fin de la Musique. Cest escadron ou assemblee de filles dãsseresses passant pres de nos Pelerins, il y eut vn personnage, qui estoit, ainsi qu'ils sçeurent depuis, le Iuge du village, lequel prit par la main l'vne de ces filles, & apres l'auoir bien contemplee depuis la teste iusqu'aux pieds, en voix courroucee & pleine de mal-talent, luy tint ce langage. Toçelo, ie vous y prens Toçelo. Regardez vn peü ie vous prie auec quelle effronterie il vous accompagne. Sont-ce icy des danses pour estre profanees ? Sont-ce des festes que l'on doiue porter sur la prunelle des yeux ? Ie ne sçay comme le Ciel permet telles meschancetez. Mais si cecy a esté faict par le consentement de ma fille Clemence Couene, par le Dieu viuant, ie crieray si haut que les sourds nous entédrōt. A peine ce Iuge acheuoit de proferer ceste parole, qu'vn autre Iuge s'approchant luy tint ce discours: Pierre Couene ce seroit faire des miracles si les sourds vous entendoient: Cōtentez vous que vous soyez entendu de nous seulement, & sçachons en quoy vous peut auoir offensé mon fils Toçelo. S'il vous a faict quelque offense, ie suis homme de Iustice, & moy-mesme le pourray & sçauray bien chastier. Le crime est bien visible (repart Couene) puis qu'estant homme il va vestu en femme, & encores non pas en accoustrement de quelque femme de basse qualité, ains de Damoiselle de sa Majesté, & aux festes que l'on celebre à son honneur, afin que vous iugiez, Monsieur le Iuge Toçelo, si ce n'est pas vne grande vilenie. Cependant ie me doute fort que ma fille Couene ne doit estre gueres loin : parce que les accoustrements que porte vostre fils me semblent estre à elle. Or ie ne voudrois pas que le Diable fist icy des siennes, & qu'à nostre deceu ils vinssent à se ioindre, sans attendre la benedictiō de l'Eglise. Et vous sçauez que tous ces mariages clandestins, où la plus grand part se tournent en mal, & dōnent dequoy difner à l'audience Clericale & à la Court de l'Official qui est tousiours affamee. Comme il acheuoit ce discours, vne ieune Paysanne qui s'estoit arrestee auec plusieurs autres pour les escouter, fist ceste responfe; S'il est loisible de dire la verité, Il faut que vous sçachiez, Messieurs les Iuges, que Marie Couene est aussi bien la femme de Toçelo, & luy le mary d'elle, comme ma mere l'est de mon pere & mon pere de ma mere. Elle est sans doute enceinte, & mal en point pour danser. Il les faut marier ensemble, & en chasser le Diable. Que sainct Pierre benisse ce que Dieu veut & ordonne. Veritablement ma fille (repart Toçelo) vous dites vray: Ils sont tous deux esgaux: l'vn n'est pas plus vieil Chrestien que l'autre, & leurs moyens se peuuent mesurer à vne mesme àulne. C'est bien dit (replique Couene) faisons venir ma fille pour en bailler la decisiō: car elle n'est point müette. Couene qui n'estoit gueres esloignee vint, & la premiere parole qu'elle profera fut ceste-cy: Ie ne suis pas la premiere ny ne seray point la derniere de celles qui sont cheutes en semblables precipices, Toçelo est mō mary, & ie suis sa femme: Et Dieu nous vueille pardonner si nos peres ne le veulent point faire. Comment (repart son pere) est ce ainsi que vous tesmoignez voſtre honte ma fille, par les coſtaux d'Vbede, pluſtoſt que ſur voſtre front. Toutesfois puis que la beſongne eſt faicte, il ſera bõ que le Iuge Toçelo faſſe que ceſt accident aille plus auant, puis que vous n'auez pas voulu laiſſer l'affaire derriere. Par le Dieu viuant, diſt la fille, qui auoit parlé la premiere, Monſieur le Iuge Couene a parlé comme vn homme d'aage. C'eſt pourquoy que ces deux ieunes enfans ſe donnent la main, ſi tant eſt qu'ils ne ſe la ſoient point encores donnee, & que deſormais ils ne ſoient qu'vn, ainſi que le commande la ſaincte mere Egliſe. Pourſuyuons neantmoins noſtre danſe, & allons à l'Orme : car il ne faut pas interrompre noſtre feſte pour des fadaiſes. Lors Toçelo s'approcha, & ſuiuant l'aduis de ceſte ieune fille, luy & ſa maiſtreſſe ſe donnerent la main. Voilà donques le procez vuidé, & la danſe ſuiuit ſon chemin. Or ſi tous les procez ſe vuidoiẽt de la ſorte, croyez que les plumes des Chicaneurs ſeroient bien ſeiches & pellees.

Periandre, Auriſtelle, & les autres Pelerins, demeurerẽt fort contens & ſatisfaits de la procedure des deux Amants. Ils n'eſtoient pas moins eſmerueillez de la beauté de ces ieunes Payſannes : car il ſembloit qu'elles eſtoient toutes le principe, le milieu, & la fin de l'humaine beauté. Periandre ne voulut point entrer dans Tolede pour complaire à Antoine le pere qui desiroit extrememẽt voir sa patrie & ses parents, lesquels n'estoiẽt gueres esloignez de ce lieu. Ioint qu'il alleguoit que pour bien voir les magnificences d'vne telle ville, il falloit employer plus de temps que la haste qu'ils auoient ne requeroit. Ceste mesme consideration les destourna de passer par Madrid, où pour lors estoit la Court. Ils craignoient d'estre empeschez en leur voyage: Et la vieille Pelerine qui alloit auec eux les cõfirma en ceste resolution; Car elle leur dist qu'à la Court il y auoit certaine ieunesse, que l'on disoit estre fils de Grands d'Espagne, qui, comme ieunes moineaux, se laissoient prendre au leure d'vne femme belle, de quelque qualité qu'elle fust; parce que le fol amour ne regarde point à la qualité, ains seulement à la beauté. Il sera donques bon (dist alors Antoine le pere) que nous vsions de l'artifice des Gruës: Quand elles changent de contree & qu'elles passent par le mont Imaue, elles ont cognoissance que certains oiseaux de rapine les y attendẽt pour leur seruir de curee. C'est pourquoy pour preuenir ce dãger, elles passẽt de nuict, & chacune tient à la bouche vne pierre afin que cela les empesche de crier, & parce moiẽ de n'estre point entëduës. Or nostre meilleur est de suiure le riuage de ceste fameuse riuiere. Nous laisserõs la ville à main droicte, & en reseruerons la veuë pour vne autre saison. Nous irons à Ocaina, & de là au Quintanar de la Orden, qui est ma patrie. La Pelerine voyant la resolution que prenoit Antoine en son voyage, leur dist qu'elle vouloit suiure le chemin qui luy estoit plus propre. La belle Ricla luy donna deux pieces d'or en aumosne, & la Pelerine bien ayse prit congé d'eux en les remerciant. Ils passerent par Aranjuez. C'estoit en la saison du Printemps, de sorte qu'vne si belle veuë les remplit esgallement d'admiration & de contentement. Ils virent des ruës esgalles & larges, embellies d'vne infinité d'arbres verdoyans qui leur seruoient d'espaules & de soustien. Ces arbres estoient si verds qu'ils paroissoient estre de fine Esmeraude. Ils eurent encore le plaisir de voir l'accouplement, les baisers & les embrassemens que se donnent les deux fleuues renommez Henares & le Taje. Ils contemplerent leurs montagnes d'eau, admirerent la gentille disposition des iardins, & la diuersité de leurs fleurs. Ils apperceurent encores ses estangs, où il y a plus de poissons que de grains de sable ; comme encore les arbres fruictiers fort exquis, lesquels pour s'alleger de leur fardeau posent leurs rameaux à terre. Finalement Periandre tint pour veritable la renommee qui parle de ce terroir par tout le monde. Ils allerent de là à la ville d'Ocaina, où Antoine apprist que son pere & sa mere estoient encores viuants. Il s'y informa d'autres choses qui le resiouyrent fort, ainsi que nous vous dirons maintenant:

Comme Antoine arriue auec sa Compagnie à son village, & de l'infortune funeste arriuee à vn Comte.

Chap. IX.

L'Air de la patrie resiouit fort les esprits d'Antoine le pere : comme aussi l'ame de tous les autres Pelerins fut remplie d'vne grande alegresse, lors qu'ils visiterent nostre Dame d'Esperance. Ricla & ses deux enfans estoient tous transportez de ioye, quand ils venoient à penser qu'ils verroient bien tost, elle son beau-pere & sa belle mere, & eux leur ayeul & ayeule. Antoine auoit des-jà appris qu'ils viuoiét malgré la fascherie que son l'absence leur auoit donnee. Il sceut pa-

& de la belle Sigismonde. 491

reillement que son ennemy ayant succedé à
la grandeur de son pere estoit depuis mort
bon amy du pere d'Antoine: parce qu'vne
infinité de preuures procedans de ce côbat
duel embrouillé, l'on auoit asseuré, que ce
qu'Antoine luy fist n'estoit pas vn affront,
puis que les paroles qui se passerent en telle
occurence, furent proferees l'espee à la main,
Or la lumiere des armes oste la force aux paroles, & celles que l'on dit quand on a l'espee hors du fourreau, ne sont point receuoir
aucun affront, quoy qu'elles offensent. C'est
pourquoy celuy qui desire se venger d'elles,
il ne faut pas croire qu'il repare vn affront;
mais bien qu'il chastie son offense, ainsi que
nous le ferons paroistre par cest exemple.
Prenons le cas que ie profere vne verité manifeste : cependant voilà vn Homme tout
aueugle de sa passion, qui me dit que ie mēts
& mentiray toutes les fois que ie tiendray ce
langage : & sur cela il met la main à l'espee
pour soustenir ce demēty. Moy qui ay le de-
manty, n'ay ie pas besoing de me passionner
pour la verité que i'ay proferee, & laquelle
ne peut estre dementie en aucune maniere:
mais il m'est expediant que ie chastie le peu
de respect qu'on me porte. Si bien doncques
que celuy qui est desmenty de la sorte, peut
entrer en combat contre l'autre, sans qu'on

luy puisse alleguer qu'il a receu vn affront, & qu'il ne peut entrer au combat, iusques à tant qu'il ayt sa satisfaction. Car comme i'ay desià dit, entre offense & affront il y a vne grande difference. En fin Antoine sceut l'amitié contractee entre son pere & son ennemy, qui apres auoir bien consideré sa querelle auoit pris raison en payement.

Ces bōnes nouuelles l'ayans mis en repos & remply son ame de contentement, luy & ses Compagnons poursuiuirent leur chemin. Or il leur conta tout ce qu'il auoit appris de ses affaires, & comme vn frere de celuy qu'il croyoit estre son ennemy, auoit maintenant succedé à celuy la mesme, & demeuré de son Pere aussi bon amy que son frere deffunct. Cependant Antoine fut d'aduis que chacun fit bonne mine, par ce qu'il auoit resolu de se donner à cognoistre à son Pere, non pas tout à coup, ains par quelque certain destour qui luy accreut le plaisir de l'auoir recognu : car il se representoit que bien souuent vne soudaine alegresse oste la vie, aussi bien qu'vn ennuy inopiné. Trois iours apres, & entre chien & Loup ils arriuerent à son bourg, & à la maison de son Pere. Le bon homme estoit alors à la porte de son logis assis auec vne vieille Damoiselle, Mere, ainsi que l'on sceut depuis, de nostre gentil-homme. Et ils y pre-

& de la belle Sigismonde. 493

noient le frais, comme l'on dit, en ceste saison chaleureuse. Nos Pelerins s'y arresterent tous ensemble, & Antoine fut le premier qui parla, & qui tint ce langage: Mon bon Seigneur, n'y a t'il pas en ce lieu quelque hospital où se retirent les Pelerins? Comme tout le peuple de ce lieu (repart son Pere) est Chrestien, toutes les maisons qui sont icy sont hospitaux de Pelerins. Et quand il n'y en auroit aucune la mienne neantmoins selon sa capacité, seruiroit pour toutes. I'ay maintenant de tels gages par le monde, & en telle part que peut estre ils ne treuuent point aucun qui les retire. Peut estre, Monsieur, n'est ce pas icy le village qui se nomme, le Quintanar de la Orden: & dans ce lieu mesme n'y a t'il point aussi vne noble famille que l'on nomme de Villeseigneurs. Or ie tiens ce discours, parce que i'ay cognu vn de ces Villeseigneurs, & bien loing de ceste terre. S'il estoit icy nous n'aurions pas besoin, ny moy, ny mes Camarades de giste. Mais mõ enfãt (dit alors la Mere) côme se nommoit ce Villeseigneur dont vous parlez: Il s'appelloit Antoine (repart Antoine:) & son Pere, si i'ay bonne memoire se nommoit Diego de Villeseigneur. Las! mon bon amy (s'escria alors la mere en se leuant debout) cest Antoine est mon fils, qui par vne certaine disgrace, est absent de ce pays, depuis quelques seize annees. I'achepte bien cherement par mes larmes son absence, i'en souspire nuict & iour, & par mes oraisons ie tasche de le recouurer. Plaise à Dieu que mes yeux le voyent auant que ie descouure la nuict de l'eternelle obscurité. Mais dictes-moy ie vous prie, y a t'il long temps que vous l'auez veu, & que vous l'auez laissé. Se porte t'il bien : A t'il resolu de reuenir en sa patrie. Se ressouuient il de son Pere & de sa Mere. Il peut bien maintenant les venir reuoir, puis qu'il n'a point d'ennemy qui l'empesche : car ceux qui sont cause qu'il s'est banny de sa patrie, sont ores ses bons amys.

Le vieillard, pere d'Antoine, escoutoit tous ces discours, & cependant il appella à haute voix ses seruiteurs, & leur commanda qu'ils allumassent de la chandelle, pour mettre dans son logis ces honorables Pelerins. Apres en s'approchant de son fils, qu'il ne cognoissoit point encores, il l'embrassa estroictement, & luy tint ce discours. Vous deuez croire Monsieur que sans autre consideration que celle de vostre personne, & quoy que vous ne m'eussiez point donné ces bonnes nouuelles, ie vous logerois en ma maison: car i'ay accoustumé d'y receuoir autant de Pelerins qu'il en passe par icy. Tou-

& de la belle Sigismonde. 495

tesfois par ces agreables nouuelles que i'ay receuës de vous, ie grossiray ma volonté, & feray surabonder le bon traictement de tout mon possible. Sur cela les valets du logis auoient allumé des chandelles, & comme ils conduisoient les Pelerins, voilà qu'ils rencontrerent au milieu de la basse-court, deux belles & honnestes Damoiselles, sœurs d'Antoine, qui estoient nees depuis son absence. Ces deux filles voyants la beauté d'Auristelle, la bonne grace de Constance leur niepce, & la bōne mine de Ricla leur belle sœur, ne se pouuoient lasser de les baiser, & de leur donner mille benedictions. Et lors qu'elles croyoient que leur Pere & leur Mere deuoient entrer dans le logis auec le nouueau hoste, elles virent entrer confusement auec eux vne trouppe de gens, qui portoient sur leurs espaules, vn homme dans vne chaire, & demy mort. Elles sçeurent que c'estoit le Comte, qui auoit succedé à celuy qui auoit esté ennemy de leur frere. Le trouble du peuple, la confusion de leurs parents, & le desir qu'elles auoient de faire bon traictement à leurs nouueaux hostes les rendit tellement estonnees, qu'elles ne sçauoient à qui s'addresser, n'y a qui demander le subiect de ceste esmotion. Le Pere & la Mere d'Antoine s'approcherēt du Comte qui auoit esté blessé d'vne balle par les espaules à vne broüillerie qu'auoient euë deux compagnies de soldats logez dans le village, & qui s'estoient battus auec ceux du lieu. Or ce Comte se voyant blessé commanda qu'on l'emportast à la maison de son amy Diego de Villeseigneur. Lors qu'on le mit dans la maison de ce Gentil-homme, il commençoit de loger son fils, sa belle, fille & ses deux petits nepueux, auec Periandre & Auristelle, qui prenant par la main les deux sœurs d'Antoine, les pria qu'elles la retirassent de ceste confusion, & la menassent en quelque chambre ou personne ne la vit. Elles le firent, s'estonnans de nouueau de la nompareille beauté d'Auristelle. Cependant Constance dans l'ame de laquelle boüilloit le sang du parentage, ne se vouloit, ny ne pouuoit esloigner ces deux tantes. Elles estoient presques toutes de mesme aage, & presques doüees de pareille beauté. Le semblable arriua au ieune Antoine, qui oubliant sa bonne nourriture, & l'obligation de l'hospitalité, s'en alla tout courtois & tout ioyeux embrasser vne de ses tantes. Ce que voyant vn des seruiteurs de la maison il luy tint ce discours : Arrestez-vous Monsieur le Pelerin, & tenez coiës ses mains : car le Maistre de ce logis, n'est pas homme de qui on se doiue mocquer : autrement

ment asseurez-vous qu'on vous les fera bien tenir coïes malgré vostre effrontee temerité. Certes, mon amy, repart Antoine, ce que j'ay fait est peu de chose, au respect de ce que ie feray cy apres, si le Ciel fauorise mes desirs. Ils n'ont point autre but que le seruice que j'ay voüé à ces deux belles Damoiselles, & à tous ceux de ceste maison. On auoit en ce mesme temps mis le Comte blessé dans vn riche lict, & deux Chirurgiens estoient venus pour luy arrester le sang, & pour considerer sa blesseure, laquelle ils declarerent mortelle, & sans qu'on y peust apporter guerison par quelque voye humaine. Tout le Bourg estoit en armes contre les soldats, qui en escadron formé estoient sortis en campagne, resolus de donner bataille à ceux du village, si on les venoit assaillir. La solitude ny la prudence des Capitaines, ny la diligence Chrestienne des Prestres, ny des Religieux des villages, n'estoiët pas capables d'apaiser ce tumulte : car le populaire s'esmeut le plus souuent pour de legeres occasions, & ceste emotion croist comme les vagues de la Mer, qu'vn doux vent agite, iusques à ce que le dous souffle de Zephire se changeant en courroux, y vienne mesler son tourbillõ, & les pousse iusques au Ciel. Mais la nuict estant venuë la prudence des Capitaines fit marcher les soldats vers vn autre lieu, & les habitans du Bourg se contindrent en leurs limites, malgré la rancœur, & le mal talent qu'ils auoient conceu contre les soldats. Finalement Antoine, apres auoir vsé de longs discours, & de longues pauses, vint peu à peu à descouurir à son Pere & à sa Mere ce qu'il estoit, & leur fit present de leurs deux Nepueux & de leur belle fille. Leur présece tira des larmes des yeux de ces deux vieilles personnes, comme aussi la beauté d'Auristelle, & la belle disposition de Periandre les remplit d'estonnement & d'admiration. Toutesfois vne si grande & si inopinee allegresse, & l'arriuee non attenduë de leurs enfãs, estoit cõme diminuée, troublée, & quasi effacée par la disgrace du Côte, qui de moment en moment alloit en empirãt: Neantmoins il luy fit present de ses enfans, & luy offrit de nouueau sa maison, & tout ce qui estoit dedans, & necessaire pour sa guerison puis qu'encor qu'il eust eu enuie qu'on le portast à sa Comté, cela n'estoit pas possible. L'esperance qu'on auoit aussi de sa guerison estoit bien petite. Auristelle & Constance ne bougeoient d'autour du cheuet du Comte: car leur naturelle courtoisie, ioincte à la Charité Chrestienne, leur faisoit prendre pour luy le soin que prennent pour les malades celles qui les ont en garde: Neantmoins c'estoit contre l'ordonnance des Chirurgiēs, qui vouloient qu'on le laissast seul, ou au moins nō accōpagné de femmes. Mais la disposition du Ciel, qui ordonne des choses de la terre, par des causes qui nous sont cachees & incogneuës, voulut que le Comte arriuast à la fin de sa vie. Or vn iour auant que rendre l'ame, estant asseuré qu'il ne pouuoit plus viure, il appella Diego de Villeseigneur, & estāt demeuré seul auec luy, profera ces paroles: I'estois sorty de ma maison en intention d'aller à Romme, où le souuerain Pontife a ouuert les coffres du thresor de l'Eglise pour nous communiquer en ceste annee les graces infinies qu'on a de coustume de gagner. I'allois, dis-je, en petit equipage, & plus en pauure Pelerin qu'en riche Caualier. I'entray dās ce Bourg, & treuuay que les habitās de ce lieu, ainsi que vous sçauez, auoiēt querelle contre les soldats qui y estoient logez. Ie me fourray d'vn costé & d'autre parmy eux, & pour sauuer la vie d'autruy i'ay fait perte de la miéne: par ce que la blesseure que i'ay receuë en trahison (si ainsi se peut dire) m'oste peu à peu la vie. Or ie ne sçay point qui est celuy qui m'a blessé, d'autant qu'en telles emotions populaires il n'y a que confusion. Ie ne me fasche point de mourir, si ce n'est en tant que ma mort en coustera plusieurs autres, soit par la voye de la Iustice, ou par celle de la vengeance. Neantmoins auec tout cela, pour faire ce qui est de mon deuoir, & tout ce que ie peux pour mon regard, comme Cheualier & homme Chrestien, Ie dis que ie pardonne de bon cœur à mon meurtrier, & à tous ceux qui pourroiēt estre coulpables de ma mort. Cependant ie veux monstrer que ie desire recognoistre la courtoisie & le bon traictement que i'ay receu en vostre maison. Mais la recognoissance dont ie veux vser en vostre endroit, i'entēs qu'elle ne soit point de celles que l'on témoigne ordinairemēt. Ie veux, dis-ie, y proceder par vne voye la plus extreme que l'on puisse imaginer. Dans ces deux bahus que vous voyez là, & où sont mes hardes, ie pense qu'il y a quelque vingt mille Ducats en or, ou en pierreries qui n'occuppent gueres de lieu. Ceste somme de deniers n'est rien au prix, de ce qui est enserré dans les entrailles du Potosis, & dont ie veux faire, ce que maintenant ie fais de cecy. Prenez le, Monsieur, ou faictes que Madamoiselle Constance vostre petite fille le prenne. Ie le luy donne en arres & pour son douaire : car i'espere luy donner de ma main vn tel mary, qu'encores qu'elle en soit bien tost priuee, & qu'elle en demeure vefue; neantmoins, elle demeurera vefue tres-honorable, & de mesme que fille fort honorable. Faictes la venir icy, & pareillement vn prestre qui me marie auec elle. Sa vertu, sa pieté, & sa beauté meritent l'Empire de l'Vniuers. Ie vous prie, Monsieur, ne vous esbahissez pas de ce que vous oyez. Ce ne sera pas vne chose estrange & inouye, si vn Grand prend en mariage la fille d'vn Gentil-homme, en laquelle sont asseblees toutes les qualitez vertueuses qui peuuent rendre recommandable vne femme. Le Ciel le veut ainsi, & i'y ay de l'inclination. Or ie vous coniure par la prudence que vous deuez auoir, que vous n'y mettiez aucun destourbier. Allez donques promptement ie vous prie, sans repliquer parole aucune, & amenez moy qui m'espouse auec vostre fille, & vn Notaire qui couche si bien les articles de nostre mariage, & de la donation que ie fais de ceste somme, & de ces ioyaux, qu'ils en soient si fermes, & si valables, que la calomnie ne puisse treuuer subiect pour les deffaire.

Villeseigneur, fut tout estonné lors qu'il ouyst ce discours, & creut fermement que le Comte auoit perdu le iugement. Il creut aussi qu'il estoit sur le poinct de rendre l'ame, parce qu'en telles extremités, vn homme profere bien souuent de belles & graues paroles, ou bien de grandes extrauagances. C'est pourquoy il luy fist ceste respōse: Monsieur, I'espere en Dieu que vous serez bien tost guery; & alors auec des yeux plus clairs, & sans que douleur aucune trouble vos sens, vous verrez mieux les richesses que vous dōnez, & la femme que vous choisissez. Ma Niepce n'est pas vostre pareille; ou au moins elle n'est pas en tel estat qu'elle ne soit bien esloignee de pouuoir meriter d'estre vostre Espouse. Au reste ie ne suis pas si ambitieux, que ie desire achepter l'honneur que vous me voulez faire, aux despens de ce qu'en pourroit dire le vulgaire. Vous sçauez qu'il est tousiours plein de malice, & il me semble qu'il dit desià, Qu'apres vous auoir faict porter à ma maison, ie vous ay peruerty l'entendemēt, & par des voyes pleines d'ambition & de conuoitise, contraint de faire cecy. Qu'il en die ce qu'il voudra (repart le Comte) car si le populaire s'abuse ordinairement, aussi se treuuera-il abusé en ce qu'il croira de vous. Bien doncques (dit Villeseigneur) ie ne veux pas estre si sot, que de n'ouurir point au bon heur qui frappe à la porte de ma maison. Ce disant il sortit de la chambre, & communiqua ce que le Comte luy auoit dit à sa femme, à ses enfans, à Periandre, & à Auristelle.

Tous furent d'aduis, que sans y rien oublier, l'on deuoit prendre l'Occasion aux cheueux qu'elle offroit, & que l'on deuoit faire venir ceux qui pouuoient terminer ceste affaire. Cela fut faict, & en moins de deux heures Constance se treuua mariee auec le Comte, & eut en sa possession l'or, & les ioyaux dont nous auons parlé cy-dessus, apres qu'on eut obserué toutes les circonstances, & toutes les choses vallables, en tel cas requises & necessaires. La Musique n'interuint point en ces nopçes. On ny oyoit que plaintes accompagnees de larmes, parce que la vie du Comte s'esteignoit de moment en moment. En fin le iour qui succeda à celuy des espousailles, le Comte rendit l'esprit entre les bras de la Comtesse Constance son Espouse. Quand elle le vit mort elle mit sur sa teste vn voile noir, & puis pliant les genoux à terre, & esleuant les yeux au Ciel, commença de proferer ces paroles: *Ie fais vœu*: Mais à peine acheuoit elle ceste parole qu'Auristelle luy dit: Quel vœu, voulez vous faire, Madame? *D'estre Religieuse*, repart la Comtesse: Soyez-le, & ne le faites pas, repliquo Auristelle. Les œuures dont on veut seruir à Dieu ne doiuét iamais estre precipitees, & l'on ne doit pas tesmoigner qu'elles procedent de quelques accidents. Et peut estre celuy de vostre Espoux vous pourroit bié faire promettre chose que vous ne pourriez ny voudriez puis apres accomplir. Remettez à Dieu vostre volonté, & à vous mesme : car vostre sagesse, & celle de vos parents, ne manqueront de bon conseil, pour vous faire receuoir ce qui vous est plus expedient. Qu'on donne seulement ordre à la sepulture de vostre Espoux. Confiez vous en Dieu, & croyez que celuy qui vous a honorée lors que vous ny pensiez pas, du tiltre de Comtesse, vous donnera encore vn autre tiltre plus grand & de plus de duree que cestuy-cy. La Cõtesse prit ceste raison en payement : & comme l'on disposoit l'appareil des funerailles, vn ieune frere qu'auoit le Comte deffunct arriua. Il faisoit les exercices que la Noblesse pratique à Salamanque, quand on luy donna la nouuelle de la mort de son frere. Il pleura sõ trespas: mais la douceur de l'heritage eut bien tost seché ses larmes. Il sceut ce qui auoit esté faict, embrassa sa belle sœur, ne contredict à chose aucune, & fit embausmer le corps de son frere pour le faire porter puis apres à sa maison. Apres il prit le chemin de la Court pour demander Iustice contre les meurtriers. On iugea le procez, les Capitaines eurent la teste tranchee, & plusieurs habitans du village furent chastiez: Constance demeura auec

& de la belle Sigismonde. 505

les arres & le tiltre de Comtesse, pendant que Periādre se ressouuint de poursuiure son Pelerinage. Antoine le Pere, & Ricla sa Mere lassez de tant de voyages perdirent l'enuie de les accompagner: Mais non pas Antoine le fils, ny la nouuelle Comtesse: car il ne leur fut pas possible d'abandonner la compagnie d'Auristelle, & celle de Periandre. Or le mesme Antoine n'auoit point encores monstré à son ayeul le tableau où estoit representé son histoire, & vn iour il le luy fit voir, & dit que là defailloiēt les lieux par où Auristelle estoit venuë en l'Isle Barbare, quand elle & Periandre se rencontrerent en habits deguisez, l'vne en accoustrement d'homme, & l'autre en celuy de femme: Metamorfose fort estrāge, ainsi que leur dit Auristelle, qui leur conta en peu de mots, que quand les Pirates la desroberent aux riuages de la Mer, auec Cloëlie, & les deux Pescheresses, ils partagerent le butin à vne Isle deserte: Et comme (poursuyuoit Auristelle) ils ne pouuoient faire égal ce partage, l'vn des principaux se cōtenta, pourueu qu'il m'eust pour sa part: voire encores y adiousta des presents, afin de rēdre égal l'excés. Ie vins dōques en son pouuoir toute seule, sans auoir qui m'accompagnast en mon infortune: car au moins la compagnie sert d'allegement parmy les miseres.

Cest homme me fit prendre l'habit d'vn garçon, craignant que le vent ne me sollicitast d'amour si i'estois vestuë en femme. I'ay roulé auec luy plusieurs iours par diuerses contrees le seruant en tout ce qui ne pouuoit offenser mon honneur. Finalement nous arriuasmes vn iour à l'Isle Barbare, où nous fusmes pris, & à l'impourueu, des Barbares. Il demoura mort au combat qu'il rendit, & ie fus traisnee à la fosse des prisõniers. I'y trouuay ma chere Cloëlie, qui par vne autre auãture non moins infortunee, auoit esté la amenee. Elle me conta l'humeur des Barbares, la vaine superstition qu'ils obseruoient, & l'adition de leur ridicule & faulse prophetie. Elle me dist pareillement qu'elle se doutoit que mon frere Periandre n'eust esté en ce mesme cachot: mais qu'elle n'auoit peu parler à luy pour la haste qu'auoiét les Barbares de l'en retirer, afin de le sacrifier. C'est pourquoy ie voulois l'accompagner, pour estre asseuree de la verité, puisque ie me trouuois en habit d'hõme: de sorte que sans auoir egard aux persuasiõs de Cloëlie qui me vouloit destourner de mon dessein, i'eus l'effect de mon desir, & m'exposay libremét pour estre sacrifiée des Barbares: Car ie me persuadois que ce me seroit vn grãd-heur, si pour vne bonne fois ie perdois la vie, sans gouster si souuent sa mort, en danger de la perdre à tous moments. Voilà tout ce que ie vous puis dire pour ce regard; & vous sçauez ce que depuis m'est succedé. Le bon homme de Villeseigneur eust bien desiré qu'on eust adiousté tout cecy au tableau: neantmoins tous furent d'aduis que non seulement on ne l'adioustast point, ains que plustost on effaçast le reste, puis que des choses si grandes & si rares ne deuoient pas estre depeintes sur vne toile foible, mais escrites sur des lames de bronze, & grauees en la memoire des hommes. Auec tout cela Villeseigneur voulut auoir le tableau, comme que se fut, afin d'y contempler le pourtraict de ses enfans, & la beauté & bonne grace sans egalle, d'Auristelle & de Periandre. Quelques autres iours se passerent, durant lesquels ils mirent ordre à leur depart, pour s'acheminer à Romme, desireux de voir l'accomplissement de leurs vœux. Antoine le Pere demeura: mais Antoine le fils ne voulut point demeurer, ny moins encore la nouuelle Comtesse: car elle aymoit, ainsi que nous auons desià dit, d'vn tel amour Auristelle, qu'elle l'eust suyuie, nõ pas seulement iusques à Romme, mais iusques à l'autre Mõde, si l'on y pouuoit aller en cõpagnie. Le iour du depart arriua, & Dieu sçait comme ils pleurerent amerement, s'embrasserét estroictement, & souspirerent douloureusement. Mais sur tout Ricla, qui au depart de ses enfans, sentoit comme fendre son ame. Le viel bon homme donna à tous sa benediction. Or la benediction des hommes d'âge semble auoir ceste prerogatiue, qu'elle rend heureuses les entreprises. Ils menerent auec eux l'vn des seruiteurs de la maison, afin qu'il leur seruist par le chemin. Ayans donc dit adieu, ils laisserent en solitude leurs parens dans la maison, & ceste Compagnie qui estoit triste & allegre tout ensemble, poursuiuit son voyage.

De ce qui arriua à Periandre, à Auristelle, au ieune Antoine, & à sa sœur poursuiuants leur voyage de Romme.

CHAP. X.

LEs longs voyages traisnent ordinairemét auec eux diuers accidents. Et comme la diuersité est composee de choses differentes, il est necessaire, que les accidents le soient aussi. Ceste Histoire nous en rend vn bon tesmoignage: Car les accidents qu'on y lit en couppent le fil, & nous font entrer en doute de la verité: C'est pourquoy il sera bon de l'abreger, parce qu'il n'est pas bon de reciter toutes les choses qui succedent, & l'on s'en peut passer, sans amoindrir le credit de l'Histoire. Il y a des actions que l'on passe soubs silence pour le respect de leur grandeur : Et d'autres qui pour leur bassesse ne doiuét pas estre dites: Encores que ce soit l'excellence de l'Histoire, que quelque chose qu'on escriue en elle, passe au goust de la verité qui l'accompagne : mais la fable n'a point ce priuilege ; car il luy conuient desguiser ses actions auec tant de formalité, de contentement & de vray semblance, qu'en despit, & malgré le mensonge, qui faict vn desaccord en l'entendement, elle forme vne veritable armonie. Et pour faire profit de ceste verité, ie dis donc, que la belle bande de nos Pelerins poursuyuant son voyage arriua à vn lieu ny trop petit, ny trop grand, du nom duquel ie ne me puis souuenir. Or ils apperceurent au milieu de la place de ce lieu par lequel il leur falloit necessairement passer, vne trouppe de gens, & vn amas de peuple. Tous estoient attentifs, considerans & escoutans deux ieunes hommes qui paroissoient en equipage de deux eschappez de captiuité, & ils declaroient les figures d'vne toille peincte, qu'ils auoient posée à terre. Il sembloit qu'ils s'estoient deschargez de deux pesantes chaisnes, qu'ils auoient pres d'eux, marques euidētes de leurs tristes auantures. L'vn d'eux, qui pouuoit auoir quelque vingt & quatre ans les enttetenoit auec des paroles claires, & d'vne langue qui parloit fort bien : & de fois à autre il secoüoit vne espece de foüet qu'il tenoit à la main ; de sorte que le son en remplissoit les oreilles, & enuoyoit les esclats au Ciel, de mesme que faict vn Cocher lors que chastiant ou menaçant ses cheuaux, il faict retentir l'air des coups de foüet. Parmy ceux qui escoutoient ce long discours l'on voyoit les deux Iuges ou Preuosts du Bourg : tous deux hommes d'aage, & toutesfois l'vn plus ieune que l'autre. Or voicy comme ce Captif libre, commença sa harangue. Messieurs (disoit-il) la ville que vous voyez icy depeincte est la Cité d'Arger, l'espouuantail de tous les riuages de la Mer Mediteranee, port vniuersel des Corsaires, rempart & refuge des larrons, qui de ce petit port que vous voyez icy representé sortent auec leurs vaisseaux & font desplaisir au monde, puis qu'ils osent bien passer oultre les Colomnes d'Hercules, attaquer, & voler les Isles plus esloignees, qui pour estre entournees de l'immense Ocean, croyent estre asseurees : au moins des vaisseaux des Turcs. Ce vaisseau que vous voyez icy reduit en petite figure, parce que la peincture le requiert ainsi, est vne Galiote à vingt & deux bancs. Le Capitaine est ce Turc, qui va sur le tillac, tenant à la main vn bras qu'il à couppé à ce Chrestien que vous voyez, & il s'en sert de foüet pour en frapper les autres Chrestiens, qui sont attachez à ces bancs: craignant d'estre atteinct de ces quatre Galeres qui le poursuiuent, & luy donnent la chasse. Ce premier esclaue, de ce premier banc, qui a la face toute soüillee & deffiguree du sang qu'en faict sortir le bras couppé, c'est moy-mesme, qui seruois d'espaulier en ceste galiotte: & l'autre qui est proche de moy, c'est ce mien compagnon non tant ensanglanté, par ce qu'il ne fut pas tant frotté que ie fus. Or escoutés, Messieurs, & soyez attentifs: peut estre l'apprehension de ce triste recit portera à vos oreilles les paroles menaçantes, & iniurieuses que proferoit ce chien de Dragut: & c'est le nom du Maistre de ce Galiot: Corsaire autant fameux que cruel, & autant cruel que Falaris, ou Busyre, Tyrans de Sicile. Pour le moins il me semble que i'entends encores le *Rosseni*, le *Manahora*, & le *Denimanyoc*, qu'il va proferant d'vn courage endiablé: paroles, & langage de Turc, qui sont dictes au deshonneur & au vitupere des esclaues Chrestiens que ces infidelles nomment Iuifs, hommes de peu de valeur, de foy noire, & de pensées viles. Et pour plus grand horreur, & espouuantement ils battent les corps viuants auec des bras morts.

Il sembloit que l'vn des deux Iuges ou Preuosts auoit demeuré long temps esclaue à Arger, car il dit tout bas ces paroles à son compagnon: Il m'est aduis que cest esclaue a dit iusques icy la verité, & qu'en apparence & en general il n'est pas vn de ceux qui cõtrefont les Captifs: toutesfois ie le veux examiner en particulier, & ie verray ce qu'il tient. Car vous deuez sçauoir que i'estois dans ceste Galiotte, & il ne me souuient pas qui fut celuy qui y seruoit d'espaulier: si peut estre il n'estoit Alonso Moclin, natif de Velezmalaga. Ce disant il s'addressa à l'Esclaue, & luy tint ce discours: Mõ amy, dictes nous vn peu ie vous prie, d'où estoient les Galeres qui vous donnoient la chasse, & si vous recouurastes vostre liberté desiree? Les Galeres (repart l'Esclaue) appartenoient à Sancho de Leyua: & pour nostre liberté nous ne la recouurasmes nullement, par ce qu'ils ne peurent pas nous atteindre. Mais puis apres nous la recouurasmes, & nous mettans dans vne galiotte qui de Sarger alloit à Arger, & qui estoit chargée de bled, nous

nous vismes à Oran, & de là à Malaca. Là mon Compagnon & moy prismes le chemin d'Italie, en intention de seruir sa Majesté Catholique, que Dieu garde de mal, en l'exercice de la guerre. Dites moy encores mes amis (repliqua le Preuost) feustes vous faicts esclaues ensemble, & vous mena t'on de premier abord à Arger, ou bien en quelque autre lieu de Barbarie? L'on ne nous fit point esclaues à mesme temps (repart l'autre captif) car ie fus pris pres d'Alicante en vn vaisseau chargé de laine qui alloit à Genes, & mon Compagnon aux Percheles de Malaca, où i'estois Pescheur. Nous fismes cognoissance ensemble à Ternan dans le cachot d'vne prison. Nous auons esté amis, auons couru long temps vne mesme fortune, & pour quelques cinq ou six meschants sols qu'on a iettez en aumosne sur nostre toile peinte, Monsieur le Preuost nous presse bien. Non pas trop mon braue (replique le Iuge) car encores ne sommes nous pas au refrein de la balade. Escoutez-moy dõques, ie vous prie, & dites moy, cõbien de portes à Arger, combien de fontaines, & combien de puits d'eau douce? Ceste demande (repart le premier) est ridicule. Arger a autant de portes que de maisons, & tant de fontaines que ie n'en sçay point le nombre: & tant de puits que ie

Kk

les ay point veus : ioinct que les maux que i'y ay soufferts m'ont faict oublier moy-mesme. Que si Monsieur le Preuost veut aller contre la Charité Chrestienne, nous receuilirons l'argent qu'on nous a donné, plierons la toille, & vous dirons adieu : car ie voy bien qu'on faict icy d'aussi bon pain qu'en France. Lors le Preuost apella vn de ceux qui estoiẽt en ceste assemblee, qui sembloit estre le Crieur du Bourg, & qui quelque fois seruoit de bourreau, quand il en estoit besoin, & luy dict : Holà Giles Berruoco : allez à la place, & amenez-moy les deux premiers asnes que vous y treuuerez : car par la vie du Roy nostre Sire, ces deux Gentil-hommes esclaues s'y pourmenerõt par les ruës, puis qu'ils sont bien si temeraires que d'oser auec tant de liberté oster l'aumosne aux vrais pauures, en nous contant icy des mensonges, & nous donnant de belleuezees. Ils sont plus sains qu'vne pomme, & sont plus forts & plus propres à prendre vne besche, qu'a tenir vn foüet à la main pour le faire retentir. I'ay demeuré cinq ans esclaue à Arger, & ie sçay que vous ne me rendez nullement raison de chose aucune, en tout ce que vous auez dit. Corps du monde (dit alors l'esclaue) est il possible que Monsieur le Iuge vueille exiger de nous vne riche memoire, estans si

& de la belle Sigismonde.

pauures d'argent, & que pour vne badinerie qui n'importe pas de trois liards, il desire oster l'honneur à deux si renommez Escoliers que nous sommes, voire encore oster à sa Majesté Catholique deux si valeureux Soldats, qui allions aux Italies, & en Flådres pour rõpre, pour destrousser, pour blesser, & pour tuer les ennemis de la saincte Foy Catholique, qui viendroient à se rencontrer auec nous. Car pour dire la Verité (qui en fin est la fille de Dieu) ie veux que Monsieur le Iuge sçache, que nous ne sommes point esclaues: mais Escoliers de Salamanque. Au milieu du cours de nos estudes il nous prit enuie de voir le monde, & de manger de la vie de la guerre, comme nous auions gousté de la vie de la paix. Certains esclaues, contrefaicts sans doute comme nous, passans par le lieu où nous estions, faciliterent nostre dessein. Nous acheptasmes d'eux ceste toille, & nous informasmes de quelques choses d'Arger, qui nous sembloient estre suffisantes & necessaires pour donner credit à nostre charlaterie. Nous vendismes nos liures, & nos hardes à vil pris, & chargés de ceste marchãdise, sommes paruenus iusques icy, & faisons estat de passer plus auant, si tant est que Monsieur le Preuost ne nous commãde quelque autre chose. Ce que ie veux faire, est que vous au-

K k ij

rez chacun cent coups de foüet, & au lieu de la pique que vous pretendez porter en Flandres, ie vous veux donner vne rame à la main, que vous remuërez dans l'eau, & en galere. Et peut estre en ceste qualité vous ferez plus de seruice à sa Majesté, que si vous portiez la pique. Ie pense (replique alors ce ieune discoureur) que Monsieur le Preuost veut paroistre maintenant vn Legislateur d'Athenes, & qu'il desire que son nō soit cogneu de Messieurs les Conseillers d'Estat, par le moyē de la rigueur qu'il exerce en sa charge. Il semble qu'il a enuie que par ce moyen on parle de luy, & qu'on le tienne pour seuere, & pour Iusticier, & qu'on luy commette des affaires d'importance, où il tesmoigne sa seuerité & sa iustice: Mais que Monsieur le Preuost sçache que *summum ius, summa iniuria.* Frere (repart l'autre Preuost) regardez biē à ce que vous dittes: & sçachés qu'en la Iustice qui se fait icy il n'y a poins d'excez, & tous les Iuges ou Preuosts de ce lieu ont tousiours esté, sont, & seront nets & chastes comme le poil des vergettes. C'est pourquoy parlez moins, & vous vous en trouuerez mieux. Sur cela le Crieur arriue, qui dit ces paroles: Mōsieur le Preuost, ie n'ay point treuué à la place aucuns Asnes: Il n'y a que les deux Escheuins Berrueco, & Crespo, qui s'y promenēt.

Ie vous ay enuoyé (dit le Preuost) à la place pour y treuuer des Asnes; & vous, monsieur le sot, me parlez icy d'Escheuins. Toutesfois retournez-y, & amenez les icy, ou de gré, ou de force: car ie veux qu'ils assistent lors que ie prononceray ceste sentence. Elle sera sans delay, & ne sera point retardee à faute d'Asnes: car Dieu mercy il y en a assez en ce lieu. Monsieur le Preuost, repart le ieune homme, le Ciel vous pourroit bien punir, si vous passez plus auant auec ceste rigueur. Ie vous supplie au nom de Dieu, que vous consideriez, que nous n'auons pas tant desrobé, que nous puissions bailler de l'argent à rente, ny fonder quelque Monastere. A peine gaignõs nous nostre miserable vie auec ceste industrie, qui ne laisse pas d'estre aussi penible que celle de ceux qui gaignẽt leur entretien à la sueur de leur corps. Nos parents ne nous ont appris aucun mestier: C'est pourquoy nous sommes contraints de nous remettre à l'industrie, ne sçachans point de mestier. Que l'on chastie ceux qui font des cocussiõs, ceux qui eschelent les maisons, les brigans & les voleurs, les faux tesmoings par argent, les faineants en la Republique, les oisifs, & les vauriens, qui ne seruent d'autre chose que d'accroistre le nombre des perdus. Mais que l'on laisse aller les miserables qui marchent le chemin droict auec la force de leurs bras & la subtilité de leur entendement: car il n'y a meilleurs soldats, que ceux que l'on prend au terroir des estudes, & que l'on plante en la campagne de la guerre. Iamais nul ne sortit du College pour estre soldat, qui ne le fut extremement bon, par ce que quand il arriue que les forces se ioignent auec l'entendement, & l'entendement auec les forces, cela fait vne composition miraculeuse, auec laquelle Mars se resiouyt, la paix s'entretient, & la Republique s'agrãdit. Periandre estoit tout estonné, ensemble tous les autres assistans, tant des raisons de ce ieune homme, que de sa promptitude en parlant. Or il poursuyuit son discours en ces termes: Que Monsieur le Preuost nous foüille, qu'il nous considere attentiuement, & prène garde à la cousture de nos habits, & s'il treuue que nous ayons seulemẽt en nostre pouuoir six reales qu'il nous face donner, non pas cẽt coups de foüet, mais plustost six millions. Cependant voyons si l'acquisition de ce peu de gain, merite d'estre chastiee par vne telle ignominie, & martyrisée par les peines de la Galere. Voilà pourquoy ie dis encores vne autre fois que Monsieur le Iuge considere cecy, sans que la passion le face precipiter, pour faire ce qu'il ne voudroit pas par apres auoir faict, & dont il pourroit estre marry. Les Iuges sages & bien aduisez chastient: mais pourtant ils ne prennent pas vengeance des crimes. Et ceux qui sont pitoyables, meslent l'equité auec la Iustice, & parmy la rigueur & la clemence, font paroistre leur bon entendement. Viue Dieu, ce dit alors le second Preuost, si ce ieune homme n'a fort bien parlé, encores qu'il ait parlé beaucoup. Or tant s'en faut que ie consente qu'on leur donne le fouët, qu'au contraire ie les veux mener à mon logis, & les ayder de quelque chose pour passer leur chemin, à la charge qu'ils aillent droict sans circuir la terre d'vn costé & d'autre: car s'ils le faisoient ils se mōstreroient vicieux plustost que necessiteux. Desià le premier Preuost estoit deuenu doux & pitoyable: si bien qu'il tint ce langage: Ie ne veux pas qu'ils aillēt à vostre maison, mais à la mienne, où ie leur veux dōner vne leçon des choses d'Arger; de sorte que cy apres ils ne se treuuent plus cōfus, & au bout de leur latin, en ce qui touche leur histoire. Les Esclaues le remercierent: les assistans loüerent sa genereuse resolution, & les Pelerins receurēt du contentement voyans que ceste affaire auoit reussi à bōne fin. Sur cela le premier Preuost s'addressa à Periandre & luy dit: Et vous Messieurs les Pelerins, n'auez-vous pas quelque autre tableau pour nous entretenir: n'auez vous pas quelque autre histoire pour nous la faire passer pour veritable, encor que le mesme mensonge l'ait composée. Periandre ne luy respōdit aucune choses, par ce qu'il vit qu'Antoine tiroit de son sein les patentes, la permission, & les attestations, qu'ils portoient pour leur voyage. Or il les remit entre les mains du Preuost, & luy dist ces paroles: Ces papiers vous pourront faire voir qui nous sommes, & où nous allons, encores qu'il ne fust pas besoin de vous les presenter, par ce que nous ne demādons point l'aumosne, ny n'auons pas besoin de la demander; si bien que comme passants on nous peut laisser librement aller nostre chemin. Le Preuost prit les papiers, & par ce qu'il ne sçauoit point lire, il les bailla à son compagnō qui sçauoit aussi peu lire que luy. Elles demeurerent donc entre les mains du Greffier, lequel ayant passé les yeux par dessus les rendit à Antoine, & profera ces paroles: Messieurs les Preuosts il y a icy autant de merite & de preud'hommie en ces Pelerins, que de grādeur en leur beauté. S'ils desirent s'arrester ceste nuict en ce lieu, ma maisō leur seruira de logis, & ma volonté de Palais pour y faire leur retraicte. Periandre l'en remercia, & parce qu'il estoit desià tard ils s'arresterent

& de la belle Sigismonde.

en ce lieu, & le Greffier les traicta dans sa maison auec toutes sortes d'amour, d'abondance, & de netteté.

Du grand peril que coururent nos Pelerins au Royaume de Valence, & comme ils en furent deliurez.

CHAP. XI.

QVand le iour fut venu, nos Pelerins apres auoir remercié leur hoste, suiuirent leur chemin, & en sortant du Bourg rencontrerent les deux esclaues feincts, qui leur dirent que le Preuost leur auoit donné de si bonnes instructions, que desormais on ne les pourroit conuaincre de mensonge, touchát les choses qui concernoient Arger: Car quelque fois (disoit celuy qui parloit plus que l'autre) l'on desrobe par authorité & par approbation de la Iustice. Ie veux dire, que bien souuent les mauuais Ministres de iustice, s'entêdent auec les larrons, afin que tout le monde disne. Ils paruindrent de compagnie à vn chemin qui se diuisoit en deux. Les Esclaues prirent le chemin de Cartagene, & les Pelerins celuy de Valence. Les mesmes Pelerins cheminans le lendemain à la poincts du iour, & lors que l'Aurore entr'ouuroit les portes de l'Orient, & chaſſoit du Ciel les eſtoilles, pour preparer au Soleil leuant le chemin par où il a de couſtume de faire ſa courſe, il arriua que Barthelimy (ainſi ſe nommoit comme ie penſe celuy qui conduiſoit le bagage) voyant ſortir le Soleil ſi allegre & ſi ioyeux, & qu'il peignoit les nuages de diuerſes couleurs ; de ſorte que l'on n'euſt ſceu veoir choſe plus agreable ny plus belle à la veuë, auec ſon ſens ruſtique tint ce langage. Le Predicateur qui preſchoit dernierement à noſtre Bourg, diſoit bien vray, quand il nous apprenoit que les Cieux & la terre annoncent & declarent la grandeur du Seigneur. Car ie vous iure, que ſi ie ne cognoiſſois point Dieu par ce que m'ont enſeigné mes parens, & les Preſtres & les anciens de mon village, ie viendrois à le chercher & à le cognoiſtre voyant la grandeur immenſe des Cieux, qui comme i'ay ouy dire, ſont en nombre de onze. I'aurois encore ceſte cognoiſſance par la grandeur de ce Soleil qui nous illumine, & lequel ne nous ſemble pas eſtre plus grand qu'vn bouclier, & neantmoins il eſt pluſieurs fois plus grand que toute la terre. Et quoy qu'il ſoit ſi grand, on nous aſſeure pourtant qu'il eſt ſi leger & ſi viſte qu'en vingt & quatre heures, il fait plus de trois cents mille lieuë de chemin. Bien que cela me semble incroyable, & que ie n'en croye rien, toutesfois parce que tant d'hommes de bien le disent, ie force mon entendement, & le croy. Mais ce qui me rend plus estonné est, qu'il y aye au dessous de nous d'autres peuples que l'on nōme Antipodes, sur la teste desquels nous qui sommes au dessus tenons les pieds. Ceste chose me semble impossible, car pour soustenir vne si grande charge, il faudroit qu'ils eussent la teste de bronze. Periandre se mit à rire oyant la rustique astrologie de ce ieune garçon, & luy dit: Barthelemy, ie voudrois treuuer des raisons propres pour te faire cognoistre ton erreur, & la veritable posture du monde. C'est pourquoy il seroit besoin de commencer par ses principes: toutesfois m'accommodant à ton esprit ie reduiray le mien en petit volume, & te diray seulement cecy. Tu dois croire comme vne verité infallible, que la terre est le centre du Ciel. I'appelle centre vn poinct indiuisible, sur qui toutes les lignes de sa circonference s'arrestēt. Mais il me semble que tu entends encor moins cecy; de sorte que sās vser de ces termes, cōtente toy de sçauoir que toute la Terre a le Ciel esleué au dessus d'elle, & qu'en quelque part que soient les hommes, ils ont tousiours le Ciel pour couuerture. Car comme le Ciel nous couure, aussi couure t'il ceux qu'on appelle Antipodes, sans aucun empeschement, & de mesme qu'a ordonné la Nature surintendante de la maison du vray Dieu Createur du Ciel & de la Terre. Le ieune garçon fut bien aise d'ouyr les raisons de Periandre, lesquelles furent pareillement agreables à Auristelle, à la Comtesse, & à son frere.

Tandis que Periandre les entretenoit, & leur apprenoit ces choses & autres, durant le chemin, vn carrosse qui marchoit apres eux, les atteignit. Il estoit accompagné de six arquebuziers à pied, & d'vn homme à cheual qui portoit vne escouppette penduë à l'arçon de la selle. Estant proche de Periandre il luy tint ce langage: Messieurs les Pelerins si vous auez quelques bonnes confitures dãs ceste malette, comme ie pense que vous y en auez, parce que vostre bonne mine vous faict paroistre riches Caualiers, plustost que pauures Pelerins: Si vous en auez (dis-ie) faictes nous en, ie vous prie, present pour secourir vn ieune homme esuanouy, & lequel est dãs ce carrosse: Il a esté condamné aux galeres pour deux ans, auec autres douze soldats par ce que ces iours passez ils se sont treuuez à la mort d'vn Comte, & ie croy que leurs Capitaines plus coulpables en seront decapi-

& de la belle Sigismonde. 525

tez. La belle Constance ne peut retenir ses larmes lors qu'elle ouyt ces paroles : parce qu'elles luy ramenteurent la mort de son Espoux, dont elle auoit peu iouy. Toutesfois sa pieté Chrestienne ayant plus de force en son ame, que le desir de la vengeance, elle courut à leur bagage, & tira vne boëte de confiture. Apres s'estant approchee du carrosse elle fit ceste demande : Qui est celuy qui a ceste defaillance de cœur? Lors l'vn des soldats luy respondit en ces termes: Le voilà estendu en ce coin, ayant le visage gressé de vieil oing dõt on frotte les essieux. Il ne veut pas que la mort, quand il mourra paroisse belle. Or il ne sçauroit gueres tarder à mourir, puis qu'il est si obstiné qu'il ne veut manger seulement vn morçeau. A ces paroles le ieune homme qui auoit la face gressee, osta de sa teste vn chapeau rompu qui la couuroit toute, & se monstra fort sale & fort vilain aux yeux de Constance. Il tendit puis apres la main pour prendre la boëte, & profera ces paroles : Dieu vous le rende Madame. Ce disant il remit & enfonça son chapeau dans la teste, reprit sa melancolie, & se remit dans le trou où il attendoit la mort. Nos Pelerins eurent plusieurs autres discours auec les gardes du carrosse, & ils y mirent fin en se separans les vns des autres, & prenans diuers chomins. Quelques iours apres nostre belle bande paruint à vn lieu de Morisques, qui estoit situé vne lieuë loin ou enuirō du riuage de la Mer, & au Royaume de Valence. Ils ne treuuerent pas seulement en ce village vne hostellerie pour les loger; mais encores toutes les maisons de ce bourg qui les y conuioient par toutes sortes de courtoisies apparétes. Ce que voyant Antoine, il tint ce langage: Ie ne sçay pas pourquoy l'on dit mal de ces gents: car il me semble qu'ils sōt tous saincts. Ceux qui receurent (repart Periandre) nostre Seigneur en Ierusalē auec des rameaux de Palmes, ce furent ceux-là mesmes qui quelques iours apres l'attacherent à vne croix. Mais à Dieu, & à la Fortune, comme l'on dit en commun Prouerbe, remettons nostre affaire. Accordons la priere que nous faict ce bon vieillard qui nous offre sa maison. Et sur ce, vn vieil Morisque, les traisnant comme par force, & les tenant par leurs Esclauines, les fit entrer dans son logis, & en apparence les logea, non en Morisque, mais en fort bon Chrestien. Vne sienne ieune fille, habillee en Morisque vint pour les seruir: Elle estoit si belle en cest equipage, que peut estre les plus belles Chrestiénes eussent tenu à grād honneur de luy ressembler, car la Nature fauorise autāt en rares dons, & belles

& de la belle Sigismonde.

parties corporelles les Barbares de la Scythie, que les bourgeoises de Tolede. Ceste belle Morisque qui parloit vn langage meslé de plusieurs autres, prit par la main Constance & Auristelle, & s'enferma auec elles dãs vne salle basse. Comme elle se vit seule auec ces deux Dames, sans les laseher, elle regarda attétiuement de toutes parts, craignant d'estre escoutee, & apres s'estre asseuree de la peur qu'elle tesmoignoit, elle leur dit ces paroles: Las mes cheres Dames, & cõme estes vo° icy venuës à la boucherie ainsi que douces & simples Brebis. Voyez vous bien ce vieillard, que ie ne peux nõmer mõ pere, sans faire honte à moy-mesme: Vous croyez que c'est quelque hoste rẽply de courtoisie, & vous deuez sçauoir, qu'il ne desire autre chose qu'estre vostre bourreau. Ceste nuict icy seize vaisseaux de Corsaires de Barbarie se doiuent charger d'vn pesant fardeau, si l'on peut parler de la sorte, c'est à dire, ils doiuent prendre & recueillir tout le peuple de ce Bourg, auec tous leurs moyens, sans y laisser chose qui les pousse d'y reuenir vne autre fois pour l'emporter. Ces mal-heureux croyent qu'ils treuueront en Barbarie les delices de leurs corps, & le salut de leurs ames, sans prendre garde que de tant d'hommes, qui y ont passé, & en si grandes trouppes, il n'y a aucun qui donne

autres nouuelles, si ce n'est de repentance, laquelle est iointe aux plaintes qu'ils font du dōmage qu'ils ont receu. Les Mores de Barbarie vantent ceste Terre, & au bruit qu'ils en sement, les Morisques de ce pays, y courent, & tombent dans les filets de leur malheur. Si vous auez enuie d'euiter le vostre, & conseruer la liberté que la Nature vous a donnee, sortez promptement de ceste maison, & retirez vous à l'Eglise: là vous treuuerez vne personne qui vous deffendra. C'est le Curé: & il n'y a nuls en ce lieu de vieux Chrestiés que luy & le Greffier. Vous y treuuerez pareillement le Xadraque Xarife, qui est vn mien oncle, More seulemēt de nom, & d'effect fort bon Chrestien. Contez luy ce qui se passe, & dictes luy que c'est Rafala qui vous la dit. Par ce moyen on vous croira, & l'on vous prendra en protection. Ne croyez pas que l'aduertissement que ie vous donne soit vne cassade: autrement vous en apprendrez la verité à vos déspens, & sçaurez qu'il n'y a point de si grand abus, que lors qu'on se desabuse trop tard. L'alteration où en estoit Rafala, quand elle leur tenoit ce discours, imprima si biē la creāce dans les ames d'Auristelle & de Constance, qu'elles tindrent ceste chose pour toute asseuree. Pour toute responce elles la remercierent, & appellerent
soudain

soudain Periandre & Antoine, ausquels elles conterent ce qui se passoit: de sorte que sans autre occasion apparente ils sortirent de ce logis, auec tout ce qu'ils y auoient. Barthelemy, qui auoit plus d'enuie de se reposer, que de changer de giste, se faschoit fort de ce changement: neantmoins, il fut contraint d'obeyr à ses Maistres. Ils paruindrent à l'Eglise, là où le Curé & le Xadraque les receurent fort courtoisement, & ils leur raconterent ce que Rafala leur auoit appris. Il y a long temps dit alors le Curé que l'on nous dône l'allarme auec la venuë de ces vaisseaux de Barbarie. Et encores qu'ils ayent accoustumé de nous assaillir: toutesfois le delay me rendoit desià negligent. Entrez mes enfans: nous auons vne fort bonne tour, & l'Eglise a des portes fort bonnes, & bien ferrees, lesquelles on peut malaysémét mettre par terre & embrazer. Las! (dit alors le Xadraque) mes yeux ne verront-ils pas auant que se fermer, ceste Terre libre de ces espines & de ces ronces qui l'oppriment. Et quand viendra le temps, qu'vn mien ayeul fameux en l'Astrologie a prophetisé, que l'Espagne se verra de toutes parts entiere & solide en la Religion Chrestienne. Elle seule est le coin du monde où s'est recueillie, & où l'on venere la verité de Christ. Messieurs ie suis Morisque & ie ne le sçaurois nier: neantmoins ie ne laisse pas d'estre Chrestien. Dieu donne ses graces à qui il luy plaist : car il a de coustume, ainsi que vous sçauez mieux que moy, de faire luyre son Soleil sur les bons & sur les mauuais ; & pleuuoir sur les iustes, & sur les iniustes. Or ie vous dis que ce mien ayeul disoit, qu'au temps où nous sommes, regneroit en Espagne vn Roy issu de la maison d'Austriche, en l'ame duquel auroit lieu la resolution de bannir de son Royaume les Morisques; de mesme que celuy qui oste de son sein le serpent qui luy ronge les entrailles : ou bien comme celuy qui sepâre la nielle d'auec le bon blé, ou le chardon ; & qui arrache la mauuaise herbe de la semence. O heureux ieune Prince! ô Roy prudent! venez donc, & mettez en execution la belle ordonnance de ceste expulsion, sans estre empesché de la crainte que ceste Terre demeure deserte, & sans habitans : ny encores de la crainte que ceux qui en effect y sont baptisés n'en vaudront pas mieux : car bien que telles apprehensions soient dignes d'estre considerees, l'effect pourtant d'vne si grande œuure les rendra vaines, & l'experience fera paroistre en peu de temps, que ceste contree, où viendront habiter de vieux Chrestiens, & se ioindre aux nouueaux, se rendra peuplee &

deviēdra fertille, & en meilleur poinct qu'elle n'est à present. Si les Seigneurs qui la possedent n'y ont pas tant de vassaux, ny si humbles, au moins leurs subiects seront Catholiques, soubs la protection desquels les chemins demeureront asseurez, & la paix pourra porter dans ces mains les richesses, sans que les voleurs les desrobent. Acheuant ces paroles, ils fermerent bien les portes, & les fortifierent auec les bācs & les sieges. Apres ils monterent à la tour, & leuerent vn pont leuis. Le Curé emporta quant & soy le tressainct Sacrement dans son reliquaire. Ils se munirent encor de pierres. Barthelemy laissa le mulet de bagage vuide & desnué à la porte de l'Eglise & s'enferma auec ses Maistres. Ils firent tous la sentinelle, tindrent leurs mains lestes, & d'vn courage genereux attendirent l'assaut dont la fille du Morisque leur auoit donné aduis. Le Curé qui cognut aux estoiles que la minuict estoit passee, iettoit les yeux sur toutes les costes de la Mer que de là on découuroit, & il n'y auoit nuage qui parust auec la lumiere de la Lune, qu'il ne creust estre des vaisseaux de Turcs. C'est pourquoy ayant recours aux cloches, il commença à les sonner, de telle sorte que toutes les valees, & tous les riuages d'alētour en retentissoient. Ce son fit que tous les gardiens

Ll ij

de bestial de ces riuages se ramasserent, & y coururent par tout: mais leur diligence ne peut empescher que les vaisseaux des infideles n'abordassent & ne missent leurs gens à terre. Ceux du village qui les attendoient, & qui s'estoient chargez des plus precieux meubles qu'ils auoient, furent receus des Turcs auec vn grād cry d'alegresse au son de plusieurs cors & doucines, & autres instruments de resiouyssance, quoy que belliques. Ils mirent le feu au village, & pareillement aux portes de l'Eglise, non pas en intention d'y entrer, mais pour y faire le mal qu'ils pouuoient. Ils laisserent à pied Barthelemy, par ce qu'ils couperent les jarrets à son mulet: & mirent par terre vne croix de pierre qui estoit posee à l'entree du village, en faisant resonner tout haut le nom de Mahommet. Et voilà comme ces Morisques se liurerent au pouuoir des Turcs, larrons Pacifiques, & infames publiques: mais dés la langue de l'eau (comme l'on dit en prouerbe) ils commencerent à ressentir la pauureté qui les menaçoit, & le danger que couroient de perdre leur hōneur, leurs femmes, & leurs fils. Antoine & Periandre deschargerent leurs escouppettes plusieurs fois, & peut estre non en vain. Barthelemy ietta pareillement plusieurs pierres, & toutes vers le lieu

& de la belle Sigismonde.

où il auoit laissé son mulet de bagage; & le Xadraque fit voler plusieurs flesches. Mais Auristelle & Constance ietterent encores bien plus de larmes. Les Belles ne cessoient de prier Dieu agenoüillees deuant le sainct Sacrement, qu'il les deliurast d'vn peril si manifeste, & que le feu n'offençast point son Temple, qui ne brusla nullement. Et ce ne fut pas par miracle, ains par ce que ses portes estoient de fer, & que le feu qu'on y auoit mis n'estoit pas trop grand. Le iour estoit bien proche, quand les vaisseaux qui s'estoient chargez à grande haste, s'esloignerent du riuage, auec leurs huées accoustumées, & de resiouyssance, battans vne infinité de tambours, & faisans retentir leurs cors & leurs flutes. Lors ceux qui estoient sur la Tour virent venir deux personnes qui couroient vers l'Eglise: l'vne du costé du riuage, & l'autre de la terre. Comme elles furent plus prez, le Xadraque cogneut que l'vne estoit sa niepce Rafala, qui auec vne Croix de roseau qu'elle tenoit à la main proferoit tout haut ces paroles: Chrestiéne, Chrestienne, & libre, libre par la grace, & la misericorde de Dieu. L'autre estoit le Greffier, qui par cas fortuit auoit couché ceste nuict hors du village, & qui à l'alarme que les cloches auoient donnee, venoit voir ce

Ll iij

qui y estoit succedé. Il pleura, non pas la perte de ses enfans, ny de sa femme, qui faisoient leur demeure en autre lieu : mais bien sa maison, qu'il treuua pillee, & bruslee. Ils attendirent qu'il fut grand iour, & que les vaisseaux se fussent esloignez, & que les gardiens du bestial eussent asseuré le riuage. Apres ils descendirent de la Tour, & ouurirent l'Eglise. Rafala y entra, versant des larmes de ioye, & paroissant plus belle en son emotion. Apres auoir rendu graces à Dieu, elle embrassa son oncle, ayant premieremēt baisé les mains du Curé. Le Greffier ne pria, ny ne baisa personne, par ce que son ame estoit toute troublee des ressentiments qu'il auoit de la perte de son bien. La frayeur s'esuanoüyt, & ces esperdus recouurerent leurs esprits. Lors le Xadraque ayant repris courage, & repēsant à la prophetie de son ayeul, comme remply d'vne inspiration celeste, tint ce langage. O genereux & ieune Prince! ô Roy inuincible! courage: foulez aux pieds, brisez & dissipez toutes sortes d'empeschements. Rendez nous l'Espagne nette, vuide, & libre de ceste race circoncise, qui luy faict tant de mal. Et vous Conseiller non moins renommé par vostre prudence, qu'illustre par vostre noblesse; O nouueau, Athlas qui soustenez le fardeau de ceste Monarchie, aydez, & facilitez par vostre bon conseil ceste trãsmigration. Que vos galeres soient réplies dans ces Mers du fardeau inutile de ceste race Sarrasine. Qu'on aille planter aux autres riuages les espines, & les buissons, & les autres herbes qui empeschent l'accroissement de la fertilité, & de l'abondance Chrestienne. Que si quelques hommes Hebrieux qui entrerent en Egypte, y multiplierent de telle façon, qu'en sortant de ce pays, on en contoit six cens mille familles, que doit on craindre de ceux cy, qui sont vn plus grand nombre, & qui viuent icy auec plus d'aise? Les Religiõs ne les moissonnent point : les Indes ne les rauissent nullement : & les guerres ne les disment point. Tous se marient : tous, ou la plus part engendrent, si bien qu'il y a de l'apparence que leur multiplication, & leur accroissement se rendra innombrable. Courage doncques dis-ie! ô grand Prince : qu'ils vuident hors, & que la couppe de ton Royaume deuienne aussi replendissante que le Soleil, & aussi belle que le Ciel. Nos Pelerins seiournerent deux iours en ce lieu, où ils se pourueurent de ce qui leur estoit necessaire. Barthelemy se pourueut d'vn autre mulet de bagage : & les mesmes Pelerins remercierent le Curé de sa bonne chere, & loüerent la bonne intention du Xadraque, &

apres auoir embrassé Rafala, prindrent congé de tous, & suiuirent leur chemin.

De l'arriuee de nos Pelerins à Barcelonne, & autres choses memorables.

CHAP. XII.

Ils s'entretindrent long temps par le chemin, en parlant du peril passé, du franc courage du Xadraque, & du zele & de la pieté de Rafala. Ils oublierét de luy demander comment elle estoit eschappee du pouuoir des Turcs, qui leur auoient donné cest assaut. Toutesfois ils iugerent par le trouble qu'elle auoit faict paroistre à son arriuee, qu'elle s'estoit cachee en quelque lieu, afin d'accóplir puis apres le dessein qu'elle auoit de viure, & de mourir Chrestienne. Estant proches de Valence, ils n'y voulurent point entrer, pour euiter les occasions qui eussent peu les y retenir. Ils ne manquerét pas pourtant de personnes, qui leur apprindrent la grandeur de ceste ville, l'excellence de ses habitans, la douceur de son terroir, & finalement tout ce qui la rend belle, & riche sur toutes les Citez, non seulement d'Espagne, ains de toute l'Europe. Mais principalement

& de la belle Sigismonde.

on leur loüa la beauté des femmes qui y habitent, leur extreme gentillesse & netteté, & leur langage doux & gracieux, auquel le Portugais seul se peut égaler. Or ils resolurent de faire de plus grandes iournees, quoy qu'aux despens du trauail de leur corps, afin d'ariuer en peu de téps à Barcelonne: car on leur auoit donné aduis que quelques Galeres y deuoiét aborder, & ils pensoiét s'y embarquer, & se rendre à Genes sans mettre le pied en France. Comme ils sortoient de Villereal, beau bourg & situé en vn terroir fort delicieux vne ieune Bergere Valencienne vint à leur rencontre. Elle estoit nette cõme le Soleil, & aussi belle que luy, & que la Lune. Elle estoit vestuë comme sont les filles des chãps. Sans autre ceremonie, ny compliment de paroles, elle leur tint ce discours en sa langue douce & agreable: Messieurs, les dois ié demander, ou les donner? Belle Bergere (respond Periandre) si tu entends des ialousies, ie te conseille que tu ne les demandes, ny ne les donnes: Car si tu les demandes, tu amoindriras l'estime que l'on faict de toy; & si tu les donnes, ton merite. Or si celuy qui t'ayme a du iugement, recognoissant ton merite, il t'estimera & t'aymera: mais s'il n'en a point, à quoy bon d'aymer celuy qui ne t'ayme pas? Tu as fort bien parlé (repart la Villageoise) & sur cela elle leur tourna les espaules, & entra dans l'espesseur des arbres, laissant ceste compagnie non moins estonée de sa demande, que de sa belle disposition & grande beauté. Il leur succeda quelques autres choses en tirant vers Barcelonne, qui ne sont pas de si grande importance qu'elles meritent d'estre escrites. Ils virent de loing les sacrees montagnes de Montserrat, ausquelles ils rendirent l'honneur que la deuotion Chrestienne requiert, & n'y voulurent pas monter. Sans s'arrester ils paruindrent à Barcelonne, au temps que quatre Galeres d'Espagne abborderent à sa plage. Apres qu'elles eurent deschargé l'artillerie, & faict vne grande salve de canons, elles iettèrent en l'eau quatre esquifs. L'vn de ces esquifs estoit paré d'vne riche tapisserie de Milan, de carreaux de velours rouge. Là dedans estoit, ainsi que l'on vid puis apres, vne belle femme fort ieune, pompeusement vestuë, auec vne vieille Dame, & deux filles belles, & modestement accoustrees. Vne infinité de peuple, selon que l'on a accoustumé, sortit de la ville, tant pour voir les Galeres, que ceux qui estoient dedans, & qui prenoient terre. La curiosité mesme de nos Pelerins fut si grande, qu'ils pouuoient presque donner la main à la belle Dame qui se

& de la belle Sigismonde. 539

desembarquoit. Iettant les yeux sur eux, & principalement sur Constance, apres qu'elle fut à terre elle tint ce langage: Approchez-vous (belle Pelerine) car ie desire de vous conduire dans la ville, où ie me veux acquiter d'vne obligation que ie vous ay, & dont ie crois que vous auez peu de cognoissance. Que vostre Compagnie vienne pareillemét, par ce qu'il n'y a rien qui vous oblige de quitter vne si bonne Compagnie. La vostre (repart Constance) est si bonne, que celuy-là manqueroit du tout de iugement, s'il ne l'acceptoit. Allons là où vous voudrez, & ma Compagnie qui n'a pas accoustumé de me laisser, me suyura sans doute. Ceste Dame prit par la main Constance, & accompagnée de plusieurs Caualiers qui estoient sortis de la ville pour la receuoir, & des principaux des Galeres, ils prindrent le chemin de la Cité, durant lequel Constance ne cessoit de ietter attentiuement les yeux sur elle, & ne se pouuoit ressouuenir de l'auoir veuë quelque autre fois. Ils entrerét dans vne des plus apparentes maisons de la ville, auec ceux qui s'estoient desembarquez, & la belle Dame ne voulut iamais que nos Pelerins allassent loger en autre lieu. Or elle prit la commodité de les tirer à part, & de leur dire ces paroles: Messieurs, ie vous veux tirer de l'estonnement, où sans doute vous estes, voyant l'affection, & le seruice que ie tasche de vous tesmoigner. Vous deuez sçauoir que ie me nomme Ambrosie Augustine. Ie pris naissance en vne ville d'Arragon, & Don Bernardo Augustino est mon frere, qui commande à ces quatre Galeres qui sont à la plage. En l'absence de mõ frere, Contarin d'Arbolanchez, Cheualier de l'ordre d'Alcantara, se rendit amoureux de moy au desceu de mes parents, & moy poussee de mon estoile, ou pour mieux dire, de mon doux naturel, voyãt que ie ne perdois rien auec luy, le rendis possesseur de ma personne & de mes pensees, soubs promesse de mariage. Mais le mesme iour que ie luy dõnay la main, il receut de sa Majesté Catholique vne lettre, qui luy cõmandoit, de conduire vn Regiment d'infanterie Espagnolle, qui venant de Lombardie s'alloit embarquer à Genes, afin de prendre la route de Malte, où l'on disoit que le Turc alloit fondre. Contarin obeïst si exactement à sa commission, que soudain sans vouloir recueillir les fruicts du mariage, ny sans tenir conte de mes larmes, receuoir la lettre & déloger fut vne mesme chose. Lors il me sembla que le Ciel estoit tombé sur moy, & que mon cœur & mon ame estoient pressez entre luy & la terre. Peu de iours aprés,

& de la belle Sigismonde.

moy qui ne faisois qu'entasser imaginations sur imaginatiōs, & desirs sur desirs, vins pour en effectuer vn, l'accomplissement duquel estoit capable de me pouuoir oster la vie, commē pour lors il m'osta l'honneur. Ie m'absentay de nostre maison sans dire mot à personne, & ayant recouuré l'habit d'vn ieune page, m'accoustray en garçon, & en cest equipage me mis au seruice d'vn tābour d'vne compagnie qui estoit logee à vn village, esloigné du lieu de ma naissance de quelques huict lieuës. En peu de iours ie sceus battre du tambour aussi bien que mon maistre, & appris d'estre charlatan comme sont ordinairement ceux qui font profession de ce mestier. Vne autre Compaignie se ioignist à la nostre, & toutes deux prindrent le chemin de Carthagene pour s'embarquer dans ces quatre galeres de mon frere. I'auois fait dessein de passer de là en Italie, pour chercher mon Espoux, du bon naturel duquel i'ay si bonne opinion, qu'il ne blasmera nullement ma temerité, ny mon dessein. Or i'estois tellement aueuglee de ma passion, que ie ne consideray nullement le peril où ie m'exposois d'estre recognue dans les galeres de mon frere, où ie me voulois embarquer, si bien que comme il n'y a inconuenients que les ames amoureuses ne foulent, ny difficultez qu'elles ne brisent, ny craintes qui les arrestent : toute difficulté me sembla aysee, & ie surmontay toute crainte, & esperay dans le desespoir mesme. Toutesfois comme le succez des choses font changer les premieres intentions, mon dessein plus mal imaginé que fondé, me mit en l'extremité que vous orrez. Les soldats des deux compagnies dont ie vous ay desià parlé, eurent vne grosse querelle contre les habitans d'vn Bourg de la Manche, touchant leur logement, & en ceste broüillerie vn Cheualier qui estoit Seigneur d'vne Comté dont i'ay oublié le nom, y perdit la vie. Lors vn Commissaire de la Court y vint. Il se saisit de la personne des Capitaines : les soldats s'escarterent, & neantmoins on en prit quelques vns, & entre autre moy malheureuse, qui n'auoit fait aucū mal. Ils furent condamnez pour deux ans aux galeres, & moy pareillement de compagnie. En vain faisois-ie des lamātations deplorant mon malheur, & mes desseins vainement fabriquez. Vne fois i'estois en resolution de me tuer : mais la peur que i'eus d'aller en vne pire vie, m'osta le cousteau de la main, & la corde du col. Ce que ie fis ce fut de me barboüiller le visage le plus qu'il me fut possible, & de me reduire à vn coing d'vne charrette, où l'on nous mit, & d'y pleurer tant, &

& de la belle Sigismonde. 543

d'y manger si peu, que les larmes, & le peu d'aliment, fissent ce que le fer, & le cordeau n'auoient sceu faire. Nous arriuasmes à Carthagene, où les galeres n'estoient point encores abbordees. L'on nous enferma estroictement & sous bonne garde, dans la maison du Roy, & sejournasmes en ce lieu, esperans plustost qu'attendans nostre disgrace. Messieurs ie ne sçay s'il ne vous souuient pas d'vne charrete que vous rencontrastes pres d'vne hostellerie, où ceste belle Pelerine (monstrant Constance) secourut vn pauure criminel d'vne boitte de confiture. Il m'en souuiét fort bien, repart Constance. Or vous deuez sçauoir (replique Ambrosie) que ie suis celuy que vous secourustes. Ie vous consideray tous par les trous des portieres de la charrete, & vous admiray tous, par ce que quiconque regardera vostre gétillesse, ne peut qu'il ne l'admire. En fin les galeres arriuerét auec la prise d'vn brigantin de Mores qu'elles auoient rencontré. Le iour mesme ceux des galeres, y mirent dedans les soldats criminels, les despoüillerét de leur equipage, & les vestirent en Rameurs. Metamorphose triste, & pitoyable, & pourtant supportable : puis l'accoustumance rend aysee à suporter la peine qui ne faict point mourir. L'on vint à moy pour me despoüiller, & le Comite voulut qu'on me lauast la face, & i'estois si foible que ie n'auois pas la force de hausser les bras. Le Barbier qui lauoit & accōmodoit la chiourme me considera attentiuement, & puis proferaces paroles: Ie ne gasteray guères mon rasoir sur ceste barbe. Ie ne sçay pourquoy l'on nous enuoye icy ce ieune garçon de sucre, comme si nos galeres estoient composées de miel cuit, & nos Rameurs de confitures. Mais dis-moy vn peu, pauure garçon, quel crime as tu commis, qui merite ceste peine? Ie croys sans doute, que le courant d'autre pechez que les tiens, t'ont conduict en ce malheureux terme? Sur cela il s'addressa au Comite, & luy tint ce langage: Patron il me semble que nous ferons bien si nous destinons ce garçon pour seruir nostre General à la pouppe, & ayant vne chaisne au pied: car ie vous iure qu'il ne vaut pas deux liards pour ramer. Ces discours, & la consideration de ma triste auanture qui me sembloit deuenir extreme, me serra si fort le cœur, que i'esuanouys, & tombay comme morte. L'on dit que ie me recognus quatre heures apres, & durant ce temps on vsa de plusieurs remedes pour me faire reuenir: & ce qui m'eut encores esté plus sensible, si i'eusse eu du sentiment, fut qu'ils recogneurent que i'estois femme, & non homme. Ie reuins de pasmoison,

son, & la premiere chose que ie vis ce fut la face de mon frere, & celle de mon Espoux, qui me tenoient entre leurs bras. Ie ne me puis imaginer comme à l'heure mes yeux ne furent couuerts de la nuict du trespas, & comme ma langue ne s'attacha point à mon palais: mais ie sçay bien que ie ne sçay pas ce que ie dis, encores que l'ouysse mõ frere qui me tenoit ce discours: Quel equipage est-cecy ma sœur? Quel changement (disoit mon Espoux) est-ce cy moitié de mon ame? Si ton merite ne m'asseuroit de ta vertu & de ton honnesteté, moy-mesmes serois celuy qui te feroit changer cest habit, en vn drap mortuaire. Ceste fille (repart alors mon frere) est donques vostre Espouse: cela m'est aussi estrange, que la voir en tel equipage. Il est bien vray que si cela est, la douleur que ie ressens de voir ma sœur de la sorte se pourroit appaiser, & ce me seroit vne digne recompense. Lors ayants recouuré vne partie de mes esprits égarez, il me souuient que ie tins ce langage: Mon frere ie suis ta sœur Ambrosie Augustine, & suis pareillement l'Espouse de Contarin d'Arbolanchez. L'Amour, & ton absence me le donnerent pour mary: & luy sans auoir iouy de moy, me laissa: Moy temeraire, precipitee, & mal conseillee, le suis venu chercher en cest equipa-

M m

ge. Et sur cela ie leur contay l'histoire que vous auez ouye. La fortune qui commençoit de m'estre plus fauorable voulut qu'ils adiousterent foy à mon dire, & eurent compassion de moy. Ie sçeus comme mon Espoux auoit esté pris des Mores en vne de deux Chalouppes qui s'estoient embarquees à Genes, & qu'il auoit recouuré la liberté le iour precedent sur le soir, sans qu'il eust eu encores le moyen de voir mon frere, si ce n'est lors qu'il me treuua esuauouïe. Ceste estrange Auanture vous semblera peut estre fabuleuse: mais vous deuez croire qu'elle ne contiét que la pure verité. Ceste Dame qui vient auec moy estoit dans ces Galeres, & elle va auec deux siennes niepçes en Italie, où en Sicile vn sien fils est Fermier du Domaine du Roy. Elles m'ont vestuë des robbes que ie porte, & mon Espoux & mon Frere ioyeux & contents nous ont faict auiourd'huy prendre terre pour nous recreer, & afin qu'vne infinité d'amis qu'ils ont en ceste ville se resjouyssent de leur venuë. Or, Messieurs, si vous allez à Romme ie feray que mon frere vous mettra au port plus proche de ceste ville. Voilà côme ie pretens vous payer la boëte de confiture, en vous offrāt ces Galeres, iusques à ce que vous soyez là où il vous plaira: Et bien que ie n'allasse point en Italie, asseurez vous qu'à ma priere mõ frere vous y conduira. Mes amis, c'est mon histoire. Si elle vous semble difficile à croire, ie ne m'en esbahiray pas ; encores que la verité puisse deuenir infirme, mais non point mourir entierement. Quoy que ç'en soit l'on dit en prouerbe, que c'est vne espece de courtoisie de croire : Si cela est, vostre courtoisie qui doit estre fort grande, y donnera de la creance.

La belle Ambrosie par la fin de son discours donna commencement à l'admiration des Auditeurs, lesquels exageroient par le menu les circonstances de ceste Auanture. Là cõmencerent encores les embrassements mutuels & reciproques de Constance & d'Auristelle, & de ceste belle Ambrosie, qui pour se conformer au vouloir de son Espoux se disposa de retourner à sa patrie : Car à la guerre, quelque belle que soit vne femme, sa compagnie est tousiours importune. Ceste mesme nuict la Mer fut tellement agitee, que les Galeres furent contraintes de s'esloigner de la plage, laquelle n'est pas trop asseuree en ces contrees. Les Catalans courtois de leur nature, & nation colere & douce tout ensemble; nation qui donne librement la vie pour l'honneur, & qui pour les conseruer tous deux se surmonte soy-mesme, qui est par ce moyen surmonter toutes les nations du monde, visiterent & firent la meilleure chere qu'ils peurent à Madame Ambrosie : & son frere, & son Espoux à leur retour recogneurent ce bon traictement. Cependant Auristelle à qui tant d'experiences auoient appris les orages de la Mer, ne voulut nullement entrer dans les Galeres : mais passer par la France, puis qu'il n'y auoit point de guerre. Ambrosie retourna doncques en Arragon : les Galeres poursuyuirent leur route, & les Pelerins leur voyage entrans en France du costé de Perpignan.

De l'arriuee de nos Pelerins en France, & de la rencontre qu'ils font de trois belles Dames.

CHAP. XIII.

NOstre bande de Pelerins voulut entrer en France du costé de Perpignan, & elle s'entretint plusieurs iours de l'Auanture d'Ambrosie. Sa ieunesse leur seruit pour excuser les grandes fautes qu'elle auoit commises : Comme aussi l'amour qu'elle portoit à son Espoux, leur fit accorder pardon à son inconsideration. En fin, comme nous auons desià dit, elle retourna à sa patrie, les Galeres pousuyuirent leur route, & les Pelerins leur voyage. Estans entrez dans Perpignan ils s'arresterent à vne hostellerie, à l'entour de laquelle vne infinité de peuple estoit assemblé. L'on regardoit deux personnes qui ioüoient aux dez, & cela sembla estrange à nos Pelerins, que tant d'hommes fussent spectateurs, & que si peu de personnes iouassent. Periandre en demanda le sujet, & on luy respondit que le perdant de ces deux qui iouoient deuoit perdre la liberté, pour seruir en Galere le Roy l'espace de six mois: au lieu que l'autre gaigneroit vingt ducats, que les Officiers du Roy auoient dõnez à celuy qui auoit perdu afin de tenter fortune au ieu. Or l'vn de ceux qui ioüoient en fit la preuue: mais il ne la rencontra pas bonne, par ce qu'ayant perdu, soudain on luy mit vne chaisne, & l'on deschaisna l'autre lequel on auoit enchaisné, pour asseurance qu'il ne s'enfuyroit pas s'il venoit à perdre. Miserable ieu, & hazard miserable, où la perte & le gain ne sont point égaux! Sur cela ils virent venir encores vne grande troupe de gens vers ceste hostellerie, & parmy vn hõme en pourpoint, & de bonne mine: Il estoit enuironné de cinq ou six enfans, le plus âgé desquels n'excedoit pas sept ans. A son costé estoit vne femme toute esplorée qui tenoit à la main vn mouchoir répli d'argēt. Tenez (difoit cefte dolente) tenez, Meſſieurs, voſtre argent, & rendez moy mon mary. C'eſt par neceſſité pluſtoſt que par vice, qu'il a pris ceſt argent: Il ne s'eſt pas ioüé, mais vendu : par ce qu'il tafche par fon trauail de nourrir moy & mes enfans : amere nourriture, & viande amere, pour moy & pour eux! Taifez-vous femme (dit alors ceſt homme) & ſecourez vous de ceſte ſomme de deniers, laquelle i'aquiteray auec la force de mes bras, qui au pis aller ſe dreſſeront à manier auſſi bien vne rame qu'vne befche. Ie ne me fuis pas voulu mettre au hazard de les perdre en les iouant, afin de ne perdre pareillement auec ma liberté voſtre nourriture. Cependant la plaincte des petits enfans empefchoit qu'on ne pouuoit preſques entēdre le diſcours pitoyable qui ſe paſſoit entre le mary & la femme. Lors les Sergents qui le menoient, leur dirēt qu'on ne pleuraſt point d'auantage, puis que quand ils verferoient autant de larmes qu'il y a d'eau dans la Mer elles ne feroient pas capables de luy rendre la liberté qu'il auoit perduë. Les petits enfans continuoient & augmentoient leurs pleurs, & tenoient ce langage à leur Pere: Ne nous quittez pas (noſtre Pere) car ſi vous nous abandonnez nous mourrons tous.

Ce nouueau & eſtrange accident, touchoit

& de la belle Sigismonde. 531

de compassion l'ame de nos Pelerins, & principalement celle de Constance qui gardoit l'argent du voyage. Tous s'addresserent aux officiers, & les prierent instammēt de se contenter de reprendre leur argent, faisans leur conte que cest homme n'auoit iamais esté au monde. Il les supplierēt encores, que la pitié empeschast qu'ils ne rendissent point vefue ceste femme, ny orphelins tant de petits enfans. En fin ils dirent tant de choses, & firent tant d'instantes prieres, que l'argent reuint à leurs premiers maistres, & la femme recouura son mary, & les petits enfans leur pere. La belle Constance, qui estoit riche depuis qu'elle auoit esté faicte Comtesse, plus Chrestienne que Barbare, donna, par le consentement de son frere Antoine, cinquante escus d'or aux pauures perdus, dont il se racheterent, si bien qu'ils retournerent chez eux aussi contens que libres, & remerciants le Ciel, & les Pelerins de leur aumosne, non moins rare que peu esperee. Le iour suiuant ils marcherent sur le terroir de France, & ayants passé par le Languedoc, entrerēt dans la Prouence. Or ils treuuerent dans vne hostellerie trois Dames Françoises, douees d'vne si parfaicte beauté, que si Auristelle n'eut point esté au monde, elles eussent peu aspirer à la palme de la beauté. Elles paroisMm iiij soient estre de grande qualité, selon qu'on le pouuoit iuger au train qu'elles menoient. Si tost qu'elles virent les Pelerins, elles ne furēt pas moins esmerueillees de la gentillesse & de la bonne mine de Periandre, & d'Antoine, que de la nompareille beauté d'Auristelle, & de Constance. Les ayant faict approcher, elles leur demanderent auec paroles pleines de courtoisie, & de compliment, qui elles estoient. Et la demande qu'elles leur firent fut en Castillan, par ce qu'elles cogneurent que ces Pelerins estoient Espagnols. Or en France, il ny a fils ny fille de bonne mere qui n'apprenne à parler Castillan. Tandis que ces Dames attendoient la respōse d'Auristelle à qui ceste demande s'addressoit, Periandre s'escarta vn peu pour parler à vn seruiteur de ces nobles Dames, & pour apprendre de luy leur nom & leur qualité, & où elles alloient. Ce seruiteur luy respondit en ces termes.

Le Duc de Nemours qui est vn Prince fort galant & vn Cheualier fort braue, fort prudent, & fort sage; & neantmoins qui ayme son plaisir particulier, estant depuis n'agueres iouyssant d'vn grand heritage, a resolu de se marier à sa volonté, sans prēdre conseil de celle d'autruy, quoy qu'ils treuue de grands partis, & fort auantageux, & quoy qu'il

& de la belle Sigismonde. 553

aille contre la volonté du Roy : car il dit que les Roys peuuent bien donner à leurs subiets telle femme qu'ils voudront : mais non pas le contentement de la receuoir. Auec ceste fantasie, folie, ou sagesse, ou comme on le voudra appeller, il a enuoyé quelques siens seruiteurs par diuerses parties de France, pour luy treuuer quelque fille, qui outre sa noblesse soit belle, afin de se marier à elle, sás que l'on s'arreste aux moyens ; puis qu'il se contente de la noblesse & de la beauté. On luy fit recit de ces trois Dames, & il me commanda, comme à son seruiteur que ie suis, que ie les visse, & les fisse tirer par vn peintre renommé, qui vient quant & moy. Toutes trois sont filles, & fort ieunes ainsi que vous auez veu. La plus aagee, qu'on appelle Deleasir, est extrememēt sage & discrette, mais pauure. L'autre moins aagee, & qu'on nomme Belarminie, est fort galante, & de bonne grace, & moyennement riche. Et la plus ieune qui se nomme Felice Flore, a ce grand auantage sur les deux autres, qu'elle est riche. Elles ont sceu le dessein du Duc mon Maistre, & selon que i'ay peu entendre, chacune d'elles voudroit bien auoir l'heur d'estre son Espouse. Soubs pretexte d'aller à Romme pour gaigner le Iubilé de ceste annee, qui est autant priuilegee que celle qui se faisoit iadis de cēt en cent ans, elles sont sorties de leur pays, en intétion de passer par Paris, & de se faire voir au Duc, se confians sur ce que traisne auec soy la bonne esperance. Toutesfois puis que vous estes icy entrez, Messieurs les Pelerins, i'ay resolu de faire vn present à mon Maistre, qui efface de la pensée, toutes les esperances que ces Dames pourroient auoir forgees en la leur. Car i'ay resolu de luy porter le portraict de ceste Pelerine, vnique & generale Princesse de beauté. Que si elle est aussi bien noble, que belle, les seruiteurs de mon Maistre n'auront rien plus à faire, ny le Duc a desirer. C'est pourquoy, Monsieur, ie vous supplie de me dire si ceste Pelerine est mariee. Apprenez-moy son nom, & le nom de ceux qui luy ont donné naissance. Periandre en tremblant luy fit ceste responsé: Son nom est Auristelle: elle va à Romme, & iamais elle n'a voulu dire le nom de ceux qui l'ont mise au monde. Cependāt ie vous peux asseurer qu'elle n'est point mariee, & ie le sçay fort bien. Mais il y a quelque autre chose en elle, à sçauoir qu'elle est si libre, & tellement maistresse de sa volonté, qu'elle ne la voudroit point assubiectir à aucun Prince du Monde. Elle dit, que sa volonté, la voüee au Monarque du Ciel, Pous plus grande asseurance de ce que

& de la belle Sigismonde.

je vous dis, vous deuez sçauoir que ie suis son frere, & par mesme moyen le secretaire de ses secrets plus cachez, si bien, que cela ne vous seruiroit de rien si vous la faisiez pourtraire, si ce n'est de troubler l'ame de vostre Maistre, si par fortune il vouloit fouler aux pieds la basse qualité de nos Parens.

Mais auec tout cela (repart l'autre) ie pense emporter son pourtraict, quãd ce ne seroit que par curiosité, & afin que ce nouueau miracle de beauté s'espande par toute la France. Lors ils se separerent, & Periandre voulut partir soudain de ce lieu, pour ne donner point loisir au Peintre de tirer Auristelle: Barthelemy courut soudain pour dresser le bagage, & ne se pouuoit tenir de gronder cõtre Periandre, qui ne cessoit de crier apres luy afin qu'il se despeschast. Le seruiteur du Duc voyant que Periandre vouloit partir sur le champ, s'approcha de luy & luy dit : Monsieur, i'eusse bien desiré que vous vous fussiez vn peu arresté en ce lieu, & au moins iusques à la nuict, afin que nostre Peintre eust la commodité & le loisir de pourtraire le visage de vostre sœur : Toutesfois vous pouuez partir soubs la garde de Dieu, puis que le Peintre m'a dit, qu'encore qu'il ne l'aye veuë qu'vne fois, il l'a pourtant si bien imprimée en son imagination, qu'il l'a depeindra aussi bien en son absence, que s'il la contemploit incessamment. Periandre maudit en luy-mesme l'excellence du Peintre: mais il ne laissa pas de partir: ils prindrent congé des trois belles Dames Frãçoises, lesquelles embrasserent estroittement Auristelle & Constance, & leur offrirẽt de les faire porter iusques à Romme en leur compagnie, si elles y prenoiẽt plaisir: Auristelle les remercia auec les paroles les plus courtoises qu'elle sçeut proferer, & leur dit que sa volonté dependoit de celle de Periandre; de sorte qu'elle ne se pouuoit arrester auec elles, ny pareillement Constance, puis que son frere Antoine & Periandre vouloient partir. Ainsi donc la separation se fit, & de là à six iours nos Pelerins arriuerent à vne lieuë de Prouence, où il leur succeda ce que vous entẽdrez au chapitre suyuant.

De l'infortune arriuee à Periandre, & à Antoine, qui furent prés de perdre la vie, en vne Auanture memorable.

Chap. XIIII.

L'Histoire, la Poësie & la Peinture, symbolysent entr'elles de telle sorte, & se ressemblẽt si bien, que lors qu'on escrit vne histoire l'on peint, & quand on peint l'on compose. Or l'histoire ne va pas tousiours de mesme poids, ny la Peinture ne represéte choses grãdes & magnifiques : Cõme aussi la Poësie ne fait pas toujours sa demeure dãs les Cieux. L'Histoire reçoit quelquesfois des choses basses : La Peinture des herbes & du genest en ses tableaux : Et la Poësie quelquesfois s'esleue en chantant des choses de peu d'importance. Barthelemy, le garçon qui conduisoit le bagage de nos Pelerins, nous tesmoigne bien la verité de mon dire, & lequel parle quelque fois, & est escouté en nostre histoire. Ce ieune homme repassant en son imagination ce qui estoit arriué à celuy qui auoit vendu sa liberté, pour nourrir ses enfans, tint vn iour ce langage à Periandre: Mõsieur, la force qui oblige les Peres à mourir pour leurs enfans doit estre grande. I'en appelle à tesmoin cest homme qui ne voulut point iouër, afin de ne se perdre, mais bien se mettre en gage pour sustenter sa pauure famille. La liberté, selon que i'ay ouy dire, ne doit point estre venduë, pour quelque somme d'argent que ce soit : & cestuy-cy la vẽdit pour si peu d'argent que sa femme le tenoit à la main. Il me souuient pareillement d'auoir ouy dire à mes predecesseurs, qu'on menoit vn iour pendre vn vieil homme, & cõme les Prestres luy aidoient à biẽ mourir, il leur dit ces paroles: Messieurs arrestez-vous, & laissés moy mourir tout à l'ayse. Car encore que ce passage où ie me treuue soit espouuentable, toutefois ie me suis veu plusieursfois en d'autres plus horribles. On luy demanda de quels passages il parloit, & il fit ceste response: C'est lors que Dieu enuoyant le iour au monde, ie me voyois enuironné de six petits enfans qui me demandoient du pain, & ie n'en auois point pour leur en donner. Ceste necessité me mit le crochet à la main & le feutre aux pieds, dont i'ay facilité mes larcins, plustost necessiteux que vicieux. Ses raisons, paruindrent aux oreilles du Seigneur qui l'auoit condamné au supplice, & elles furent capables de changer la iustice en misericorde, & la coulpe en grace. Lors qu'vn pere (replique Periandre) faict pour son enfant, il faict pour soy-mesme: par ce que mon enfant est vn autre moy-mesme: & en luy se dilate & se continuë l'essence du Pere. Et comme c'est vne chose naturelle & necessaire que chacun fasse pour soy-mesme: aussi l'est elle de faire pour ses enfans. Mais ce n'est pas vne chose si naturelle ny si necessaire, que les enfans fassent pour leurs Peres: parce que l'amour que le pere porte à son enfant, descend, & descendre c'est cheminer sans trauail. Mais l'amour du fils enuers le pere, monte, & monter c'est cheminer contre mont & auec de la difficulté. De là a pris naissance ce prouerbe: Vn pere pour cēt enfans, plustost que cēt enfans pour vn pere.

Auec tels & pareils discours ils s'entretenoient cheminans par la France, laquelle est si peuplee, si vnie, & si agreable, qu'a chaque pas on y rencontre des maisons de plaisance, où les Gentil-hommes à qui elles appartiennent font leurs demeures presques tout le long de l'annee, sans que chose aucune les oblige de se tenir dans les villages ny dans les villes. Or nos Pelerins paruindrent vn iour à l'vne de ces maisons, qui estoit vn peu escartee du grand chemin. C'estoit sur le midy, lors que les rayons du Soleil donnent droictement sur la terre. La chaleur se renforçoit, & l'ombre de la tour de ceste maison les conuia d'y attendre que midy fut passé, lequel les menassoit d'vne extreme chaleur. Le seigneur Barthelemy deschargea le mulet de bagage, & apres qu'il eust tendu vn tapis à terre, tous s'assirent en rond, & puis des viandes dont Barthelemy auoit le soin, ils appaiserent la faim, qui desià commençoit à les presser. Mais à peine haussoient ils les mains pour les porter à la bouche, quād

Barthelemy esleuant ses yeux, cria tout hautement: Escartez-vous Messieurs: car ie ne sçay qui descend du Ciel en volant, & il ne sera pas bon si vous en estiez accablez. Tous hausserent comme luy la veuë, & virent descendre, vne figure laquelle fut à terre auant qu'ils eussent le loisir de la considerer, elle tomba presque aux pieds de Periandre. C'estoit vne femme douée de grande beauté, laquelle ayant esté precipitee du haut de la tour, & ses robbes luy ayans seruy de cloche & d'aisles, elle se treuua à terre sur pieds, sans aucun dōmage: chose possible, & non miraculeuse. Toutesfois cest accident l'auoit laissee toute estonnee & espouuātee, de mesme qu'estoient estonnez ceux qui l'auoient veu voler. Cependant ils entendoient des crys que faisoit retentir en la tour vne autre femme, qui estoit embrassee auec vn homme, & il sembloit qu'ils taschoient à se precipiter l'vn l'autre du haut en bas. Secours, secours (disoit ceste femme) secours Messieurs: car ce fol, me veut ietter d'icy en bas. Celle qui auoit faict le saut s'estant vn peu recogneuë profera ces paroles : S'il y a quelqu'vn de vous, qui ose monter la haut par ceste porte (& sur cela elle leur monstra vne porte qui estoit au pied de la tour) il deliurera de peril mortel mes enfans, & autres personnes

sonnes foibles & debiles, qui sont là haut. Periandre poussé de la generosité de son courage, entra promptemēt par la porte, & en peu de temps on le vid paroistre à la cime de la tour, embrassé auec vn homme qui sembloit furieux & remply de folie, & il taschoit de se deffendre de luy, en luy ostant vn cousteau. Toutesfois la Fortune qui vouloit acheuer la tragedie de sa vie, ordonna que tous deux allassent à terre, & tombassent au pied de la tour, le fol ayant l'estomach percé du cousteau que Periandre tenoit à la main, & Periandre iettant par les yeux, par le nez & par la bouche vne grande abondance de sang: car comme il n'auoit point des accoustrements amples pour le soustenir, le coup de la cheute fit son effect, & il demeura presque sans vie. Auristelle qui le vid en cest estat, croyant indubitablemēt qu'il estoit mort, se ietta sur luy, & sans aucun respect ioignant sa bouche à la siēne esperoit de recueillir en soy quelques reliques de son ame, si dās son corps il y en auoit encores quelques vnes. Mais biē qu'il y en eust eu, elle n'eust peu les receuoir, parce que Periandre fermoit si biē la bouche auec ses dents pressees les vnes contre les autres, qu'elles luy en deffendoient l'entree. Constance estoit si serree d'angoisse, qu'elle ne se pouuoit mouuoir pour l'aller secourir, de sorte qu'elle estoit plantee au mesme lieu où le coup la surprit, & ses pieds sembloient estre tellement attachez à terre, qu'on eust dit qu'ils estoient des racines, ou bien qu'ils estoient composez de dur marbre. Son frere Antoine courut pour separer les deux viuants, & pour diuiser ceux qu'il croyoit desjà estre sans ame. Il n'y eust que le seul Barthelemy qui en pleurant amerement tesmoigna par ses yeux la grande douleur que son ame en ressentoit. Comme ils estoient tous en ceste amere affliction, sans qu'aucū d'eux eust encor deslié sa langue, pour publier son angoisse, vne grande trouppe de gens vient vers eux. Ils auoient veu du grand chemin les sauts de ceux qui estoient tombez, & en venoient apprendre le succez. Parmy ses personnes estoient les belles Dames Françoises, Deleasir, Bellarminie, & Felice Flore, S'estans approchees elles recogneurent Auristelle & Periādre, de qui la singuliere beauté demeuroit imprimee dans l'ame de ceux qui les auoiēt vne fois veus: Mais à peine la cōpassion les disposoit à secourir (s'il estoit possible) ces infortunez, qu'elles furēt assaillies de sept ou huict hommes armez qui les surprindrent par derriere. Cest assaut fit soudain empoigner à Antoine son arc & ses fleches qu'il tenoit tousiours prests, ou pour offenser, ou

& de la belle Sigismonde.

pour se deffendre. L'vn de ces hômes armez auec vne côtenance pleine de discourtoisie, mit la main sur Felice Flore, & la posa deuât luy sur son cheual, & puis s'addressant à leurs compagnons leur tint ce langage: C'est faict: ceste-cy me suffit: rebroussons chemin. Antoine qui ne se payoit iamais de discourtoisie, chassant toute crainte, mit vne flèche à son arc, tendit autant qu'il peut le bras gauche, & auec le droict tira la corde, iusques à ce qu'elle paruint à l'oreille droicte; de sorte que les deux bouts de l'arc se ioignirêt presques ensemble. Apres il prit pour but le voleur de Felice Flore, & lascha auec tant d'adresse la fleche, que sans toucher nullement ceste Dame (si ce n'est vn peu son voile qui luy couuroit la teste) il perça de part en part l'estomach de son voleur. Lors l'vn de ses compagnons courut pour le venger, & sans donner loisir à Antoine d'armer encores son arc, luy deschargea vn tel coup d'espee sur la teste, que le ieune homme cheut à terre plus mort que vif. Ce que voyant Constance, elle deuint mobile, & ne fut plus statuë: elle courut pour secourir son frere: (car le parentage eschauffe le sang, qui a de coustume de se geler aux plus grandes amitiez: & l'vn & l'autre sont des signes d'vne amour excessiue.) Sur cela quelques hômes armez

Nn ij

estoient sortis de ceste maison, & se ioignans aux seruiteurs de ces Dames, dont quelques vns qui n'auoient point d'armes, s'estoient munis de pierres, pour deffendre leurs Maistresses, attaquerent ces voleurs : Mais eux considerants que leur Capitaine estoit mort, & qu'il n'y auoit plus rien à gaigner auec ceux qui venoient au secours : voire que c'estoit vne folie de hazarder leurs vies, pour ceux qui n'auoient pas moyen de les recompenser, ils tournerent les espaules, & laisserent la compagnie libre.

Iusques icy les coups d'espee n'ont gueres retenty en ce combat, & les instruments de la guerre n'y ont pas faict grand bruit. Le ressentiment aussi que les viuants tesmoignent pour les morts, n'a pas encores fendu les airs; car les langues tiennent encores cōme en depost leurs plainctes dās le morne & amer silēce. Il n'y a seulement que quelques sanglots interrompus qui sortirent comme par contrainte de l'estomach d'Auristelle, & de Cōstance. Chacune tenoit embrassé son Frere, sans se pouuoir seruir des plainctes dont les cœurs affligez se soulagent. Toutesfois le Ciel qui auoit resolu de ne les laisser point mourir si soudainement, & sans leur donner le loisir de se plaindre, deslia leur langue, qui estoit attachee à leur palais : & Auristelle profera à peu pres ces paroles pitoyables.

Malheureuse que ie suis, ie ne sçay pas comme ie recherche de la respiration en vn mort : & encor que i'y en treuuasse, comme la pourrois-ie sentir, puis que moy-mesme en ay si peu, que ie ne sçay si ie parle ou si ie respire. Las! mon Frere, quelle cheute est ceste-cy, & laquelle a mis par terre mes esperances. Helas! cōment la grandeur de vostre race ne s'est elle point opposee à vostre malheur : mais cōment pouuoit-elle estre grāde si vous mesmes n'estiez point grād. C'est sur les montagnes plus releuees que les foudres tōbent; & la où ils trouuent plus de resistēce, c'est là qu'ils fōt plus de dōmage. Vous estiez vne montagne, mais vne montagne humble & basse; car auec l'ombre de vostre industrie & de vostre prudēce, vous vous couuriez aux yeux des hommes : Vous cherchiez de l'heur dans le mié : mais la mort vous a coupé l'herbe soubs le pied, & a poussé ma fortune dans la sepulture. O que la Reyne vostre Mere ira bien tost au monument, lors que vostre mort inopinee paruiendra à ses oreilles? Las! malheureuse que ie suis, & vne autre fois seule & en terre estrangere, & iustement comme vn verd lierre, à qui son vray soustien vient à manquer.

Ces paroles de Reyne, de Montagne, &

de Grandeur, tenoiēt attentiues les oreilles des assistās qui les escoutoiét, & leur augmē-toient l'admiratiō de mesme que le discours que proferoit pareillemét Constance, laquelle tenoit en son giron son Frere blessé: La pitoyable Felice Flore serrāt la playe, arrestant le sang, & le nettoyāt auec vn sien mouchoir & estant obligee à ce deuoir, puis que le blessé l'auoit deliuree de deshonneur. Helas! (disoit Constance) mon rempart, que me profite d'auoir receu ce bien de la Fortune qu'elle m'ait esleuee en grandeur, & que ie porte le tiltre de Dame, si elle me deuoit raualler, & me faire porter celuy de malheureuse. Reuenez à vous, mon Frere, si vous desirez que ie reuienne en moy : Ou bien (ô Cieux pitoyables) faictes qu'vn mesme sort nous ferme les yeux, & qu'vne mesme sepulture nous couure le corps : car le bien qui m'est arriué sans que i'y pésasse, ne pouuoit traisner auec luy autre chose qu'vne fin prompte & soudaine. Acheuant ceste plaincte elle s'esuanouyt, & pareillement Auristelle; de sorte qu'elles sembloient estre plus mortes que les blessez. La Dame qui estoit tōbee de la tour, & la cause principale de la cheute de Periandre, commanda à ses seruiteurs qu'ils l'emportassent, & le missent au lict du Comte Domicius son mary, qu'elle fit pareillement

& de la belle Sigismonde. 567

emporter pour le faire enterrer. Barthelemy prit entre ses bras son Maistre Antoine. Felice Flore donna la main à Constance, & Belarminie & Deleasir à Auristelle, & puis ceste triste bande entra dans ceste belle Maison, qui ressembloit presques à vn Palais Royal.

De la blesseure & guerison d'Antoine, & de Periandre, & autres choses dignes de recit.

Chap. XV.

Les belles raisons qu'alleguoient les trois Dames Françoises aux dolētes Constance & Auristelle, ne seruoient de gueres, par ce que les malheurs reçents ne peuuent entendre les consolations. La douleur & le desastre qui succede inopinément, ne reçoit point soudain aucune consolation, quelque raisonnable qu'elle soit. L'apostume donne de la douleur pendant qu'elle ne s'amolit point, & il faut du temps à l'amolissement, & iusques à ce qu'elle soit preste de s'ouurir. C'est pourquoy tādis que l'on gemist, & que l'on pleure; pendant qu'on approche ce qui esmeut le sentiment, ce n'est pas vne pruden-

Nn iiij

ce superfluë d'auoir recours au remede, auec des medecines fortes. Mais qu'Aristelle pleure quelque peu de temps, & Constance pareillement : qu'elles ferment les oreilles à toute consolation, la belle Clarice nous contera cependant la cause de la folie de son Mary. Or en voicy l'histoire, selõ qu'elle l'apprit aux Dames Françoises, à sçauoir, Qu'auãt que Domicius l'espousast, il estoit amoureux d'vne sienne parente, laquelle croyoit fermement qu'il la prendroit en mariage: mais elle fut deceuë en sa croyance, & en son espoir. Toutesfois ceste Damoiselle qui s'appelloit Lorene (disoit Clarice) dissimulant la fascherie qu'elle auoit receuë du mariage de mõ Espoux, ne cessa de luy enuoyer plusieurs presents gentils, & qui auoient plus d'apparence, qu'ils ne coustoient cher. Or vne fois elle fit comme la fausse Dejanire, l'imitant en la chemise qu'elle donna à Hercules. Ie dis, qu'elle luy enuoya de riches chemises, non moins belles pour le linge, que pour l'ouurage dont elles estoient enrichies: mais à peine en eut-il mis vne, qu'il perdist le sentiment, & demeura comme mort l'espace de deux iours, imaginant apres qu'il fut reuenu à soy, qu'vne seruante de Loraine, qu'on tenoit pour estre Sorciere, l'auoit ensorcelé. Mon Mary reprit dõques ses esprits, mais ce fut auec vn tel trouble de iugement, & auec tant d'extrauagance qu'il ne faisoit actiō qui ne fust de folie. Et ses mesmes actions n'estoient pas d'vn fol plaisant, ains d'vn cruël furieux, & esceruelé; de sorte qu'il estoit necessaire de le tenir attaché auec des chaines. Ceste Dame leur disoit encor, que comme ce iour mesme elle estoit à la cime de ceste tour, le fol s'estoit destaché, & montant à la tour l'auoit iettee en bas par les fenestres. Que le Ciel l'auoit secouruë par le moyen de ses robbes, ou pour mieux dire qu'elle auoit esté assistee de la misericorde de Dieu, qui a soin des innocens. Elle leur apprit aussi que ce Pelerin estoit monté à la tour pour deliurer vne Damoiselle que le fol vouloit precipiter en bas: ce qu'il eust faict sans doute, & exercé la mesme cruauté sur deux petits enfans qui estoient derriere elle, s'il ne fust arriué que le Comte & le Pelerin s'estoient iettez du haut de la tour l'vn l'autre: Le Comte atteint d'vne mortelle blesseure, & le Pelerin ayant vn cousteau à la main qu'il sembloit auoir arraché de celles de Domicius. Qu'il n'estoit pas besoin au Pelerin d'estre plus offensé, puis que la cheute estoit suffisante pour luy oster la vie.

Cependant Periandre estoit dans le lict sans sentiment, & plusieurs maistres Chirurgiens vindrent pour le panser, & pour remettre en leur place les os qui s'estoient disloquez. On luy donna des bruuages propres en tels accidents, & on luy treuua du pouls; voires mesme il ouurit les yeux peu de temps apres, & recogneut les personnes qui estoient au pres de de luy. Mais particulierement Auristelle, à qui en voix si foible, qu'à peine le pouuoit on entendre, il tint ce langage: Ma sœur ie meurs en la Foy Catholique Chrestienne, & en celle que ie t'ay iurée de t'aymer. Ie ne peux parler, n'y te dire pour le present autre chose. Les Chirurgiens estancherent le sang à Antoine, & ayāt sondé la playe, demanderent les estraines à sa sœur Constance, & luy dirent que la playe estoit plus grāde que mortelle, voire mesme qu'il en seroit bien tost guery auec l'ayde de Dieu. Felice Flore les leur donna promptement, & deuança Constance, qui les leur alloit donner. Aussi les leur donna elle, & les Chirurgiens les prirent fort bien de toutes deux: car telle maniere de gens n'est nullement scrupuleuse. Nos blessez demeurerent vn mois ou vn peu plus, à se guerir. Les Dames Françoises ne les voulurent iamais quitter, si grande fut l'amitié qu'elles contracterent auec eux, & si grand le plaisir qu'elles receuoient de la douce & honneste conuer-

& de la belle Sigismonde. 571

sation d'Auristelle & de Constance, & de celle de leurs deux freres. Mais principalement Felice Flore qui ne pouuoit s'oster du cheuet d'Antoine: Car elle l'aymoit d'vne amour si honneste, qu'elle ne s'estendoit qu'à vne bienueillance & à vne recognoissance du plaisir qu'elle auoit receu de luy, quãd d'vn coup de flesche il la deliura des mains de Rubertin. Felice Flore racontoit que ce Rubertin estoit vn Caualier, Seigneur d'vn Chasteau proche d'vn autre qui luy appartenoit, & que poussé d'vne Amour plustost vicieuse, qu'honneste, il l'auoit souuét pourfuiuie, & priée d'estre sõ Espouse: Mais plusieurs experiences, & la renõmee qui ne ment que bien peu, luy auoient appris que Rubertin estoit d'vne nature brutale & cruelle, & d'vne humeur volage & changeante, de sorte qu'elle n'auoit point voulu consentir à sa demande. C'est pourquoy elle croyoit que pressé de desdain, il s'estoit mis en chemin pour la desrober, & pour tirer d'elle par force, ce qu'il n'auoit peu obtenir de gré. Mais que la flesche d'Antoine auoit couppé tous ses desseins cruels, & mal forgez, & cela l'obligeoit à mõstrer qu'elle n'estoit point ingrate.

Tout ce que Felice Flore disoit contenoit vne pure verité: & quand nos blessez furent proches de leur guerison, & que leurs forces commencerent de la tesmoigner, leurs desirs se renouuellerent, de se remettre en chemin. Ils les mirent doncques en effect, & se pourueurent de tout ce qui estoit necessaire, sans que les Dames Françoises les voulussent abandonner. Or elles conuersoiét auec nos Pelerins, auec de l'admiration & du respect: Car les paroles qu'Auristelle auoit tenuës en sa plainte auoient faict conceuoir en leur ame, qu'ils deuoient estre grands Seigneurs, se representans, que quelquesfois la Majesté se couure de bureau, & la grandeur d'humilité. En fin elles les consideroiét auec des pensees douteuses & diuerses: car si d'vn costé leur pauure equipage leur faisoit croire qu'ils n'estoient que d'vne condition mediocre; Leur bonne mine, & la beauté de leurs visages les poussoient d'autre costé d'esleuer leur qualité iusques au Ciel. Et voilà comme elles ne sçauoient qu'en croire en ceste incertitude. Les Dames Françoises voulurent que tous allassent à cheual, parce que la cheute de Periandre, ne permettoit pas, qu'il se confiast par trop de ses pieds. Felice Flore, qui se souuenoit tousiours du coup qu'auoit faict pour elle Antoine le Barbare, ne pouuoit s'oster de son costé. Leur entretien estoit de parler de la temerité de Rubertin, qu'ils auoient laissé mort & enterré, &

de l'estrange Histoire du Comte Domicius, à qui les presents de sa premiere Maistresse auoient osté le iugement & la vie. Elles discouroiët encor du vol miraculeux de sa femme, digne d'estre plus admiré que creu. Ils paruindrent à vne riuiere, dont le gué estoit vn peu malaysé. Periandre fut d'aduis, qu'on treuuast le pont : mais tous les autres furét de cōtraire opinion. Ils firent donc comme fait vn trouppeau de douces brebis, quand elles se rencontrent en vn lieu estroit : vne passe la premiere, & toutes les autres la suyuent à la file. Belarminie se mit la premiere dans l'eau, & tous la suyuirent, sans que Periandre s'esloignast du costé d'Auristelle, & Antoine de celuy de Felice Flore, ayant pareillement à son costé sa sœur Constance. Or la fortune fut mal'heureuse pour Felice Flore, car le courant de l'eau luy fit tourner la teste de telle sorte, que n'ayant pas le moyen de se tenir à cheual, elle se laissa aller au milieu de la riuiere. Le courtois Antoine se lança d'vne extreme promptitude dans l'eau apres elle, & l'ayant mise sur ses espaules la porta comme vne autre Europe, & la mit sur le sec riuage. La belle voyant le seruice, qu'il luy auoit rendu si promptement, luy tint ce langage: Espagnol vous estes bien remply de courtoisie? Lors Antoine luy fit ceste respōse: Si mes courtoisies ne prenoient point naissance de vos perils ie les estimerois quelque chose; mais puis qu'ils en procedent, i'en reçois plustost de la fascherie que du contentement. Enfin ce bel escadron passa ceste riuiere, & lors que le Soleil se couchoit, ils arriuerent à vne grange, qui seruoit d'hostellerie, là où ils se logerent tout à leur aise. Ce qui leur succeda puis apres en ce lieu requiert vn discours, & vn chapitre nouueau.

De la roncontre que font nos Pelerins de la Louyse femme du Polonois, & autres succez dignes de ceste Histoire.

CHAP. XVI.

IL y a des choses, & des accidents qui arriuent au monde, que si l'imagination, pouuoit faire qu'ils succedassent, auant qu'ils fussent arriuez, elle seroit bien empeschee à les tracer. C'est pourquoy plusieurs auantures rares sont tenues pour apocrifes, & on ne leur donne pas la creance qu'elles meritent, bien qu'elles soient fort veritables. Et par ce mesme moyen ceux qui les racontent ont besoin d'y employer les serments, ou pour le moins la bonne estime que l'on a d'eux. Mais

& de la belle Sigismonde. 575

je treuue qu'ils feroient mieux de les passer sous silence selon l'aduis que leur en donnèt ces vers du temps passé:

   Ne dis iamais, ny ne raconte
   Vn admirable & rare cas:
   Car tout le monde ne sçait pas
      En tenir conte.

La premiere personne que Constance rencontra en entrant dans ceste hostellerie, fut vne ieune femme d'assez bonne mine, & de quelques vingt & deux ans, vestuë à l'Espagnole & fort modestement. S'approchant de Constance, elle luy tint ce discours en Castillan: Graces soient renduës à Dieu, de ce que ie vois des personnes, sinon du lieu de ma naissance, au moins de mon pays d'Espagne. Graces soient renduës à Dieu, dis-ie vne autre fois, de ce que i'entendray dire, *Vuessa Merced*, & non *Signoria*, iusques aux garçons de cuisine. Tant y a (repart Constance) que vous estes doncques Espagnole. Comment, si ie le suis (dit ceste ieune femme) ouy, vrayment, & du meilleur terroir de Castille. Et de quel lieu, replique Constance. De Talauere de la Reyne, dit ceste femme. A peine eut elle proferé ceste parole, que Constance s'imagina que ceste ieune femme deuoit estre l'Espouse du Polonois Ortel Banedre, que l'on auoit emprisonée à Madrid, cõme adulteresse; & que son mary, à la persuasion de Periandre, auoit laissée en prison, & pris resolution de s'en aller en son pays. Lors Constâce forgea dans son imagination vne infinité de choses, qu'elle mist en effect, & qui luy succederent presques de mesme qu'elle les auoit pensees. Elle la prit doncques par la main, & l'ayant amenee au lieu où estoit Auristelle, qu'elle tira à part auec Periandre, elle leur tint ce langage : Messieurs, vous estes en doute de la verité du sçauoir que i'ay en l'art de deuiner : mais vous deuez penser que ceste science ne se rend pas recommandable en predisant les choses futures, puis qu'il n'y a que Dieu seul qui les sçache; & quand quelque homme les predict, c'est plustost par rencontre, qu'autrement : ou bien il en donne la cognoissance par l'experience qu'il a des choses passees, & presques semblables. Mais si ie vous apprens des choses passees, qui n'ont peu ny ne peuuent paruenir à ma cognoissance, que direz vous? Or le voulez vous voir ? Sçachez doncques que ceste bonne fille que vous voyez icy proche de vous, est de Talauere de la Reyne. Elle s'est mariee à vn Polonois, qui s'appelle si i'ay bonne memoire, Ortel Banedre. Elle mesme fit vn grand affront à son mary ; car apres l'auoir desrobé, & poussee

de

de ses pensées légères, & d'une folle jeunesse elle s'enfuit du logis de son père, auec vn ieune garçon d'hostellerie, qui demeuroit vis à vis de sa maison. Elle fut prise auec l'adultere à Madrid, & ie pense qu'elle a depuis beaucoup souffert tant en la prison, qu'au voyage qu'elle a faict de venir iusques icy. Ie desire qu'elle mesme nous en face le recit : car encores que par mon sçauoir ie le deuine ; toutesfois elle en parlera plus particulieremēt, & de meilleure grace. O bon Dieu! (dit alors ceste ieune femme) & qui est ceste Dame qui a sçeu si bié lire mes pensées ? Qui est ceste Deuineresse qui a vne si parfaicte cognoissance de la honteuse histoire de ma vie ? Madame, ie suis sans doute ceste adulteresse, & ceste prisonniere. Ie suis celle que l'on a bannie pour dix ans, parce que nul ne s'est fait ma partie : Et maintenāt ie suis tombee au pouuoir d'vn soldat Espagnol qui va en Italie. Ie mange le pain auec douleur, & passe ma vie auec tant d'anguoisse, qu'à tous moments ie souhaitte la mort. Mon premier amoureux mourut dās les prisons. Et cestuycy (ie ne sçay comment le nommer) m'y secourut, & m'en a retiree. Or comme ie vous ay desià dit, il me mene par le monde à son plaisir, & à mon grand regret : car ie ne suis pas si despourueuë de sentiment, que ie ne

Oo

cognoisse bien le danger où i'expose mon ame, allant ainsi vagabonde : Mais ie vous conjure, Messieurs, par la qualité que vous possedez, & puis que vous estes Espagnols, & Chrestiẽs, & personnes illustres, selon que vous tesmoignez par vostre seule presence, ostez-moy du pouuoir de cest Espagnol, & vous ferez autant que si vous m'ostiez aux pattes des lions.

Periandre, & Auristelle demeurerent esmerueillez de la prudente & sage procedure de Constance : autorisans son dire par la loüange qu'ils luy donnerent. Ils promirent encores de fauoriser de tout leur pouuoir ceste ieune fẽme perduë, laquelle leur dit que l'Espagnol n'alloit pas tousiours auec elle, mais bien vne iournee deuãt, ou derriere, afin de tromper les yeux de la Iustice. Voyla qui va fort bien (dit Periandre) par ce moyen nous donnerons ordre à vostre remede. Car celle qui a sceu deuiner vostre vie passee, sçaura bien encor vous instruire pour l'aduenir. Soyez desormais femme de bien : car sans le ciment de la preud'homie, on ne sçauroit bastir chose qui semble estre bonne. Cependant ne vous esloignez pas de nous, parce que vostre ieunesse & vostre visage sont les plus grãds ennemis que vous pourriez auoir en pays estrange. La ieune garce se mit à pleurer: de sorte que Constance & Auristelle en eurent compassion, & cela obligea Periandre de rechercher le remede de ceste femme. Tandis qu'ils tenoient ce discours, Barthelemy arriua qui leur dit: Messieurs venez voir le plus estrange fantosme que vous ayez iamais veu. Or il leur dit cecy auec tant d'emotion, & comme s'il eust esté espouuanté, que pensans aller voir quelque estrange merueille ils le suiuirent, & d'vne chambre qui estoit vn peu esloignee & destournee de l'autre, & de celle des Dames, ils apperceurēt par certaines fentes vne autre chambre toute paree de dueil. Ceste obscurité lugubre, les empescha de voir particulieremēt ce qui estoit dedans. Comme ils consideroient ce lieu, vn homme d'aage, & habillé en dueil vint, & leur dit ces paroles: Messieurs d'icy à deux heures, & depuis la venuë de la nuict, si vous desirez voir Madame Ruperte, sans qu'elle vous voye, ie feray que vous la verrez, & ceste veuë vous donnera subiect d'admirer autāt son humeur que sa beauté. Monsieur (repart Periandre) nostre valet que voilà nous a cōuiéz de venir voir vne merueille, & nous n'auons encor point veu autre chose qu'vne chambre couuerte de noir : & en cela il n'y a point de merueille. Si vous reuenez (replique cest homme habillé en dueil) à

O o ij

l'heure que ie vous ay desià dit, vous treuuerez icy dequoy vous esmerueiller. Vous deuez sçauoir qu'en ceste chambre loge Madame Ruperte qui à peine à t'il vn an estoit femme du Comte Lambert d'Escosse. Ce mariage luy cousta la vie, & est cause qu'elle se treuue en l'extremité de la perdre à tous moments: car Claudin Rubicon Cheualier des plus principaux d'Escosse, que les richesses & la noblesse ont rendu superbe, & d'vne humeur aucunement amoureuse, voulut du bien à Madame: Mais s'il ne fut point abhorré d'elle, au moins elle en fut desdaignée, ainsi qu'elle le fit paroistre en se mariât auec le Comte Lambert. Ceste prompte resolution de Madame, fascha fort Rubicon; & il creut qu'elle l'auoit faict pour le deshonorer, & pour le mespriser: comme si la belle Ruperte n'eust pas esté soubs le pouuoir d'vn pere & d'vne mere, pour obeir à leur volonté; & comme s'ils n'eussent point esté obligez à ce mariage. Ioinct que c'est vne chose bien plus séante, quand l'aage de ceux qui se marient ensemble, se rencontre de telle sorte, que l'homme n'a pas plus de dix ans que la femme, afin que la vieillesse les accueille tous deux à mesme temps. Rubicon estoit vn homme veuf, & il auoit vn fils de l'aage de vingt & vn an; braue Gentil-homme au possible, & doué de plus belles qualitez que le pere; de sorte que s'il se fust presenté alors à Madame, mon Seigneur le Comte seroit en vie, & elle plus contente. Il arriua puis apres que Madame accompagnee de son Espoux s'alla pourmener à vne sienne maison des champs, & sans penser à son desastre, rencontra Rubicon suyuy de plusieurs siens seruiteurs. Il apperçeut Madame, & sa veuë excita dans son cœur l'affrōt qu'il croyoit auoir receu. L'ire chassa toute amour, & fit naistre le desir de faire du mal à ma Maistresse. Et cōme les vengeances de ceux qui ont autrefois aymé surpassent les offenses receuës: Rubicon depité, impatient, & mal conseillé, mit la main à l'espee, & courut vers le Comte mon Maistre, qui estoit innocent de ce qui estoit arriué, sans qu'il eust loisir de preuenir le coup qu'il ne craignoit point. C'est maintenant (dit Rubicon, en luy metrant l'espee au trauers du corps) que tu me payeras ce que tu me dois. Si cecy semble estre vne cruauté, ta femme en vse bien d'vne plus grande en mon endroit, puis que ses desdains m'ostent cent mille fois la vie. Ie me treuuay present à tout ce que ie vous dis. J'entendis ces paroles de mes propres oreilles, & vis aussi de mes yeux la blesseure. J'escoutay les plainctes de ma Maistreffe qui monterent iufques aux Cieux. Nous donnafmes ordre à la fepulture du Comte, auquel, par commandement de Madame, on couppa la tefte. On y mit des chofes qui en peu de iours la defcharnerent, de forte qu'il n'y demeura que les os. Elle commanda encor qu'on la mit dans vn coffre d'argent, fur lequel elle pofa fes mains & fit ce iurement. (Mais i'auois oublié à vous dire que le cruel Rubicon, foit par mefpris, ou pour plus de cruauté, ou peut eftre eftant tout troublé, laiffa fon efpee nuë dans l'eftomach de mon maiftre, & il femble encore à prefent que le fang y eft tout frais.) Ie dis dōc qu'elle profera ces paroles : Moy la malheureufe Ruperte à qui les Cieux ont donné le feul nom de belle, ie iure par le Dieu viuant, & tenant les mains fur ces deplorables reliques, que ie vengeray la mort de mon Efpoux, de tout mon pouuoir, & de toute mon induftrie : encores que pour ce faire, i'y hazarde mille fois ma miferable vie, fans que ie m'eftonne de la peine que ie prendray, ny que ie manque de prieres enuers ceux qui me peuuent affifter. Et iufques à ce que i'aye mis en effect cefte entreprife, fi non Chreftienne, au moins iufte, ie iure encores, que mes robes feront noires, mes chambres lugubres, mes manteaux tristes, & ma compagnie la mesme solitude. Ces presentes reliques qui me tourmentent l'ame, seront posees sur ma table. Ceste teste, qui me dira sans langue qu'il faut que ie venge ceste iniure : & pareillement ceste espee, où l'on voit encor le sang tout frais, & lequel alterant le mien, ne me laissera point en repos iusques à ce que ie me sois vengée. Ayant acheué ce discours il sembla qu'elle modera ses larmes continuelles, & donna quelque tréue à ses tristes soupirs. Elle prit puis apres le chemin de Romme, afin d'implorer secours des Princes d'Italie, contre le meurtrier de son Espoux, qui ne cesse de la menacer, & qui peut estre craint qu'vne petite mouche le peut offenser dauātage qu'vn Aigle le fauoriser. Messieurs vous verrez ce que i'ay dit, d'icy à deux heures. Que si cela n'est point capable de vous donner de l'admiration, ie n'ay pas sceu vous le raconter, ou bien vous auez vn cœur composé de marbre. Là finit son discours l'Escuyer habillé de dueil, & les Pelerins, sans voir Rupette, commencerent dés l'heure mesme à s'estonner de ceste auanture.

Oo iiij

Le Mariage de la belle Ruperte, & du beau Cloridan, qui s'accomplit par vne Auanture rare & estrange.

Chap. XVII.

L'Ire, ainsi que l'on dit est vne esmotion du sang, qui est proche du cœur, lequel s'altere dans l'estomach, quand on void l'object qui apporte de la fascherie : voire mesme quelquefois par le ressouuenir. Or elle a pour fin & pour but la vengeance : car en quelque façon que la prenne celuy qui se sent offensé, soit sans raison, ou auec raison, l'ire s'appaise. La belle Ruperte offensee & pleine de couroux nous l'apprendra. Elle est possedee d'vn tel desir de se véger de sõ ennemy, qu'encore qu'elle sçeust qu'il fust mort, elle ne laisseroit pourtãt d'estendre sa colere sur tous ses successeurs, sãs permettre, si elle pouuoit, qu'aucun d'eux restast en vie, par ce que le courroux de la femme n'a point de bornes ny de limites. L'heure que les Pelerins la deuoient voir, sans qu'ils fussent veus d'elle, arriua : & ils la virent doüee d'vne extreme beauté. Elle estoit couuerte d'vn voile fort blanc, lequel luy descendoit depuis la teste iusques

& de la belle Sigismonde. 585

aux pieds. La Belle estoit assise deuant vne table, sur laquelle on auoit posé la teste de son Espoux dans vn coffret d'argent, & l'espee dont on luy auoit osté la vie, ensemble vne chemise qu'elle croyoit n'estre point encor seiche du sang de son mary. Tous ses tristes spectacles resueillerent sa colère, & elle n'auoit pas besoin que quelque chose la resueillast, puis qu'elle n'estoit iamais endormie. La belle se leua debout, & mettant la main droicte sur la teste de son mary, commença de faire & de renouuelle le vœu, & le serment dont auoit parlé l'Escuyer accoustré de dueil. On voyoit de ses yeux couler des larmes capables de baigner les reliques de sa passion. Elle arrachoit de son sein des souspirs qui grossissoiét l'air & de pres & de loin. Elle adioustoit encore au serment ordinaire, des paroles qui le rendoient plus recommandable : voire mesme par fois elle iettoit par les yeux du feu plustost que des larmes, & par la bouche de la fumee plustost que des souspirs : tant elle estoit possedee de sa passiõ & du desir de la vengeance. Mais vous voyés qu'elle pleure, qu'elle souspire, & qu'elle est hors de soy mesme. Vous luy voyez brandir l'espee meurtriere, baiser la chemise ensanglãtee, & vous luy voyez encore proferer des paroles que ses sanglots interrompét : neantmoins si vous auez la patience d'attēdre vous verrez auāt qu'il soit iour des choses qui vous donneront sujet de discourir d'elle mille siecles, si vous pouuiez viure cent mille ans. La belle Ruperte estoit au milieu de la fougue de sa douleur, & quasi au fort de son cōtentemēt, par ce qu'vn courage offensé se soulage lors qu'il vse de menace. Elle estoit (dis-je) en l'estat que nous venons de dire, quand vn de ses seruiteurs qui ressembloit à vn noir fantosme, selon qu'il estoit couuert de dueil, s'approcha d'elle, & d'vne voix mal articulee luy dit ces paroles. Madame le gentil Cloridan, le fils de vostre ennemy, viēt tout maintenant de descendre en ce lieu pour y loger, auec quelques siens seruiteurs. Regardez si vous auez enuie de vous cacher de luy, ou si vous desirez qu'il vous cognoisse: En fin pensez à ce qui vous est plus necessaire, puis que vous auez loisir d'y penser. Ie veux (repart Ruperte) qu'il ne me cognoisse nullement. C'est pourquoy faictes que tous mes seruiteurs ne me nomment, ny par dessein ny par imprudence. Ce disant elle ramassa ses reliques, & commanda qu'on fermast si bien sa chambre, que nul n'y entrast pour parler à elle. Les Pelerins retournerent à la leur, & elle demeura toute seule, & toute pensiue. Or ie ne sçay pas comme l'on a sceu qu'elle tint à peu pres ce difcours, puis qu'elle parloit à elle mefme, fans autre cōpagnie. Confidere, ó Ruperte, (difoit-elle) que les Cieux pitoyables ont liuré à tes mains, comme vne fimple victime que l'on mene au facrifice, l'ame de ton ennemy: car les enfans, & principalement les vniques, font partie de l'ame de leurs Peres. Sus doneques (ó Ruperte) mets en oubly que tu es femme: & fi tu ne veux point oublier cefte chofe, regarde que tu es vne femme qui a efté offenfee. Le fang de ton Mary crie à toy à pleine voix, & cefte tefte fans langue, te dit ces paroles: Vengeance ma chere Efpoufe, & vois comme l'on m'a mis à mort, fans que i'euffe commis aucun crime. Imite donc Iudith, de qui la foibleffe ne redouta point la valeur d'Oloferne. Il eft bien vray que fa querelle eftoit bien diffrente de la mienne. Elle chaftia vn ennemy de Dieu, & ie defire chaftier vn qui peut-eftre n'eft pas mon ennemy. L'amour de fa patrie luy mit le glaiue à la main, & l'amour de mon Efpoux le met à la mienne. Mais à quoy bonnes toutes ces cōparaifons inegales? Ie n'ay autre chofe à faire que fermer les yeux, & pouffer le glaiue dans l'eftomach de ce ieune homme. Ma vengeance fera d'autant plus grande que fa coulpe eft moindre. Que i'acquiere feulement le furnom de vengereffe,

& puis vienne ce que pourra venir. Quand on veut accomplir ses desirs, on ne s'arreste iamais sur les inconueniens, quoy qu'il y aille du peril de la vie. Pourueu que i'accomplisse le mien, ie ne me soucie de mourir. Ayant acheué ce discours elle procura d'entrer ceste nuict dans la chambre de Cloridan, & vn des seruiteurs de ce ieune Seigneur luy en facilita l'entree. Seruiteur que l'argent rendit traistre, encores qu'il creut de faire vn notable seruice à son Maistre en le faisant coucher, auec vne si belle femme comme estoit Ruperte. Elle se mit en part d'où elle ne peut estre veuë n'y descouuerte d'aucun, & ayant remis à la disposition du Ciel son entreprise, elle attendit sans se remuer ny dire mot, que l'heure de son contentement arriuast, & qui à son aduis consistoit en la mort de Cloridan. La belle meurtriere auoit pris pour instrument de son cruel sacrifice, vn cousteau tranchant parce que c'estoit vn glaiue maniable & sans empeschement, & par mesme moyen plus propre à son dessein. Elle portoit pareillement vne lanterne bien fermee, où estoit vne chandelle de cire allumee. Cependant elle retenoit si bien son haleine qu'à peine osoit elle respirer. Mais que ne peut vne femme en colere? Qu'elles montagnes de

& de la belle Sigismonde. 589

difficultez ne foule elle point en ses desseins. Quelles cruautez enormes ne luy paroissoient point douces & debônaires? Ie ne diray rien plus sur ce subiect, parce qu'il y a tāt de choses à dire, qu'il vaut mieux les laisser en cest estat, puis qu'aussi bien on ne sçauroit treuuer des paroles capables de les exprimer. En fin l'heure vint: Cloridan se coucha lassé du chemin. Il se reposa, sans penser à la mort qui luy estoit prochaine, & pendant que Ruperte escoutoit attentiuement, si Cloridan dormoit. Estant asseurée pour ce regard, par les signes qu'il donnoit, & par le tēps qui s'estoit escoullé depuis qu'on l'auoit mis dans le lict, ioint à la respiration longue & lente, que tirent seulement ceux qui dorment. Estant, dis-ie, asseuree qu'il dormoit, elle sans faire le signe de la croix, ny inuoquer à son assistance le nom de Dieu, ouurit la lanterne, qui esclaira toute la chambre. Apres elle regarda où elle mettroit les pieds, afin que sans broncher elle peut s'approcher du lict. O belle meurtriere, ô douce courroucee, ô bourreau agreable, execute ton ire, contente ton ennuy, efface & oste du monde ton offense: Car tu as deuant toy vn homme sur qui tu le peux faire. Mais regarde bien si tu veux, (ô belle Ruperte) que tu ne voyes point ce beau Cupidon que tu vas descouurir, autrement toute la machine de tes pēsees ira soudain en fumee. Finalement elle s'approche, & d'vne main tremblante descouure le visage de Cloridan, qui dormoit d'vn profond sommeil. Mais elle y treuue la proprieté de l'escu de Meduse qui chāgeoit en rocher. Elle y apperceut tant de beauté, que ceste beauté fut capable de luy faire tomber le cousteau de la main, & de luy donner loisir de considerer le crime enorme qu'elle vouloit commettre. Elle vit que la beauté de Cloridan chassoit les tenebres de la mort qu'elle luy vouloit donner comme le Soleil chasse les broüillas. C'est pourquoy elle le choisit incontinent, non pour victime du cruel sacrifice, ains pour holocauste sacré de son contentement. Las (dit-elle) genereux iouuenceau, plus propre d'estre mon Espoux que l'obiect de ma vengeance, es tu coulpable du crime que ton pere à commis? Et quelle peine peut on donner à celuy qui n'à point commis de peché? Vis, vis seulement (ó illustre ieune homme) & que ma vengeance & ma cruauté demeurent enfermees dans mon estomach. Quand on sçaura ceste action, i'ayme mieux qu'on me donne le nom de pitoyable, que de vindicatiue. Acheuant ces paroles toute troublee & repentante, la lanterne luy cheut des mains & tomba sur l'estomach de Cloridan, qui se resueilla, sentant l'ardeur de la chandelle. La lumiere estoit esteinte, & Ruperte vouloit sortir de la chambre : mais elle ne peut rencontrer la porte. Cependant Cloridan se mit à crier, prit son espee, & sautât du lict, & allant par la chambre empoigna Ruperte, qui en tremblant luy tint ce discours: Ne me tuë point (Cloridan) ie suis vne femme, & il n'y a pas vne heure que ie voulois & pouuois te tuer, & maintenant ie me treuue reduicte en tel terme que ie te prie de ne m'oster point la vie. Sur cela les seruiteurs coururent à la rumeur, & auec de la lumiere, Cloridan vit & recogneut la tres belle vefue, qui ressembloit à la Lune, lors qu'elle est enuironnee de blanches nuës. Qu'est-cecy Madame Ruperte (disoit-il.) Est ce le desir de la vengeãce qui vous a icy conduite? Voulez vous que ie paye le desplaisir que mon pere vous a faict? Car ce cousteau que ie vois m'apprend que vous estes icy venuë pour estre le bourreau de ma vie. Mon pere est mort, & les morts ne peuuent donner satisfaction des offenses qu'ils ont faictes. Mais bien les viuants, qui ont pouuoir de les reparer. C'est pourquoy, moy qui represente maintenant la personne de mon pere, ie desire vous faire reparation de l'offense qu'il a cōmise en vostre endroict, le mieux qu'il me sera possible. Mais auparauāt permettez que ie vous touche honnestement : car ie veux voir si vo⁹ n'estes point quelque fātosme, icy venu, ou pour me tuer, ou pour me tromper, ou pour me rendre plus heureux. Que tout mal-heur m'accompagne (repart Ruperte) & que mon heur deuienne pire (si le Ciel le peut empirer en quelque sorte) si lors que i'entray en ceste hostellerie il me souuenoit de toy. Tu y es venu, & ie ne te vis point quand tu y entras : ton nom paruint à mes oreilles, & il excita ma colere à la vengeance. Par le moyen d'vn de tes seruiteurs, i'ay entré ceste nuict dans ceste chambre, apres luy auoir fermé la bouche auec quelque present que ie luy ay faict. Estant munie de ce cousteau, & le desir de te priuer de vie s'augmentant en moy, & cognoissant que tu dormois, ie suis sortie du lieu où ie m'estois cachee. Ie t'ay descouuert à la lumiere d'vne lanterne que ie portois. I'ay apperceu ton visage, & soudain le respect & la reuerence, se sont emparez de mon ame. En fin le trenchant du cousteau s'est rebouché, le desir de la vengeance s'est esteint : la chandelle m'est cheute de la main : son ardeur t'a éueillé : tu as crié, i'ay demeuré confuse, & tu as veu ce qui depuis est succedé. Ie ne desire plus de vengeance,

& de la belle Sigismonde. 593

geance, & ne me veux plus souuenir des offenses. Vis en repos: car ie veux estre desormais la premiere, qui pour des offenses, rend des recompenses; si tant est que ce soit vne faueur de te pardonner vne coulpe que tu n'as point commise. Madame (replique Cloridan) mon Pere se voulut marier auec toy, & tu le refusas. Estant depité il mit à mort ton Espoux, & maintenant il est mort, emportant en l'autre monde ceste offense. Ie suis demeuré pour faire du bien pour son ame, & i'y suis obligé comme vne personne qui le touche de si pres. Si tu veux que ie te donne la mienne, reçois-moy pour ton Espoux, pourueu que tu ne sois pas, ainsi que i'ay desia dit, vn fantosme, qui m'abuse: car les grands heurs qui arriuent si inopinément sont fort suspects. Donne moy ces bras (repart Ruperte) & tu verras que mon corps n'est point fantastique, & que l'ame que ie te donne est sensible, pure, & veritable.

Les seruiteurs de Cloridan, qui estoient entrez auec de la lumiere, furent tesmoins des embrassemens, & de la main qu'ils se donnerent en nom de mariage. La douce paix triompha ceste nuict de la dure guerre. Le camp de la bataille se changea en lict nuptial. La paix sortit de la colere, la vie de la mort, & le contentement de la fascherie.

P p

Le iour à son arriuee treuua les deux Amãts embraffez. Les Pelerins fe leuerent, defireux d'entendre ce qu'auroit faict la dolente Ruperte, à la venuë du fils de son ennemy, dont ils sçauoient defià toute l'histoire. Le bruit de ce nouueau mariage s'espandit; & comme nos Pelerins vouloient entrer en la chambre, ainsi que bons Courtisans, pour feliciter les nouueaux mariez, ils virent sortir de celle de Ruperte le vieil Escuyer, qui leur en auoit appris l'histoire. Il estoit chargé du coffret où estoit la teste de son premier mary, & de la chemise, & de l'espee, qui tant de fois auoient renouuellé les larmes de Ruperte. Il disoit qu'il les emportoit, afin que ces reliques ne renouuellaffent encores vne autre fois, parmy les gloires presentes, les desplaisirs passez. Il blasmoit la legereté de Ruperte, & en general celle de toutes les femmes; de sorte que la moindre iniure qu'il proferoit contre elles, c'estoit de les appeller fantasques, & capricieuses. Les Espousez se leuerent, auant que les Pelerins les vinssent feliciter. Les seruiteurs de Ruperte & de Cloridan se resioüirent, & ceste hostellerie se changea en Palais Royal, digne de si nobles Espousailles. En fin Periandre, Auristelle, Constance, & son frere Antoine, parlerent aux mariez, & s'offrirent mutuel-

& de la belle Sigismonde. 595

lement la part qu'il leur estoit loisible d'offrir en leur ame.

De la venuë de l'Hermite Soldin, & comme l'hostellerie s'embrase.

CHAP. XVIII.

PEndant qu'ils estoient en ces termes, on vid entrer par la porte d'vne hostellerie vn homme qui a sa longue & blanche barbe monstroit auoir plus de quatre vingts ans. Il n'estoit point vestu, ny en Pelerin ny en Religieux, puis qu'il paroissoit estre & l'vn & l'autre. Il auoit la teste descouuerte & raze au milieu, & de tous les costez luy pendoient de longs & blancs cheueux. Il soustenoit son corps cassé sur vne espece de houlette tortuë qui luy seruoit de baston. En fin en toutes ses actions il representoit vn venerable vieillard, digne de tout respect. A peine la Maistresse de l'hostellerie l'eut veu, que pliant les genoux à terre, elle luy dit ces paroles: Pere Soldin, ie conteray ce iour icy entre les iours heureux de ma vie, puis que l'ay merité de te voir en ma maison: car tu n'y viens iamais que ce ne soit pour mō bien. Ce disant elle s'adressa aux assistans, & pour

Pp ij

suyuant son discours, leur tint ce langage: Ces floccons de nege, & ceste statuë de marbre blanc, qui se meut & que vous voyez icy, Messieurs, est celle du fameux Soldin, la renommee duquel s'espand non seulement par la France, mais encor par toutes les contrees du monde. Bonne Dame (repart le vieillard en l'interrompant) ne me donnez point tant de loüanges: car quelque fois la bonne renommee s'engendre du mensonge. Ce n'est pas l'entrée, ains la sortie qui rend les hommes bien heureux. La vertu qui n'a pour fin que le vice, est plustost vice que vertu. Toutesfois avec tout cela, ie veux maintenant conserver la bonne opinion que vous avez de moy. C'est pourquoy soyez auiourd'huy soigneuse de vostre maison: car ie vous asseure que de ces nopces, & de ces resiouyssances que l'on prepare, procedera vn feu qui la consumera presque toute. Cloridan oyant parler cest hôme de la sorte, tint ce discours à son Espouse Ruperte: Cestuy-cy sans doute doit estre quelque Magicien, ou quelque Devin, puis qu'il predit les choses futures. Le vieillard qui l'ent'rouyt, fit ceste response: Ie ne suis ny Magicien, ny Devin: mais bien Astrologue iudiciaire. Et quād on sçait bien la science dont tels Astrologues font profession, elle apprēd presques à deviner. Croyez-

& de la belle Sigismonde. 597

moy (Messieurs) si vous voulez pour le present, & quittez ceste demeure, pour aller à la mienne. Elle est dãs vne forest prochaine: & là ie vous logeray, sinon tant au large, au-moins plus asseurément. Il ne faisoit qu'ache-uer ces mots, lors que Barthelemy le valet d'Antoine entra, & cria hautement. Mes-sieurs la cuisine s'embrase, & le feu s'est tel-lement pris à vn morceau de bois, qui estoit proche, que toute l'eau de la Mer ne seroit pas capable de l'esteindre. Sur cela d'autres seruiteurs vindrent qui exagererent encores la fureur & le petillement du feu. Vne veri-té si manifeste ayant doncques authorisé les paroles de Soldin, Periandre prit entre ses bras Auristelle, sans se metre en peine d'aller premierement auérer, si le feu se pouuoit esteindre, ou non, & dit à Soldin: Bon Sei-gneur, conduisez-nous au lieu de vostre de-meure: car le peril n'est icy que trop manife-ste. Antoine prit aussi d'vne main sa sœur Cõ-stance, & de l'autre Felice Flore, que les au-tres deux Dames Françoises, Deleasir, & Belarminie, suiuirent, pendant que la ieune repentie de Talauere empoigna par le faux du corps Barthelemy, qui mit pareillement la main au cheuestre de son mulet. Ainsi tous nos Pelerins, ensemble les Espousez, & l'Ho-steliere qui auoit cognoissance des predi-

Pp iij

ctions de Soldin, suiuirent ce bon-homme, qui bien qu'il allast le petit pas, leur seruoit de conduicte. Les Domestiques de l'hostelerie, qui n'auoiēt point esté presents quand Soldin dit aux autres, ce que vous auez ouy cy dessus, demeurerēt occupez à esteindre le feu: mais sa furér leur fit biē tost cognoistre, que leur trauail estoit inutile: parce que durant tout ce iour il ne cessa de brusler ceste maison: & cest embrasement estant ainsi arriué de nuict, ce fut vn miracle que quelqu'vn en eschappast, pour en raconter la furie. Nos gens paruindrent en fin à la forest, où ils trouuerent vn Hermitage qui n'estoit pas trop grand. Là dedans ils virent vne porte, qui sembloit estre celle d'vne obscure cauerne. Auant qu'entrer dans l'Hermitage, Soldin dit à toute la compagnie: Ces arbres auec leur ombre agreable, vous seruiront de lambris dorez: comme aussi l'herbe de ce pré delicieux, vous pourra seruir, sinon de douces, au moins de blanches couches. Cependant ie meneray ces Seigneurs dans ma cauerne, parce qu'il le faut ainsi, & non parce qu'ils changent de demeure plus commode. Sur cela il appella Periandre, Auristelle, Constance, les trois Dames Françoises, Ruperte, Anthoine, & Cloridan. Il laissa tous les autres dehors, & puis s'enferma auec ceux qu'il auoit appellez, dans la cauerne : fermant la porte de l'Hermitage, & de la mesme cauerne: Barthelemy & la ieune femme de Talauere, voyans qu'ils n'estoiét pas des Esleuz, & de ceux que Soldin auoit appellez, poussez ou du despit, ou de leur humeur inconstante, s'accorderent ensemble vnanimement de quitter, à sçauoir Barthelemy, ses Maistres: & la ieune femme, sa repentance; de sorte qu'ayans deschargé le mulet de deux habits de Pelerins, elle sans prendre congé de ses pitoyables Maistresses, & luy de ses honnorables Maistres, passerent outre, en intention d'aller aussi à Romme, aussi bien que les autres, la garce montee sur le mulet, & le galant à pied. Nous auons dit en quelque autre part, que l'on doit raconter en l'histoire, toutes les actions quoy qu'elles ne soient, ny probables, ny vray semblables: & encores, que cela fist tort à la creance qu'on donne à l'Histoire, parce que l'Historien n'a autre chose à faire, qu' dire la verité, soit qu'on le croye, ou qu'on ne le croye pas. Or nostre Historien ayant posé ceste maxime, dit que Soldin, suiuy de toute ceste trouppe de Dames, & de Caualiers, descendit par les degrez de l'obscure cauerne. Et ils n'eurent pas descendu quelque quatre vingts degrez, qu'ils descouurirét le Ciel luisant & clair. Ils aperceurent vne prairie molle & delicieuse, laquelle entretenoit la veuë, & resioüissoit l'ame. Soldin s'estât mis au milieu de ceux qui y estoiét alors descendus auec luy, leur tinten langage: Messieurs, ce n'est pas icy quelque enchantement, & ceste cauerne par où nous sommes icy venus, ne sert que de chemin racourcy, pour paruenir à ceste valee que vous voyez, & qui à vne lieuë loin d'icy, a vne autre plus facile, & plus aggreable entree. J'ay basty cest Hermitage, & par vn long trauail, mes mains ont caué ceste cauerne, & puis ie me suis aproprié ceste valee. Les eaux & les fruicts dont elle abôde me nourrissent. C'est icy que fuyant la guerre, i'ay treuué la paix. Au lieu de la faim que i'espreuuois au monde qui est là dessus (si l'on peut ainsi parler) ie rencontre icy l'abondãce. Au lieu des Princes & des Monarques qui commandent au Monde, & ausquels ie seruois, i'ay treuué ces arbres muets, qui bien que pompeux, ne laissent pas d'estre huibles, & seruiables. Mes oreilles ne sont point icy abbreuuees du courroux des Empereurs, ny de l'insolence & de l'importunité de leurs Officiers. Ie n'espreuue point icy les desdains d'vne Maistresse, ny le mauuais seruice d'vn seruiteur. Ie suis icy Maistre de moy-mesme. Ie tiens icy

mon ame dans ma main, & icy par vne droi-
te voye i'achemine mes pensees, & mes desirs au Ciel. C'est icy que i'ay acheué mes e-
studes és Mathemathiques. I'y ay contemplé
le cours des Estoiles, & le mouuemēt du Soleil, & de la Lune: Et en ce mesme lieu i'ay
treuué des causes capables de me resiouïr, &
d'autres suffisantes de m'attrister. Bien qu'elles ne soiēt point encores arriuees, elles sont
toutesfois si certaines, qu'à mon aduis elles
marchent au pair de la mesme verité. Ie vois
tout maintenant, & à l'heure que ie parle à
vous, de mesme que si i'y estois present, qu'vn
valeureux ieune Prince de la maison d'Austriche oste la teste à vn valeureux Pirate. O
que si vous le voyez comme ie le vois, trainant les estendarts sur les eaux, & baignant
auec mespris le Croissant, pelant les longues
queuës des cheuaux, embrasāt les vaisseaux,
mettant en pieces les corps, & donnant par
tout la mort. Mais ó miserable que ie suis!
i'apperçois vne autre chose qui remplit mon
ame de fascherie: Ie vois vn iouuenceau couronné, estēdu sur le sablon, & percé des Mores de mille lances: L'vn est nepueu, & l'autre fils de cest espouuantable foudre de la
guerre, & non iamais assez dignement loüé,
Charles le quint, auquel i'ay seruy plusieurs
annees, & luy seruirois iusques à la fin de mes

jours, si le desir de changer la milice mortelle, en la celeste, ne possedoit mon ame. C'est icy que ie demeure, & où sans liures, & auec la seule experience que i'ay acquise durant le temps de ma solitude, ie te dis (ó Cloridan) que tu iouyras heureusement & long temps de ta Ruperte. Or tu dois adiouster dauantage de foy à mon dire, puis que tu vois que ie sçay tõ nom, sans que ie t'eusse iamais veu. Et quant à toy (ò Periandre) ie t'asseure que ton voyage reussira à vne bonne fin. Auristelle ne sera plus ta sœur dans peu de temps : & pour cela elle ne laissera d'estre en vie. Et toy (Constance) de Contesse tu deuiendras Duchesse, & ton frere Antoine paruiendra au degré que sa valeur merite. Quant à ces Dames Françoises, quoy qu'elles n'obtiennent pas l'accomplissement du desir qu'elles ont maintenāt elles ne laisserõt pas d'en obtenir vn autre, qui les honorera, & les rendra contentes. Or ayant predit l'embrasement, ayant sceu vos noms sans vous auoir iamais veus, & les morts que i'ay pareillement apperceus, auant que ceste auanture arriue. Toutes ces choses, dis-je, vous peuuẽt disposer à me croire. Mais encores biẽ plus, quãd vous treuuerez que vostre valet Barthelemy s'en est enfuy auec le bagage, & auec la ieune Castillane, & qu'il vous a laissez à pied. Ne le suyuez point, par ce que vous ne le sçauriez attraper. La ieune femme tient plus de la terre que du Ciel, & elle veut suyure son inclination malgré & en depit de tous vos bons conseils. Ie suis Espagnol, & cela m'oblige d'estre courtois & veritable. Auec la courtoisie ie vous offre tout ce que me peut offrir ceste prairie: & auec la verité, ie vous offre pareillement l'experience de tout ce que i'ay dit. Si vous estes estonnez de voir vn Espagnol en ceste terre estrange, sçachez qu'il y a plusieurs terroirs & plusieurs lieux au monde qui sont plus salutaires que d'autres. Les Mestairies, les maisons, & les villages situez icy à l'entour, sont habitez de personnes Catholiques & gens de bien. Lors qu'il est necessaire ie reçois les Sacremēts, & cherche ce que les campagnes ne peuuent donner, pour passer l'humaine vie: C'est celle que ie mene, & par elle i'espere de paruenir à la vie qui est d'eternelle durée. Ie ne vous en diray rien plus pour le present: Remontons seulement là haut, & nous donnerons nourriture aux corps, de mesme qu'icy bas nous l'auons donnee aux ames.

Comme les Pelerins prennent congé de Soldin, & du retour de Barthelemy qui s'estoit enfuy auec le bagage.

CHAP. XIX.

L'On appresta doncques le disner, plus remply de pauureté que de netteté. Mais quoy qu'il fust fort net & composé de peu de viande, neantmoins ce n'estoit point vne chose nouuelle aux quatre Pelerins. Ils se ressouuindrent alors de l'Isle Barbare, & de celle des Hermites, où Rutilius demeura, & où ils mangerent des fruicts hors de saison & desià passez. Ils se souuindrent encores de la faulse prophetie des insulaires, des predictions de Maurice, & de celles du Morisque Xadraque, & en fin de celles de l'Espagnol Soldin; de sorte, qu'il leur sembloit que deuinations & propheties les enuironnoient de toutes parts; & sur tout l'Astrologie iudiciaire, à laquelle ils eussent donné malaysément de la creance si elle n'eust esté authorisee de l'experience. Ayant acheué leur court repas, Soldin sortit auec eux, pour leur dire adieu, & aux autres qui attendoient dehors. Or ils treuuerét qu'en ceste compa-

& de la belle Sigismonde. 605

gnie, la Castillane & leur valet Barthelemy, deffailloient, auec le bagage. Cela fascha fort nos quatre Pelerins, parce qu'ils se virent priuez & d'argent & de hardes. Antoine qui en apparence s'en faschoit plus que les autres voulut courir apres : car il s'imaginoit que la ieune femme emmenoit son valet, ou bien que son valet emmenoit la ieune femme : ou pour mieux dire, qu'ils s'emmenoient l'vn l'autre. Mais Soldin luy dit, qu'il ne se mit pas en peine pour ce regard, parce que le lendemain son valet reuiendroit, & que repentant du larcin qu'il auoit commis, il rendroit tout ce qu'il auoit emporté. Ils le creurent, de sorte qu'Antoine ne se soucia plus d'aller à sa queste : Ioinct que Felice Flore offroit de luy prester tout ce qu'il voudroit, & pour luy & pour ses compagnons, iusques à Romme. Antoine la remercia fort de sa liberale courtoisie, & mesmes offrit de luy bailler en gage vn tel ioyau, qu'on le pouuoit enfermer dans le poing, & qui neantmoins valloit plus de cinquäte mille ducats. Il tenoit ce discours en intention de luy donner en gage vne des deux perles qu'Auristelle portoit tousiours quant & soy, auec la croix de diamants. Felice Flore ne voulut s'informer plus auant de la valeur de ce ioyau precieux : mais seulement elle continua l'offre qu'elle luy auoit desià faite. Pendant qu'ils estoient en ces termes, ils virent venir par leur chemin & passer deuant eux quelques huict hommes à cheual. Parmy eux estoit vne femme montee sur vne mule qui auoit vne riche selle. Ceste femme estoit toute paree de verd iusques au chappeau, lequel estoit pareillement paré de riches & diuerses plumes qui flottoient en l'air. Son visage estoit aussi couuert d'vn masque vert. Ceste compagnie passa deuãt nos Pelerins, & baissant la teste les salua, sans dire mot & eux les saluërent de mesme sans leur rien dire. Vn de ceste compagnie qui estoit demeuré derriere, estant proche d'eux les requist d'vn peu d'eau. On luy en donna, & apres on s'informa de luy qui estoient ceux qui marchoient deuant, & qui estoit encores la Dame vestuë de verd. Lors ce passant leur fit ceste responfe: Celuy qui va deuant est le Seigneur Alexandre Castruce, Gentil homme de Capoüe, & l'vn des plus riches hommes de tout le Royaume de Naples. Ceste Dame est sa niepçe, Yzabelle Castruce, qui a pris naissance en Espagne, où son pere est decedé, & apres sa mort son oncle la mene à Capoüe, afin de l'y marier, & comme ie croy, non pas trop à son contentement. Si elle est mal contente (repart l'Escuyer vestu de dueil de Ruperte) ce n'est pas de ce qu'elle se va marier, mais parce que le chemin est large : car ie crois fermement qu'il n'y a femme qui ne desire se rendre entiere auec la moitié qui luy deffault, qui est vn mary. Ie n'ay iamais appris ces Philosophies, (replique le passant) mais ie sçay bien qu'elle est triste, & elle mesme en sçait la cause. Cependant ie vous dis adieu : car mon Maistre est desia bien esloigné de moy. Acheuant ces mots il picque des esperons, & en peu de temps se desrobe à leur veuë. Tandis nos Pelerins, embrasserēt Soldin, & prindrent congé de luy. I'auois oublié de vous dire, que le mesme Soldin auoit conseillé aux Dames Françoises, qu'elles suiuissent le chemin qui menoit tout droict à Romme, sans se destourner en allant à Paris, parce que cela leur estoit necessaire. Son cōseil leur fut vn oracle, si bien qu'auec l'aduis des Pelerins ils prindrent resolution de sortir de France par le Dauphiné, & de trauerser le Piémont & l'estat de Milan, pour puis apres voir Florence, & incontinent apres Romme. Ayants doncques pris ce chemin, auec deliberation de faire leurs iournees vn peu plus longues : le lendemain sur le poinct du iour ils virent venir à eux, celuy qu'on tenoit desia pour voleur, Barthelemy le garçon du bagage. Il estoit derriere son mulet, avec vn habit de Pelerin. Toute la compagnie se mit à crier quand elle le recogneut, & presque tous luy demanderent pourquoy il s'en estoit fuy, & pourquoy il auoit pris cet equipage. Lors Barthelemy, pliant les genoux s'addressa à Constance, & la larme à l'œil fit à tous ceste responce: Ie ne vous sçaurois bien rendre raison de ma fuitte, & pour mon equipage, vous voyez que ie suis habillé en Pelerin. Ie suis icy reuenu pour vous rendre ce qui sans doute me faisoit estimer vn voleur parmy vous. Madame Constance voylà le mulet auec toutes les hardes. Il ny deffaut seulement que deux robbes de Pelerins. Celle que ie porte en est l'vne, & l'autre à renduë Pelerine la garce de Talauere: Que maudit soit l'Amour, & le poltron qui me l'a appris. Le pis est que i'ay resolu d'estre enrollé sous son enseigne: car ie ne me sens pas assez fort, pour resister à la violence de ce plaisir: qui est encores plus violent enuers ceux qui sont des ignorants, comme ie puis estre. C'est pourquoy donnez moy vostre benediction, & que ie m'en aille: la Louyse m'attend, & vous deuez considerer, que ie m'en vais sans denier ny maille, & que ie me fie plus en la bonne grace de ma Maistresse, qu'en la dexterité de mes mains. Elles ne furent iamais larronnesses, ny ne le seront,

pourueu

& de la belle Sigismonde. 607

pourueu que Dieu me conserue mon iugement, non pas quand ie viurois milles siecles. Periandre luy allegua plusieurs raisons pour le destourner de ceste mauuaise resolution: Auristelle luy en dit plusieurs autres: Et Constance & Antoine encores, plus: Mais ce fut, comme l'on dit, parler au vent, & prescher au desert Barthelemy essuya ses larmes, abandonna son bagage, tourna les espaules, & se separa d'eux en courant. Chacun estoit également esmerueillé de son amour & de sa simplesse. Lors qu'Antoine le vit partir ainsi à la haste, il mit vne flesche à son arc, que iamais il ne descocha en vain. C'estoit en intention de luy percer le corps de part en part, & de luy tirer par l'estomach son amour & sa folie. Mais Felice Flore, qui ne s'esloignoit gueres de son costé, osta la flesche de l'arc, & luy dit ces paroles : laissez-le aller (Antoine) car celuy qui marche soubs le pouuoir & la subiection du ioug d'vne femme folle, traisne auec soy assez de mal-heur. Vous dites vray Madame (repart Antoine) & puis que vous luy donnez la vie, qui auroit le pouuoir de la luy oster ? Finalement ils cheminerent plusieurs iours sans qu'il leur arriuast chose digne de recit. Ils entrerent dans Milan. La grandeur de ceste ville les rendit esmerueillez: comme aussi ses riches-

Q q

ses infinies, & ses tresors: car en ceste grande Cité il y a non seulemét de l'or, ains de grãds tresors. Ils s'estonnerent pareillement des armes qu'on y forge, & de la ferronnerie qui y est en si grande quantité, qu'on diroit que Vulcan y tient sa forge mesme. Ils admirerent aussi l'abondance infinie de ses fruicts, la grandeur de ses Temples, & en fin l'esprit subtil de ses habitans. Leur hoste leur dist que la plus grande singularité de ceste ville, estoit l'Academie des Docteurs, laquelle estoit composee & embellie d'Academiques eminents : beaux esprits qui faisoient parler d'eux à toutes heures, & par toutes les contrees du monde. Cest hoste leur disoit encore que ce iour là mesme on deuoit disputer publiquemét en ceste Academie ceste these, à sçauoir, S'il y peut auoir amour sans ialousie. Il n'y a point de doute (dit Periandre) que cela ne puisse estre, & il n'est pas besoin d'employer beaucoup de temps pour la preuue de ceste verité. Quant à moy (replique Auristelle) ie ne sçay que c'est d'Amour, encores que ie sçache fort bien ce qu'est la bienueillance. Ie n'entens pas (dit Bellarminie) ceste maniere de parler, ny la difference qu'il y a entre l'amour & la bienveillance. Vouloir du bien (repart Auristelle) cela peut estre sans cause veheméte, qui pousse la volonté: comme quand vous voulez du bien à vne seruante, pour le seruice qu'elle vous rend, ou à vne statuë, ou bien à vne peinture, qui vous semble bien faicte, & qui vous est agreable. Or ces choses ne donnent n'y ne peuuent donner aucune ialousie. Mais ce que l'on nomme Amour, qui est vne vehemente passion de l'ame, ainsi que l'on dit, peut donner non seulement des ialousies; mais encores des craintes capables de faire mourir. Et il me semble que l'Amour ne peut estre aucunement libre de ceste crainte : Madame (dit alors Priandre) vous auez fort bien parlé : car il n'y a Amoureux, qui soit en possession de la chose aymee, lequel ne craigne de la perdre. Il n'est fortune si ferme qui bien souuent ne tresbuche. Il n'y a cloux si forts, qui puissent arrester la roüe de la Fortune. Si les desirs qui nous poussent d'acheuer bien tost nostre voyage, ne m'en empeschoient, parauanture ferois-ie paroistre auiourd'huy à l'Academie, que l'Amour peut estre sans ialousie : toutesfois non point exépt de craintes. Ayant finy ce discours ils s'arresterēt quatre iours à Milan : durant lesquels ils commencerent de voir sa grandeur : car il est impossible de la voir entierement de quatre annees. Estans partis de ceste ville ils paruindrent puis apres à Lucques, cité qui n'est

Qq ij

pas des plus grandes: mais pourtant belle & libre: comme celle qui estant soubs la protection de l'Empire & de l'Espagne, vit en franchise, & en sa liberté contemple les autres villes des Princes qui la desirent. C'est là que les Espagnols, mieux qu'en toute autre part sont les bien venus & les bien receus. C'est pourquoy au lieu d'y commander ils y prient. Et comme ils n'y sejournent guere plus d'vn iour, ils n'y donnent pas loisir de faire paroistre leur humeur, que l'on tient pour arrogante & superbe. Ce fut là mesme qu'vne des plus estrages Auantures que nous ayons racontees en tout le discours de ce liure, arriua à nos Pelerins.

L'Histoire d'Ysabelle Castruce, qui feignoit estre possedee.

Chap. XX.

LEs hostelleries de Lucques sont capables de loger vne Cōpagnie de soldats. Or nostre bande de Pelerins alla loger dans vne hostellerie, où quelques vns des Gardes de la porte de la ville la menerēt. Cès Gardes donnerent par cōpte nos gens à l'hoste, qui le lendemain au matin, & lors qu'ils voudroient partir, estoit obligé de rendre compte d'eux. Comme ils y entroiét, Madame Ruperte en vid sortir vn Medecin, & elle le recogneut à son habit. Ce Medecin disoit ces paroles à vne femme qui sembloit estre l'Hosteliere: Madame, ie ne sçaurois bien dire si ceste Damoiselle est folle ou demoniaque: toutesfois ie dis, pour ne me tromper point, qu'elle est l'vn & l'autre, & neantmoins auec cela i'ay bon espoir de sa guerison, pourueu que son oncle n'aye pas tant de haste de partir. Iesus (s'escrie alors Ruperte) est ce doncques en vne maison de possedez & de fols, que nous venons loger. En verité, si l'on m'en veut croire, nous n'y mettrons iamais le pied. Madame (repart l'Hostesse) vous y pouuez loger librement : & croyez qu'il y a tels, qui viendroient icy expres de cent lieuës pour y voir vne si rare auanture. Tous nos Pelerins doncques s'y arresterent, & Auristelle, & Constance, qui auoient ouy les paroles de l'hostesse, luy demanderent, quelle si rare chose estoit en ceste hostellerie, qui meritast qu'on prist tant de peine pour la veoir. Suyuez-moy seulement (respond l'Hostesse) & vous trouuerez la verité de mon dire. Elles la suyuirent doncques, & entrerent apres elle dans la chambre, où elles trouuerent couchee dans vn riche lict vne tres-belle Damoi-

Qq iij

selle, qui pouuoit seulement auoir quelques seize ou dixsept ans. Elle auoit les bras en croix, attachez aux pilliers du lict: & deux femmes, qui luy deuoient seruir de gardes, & qui empeschoient qu'elle ne les remuast aucunement, luy cherchoient encores les iambes pour les luy attacher de mesme: Lors ceste possedee leur tint ce langage: il suffit que mes bras soient attachez: car pour le reste, mon honnesteté le tient assez lié. Acheuant ces paroles, elle s'adressa aux Pelerins, & leur dit ces paroles: Figures du Ciel, Anges de chair, Ie crois sans doute que vous estes icy venus pour me donner guerison: car d'vne si belle veuë, & d'vne visite si Chrestienne, l'on ne peut attendre autre chose. C'est pourquoy ie vous conjure par la qualité, & par les grands merites que vous deuez posseder, de commander qu'on me détache. Auec quatre ou cinq petits tours qu'on me face aux bras, ie demeureray coye, & ne me feray aucun mal. Ie ne suis pas si fole que ie le semble estre, & celuy qui me tourmente n'est pas si cruel qu'il souffre que ie me morde. Pauure niepçe (dit alors vn vieillard qui estoit entré dans la chambre) & qui est celuy qui t'empeschera de te mordre? Recommande toy à Dieu Ysabelle, & tasche de manger, non de ta belle chair, ains

& de la belle Sigismonde. 613

de ce que ton oncle, qui t'ayme cherement, te donnera. Ie te feray donner celuy qui a creé les airs, qui maintiēt les eaux, & qui sustente la terre: car tes grands moyens, & ma volonté qui est grande, te l'offre tout entierement. La dolente ieune fille fit ceste responfe: Que l'on me laisse seule auec ces Anges, & peut estre mon ennemy le Demon, m'abādonnera afin de n'estre point auec eux. Or ayant fait signe auec la teste qu'Auristelle, Constance, Ruperte, & Felice Flore demeurassent, elle voulut que tous les autres sortissent. Cela se fist de la volonté, & aux prieres du dolent vieillard son oncle, duquel elles sceurēt que ceste Damoiselle estoit celle mesme, que quelques iours auparauant elles rencontrerēt en chemin, & qu'elles virēt passer accoustree de vert. Celle, dis-ie, qui comme leur apprit le seruiteur qui estoit demeuré derriere, se nōmoit Yzabelle Castruce, & qu'ō alloit marier au Royaume de Naples. A peine la Malade se vit seule, que regardant de tous costez elle pria qu'on cherchast toute la chambre, pour voir s'il n'y auoit point d'autre personne, outre le nombre de celles qu'elle auoit arrestees. Ruperte y foüilla par tout, & asseura qu'il n'y auoit autre qu'eux. Auec ceste asseurance, Yzabelle s'assist sur la couche le mieux qu'elle peut, & fai-

Qq iiij

sant paroistre qu'elle vouloit parler fort bien à propos, elle rompit la voix auec vn si grand souspir, qu'on eut dit qu'auec ce souspir elle arrachoit son ame. La fin de cecy fut de se renuerser encore sur le lict, & de demeurer esuanouye auec vn tel signe de mort, que les assistans furent obligez de crier qu'on apporta de l'eau pour en arrouser le visage d'Yzabelle qui estoit aux peines de la mort. Lors le miserable oncle entra, tenant d'vne main vne croix, & de l'autre de l'isope, trempé en eau beniste. Il estoit suiuy de deux prestres, qui la croyans possedée, ne l'abandonnoient gueres. L'hostesse y entra pareillement auec de l'eau. On luy arrosa le visage, & elle en les recognoissant leur tint ce discours : Tous ces remedes ne seruent de rien : ie sortiray en peu de temps : mais ce ne sera point à vostre volonté ains à la mienne, & alors qu'André Marule, fils de Iean Baptiste Marule, Gentil-homme de ceste Cité, arriuera icy. Cest André faict maintenant les exercices; & estudie à Salamanque, peu soigneux de tous ces succez.

Ces paroles acheuerent de confirmer les assistans, que l'opinion qu'ils auoient qu'Yzabelle estoit possedée, n'estoit que trop veritable : car ils ne pouuoient s'imaginer, comment elle sçauoit, qui estoit Iean Baptiste

& de la belle Sigismonde.

Marule, & son fils André. Cependant il n'y eut point faute de personnes qui allerent promptement rapporter à Iean Baptiste Marule, ce que la belle possedee auoit dit de luy & de son fils. Et elle requist encores qu'on la laissast seule, auec celles dont elle auoit desià faict ellection. Lors les prestres ayant recité l'Euangile, on fit ce qu'elle vouloit, & nul ne demeura dans la chambre sinon ceux qu'elle auoit auparauant designés, chacun croyant qu'elle estoit indubitablement possedee. Felice Flore ayant de nouueau faict perquisition par toute la chambre, & fermé la porte, dit à la malade: Nous sommes maintenant seuls: Regardez (Madame) ce que vous voulez que nous fassions. Ce que ie veux (repart Yzabelle) est que vous m'ostiez ces attaches: car encores qu'elles soient douces elles ne laissent pas de me trauailler, parce qu'elles m'empeschēt. Elles le firent fort soigneusement, & Yzabelle s'estant assise sur le lict, prit d'vne main Auristelle, & de l'autre Ruperte, Constance & Felice Flore, s'assirent pareillement sur le lict aupres d'elle. Ceste belle & petite trouppe s'estant donc ainsi reduicte en vn, la dolente en voix basse & la larme à l'œil leur tint ce langage: Mes Dames, ie suis la miserable Yzabelle Castruce; la Nature ma renduë noble, la fortune ma faicte riche, & les Cieux m'ont eslargy quelque peu de beauté. Mon pere & ma mere nasquirent à Capouë: mais ils m'engendrerent en Espagne. I'ay esté nourrie à la maison de ce mien oncle que vous auez veu, lequel viuoit à la Court de l'Empereur. Mais ô bon Dieu, pourquoy reprens-ie de si loin le courant de mes infortunes! Comme i'estois à la maison de ce mien oncle, & desià priuee de pere & de mere, qui en mourant m'auoient recommandee à luy qui est mon tuteur, vn ieune Gentil-homme vint à la Court. Ie le vis dans vne Eglise, & de si bon œil (mais que ce-cy ne vous semble pas mes Dames vne effronterie, puis que vous deuez iuger autrement si vous considerez que ie suis vne femme) ie dis donc que ie le vis de si bon œil & le consideray si attentiuement dans l'Eglise, que puis apres dans la maison ie ne pouuois m'empescher de le regarder. Sa veuë estoit si bien imprimee en mon ame qu'il m'estoit impossible de l'oster de ma memoire. En fin ie ne manquay pas de moyens pour sçauoir ses qualitez, & ce qu'il faisoit à la Court, & où il alloit. Ce que i'en appris fut qu'il se nómoit André Marule, fils de Iean Baptiste Marule, Cheualier de ceste Cité de Lucques, & plus noble que riche. Ie sçeus aussi qu'il alloit faire les exercices vertueux à Salamanque. Or en six iours qu'il s'arresta à la Court, ie luy escriuis qui i'estois, les grands moyens que ie possedois, & que pour ma beauté, il en pourroit iuger luy-mesme lors qu'il me verroit à l'Eglise. Ie luy escriuis pareillement que ce mien oncle me vouloit marier à vn mien proche parent, afin que les biens demeurassent tous dans la maison : Qu'vn tel homme n'estoit pas à mon goust, ny de mon humeur, ainsi qu'il estoit veritable. Ie luy disois dans ma lettre, que l'occasion luy offroit alors ses cheueux; de sorte qu'il les deuoit prendre, sans donner lieu à la repentance ; & que cependant qu'il ne m'eust pas en mauuaise reputatiõ, parce que i'auois esté si facile à l'aymer. Quand il m'eut veuë ie ne sçay combien de fois dãs l'Eglise, il me fit ceste responce, Que sans aucune consideration de ma noblesse ny de mes richesses, ains de ma personne seule, il me voudroit faire s'il pouuoit, Reyne de tout le monde. Cependant il me coniuroit que ie demeurasse quelque temps ferme en mon intention amoureuse, ou au moins iusques à ce qu'il eust accompagné à Salamanque vn sien amy qui estoit venu de Lucques auec luy. Ie luy respondis par vne autre lettre, que ie le ferois, parce que mon Amour n'estoit point vne afsection importune & indiscrette, laquelle meurt aussi tost qu'elle prend naissance. L'honneur doncques qui l'obligeoit d'accompagner son amy fit qu'il me quitta alors, & non sans verser des larmes : car moy-mesme le vis pleurer, quand il passa le iour de son depart à la ruë où i'estois logée: & en ceste separation il m'abandonna sans me laisser & i'allay auec luy sans partir du lieu où i'estois. Mais voyez vn peu ie vous prie combien de malheurs, enuironent & surprenent les infortunez. Le lendemain, chose incroiable; mon oncle resolut de partir, pour reuoir l'Italie. Rien ne me seruit de feindre la malade, parce que mon pouls & ma couleur tesmoignoient que i'estois en bonne disposition. Aussi mon Oncle croyoit que toute ma maladie procedant d'vn mescontentement que i'auois de ce mariage, ie recherchois le moyen pour ne partir pas. Au mesme temps i'eus la commodité d'escrire à André Marule, & de luy faire sçauoir ce qui m'estoit succedé, & comme i'estois contrainte de partir. Que neantmoins ie serois soigneuse de passer par ceste Cité, où ie feindrois estre possedee du demon, & par ce moyen ie luy donnerois subiect de quitter Salamanque, & de venir à Luques, ou malgré mon oncle, & en despit de tout le monde il seroit mon mary. C'est pourquoy qu'il considerast que mon heur dependoit de sa diligence, comme encore le sien, s'il ne se vouloit point monstrer ingrat, lors qu'il auroit receu les lettres, lesquelles il receuroit sans doute, puis que le porteur estoit homme asseuré. Or il y a trois iours qu'il doit estre icy, & pour mon regard i'ay faict ce que i'ay peu. I'ay vne legion de demons dans le corps: car on est possedé d'autant de demons, lors que l'on a vne once d'Amour dans le cœur, & que l'esperance esloignee luy faict faire des grimaces. Voylà mes Dames, la verité de mon histoire: c'est ma folie, c'est ma maladie: & les demons qui me tourmentent sont mes amoureuses pensees. Ie souffre la faim, parce que i'espere d'estre rassasiee. Neantmoins auec cela la defiance me poursuit, parce que comme l'on dit en commun prouerbe, la bouillie des mal-heureux se gele bien souuent entre leurs bouches & leurs mains. Or ie vous supplie (mes Dames) que vous authorisiez mon mensonge, & renforciez mes paroles; de sorte que mon oncle treuue bon que pour ma guerison, l'on ne me mette point en chemin de quelques iours. Et peut estre le ciel permettra l'arriuee de mon contentement, par la venuë d'André Marule. Il ne faut pas maintenant demander, si ceux qui escoutoient l'histoire d'Yzabelle, en furent esmerueillez, puis que l'histoire mesme porte quant & soy l'admiration, & rend estonnees les ames de ceux qui l'escoutent. Ruperte, Auristelle, Constance, & Felice Flore luy promirent de fauoriser ses desseins, & de ne partir point de ce lieu, iusques à ce qu'elles en eussent veu la fin, qui par raison ne deuoit gueres plus tarder.

Le Mariage d'Ysabelle Castruce, & d'André Marule.

CHAP. XXI.

LA belle Castruce estoit soigneuse de faire valoir son Demon, & les autres quatre Dames, qui estoient desià ses amies, taschoient d'exagerer sa maladie, asseurás auec toutes les raisons qu'elles pouuoient, qu'Ysabelle estoit veritablement possedee, & que celuy qui parloit dãs sons corps estoit le Demon: afin que l'on voye la force de l'Amour, qui faict paroistre possedez les Amoureux. Comme l'on estoit en ces termes, & sur le poinct que le iour finissoit, le Medecin vint faire sa seconde visite. Il estoit par hazard accompagné de Iean Baptiste Marule, pere de

& de la belle Sigismonde.

l'Amoureux André, & lors qu'il entra dans la chambre de la malade, il tint ce discours: Voyez vn peu ie vous prie (Seigneur Iean Baptiste Marule) quelle pitié, & si ceste belle Damoiselle merite, qu'en son corps d'Ange, le malin esprit se pourmene: Toutesfois vne esperance nous console, qu'il nous a dit, qu'il en sortira promptement, & que le signe de sa sortie, sera la venuë du Seigneur André vostre fils, qu'il attend d'heure à autre. L'on me l'a ainsi dit (repart le Seigneur Iean Baptiste) & ie serois fort aise que quelqu'vn des miens me vint annoncer de si bonnes nouuelles. Il en faut remercier Dieu, & ma diligence: car si ce n'estoit pour mon regard (dit Ysabelle) il seroit encores à Salemanque, y faisant ce que Dieu sçait. Mais que le Seigneur Iean Baptiste, qui est icy, me croye seulement, & pense qu'il a vn fils plus beau que sainct, & moins studieux que galant. Et maudites soient les galanteries & les mignardises de ces ieunes hommes, qui font tant de mal en la Republique. Maudits soient encores les esperons, qui n'ont point de molette, & qui ne picquent pas. Voire encores les cheuaux de loüage, qui ne valent rien pour courir. Yzabelle proferoit telles ou semblables paroles equiuoques: car ses secretaires les entendoient d'vne façon, & les assistans d'vne autre. Au-ristelle & les autres trois Dames les interpretoient pour veritables, pendant que tous les autres les tenoient pour des extrauagances. Mais où vistes vous (dit alors le Seigneur Iean Baptiste) mon fils: fust ce à Madrid, ou bien à Salamanque? Ce ne fut qu'à Illiesque dit Yzabelle, & lors que sur le poinct du iour, & à la sainct Iean il cueilloit des cerises. Que s'il faut toutesfois dire la verité, & c'est vn miracle si ie la dis, ie le vois tousiours, & ie l'ay incessamment graué dans mon ame. Encores va-il bien (replique Marule) que ce miē fils cueilloit des guines, & qu'il ne s'espuçoit pas. Il n'y a rien de plus propre que les Escoliers qui fōt les exercices de Cheualiers (respond Ysabelle) & bien peu souuent s'espucent-ils, encores qu'ils se raclent souuent, par ce que ces animaux qui sont si ordinaires au monde, ont bien la temerité d'entrer aussi bien dās les couuertures des licts des Princes, que dās celles des hospitaux. Tu le sçais malin esprit (dit alors le Medecin) comme celuy qui a vescu long tēps. Or il parloit au Demō comme s'il eust esté dans le corps d'Ysabelle. Durant ce discours voilà l'oncle d'Ysabelle qui entra dans la chambre, & qui tesmoignant vne grande allegresse profera ces mots: Les estreines ma niepce: les estreines

fille

fille de mon ame, puis que le Seigneur André Marule, fils du Seigneur Iean Baptiste qui est cy present, est arriué. Sus doncques ma douce esperance, accõplis ce que tu nous as promis, de demeurer libre en le voyant. Arriere maudit Demon, sors dehors, sans qu'il te prenne iamais enuie de reuenir dans ceste demeure, quelque vuide que tu la treuues. Vienne, vienne (repart Ysabelle) ce nouueau Ganimede, ce feint Adonis, & qu'il me donne la main d'Espoux, librement, sainement, & sans aucune cautelle. Ie l'ay icy attendu, plus ferme qu'vne roche exposée aux flots de la Mer, qui la battent, & qui ne peuuent la mouuoir. Tandis voilà André Marule qui entre, & auquel on auoit desià appris à la maison de son pere la maladie d'Ysabelle, qui l'attendoit, afin que par sa venuë elle donnast signe de la sortie du Demon. Le ieune Gentil-homme qui estoit sage & discret, & auparauant instruict de ce qu'il deuoit faire par les lettres qu'Ysabelle luy auoit enuoyees à Salamanque, si par fortune il la treuuoit à Lucques: Luy, dis-ie doncques, sans quitter les esperons prend le chemin du logis d'Ysabelle, & entre dans sa châbre. Comme s'il eust esté tout estourdy & tout fol, il se mit de premier abord à proferer ces paroles: Arriere, arriere: dehors, de-

Rr

hors, puis que voicy le valeureux André Sergent Majour de tout l'Enfer, & à plus forte raison d'vn seul escadron. Le bruit qu'il fit rendit presques esmerueillez ceux là mesme qui sçauoient la verité de l'affaire : de sorte que le Medecin & son pere mesme tindrent ce langage: Cestuy-cy n'est pas moins possedé du Demon qu'Ysabelle. Nous esperions dit l'Oncle, que ce ieune homme viendroit icy pour nostre bien, & ie crois qu'il y est plustost venu pour nostre mal. Appaise toy mon fils (ce dit alors le Pere) car il semble que tu és insensé. Il ne le sera point (repart Ysabelle) pourueu qu'il me voye. Et quoy, ne suis-je pas le centre où ses pensees se reposent, ne suis-je pas le but où visent tous ses desirs ? Vous l'estes sans doute (dit André) & vous seule estes Maistresse de mon vouloir, allegement de mon trauail, & vie de ma mort. Donnez-moy seulement la main & promettez d'estre mon Espouse, & en me retirant du seruage où ie me vois reduict, rangez-moy à la liberté que ie possederay lors que ie seray soubs vostre ioug. Donnez-moy la main, dis-je, vne autre fois (ô mon soulas) & changez la basse qualité d'André Marule, en celle de digne Espoux d'Ysabelle Castruce. Que les Demons qui ont voulu empescher vne si saincte vnion, sortent dehors, & que les hommes ne vueillent point separer ce que Dieu à conjoint. C'est bien dit (replique Ysabelle) & sans qu'aucune feinte, fraude, subornation ny surprise interuienne icy, donne moy ceste main, afin que tu sois desormais mon Espoux & que ie sois ton Espouse. André tendit la main, & au mesme instant Auristelle profera tout haut ces paroles: Ils se la peuuent bien donner, puis qu'ils ne sont qu'vne mesme chose. L'oncle pareillement d'Yzabelle, tout esbahy & estonné, tendit la main à Yzabelle, en touchant celle d'André, & puis tint ce langage: Que veut dire cecy, Messieurs, est ce la coustume de ceste ville, qu'vn Diable se marie à vn autre? Nenny vraymēt, (repart le Medecin) mais c'est en riant tout ce qu'on en faict, afin que le Diable s'en aille: parce qu'il n'est pas possible que ceste auanture aye esté preuenuë, par quelque entendement humain. Auec tout cela, dit l'oncle d'Yzabelle, ie veux sçauoir de la bouche de tous deux, quel lieu nous donnerons à ce mariage; ou celuy de la verité, ou bien celuy de la mocquerie. Il luy faut donner (respond Yzabelle) celuy de la verité, puis que ny André Marule n'est point fol, ny moy possedee du malin esprit. Ie le veux, & le choisis pour mon Espoux, si tant est qu'il me vueille, &

Rr ij

me choisisse pour son Espouse. N'estât nullė-́
mét possedé de folie (dit André) ny du demő:
mais ayant le iugement sain & entier, & tel
que Dieu me la dónné, ie vous reçois pour
mon Espouse. Ce disant il reprit la main
d'Yzabelle, & par ce moyen ils demeurerent
indubitablement mariez ensemble. Qu'est-
cecy (dit encore Castruce) est il possible, ó
bonté de Dieu, que l'on deshonore ainsi les
cheueux blancs de ce vieillard ? Il ny a rien
(repart le Pere d'André) en ce qui me cón-
cerne, qui les puisse deshonorer. Ie suis
Gentil-homme, & sinon excessiuement riche, au moins non pas si pauure que i'em-
prunte d'aucun. Ie ne veux nullement m'en-
tremettre en ceste affaire. Ces enfans se sont
mariez à mon desceu, & bien souuent la sagesse & la prudence des amoureux, surpasse
celle des vieillards. Car si quelquesfois la
ieunesse s'abuse en ses actions, elle rencontre
neantmoins plusieurs fois : & lors qu'elle
vient à rencontrer, encore que ce soit vn cas
fortuit, toutesfois cela excede de bien loing
ce qu'on a faict auec beaucoup de considera-
ration. Mais auec tout cela que l'on regarde si ce qu'on a icy passé, peut aller outre: car si l'on le peut deffaire, les richesses
d'Yzabelle, ne me donneront iamais suiect,
de procurer l'aduantage de mon fils. Lors

deux Prestres, qui se treuuerent presents, dirent que le mariage estoit vallable: car encores que les deux parties l'eussent commencé par vne apparence de folie, ils l'auoient pourtant confirmé auec sagesse & prudence. Or de nouueau nous le confirmons, dit André; & Yzabelle en dit autant: ce qu'ayans entendu l'Oncle, son cœur fut blessé d'vn mortel desplaisir; de sorte que tournant les yeux, vn grand esuanouyssement le saisit. Ses seruiteurs l'emporterent, & le coucherent dans vn lict. Yzabelle quitta le sien, & André l'emmena à la maison de son pere, en qualité d'Espouse. Deux iours apres on porta en baptesme à l'Eglise vn petit frere d'André Marule: Et le mesme iour ils furent mariez, & l'on mit dans le sepulchre l'Oncle. Estranges succez de la vie humaine, les vns sont baptisez, les autres se marient, & les autres sont enterrez, & tous à mesme temps. Cependant Yzabelle ne laissa pas de prendre le dueil, parce que celle qu'on nomme Mort, mesle les licts nuptiaux auec les sepultures, & la pompe auec le dueil. Nos Pelerins, & ceux de leur compagnie s'arresterent quatre iours, plus qu'ils n'eussent faict en ceste ville de Lucques. Les nouueaux mariez, & le noble Iean Baptiste Marule, leur firent fort bonne chere. Et c'est icy que nostre Auteur, finit le troisiesme liure de ceste histoire.

LE QVATRIESME
LIVRE DES TRAVAVX
DE PERSILES ET DE SIGISMONDE.

Histoire Septentrionale.

CHAPITRE. I.

NOSTRE bande de Pelerins, mit en auant plusieurs fois ceste proposition, à sçauoir si le mariage d'Yzabelle Castruce, fabriqué auec tant d'artifice, pouuoit estre vallable. Periandre asseura plusieurs fois qu'on le deuoit estimer vn vray mariage, & prinpalement, veu que l'aueration de cest affaire ne les touchoit en rien: toutesfois il disoit, qu'il n'estoit pas trop content de toutes ces choses ioinctes ensemble, d'vn baptesme, d'vn mariage, d'vn enterrement, & de l'ignorance d'vn Medecin qui n'auoit sceu recognoistre l'artifice d'Ysabelle, ny encores le danger de son Oncle. Ils s'entretenoient quelquefois de cecy, & quelque autre fois ils recitoient leurs auantures passees. Cependant Cloridan & Rupette son Espouse estoient soigneux de s'informer de la qualité de Periandre & d'Auristelle: d'Antoine & de Constance; mais ils ne se mettoient pas en peine pour sçauoir celle des Dames Françoises, par ce qu'ils les recognurent si tost qu'ils les virent. Or faisans des iournees vn peu plus que moyennes, ils paruindrēt à Aquapendente lieu proche de Rōme. A l'entree de ce Bourg, Periandre & Auristelle deuancerent vn peu les autres, & sans craindre que quelqu'vn les escoutast, & les ouyst, Periandre parla en ces termes: Madame, vous sçauez bien que le sujet qui nous a poussés de sortir de nostre patrie, & de quitter nos delices, estoit aussi iuste que necessaire. Nous respirons desià l'air de Romme: & l'esperance qui nous entretient, prend vne plus grande force dans nostre ame; de sorte qu'il me sēble desià que ie me vois en la douce possession esperee. Ie vous prie, Madame, que vous sondiez encores vos pensees, & que foüillant dans vostre volōté, vous regardiez si vous estes ferme en vostre premiere resolution, ou si vous le serez apres auoir accomply vostre vœu. Mais ie n'en doute nullemēt: car vostre sang royal n'a point esté engédré parmy des promesses mensongeres, ny parmy des artifices. Pour mon regard, (ô belle Sigismonde) ie vous puis dire que ce Priandre que vous voyez icy, est tousiours Persiles que vous auez veu autresfois à la maison du Roy mon pere. Ce Persiles, dis-ie, qui vous promit d'estre vostre Espoux, & qui vous en donna la parole dans le Palais royal de son pere, & qu'il accomplira dans les deserts de la Lybie, si le mal-heur nous contraignoit d'y aller?

Pendant que Periandre proferoit ces paroles, Auristelle le regardoit attētiuement, esmerueillée de ce qu'il doutoit de sa foy. C'est pourquoy elle luy fit ceste responce: Persiles, ie n'ay iamais eu qu'vne volonté : & il y a tantost deux ans que sans y estre forcée, ains de mon franc arbitre, ie te l'ay donnee. Or elle est maintenant aussi entiere & aussi ferme qu'elle estoit le premier iour que ie t'en fis le possesseur. Si elle a peu receuoir de l'accroissance, elle s'est augmentee parmy les trauaux que nous auons soufferts. Et pourueu que tu demeures ferme en la tienne, ie me monstreray si recognoissante, qu'apres auoir accomply nos vœux, ie feray que ton esperance se changera en possession. Mais dis-moy vn peu ie te prie, que ferons nous lors que nous se-

& de la belle Sigismonde. 631

rons attachez d'vne mesme chaisne, & que nous viurons soubs vn mesme ioug. Nous nous treuuons esloignez de nostre patrie, incognus, en terre estrange, & sans aucun secours, qui puisse soustenir le lierre de nostre incommodité. Ie ne te tiens pas ce discours à faute de courage: car i'en ay assez pour souffrir toutes les incommoditez du mõde, pourueu que ie sois auec toy: mais ie le dis, parce que la moindre de tes necessitez est capable de me priuer de vie. Iusques icy, ou à peu pres mon ame ressentoit en elle seule des souffrãces: & desormais elle souffrira en elle, & en ton ame: encores que ie parle improprement en separant ces deux ames, puis qu'elles ne sont qu'vne seule. Madame (respond Periandre) considerez qu'il n'est pas possible qu'aucun puisse bastir sa fortune, encores que l'on die que chacun en est l'artisan, depuis le commencement iusques à la fin. C'est pourquoy ie ne vous sçaurois maintenant dire ce que nous ferons apres que le bon-heür nous aura ioints ensemble. Brisons pour maintenant tous les inconueniens de nostre diuision: car apres que nous serons liez d'vne mesme chaisne, la terre est assez grande pour nous nourrir. Nous ne manquerons point de cabannes pour nous y retirer, & pour y estre à couuert. Et quand deux ames sont reduictes en vne, ainsi que vous auez dit, il n'y a contentement qui esgale ces delices, ny lambris dorez, qui seruent de meilleur logis. Cependant nous aurons assez de moyen, pour informer la Reyne ma mere, du lieu où nous serons, & elle ne manquera pas aussi d'industrie pour nous secourir. Tandis vostre croix de diamants, & vos deux perles inestimables, commenceront de nous secourir: si ce n'est que ie crains qu'en nous deffaisans d'elles, nous renuerserons tout nostre artifice: car comment pourroit on croire que des ioyaux si precieux soient couuerts d'vne robe de Pelerin? Ils briserent leur discours, parce que leur compagnie les auoit atteints. Et ce fut le premier des deuis qu'ils eurent ensemble, touchant les choses qui concernoient leur contentement, parce que la grande hônesteté d'Auristelle ne donna iamais occasion à Periandre de parler à elle en secret. Auec cest artifice, & ceste ferme asseurance, ils furent tousiours estimez freres, de tous ceux qui les cogneurent. Il n'y eut qu'vn seul Clodio qui auāt que mourir, fut possedé de tāt de malice, qu'il en soupçonna le contraire. Ils coucherēt ceste nuict à vne lieuë pres de Romme, & dans vne Hostellerie, où tousiours souloit arriuer quelque merueille. Et ceste cy leur arriua, si tant est qu'on la puisse nommer de la sorte. Comme ils estoient assis à table, & qu'ils y faisoient bonne chere, par ce que l'Hoste & ses seruiteurs estoient soigneux de les bien traicter, vn Pelerin de fort bonne mine, sortit d'vne chambre de ceste hostellerie. Il portoit sur son bras gauche vne escritoire & vn liure de papier blanc à la main. Apres qu'il eust faict la reuerence à toute la compagnie, il parla en ces termes en langage Castillan. Ceste robbe (dit il) de Pelerin que ie porte, & qui m'oblige en la portant de demander l'aumosne, veut que ie vous la demāde, & telle & si auātageuse, voire si rare & si nouuelle, que sans que vous me dōniez aucuns ioyaux precieux, ny chose qui les vaille, vous aurez moyē de m'enrichir. Messieurs ie suis vn hōme curieux. Mars domine sur la moitié de mon ame, & Mercure & Apollon dominent sur l'autre moitié. I'ay employé quelques annees à l'exercice de la guerre, & quelques autres & les plus meurs, à l'estude des bonnes lettres. I'ay acquis par les armes de la reputation, & les lettres m'ont donné quelque peu de bruit. I'ay faict imprimer des liures de ma composition, que les ignorāts n'ont point condamnez pour mauuais, & que les sçauās ont iugez estre assez bons. Mais comme la necessité, ainsi que l'on dit, est vne maistresse qui subtilize les esprits, le mien qui tient vn peu du fantastique & de l'inuentif, est entré en vne imagination aucunement estrange & nouuelle: C'est que i'ay enuie de mettre en lumiere, vn liure aux despens d'autruy; c'est à dire vn autre en aura la peine & i'en auray le profit. Ce liure s'intitulera. *Fleurs d'Aphorismes estrangers*, ou Sentences tirees de la mesme verité, en ceste forme, que ie vais vous dire. Quand ie rencontre par le chemin, ou en quelque autre part, vne personne qui tesmoigne auoir de l'experience, de l'esprit, & du sçauoir, ie la prie de m'escrire dans ce liure blanc quelque prouerbe subtil, s'il en sçait quelqu'vn, ou bien quelque sentence memorable. Par ce moyen i'ay recueilly plus de trois cents Aphorismes, tous dignes d'estre sçeus, & d'estre imprimez non pas en mon nom; mais au nom du mesme autheur, qui y met son seing, apres l'auoir proferé. C'est l'aumosne que ie vous requiers, & que i'estimeray plus que tout l'or du monde. Monstrez-nous (repart Periandre) seulement quelque exemplaire de ce que vous demandez, afin qu'il nous guide, & vous aurez la satisfactiõ que vous peut donner nostre entendement. Ce matin (dit l'Espagnol) vn Pelerin & vne Pelerine ont passé par icy, & parce qu'ils estoient Espagnols ie leur ay declaré mon intention. Lors la Pelerine m'a dit, qu'elle ne sçauoit point escrire, & que moy-mesme escriuisse de ma main ces paroles:

I'ayme mieux estre mauuaise, auec esperance d'estre bonne; qu'estre bonne, auec resolution d'estre mauuaise,

Elle m'a dit encores que pour signature ie misse au dessous: *la Pelerine de Talauere*. Le Pelerin qui ne sçauoit point aussi escrire, m'a faict mettre ces mots:

Il n'y a fardeau si pesant, que la femme esceruelee.

I'y ay mis puis apres au dessous: *Barthelemy du pays de la Manche*. Or les Aphorismes que ie demande, sont composez de la sorte. Mais ceux que i'attens de ceste belle Compagnie, seront tels qu'ils seruiront d'ornement, & d'esmail aux autres. Nous entendons desià l'affaire, repart Cloridan; en prenát la plume & le liure blanc; c'est pourquoy ie veux sortir le premier de ceste obligation, & escrire cecy.

Le soldat qui meurt à la bataille, paroist plus beau, qu'il n'est sain en la fuite.

Apres il signa au dessous, & mit son nom, *Cloridan*. Periandre prit incontinent apres luy la plume & escriuit:

Heureux le soldat qui en combattant a pour tesmoins de sa valeur les yeux de son Prince.

S'estant apres soubsigné, Antoine le Barbare y mit ces paroles:

Comme l'honneur que l'on acquiert à la guerre se graue en lames de bronze, & à la poincte de l'espee, il est aussi plus ferme & plus durable que tout autre honneur.

Apres il y mit son nom, *Antoine le Barbare*. Quand les hommes eurent acheué d'escrire leurs sentences, le Pelerin pria les Dames, d'en faire le mesme. La premiere fut Ruperte, qui escriuit ces paroles :

La beauté accompagnee de l'honnesteté, est beauté, mais celle qui n'a pour compagne l'honnesteté, n'est qu'vne apparence de beauté.

Apres elle se soubsigna. Auristelle la suiuit & prenant la plume escriuit ces mots:

L'honneur est le meilleur douaire que puisse apporter vne fille de qualité, parce que le temps gaste, ou bien la fortune ruine & perd la beauté & la richesse.

S'estant aussi soubsignee, Constance qui vint apres escriuit ces paroles:

Vne fille doit faire eslection d'vn mary, non à sa volonté, mais en se gouuernant par celle d'autruy.

Ayant mis son nom au dessous, Felice Flore escriuit pareillement ces mots:

Les loix de l'obeyssance forcee ont beaucoup de pouuoir : mais celles du contentement particulier en ont bien dauantage.

Apres qu'elle eut aussi mis son nom, Belarminie escriuit ceste sentence.

La femme doit ressembler à l'hermine, qui se laisse plustost prendre que souiller.

S'estant soubsignee, la belle Deleasir escriuit ces mots:

La bonne & la mauuaise Fortune exercent leur Empire sur toutes les actions de ceste vie: mais principalement sur les Mariages.

Ce fut ce qu'escriuirent nos Dames & nos Pelerins. L'Espagnol en fut bien aise, & Periandre luy demanda s'il ne sçauoit pas quelque Aphorisme par cœur, de ceux qu'on auoit escris dans son liure, & qu'il leur en recitast quelqu'vn. Il luy respondit, qu'il leur en diroit vn qui luy auoit autresfois fort agrée, pour la signature de celuy qui l'auoit escrit: Le voicy:

Ne desires rien, & tu seras le plus riche homme du monde.

Et au dessous, *Diego de Ratos le bossu, sauetier de Tordesillas lieu en Castille la vieille pres Valladolid.* Sur mon Dieu (dit alors Antoine) voilà vne signature bien longue & bien estenduë, pour vn Aphorisme si court & si racourcy. Il n'y a rien de plus veritable, que l'on desire ce dequoy l'on a besoin: & que celuy qui ne desire rien, n'a faute de rien, & par

conſequēt il eſt le plus riche du monde. L'Eſpagnol leur recita encores quelques autres
Aphoriſmes, qui leur donnerēt du cōtentemēt, & leur firēt treuuer meilleures les viandes. Le Pelerin qui ſoupa auec eux, durant le
ſouper tint ce langage : Ie ne donnerois pas
le priuilege de ce mien liure à aucun Libraire de Madrid, quand il m'en offriroit deux
mille ducats. Or il n'y a Libraire en ceſte meſme ville, qui ne vueille auoir les priuileges
pour rien, ou au moins à ſi vil prix, que ſon
Autheur ne ſ'en reſſent nullement. Il eſt bien
vray que les Libraires achetent bien ſouuēt
vn priuilege, & impriment vn liure, penſans
s'y enrichir: mais ils y perdent & leur peine
& leur argent. Neantmoins ce liure d'Aphoriſmes porte ſur ſon front la bonté & le gain.

*Comme nos Pelerins treuuent Arnaldo
Prince de Dannemarc, & le Duc
de Nemours bleſſé.*

Chap. II.

A Bon droict pouuoit on intituler le liure
du Pelerin Eſpagnol, Hiſtoire eſtrange-
re, recueillie de diuers Autheurs, & l'on auroit dit la verité, ſelon que ceux qui la com-
poſoient

posoient estoient estrangers, & de diuerses contrees. Mais la signature de Diego de Ratos racoustreur de vieux souliers leur donna dequoy rire, & les paroles de Barthélémy de la Manche leur donnerent aussi dequoy penser: car il disoit qu'il n'y auoit fardeau si pesant que la femme esceruelee: tesmoignage que la ieune femme de Talauere qu'il accompagnoit, luy deuoit desià estre en charge. Ils s'entretenoient de ce discours, le lendemain, apres qu'ils eurent quitté l'Espagnol Autheur moderne & nouueau, de liures exquis & nouueaux. Le mesme iour ils virent la Cité de Rome, laquelle resiouyt fort leurs esprits, & ceste allegresse rendit leurs corps encores plus sains. Les ames de Periandre & d'Auristelle estoient toutes esmeuës de ioye, pour se voir si proches de la fin de leurs desirs. Cloridan, Ruperte, & les trois Dames Françoises n'estoient pas moins ioyeux, pour le bon succez que leur promettoit la fin de leur heureux voyage. Et Constance & Antoine auoient leur part de ce contentement.

Le Soleil donnoit à plomb sur leurs testes, & par ce qu'au temps qu'il est en son zenith, encores qu'il soit plus esloigné de la terre qu'en toute autre saison, il est plus violent en sa chaleur; ils furent conuiez d'aller à vne prochaine forest, qu'ils voyoient à main droicte, afin d'y paſſer la rigueur du chaud qui les menaçoit, voire encores la nuict, puis qu'ils auoient aſſez de loiſir pour ſe rendre le lendemain dans la ville de Romme. Ce qu'ils firent, & tandis qu'ils entroient plus auant dans la foreſt, la douceur du lieu, les fonteines qui ſortoient du milieu des herbes, les ruiſſeaux qui couroient à trauers, leur donnerent ſubiect d'effectuer leur reſolution. Ils entrerent ſi auant dedans le bois, qu'en retournans les yeux, ils apperceurent qu'ils eſtoiēt hors de la veuë de ceux qui marchoiēt par le grand chemin. Mais comme la diuerſité des lieux agreables de ceſte foreſt les empeſchoit de choiſir vn lieu pour s'y arreſter, par ce que tous eſtoient delicieux, Auriſtelle eſleua fortuitement les yeux, & vid pendu à vne branche d'vn ſaule vert vn pourtraict de la grandeur d'vne petite demy fueille de papier, tiré en vn tableau, & il n'y auoit que le viſage. Ceſte figure eſtoit d'vne tres belle femme, & quand Auriſtelle l'eut vn peu conſiderée, elle recogneut clairemēt que c'eſtoit ſa figure meſme, ſi bien que toute eſmerueillee elle le monſtra à Periandre. Au meſme inſtant Cloridan leur dit que toutes les herbes de ce lieu découloient de ſang, & ſur cela il leur fit voir ſes iambes qui eſtoient toutes enſanglantees. Le pourtraict que Periandre dependit à l'heure, & le sang que Cloridan leur fit voir, les rendit tous confus, & desireux de chercher tāt le maistre du pourtraict, comme celuy qui auoit versé ce sang. Auristelle ne se pouuoit imaginer en quel lieu ny en quelle maniere on auoit peu la pourtraire; ny pareillement Periandre ne se ressouuenoit plus que le valet du Duc de Nemours luy auoit dit que le peintre qui tiroit les trois Dames Françoises, tireroit aussi Auristelle, pourueu qu'il l'eust vne fois veuë. Or s'il se fust ressouuenu de cecy, il eust eu vne parfaite cognoissance de ce qu'il n'entédoit pas. La trace du sang mena Cloridan & Antoine parmy des arbres qui estoient proches. Là ils apperceurent au pied de l'vn de ces arbres assis vn gentil Pelerin. Il tenoit les mains sur son estomach, & estoit tout couuert de sang. Ceste veuë les troubla fort, & sur tout Cloridan, lequel s'estant approché de ce Pelerin luy haussa la teste qu'il tenoit sur son estomach, & auec vn mouchoir luy essuya la face toute ensanglantee. Mais à peine eut-il fait cecy, qu'il recogneut que sans doute ce blessé estoit le Duc de Nemours. L'estrange equipage où il le trouua ne l'empescha pas de le recognoistre, si grande estoit l'amitié qu'il luy portoit. Le Duc blessé, ou au moins celuy qui paroissoit estre

Sf ij

le Duc, sans ouurir les yeux qu'il tenoit fermez auec le sang, profera alors ces paroles descousuës: Tu aurois bien faict (ô quiconque tu sois (ennemy mortel de mon repos) si tu eusses haussé vn peu dauantage la main, afin de porter ton coup au milieu de mon cœur. Là sans doute tu eusses treuué le pourtraict plus viuant & plus veritable, que celuy que tu m'as fait oster de mō sein, & pédre au rameau de l'arbre, afin qu'il ne me seruist de relique, & de bouclier en nostre combat. Constance se treuua alors presente en ceste auanture, & comme elle estoit naturellemét pitoyable, elle visita soudain la blessure, & estancha le sang, sans tenir compte des plainctes qu'il faisoit. Vne autre auanture presque pareille, arriua à Periandre & à Auristelle: car la mesme trace du sang les ayant faict passer outre pour en chercher l'origine, ils treuuerent vn autre Pelerin estendu parmy des iongs verdoyants, & quasi couuert de sang par tout le corps. Il n'y auoit que le visage qui n'en estoit nullement soüillé. C'est pourquoy ils n'eurent pas besoin de luy nettoyer la face, ny d'estre soigneux de le recognoistre. Aussi le recognurent-ils incontinent pour Arnaldo Prince de Dannemarc, qui estoit esuanouy. Le premier signe de vie qu'il donna, fut de tascher à se leuer, & de

& de la belle Sigismonde. 643

tenir ce langage: Traistre tu ne l'emporteras point, par ce que le portraict est à moy. C'est la figure de mon ame que tu as desrobee, & maintenant sans que ie t'aye offensé, tu me veux oster la vie. Auristelle trembloit toute, en voyant Arnaldo ainsi inopinémēt. Et bien que les obligations qu'elle luy auoit, l'inuitassent de s'approcher de luy, elle n'osoit pourtant le faire, pour l'amour de Periandre qui estoit present. Mais luy qui estoit aussi son obligé, & tout remply de courtoisie, prit les mains du Prince, & puis pour ne descouurir peut estre ce qu'Arnaldo desiroit que l'on teust, il luy dit tout bassement ces paroles: Reprenez vos esprits (mon Prince) & vous verrez qu'estant au pouuoir de vos plus grands amys, le Ciel ne vous a pas tellement delaissé que vous ne puissiez vous promettre vne meilleure fortune. Ouurez, dis-je, les yeux, & vous verrez vostre amy Periandre, & vostre obligee Auristelle, & tous deux aussi desireux de vous seruir, qu'ils le furent iamais. Contez-nous vos disgraces, & tous les succez de vostre auāture, & esperez de nous tout ce que nostre force vous peut offrir. Dites nous doncques si vous estes blessé, & en quelle part, afin que soudain l'on procure vostre guerisō. Arnaldo ouurit alors les yeux, & recognoissant ceux qui estoient si proches de

Sf iij

luy, reprit ses esprits cõme il peut & non sans peine se jeta aux pieds d'Auristelle, embrassãt aussi ceux de Periãdre, gardãt pour ce regard le respect qu'il deuoit à l'hõnesteté de sa sœur, sur laquelle il ietta les yeux & puis tint ce discours : Il n'est pas possible (Madame) que tu ne sois la vraye Auristelle & nõ son image, par ce qu'il n'y a esprit qui osast prẽdre la licẽce, & qui eust le courage de se cacher soubs vne apparence si belle. Tu es sans doute Auristelle, & moy pareillement ie suis cest Arnaldo, qui n'ay iamais eu autre desir que de te seruir. Ie suis icy venu à ta queste, dautant que tu es mõ centre, & il est impossible que mon ame treuue sans toy du repos. Pendant qu'ils estoient en ces termes on auoit desià rapporté à Cloridan & aux autres, comme on auoit treuué vn autre Pelerin, qui sembloit estre fort blessé. Ce qu'oyant Constance, laquelle auoit estanché le sang au Duc, elle courut pour voir si l'autre blessé auoit besoin de son secours. Mais quand elle recognut Arnaldo elle deuint toute estonnee & confuse. Or sa prudence suppleant à sa confusion, sans entrer en autres discours, elle luy dit qu'il luy monstrast ses blessures. Lors Arnaldo porta son bras droict vers le gauche, signe qu'il estoit blessé de ce costé. Constãce le despoüilla soudain, & treuua qu'il estoit percé au desfus du bras gauche de part en part. Elle luy estancha soudain le sang qui descouloit encores, & dit à Periandre que l'autre blessé estoit le Duc de Nemours, & qu'il falloit les faire porter au plus prochain village pour y estre pensez : parce que le plus grand danger qu'ils couroient, estoit la perte du sang. Si tost qu'Arnaldo ouyt le nom du Duc il deuint tout esmeu, & soudain la froide ialousie s'emparant de son ame remplit ses veines boüillantes, & presques vuides de sang ; de sorte qu'il profera ces paroles sans regarder à ce qu'il disoit : Il y a de la difference entre vn Duc & vn Roy : toutesfois la Seigneurie de l'vn & de l'autre, ny encores celle de tous les Monarques du monde, ne sçauroit contenir les merites d'Auristelle. Cependant (dit il encores) que l'on ne me porte point là où on portera le Duc : car la presence d'vn ennemy ne peut estre gueres bonne pour la guerison d'vn offensé. Or Arnaldo menoit auec luy deux seruiteurs, & le Duc en auoit deux autres. Et par commandement de leurs Maistres, ils les auoient laissez seuls, & s'estoient acheminez à vn village prochain, pour leur preparer à chacun vn logis à part, parce qu'ils ne se cognoissoient nullement. Qu'on regarde aussi (dit Arnaldo) si en quelqu'vn de ces arbres d'alentour, il n'y a pas vn pourtraict pédu d'Auristelle, lequel a esté le sujet du cōbat qui s'est passé entre le Duc & moy. Qu'on l'oste & qu'on me le donne, puis qu'il me couste beaucoup de sāg, & que de droict il m'appartient. Le Duc tenoit alors vn discours presques semblable à Ruperte, à Cloridan & aux autres qui estoient autour de luy. Mais Periandre contenta & l'vn & l'autre, en disant qu'il le garderoit comme en despost, pour le rēdre puis apres en meilleure saison à celuy à qui il appartiendroit. Est il bien possible (disoit Arnaldo) que l'on puisse mettre en doute ceste verité, que ce pourtraict ne soit pas à moy? Et quoy! le Ciel ne sçait il pas que si tost que i'en vis l'original, i'en fis vne coppie dans mon ame. Toutesfois ie suis content que mon frere Periandre le garde: car par ce moyen l'ame de ceux qui y pretendent sera exempte de ialousie, de courroux & d'orgueil. Cependant qu'on m'oste d'icy: car le cœur me deffaut. Lors soudain ayans mis les deux blessez, sur ce qui estoit plus propre & plus aysé, ils recogneurent que la perte du sang plustost que la profondeur des blessures, leur faisoit peu à peu perdre la vie: apres ils les porterēt au lieu où leurs seruiteurs leur auoient appresté le meilleur logis qu'ils auoiēt peu, & iusques à l'heure le Duc n'auoit point sçeu que son ad-

& de la belle Sigismonde. 647
uersaire estoit le Prince de Dannemarc.

---

*Recit du combat d'Arnaldo Prince de
Dannemarc, & du Duc de
Nemours.*

CHAP. III.

LEs Dames Françoises estoient cependant enuieuses & courroucees de ce que le Duc faisoit plus de conte du pourtraict d'Auristelle, que d'aucun d'elles : car le valet qui auoit esté soigneux de les faire pourtraire, leur dit, qu'à la verité le Duc son Maistre auoit mis leurs pourtraicts parmy ses ioyaux pl⁹ precieux, mais qu'il idolatroit celuy d'Auristelle. Paroles & esclaircissemés qui affligeret leur ame. Car les Belles ne prennēt nullement plaisir qu'autre beauté egale la leur, n'y moins qu'elle leur soit cōparee: parce que s'il est veritable que toute cōparaison est odieuse, elle est tres-odieuse en faict de beauté. Il n'y a amitié, parentage, qualité, ny grandeur qui resiste à la rigueur de ceste maudite enuie : car ainsi doit on appeller celle qui met en colere les Beautez que l'on compare à d'autres. Ce seruiteur disoit encores que le Duc son maistre venant de Paris, à la queste de la Pelerine Auristelle, dont le pourtraict l'auoit rendu amoureux, il seroit arriué que ce matin s'estant assis au pied d'vn arbre, il parloit à ce pourtraict qu'il tenoit à la main, de mesme que s'il eust parlé au viuant original. Et que comme il estoit en ces termes, vn autre Pelerin seroit venu par derriere, & si proche qu'il pouuoit ouyr les paroles que le Duc proferoit, parlant au pourtraict : sans que moy, disoit ce valet, n'y vn autre mien compagnon l'en peussions destourner, par ce que nous en estions vn peu esloignez : En fin nous auons couru vers le Duc, & l'auons aduerty qu'on l'escoutoit. Lors le Duc a tourné la teste & apperceu le Pelerin, lequel sans dire mot s'est ietté sur le pourtraict & l'a osté des mains du Duc. Or mon maistre s'est treuué si bien surpris, qu'il n'a pas eu le loysir de le deffendre comme il vouloit. Tout ce qu'il a dit, au moins comme ie l'ay peu entendre, a esté en ces termes : Voleur de ioyaux celestes, ne profane point auec tes mains sacrileges vne chose diuine que tu tiens. Quitte ce tableau où la beauté du Ciel est depeinte, tant par ce que tu ne merites point de la toucher, que par ce qu'elle est mienne. Cela n'est pas (a respondu l'autre Pelerin) & si de ceste verité ie ne puis te donner des tesmoings, mon espée qui est dans

& de la belle Sigismonde. 649

ce bourdon, suppleera à ce deffaut. C'est moy qui suis le veritable possesseur de ceste incomparable beauté, puis qu'en vn pays bien esloigné de ceste Prouince, ie l'ay acheptée à grand prix, l'ay adorée dans mon ame, & ay seruy l'original, auec grand soing & grands trauaux. Le Duc s'adressant alors à nous d'vne voix imperieuse nous à commandé, que nous eussions à les laisser seuls, & que nous l'attendissions à ce village, sans estre si hardis de tourner seulement la teste pour les regarder. L'autre Pelerin a fait le mesme cōmandemēt à deux qui estoiēt auec luy, & qui semblent aussi estre ses seruiteurs. Mais auec tout cela i'ay vn peu excedé l'obeissāce & son commandement: car la curiosité m'ayant faict regarder derriere, i'ay veu que l'autre Pelerin pendoit le pourtraict à vn arbre. A la verité ie ne l'ay pas veu bien clairement: mais i'en fais la coniecture: parce qu'à l'instant mesme il a tiré de son bourdon vne espee, ou chose qui luy ressembloit, & est allé trouuer mō maistre, qui l'a receu auec vne autre espee qui estoit dās son bourdō, ainsi que ie le sçay fort bié. Nous & les autres seruiteurs vouliōs vne fois les aller separer: mais puis apres i'ay esté de contraire opinion: car i'ay dit que puis que la partie estoit égalle, & qu'estās seuls & en tel lieu, qu'il ne falloit pas craindre qu'ils fussent assistez d'aucun, nous les deuiōs laisser faire, & suiure nostre chemin : parce qu'en leur obeyssant, nous ne pouuions faire faute: & y allant, ie ne sçay si nous eussions biē faict. Mais soit que ce soit, ie ne vous sçaurois bien dire si le bon conseil ou la coüardise a rendus nos pieds paresseux, ou attaché nos mains: ou bien si la lüeur des espees, encores non sanglantes, nous a esblouy les yeux, de telle sorte que nous n'auons sçeu prendre le chemin du lieu, où se faisoit ce combat : mais biē le setier qui nous a menez en ce lieu où maintenant nous sōmes. Estās icy paruenus, nous auons pris logis à la haste, & auec plus de courage, nous venions voir maintenāt ce que le destin pouuoit auoir faict de nos Maistres. Or vous mesmes auez veu le reste, & si vostre arriuee ne les eust secourus, la nostre n'eust de gueres profité. Voylà ce que disoit ce seruiteur, & les trois Dames Françoises l'escoutoient attentiuement, comme si elles eussent esté les veritables Amantes du Duc. Mais au mesme instant elles osterent de leurs pensees, l'imagination & la chimere qu'elles nourrissoient auparauant, de se marier auec le Duc. Car il n'y a chose qui oste & qui bannisse si tost l'amour de la memoire, que le dedain, au commencement de la naissance de l'Amour. Le mesme desdain en ce commen-

& de la belle Sigismonde. 651

cement à la mesme force que peut auoir la faim en la vie humaine. La valeur se rend à la faim & au sommeil, de mesme que les plus agreables desirs se rendent au desdain. Il est bien vray que cela se faict au commencemét de l'amour, parce qu'apres qu'il s'est estendu, & pris vne entiere possession de l'ame, les desdains & les desabus luy seruent d'esperons, afin qu'auec plus de vistesse il aille mettre en effect ses pensees. L'on pansa les blessez, & dans huict iours ils furent en estat de se mettre en chemin pour entrer dans Romme, d'où l'on auoit faict venir des Chirurgiens pour les visiter. A mesme temps le Duc de Nemours sçeut que sõ riual estoit Prince heritier du Royaume de Dánemarc. Il sçeut encores que son intention estoit d'espouser Auristelle : Et ceste verité rẽforça ses pẽsees, qui estoiét les mesmes que celles d'Arnaldo. Car il luy sembloit que puis qu'on la vouloit faire Reyne, elle pouuoit estre Duchesse. Neantmoins parmy ces pensees, ces discours, & ces imaginations, la Ialousie s'y mesloit de telle sorte, qu'elle rendoit amer son plaisir & troubloit son repos. En fin estant prests de partir, le Duc & Arnaldo entrerent dans Romme à diuers temps, sans se donner à cognoistre. Les autres Pelerins ayans descouuert la ville d'vne petite coline, plierent les genoux à terre & l'adorerent comme vne chose sacree. Estans en ces termes, la voix d'vn Pelerin qu'ils ne cognoissoient point, & qui auoit la larme à l'œil, commença de faire retentir ces paroles.

O puissante Cité, ô Romme nompareille,
Moy pauure Pelerin m'encline deuant toy
Auec humilité quand ie vois deuant moy
Celle-la qui remplit le monde de merueille.

Le bruit de ton renom qui paruient à l'oreille,
Est moindre que l'effect que maintenant ie voy:
Aussi mon sainct desir, accompagné de foy,
O Romme, en te voyant ma pieté resueille.

Ton terroir dont mon œil ne peut estre soulé,
Au sang des saincts Martyrs (grãde Rome) est meslé:
O de tout l'vniuers relique vniuerselle

On ne voit rien en toy qui ne serue à l'esprit,
Aussi (saincte Cité) n'es tu pas le modelle
De la Cité de Dieu que sainct Iean nous descrit?

Lors que le Pelerin acheua de reciter ce sonnet, il s'addressa aux assistans & leur tint ce langage. Il y a quelques annees qu'on vit à ceste saincte Cité, vn Poëte Espagnol ennemy mortel de soy-mesme,& des-honneur de sa nation, Il fit & composa vn sonnet au vitupere de ceste insigne Cité, & de ses illustres habitans: mais son gosier payera la coulpe de sa langue si on le peut attrapper. Et moy non comme poëte ains comme Chrestien, ay composé celuy que vous auez ouy, quasi pour sa descharge. Periandre le pria qu'il le recitast vne autrefois. Il le fit, & nos Pelerins le loüerent fort. Apres ils descendirent de la coline, passerent par la prairie de Madame, & entrerent dans Romme par la porte de Populo. Mais auparauant ils baiserent plusieurs fois les seuils & les bors de l'entree de la ville, où ils rencontrerent deux Iuifs, qui s'addressans à l'vn des seruiteurs de Cloridan, luy demanderét si toute ceste bande auoit quelque logis cognu & aresté pour s'y loger: & si cela n'estoit pas qu'ils leur en donneroient vn, capable de loger des Princes. Car vous deuez sçauoir Monsieur (disoit l'vn de ces hommes) que nous sommes Iuifs. Ie m'appelle Zabulon, & mon compagnon Abiud. Nostre mestier est de tenir des logis garnis, selon la qualité de celuy qui y vient loger: car nous parons ces demeures, selon le prix que l'on nous en offre. Vn mien Compagnon (repart le seruiteur) doit auoir desià retenu logis à Romme, conforme à la qualité de mon maistre, & de tous ceux qui viennent auec luy. Ie puisse mourir dit alors Abiud, si celuy dont il parle, n'est ce François, qui retint hier le logis de nostre compere Manasses: & c'est vn logis qui ressemble proprement à vn Palais royal. Passons doncques outre, replique le seruiteur de Cloridan: car mõ Camarade ne doit pas estre gueres loing d'icy: & il nous attend pour nous seruir de guide. Or si le logis qu'il a retenu n'est pas tel que nous desirons, nous prendrons celuy que nous offre le Seigneur Zabulon. Tenant ces discours ils passerent outre, & à l'entree de la ville les Iuifs rencontrerent leur compere Manasses & le valet de Cloridan, qui estoit auec luy. Ils apprindrent d'eux, que le logis dont les Iuifs leur auoient parlé estoit le riche hostel de Manasses. Ce logis estoit proche de l'arc de Portugal. A peine les Dames Françoises furent dans la ville, qu'elles attirerent à elles les yeux de tout le peuple. Car la ruë de Populo estoit toute pleine, parce qu'il y auoit station ce iour là. Mais si le peuple commença de s'esmerueiller de la beauté des Dames Françoises, la merueille s'accreut encore bien plus fort en l'ame de chacun, quand on descouurit la nompareille Auristelle & la gentille Constance, qui alloit à son costé, & de mesme qu'on veoit dans le Ciel en esgales paraleles deux claires estoiles.

les. Elles estoient si admirables, qu'vn Romain qui sans doute deuoit estre Poëte, tint alors ce discours, Ie gage que la Deesse Venus reuient en ceste Cité, ainsi qu'elle faisoit le temps passé, pour voir les reliques de son cher Enée. Sur mon Dieu, Monseigneur le Gouuerneur a grand tort, quand il ne commande point que l'on face couurir ceste Image mobile. Il veut peut estre que les plus sages soient remplis d'admiration, que ceux qui sont d'vne complexion amoureuse se consument, & que les simples deuiennent idolatres. Auec ces loüanges autant hyperboliques que necessaires, nostre gentil escadron estant passé outre, paruint au logis de Manasses, capable de loger vn grand Prince, & vne petite armee.

Du deuis qui interuint entre le Prince de Dannemarc, & Periandre, touchant Auristelle.

CHAP. IIII.

LA venuë des Dames Françoises, & de nos beaux Pelerins s'espandit le iour mesme par toute la Cité de Romme. Mais principalement on publioit la beauté sans esgale

Tt

d'Auristelle : & chacun la loüoit, sinon comme elle estoit, au moins autant que peuuent loüer vne beauté les langues des plus beaux esprits. Or ce bruit courant de toutes parts leur logis estoit enuironné d'vn infinité de peuple, poussé de curiosité, & de desir de voir tant de beautés ioinctes ensemble. Cecy paruint à vne telle extremité qu'on crioit tout haut de la ruë : Que les Dames & les Pelerines se laissent voir par les fenestres? Mais elles qui se reposoient ne se soucioient gueres qu'on les vist. Et particulierement l'on crioit pour Auristelle : toutesfois il ne fut pas possible qu'on en eust la veuë. Parmy la foule du peuple le Prince de Dannemarc, & le Duc de Nemours vindrent à la porte du logis auec leurs habits de Pelerins : Et à peine se furent ils recognus, que la colere leur fit trembler les iambes, & palpiter le cœur. Periandre les apperceut d'vne fenestre, & en donna aduis à Cloridan, de sorte que tous deux descendirent à la ruë, afin d'empescher de tout leur possible le malheur qui pouuoit arriuer de la grande ialousie de ces deux amoureux. Periandre tira à part Arnaldo, & Cloridan le Duc. Lors le Prince de Dannemarc tint ce langage à Periandre : Le plus grand desplaisir qui me sçauroit arriuer, est, lors que ie souffre que ce Caualier François, que l'on dit estre le

Duc de Nemours, soit comme en possession du pourtraict d'Auristelle: car bien que tu l'ayes à tō pouuoir, il semble que c'est de son consentemét, puis que ie ne l'ay pas au mien. Considere (amy Periandre) ceste maladie que les Amoureux nomment Ialousie, & qu'à bon droict ils deuroient appeller rage desesperee. L'enuie & le mespris iouent leur personnage auec elle, & quand vne fois elle s'empare d'vne ame amoureuse, il n'y a consideration qui l'adoucisse, ny remede qui luy serue. Et bien que les causes qui l'engendrent soient petites, les effects qu'elle rend sont si grands qu'ils font perdre la vie, ou pour le moins le sens: de sorte qu'il est meilleur à vn amoureux ialoux de mourir desesperé, que viure auec ialousie. Et celuy qui ayme veritablement, ne doit iamais estre si temeraire que de dire les causes de sa ialousie à la chose aymee. Et bien qu'il arriue à vne telle perfection, il ne doit pourtant s'empescher de les repasser en soy-mesme, & les alleguer à sa bonne Fortune, de laquelle il est impossible de viure en asseurance, puis que les choses de grande valeur remplissent continuellement de crainte ceux qui les possedent, ou qui les ayment; parce qu'on a peur de les perdre. Or c'est vne passion, qui comme vn accident inseparable ne quitte iamais

Tt ij

vne ame amoureuse. Ie te prie (amy Periandre si tant est que celuy qui ne peut conseiller soy-mesme, puisse dōner conseil à autruy)
de considerer que ie suis Roy, que mon intention est bonne, & que par mille experiences tu as esté asseuré, que i'accompliray par
les effects, ce que i'ay promis de parole: C'est
à dire, d'espouser ta sœur Auristelle sans autre doüaire que celuy que luy peuuent donner sa vertu & sa beauté. Ie ne veux point
m'informer plus auant de la noblesse de sa
race : puis que c'est vne chose toute claire &
manifeste que la Nature ne doit point refuser les biens de la Fortune, à la personne à qui
elle a departy toutes ses faueurs. Iamais, ou
bien rarement les grandes vertus logent en
de bas subiects, & le plus souuent la beauté
du corps est vn tesmoignage de la beauté de
l'ame. Mais pour reuenir au poinct, ie te dis
que i'adore Auristelle, soit qu'elle tire son
origine du Ciel, où des lieux plus abiects de
la terre. Et puis qu'elle est desià à Romme,
où elle a renuoyé mes esperances, si toy (ô
mon cher Frere) es soigneux qu'elle leur
donne accomplissement; dés maintenant ie
veux partager auec toy ma Courōne & mon
Royaume. Au moins je te prie ne permets
point que ie meure en receuant vn affront
de ce Duc, & estant mesprisé de celle que

j'adore. A toutes ces raisons, à ces offres, & à ces promesses, Periandre fit ceste response: Si ma sœur estoit coulpable de l'ennuy que le Duc t'a donné, si ie ne la chastiois point, au moins ie la tanserois, & ce seroit pour elle vn grand chastiment. Mais sçachant qu'il n'y a point de sa faute de ce costé, ie ne sçaurois que te respondre. Et pour le regard du renuoy qu'elle a faict de tes esperances iusques à ce qu'elle eust accomply ce voyage, comme ie n'en sçay pas aussi les conditions, ie ne puis de mesme te respondre sur ce subiect. Quant aux offres que tu me fais, & que tu m'as desjà faictes, ie les recognois selon que i'y suis obligé par la grandeur de celuy qui les confere, & par la recognoissance que i'ay de moy mesme. Car peut estre (que cela soit dit auec humilité) ô valeureux Arnaldo, ceste pauure mossette de Pelerin sert de nuage pour empescher bien souuent les rayons du Soleil. C'est pourquoy vis en repos pour ceste heure. Nous arriuasmes hier seulement à Romme, & il n'est pas possible qu'en si peu de temps nous ayons peu forger des discours, des artifices & des chimeres, qui facent paruenir nos actions à leurs fins bien heureuses que nous desirons. Cependant euite, ie te prie, autant qu'il te sera possible, la rencontre du Duc, par ce qu'vn Amant desdaigné, & priué d'esperance, prend toujours subject d'en forger, estant despité, encores que ce soit au preiudice de la pesonne qu'il ayme. Arnaldo luy promit qu'il le feroit, & auec cela luy offrit des bagues & de l'argent, afin d'entretenir son train auec celuy des Dames Françoises. Le deuis de Cloridan, & du Duc fut different, puis qu'il fut resolu & reduict à cecy, que le Duc recouureroit le pourtraict d'Auristelle, ou bien qu'Arnaldo cõfesseroit qu'il n'y pretendoit rien. Le Duc pria pareillemẽt Cloridan d'estre son intercesseur enuers Auristelle, afin qu'elle le receut pour son Espoux, puis que la grãdeur de sa Seigneurie n'estoit point inferieure à celle d'Arnaldo, & que la noblesse de sa race ne cedoit à aucune des plus illustres de l'Europe. En fin, estant extremement amoureux, il faisoit paroistre en ces discours quelque petit traict de gloire, & de ialousie. Cloridan luy promit de s'employer en ce subiect, & de luy rapporter la response d'Auristelle, croyant qu'elle ne refuseroit point le bon-heur de le receuoir pour son Espoux.

De l'infortune arriuée à Barthelemy, & à Louyse, & comme nos Pelerins les deliurent du gibet.

CHAP. V.

C'Est de la sorte que les deux aduersaires amoureux & ialoux, & de qui les esperances estoient fondées sur le vent, se separerent, l'vn de Flandres, & l'autre de Cloridan: Mais au parauant ils furent tous deux d'accord qu'ils reprimendient leur passion, & dissimuleroient leur offense, au moins iusques à ce qu'Aurist elle eust declaré son intention. Or chacun d'eux s'en promettoit bonne issue, puisqu'il n'y auoit fermeté qui ne chancelast à l'offre d'vn Royaume, & d'vne Seigneurie riche comme estoit celle du Duc. Cela, dis-ie, estoit capable de faire changer de resolution, & prendre vne autre sorte de vie aux personnes plus resolues. Car c'est vne chose naturelle que chacun ayme & desire la grandeur & la vanité: mais principalement ce desir logé dans l'ame des femmes. Cependant Auristelle ne se soucioit gueres de tout cela, puis qu'à l'heure toutes ses pensées ne tendoient qu'à se confirmer, & se tenir dre entiere en la verité de la Religion Catholique, & à penser à ce qui estoit requis au salut de son ame. Elle auoit pris naissance en vne Prouince si esloignee des autres, que la vraye Foy Catholique, n'y est pas au poinct si parfaict qu'il est requis ; de sorte qu'elle auoit besoin de la rafiner, dans sa veritable boutique. Sur le poinct que Periandre prit congé d'Arnaldo, vn Espagnol s'addressa à luy, & luy tint ce discours. Par les signes qu'on m'a donnez, & si cela est que vous soyez Espagnol, ie pense que ceste lettre s'addresse à vous. Lorsqu'luy remit entre les mains vne lettre, au dessus de laquelle estoit escrit A l'illustre Seigneur Antoine de Villaseignor, autrement nommé le Barbare. Periandre luy demanda qui luy auoit donné ceste lettre, le porteur luy respondit que c'estoit vn Espagnol prisonnier dans la route de Nonnedel, qui pour n'auoir auoit esté condamné d'estre pendu, à la venue d'vne sienne fille, belle femme, & nommee la Talauerane. Periandre cogneut incontinent qui c'estoient, ce qui esmeut ses larmes, & beaucoup presque aussi tost les reprima. Ceste lettre, dit-il, ne s'adresse point à moy, ains à ce Pelerin qui vient vers nous. Or Antoine s'approchoit deluy en ce mesme instant, Periandre luy bailla la lettre, & tous deux s'estant pris tres à part, &

& de la belle Sigismonde. 663

Antoine l'ouurit, & leut le contenu, en ces termes.

Lettre de Barthelemy Manchego à l'Illustre Seigneur Antoine de Villaseignor.

Qvi mal chemine, mal s'arreste: & il arriue qu'vn pied boiteux fait bien souuent clocher celuy qui est sain; parce qu'aux mauuaises compagnies on ne sçauroit apprendre les bonnes mœurs. Pour auoir suiuy la compagnie de la Talauerane, nous nous treuuôs tous deux condánez au gibet. L'homme qui la tira d'Espagne l'a treuué icy auec moy à Rome, & il en fut si fasché, qu'il luy mit la main dessus en ma presence. Moy qui n'entés point raillerie, & qui ne sçaurois souffrir vn affront sans m'en venger, pris soudain le party de la femme, & à grád coups de bastons l'assommay celuy qui la batroit. Comme j'estois au fort de la querelle, vn autre Pelerin arriua, qui commença de mesme stile à mesurer mes espaules à coups de leuier. Laquelle femme m'á dit depuis que celuy qui me frottoit estoit vn Polonnois qui l'auoit espousée à Talauere: C'est pourquoy craignant que si tost qu'il se seroit despesché de moy, il ne s'adressast à elle de qui il se sent cornoffensé, elle m'a fait faire chose qui ri-

„ ter vn des deux cousteaux, qu'elle tient tou-
„ siours dans vne gayne, & puis s'approchant
„ de luy tout doucement, le luy a planté si bien
„ dans les reins, & fait vne telle playe, que cest
„ homme n'a pas besoin de Chirurgien. En fin
„ l'amy & le mary, ont acheué en vn instant le
„ cours de leur mortelle vie, l'vn à coups de
„ baston, & l'autre à coups de cousteau. Nous
„ fusmes incontinent saisis, & amenez en ceste
„ prison où nous demeurons contre nostre vo-
„ lonté. Nous auons esté interrogez, & auons
„ confessé nostre crime, parce qu'il nous estoit
„ impossible de le nier, & par ce moyen auons
„ euité le tourment, que l'on appelle gehenne
„ ou question. On nous a faict nostre procez,
„ & plus promptement que nous ne desirions.
„ Il a esté conclu, & l'on nous a condamnez au
„ bannissement. Mais à vn bannissement qui
„ faict passer de ceste vie à l'autre. Ie dis (Mon-
„ sieur) que nous sommes condamnez d'estre
„ pendus. Ce qui fasche tellement la Talauera
„ qu'elle perd toute patience. Elle vous baise
„ se pourtant les mains, à Madame Constan-
„ ce, au Seigneur Periandre, & à Madame Au-
„ ristelle, & dit qu'elle voudroit bien estre di-
„ bre pour vous les aller baiser à vostre logis.
„ Elle dit pareillement, que si la nompareille
„ Auristelle veut trousser sa robbe, & prendre
„ la charge de nostre liberté, il luy sera fort

& de la belle Sigismonde. 665

facile de le faire : car que n'obtiédra sa grande beauté quoy qu'elle demande à la dureté mesme. Elle adiouste aussi, que si vous ne pouuez point obtenir nostre pardon, au moins vous taschiez qu'on nous donne la mort, nõ pas à Romme, mais en Espagne. Or la ieune femme a esté informee que l'on ne mene point icy les pendus auec la bien seance requise : parce qu'ils vont à pied, & à peine les voit on; de sorte qu'on n'a pas moyẽ de reciter pour eux, vn *Aue Maria*, & principalement si ceux qu'on va pendre sont Espagnols. C'est pourquoy elle desireroit de mourir en son pays, s'il estoit possible, & parmy les siens, où elle ne manqueroit point de quelque bon parent, qui de compassion luy fermeroit les yeux. I'en dis autant, parce que ie suis homme qui m'accommode volontiers à la raison. Or ie suis si angoissé dans ceste prison, que pour me deliurer de l'ennuy que m'y donnent les punaises, ie serois fort ayse que demain au matin on me menast pendre. Cependant ie vous aduertys, mon Seigneur, que les Iuges de ce pays, sont de mesme que ceux d'Espagne. Ils sont tous courtois, & propres à donner & à receuoir choses iustes, & quand il n'y a aucun qui se rend partie, & qui sollicite la iustice ils ne laissent pas d'vser de misericorde, qui logeant dans tous les cou-

» rages genereux, loge par mesme moyen
» dans le vostre. Or vous auez subiect de le fai-
» re paroistre en nous, qui sommes en pays e-
» strange, enfermez dans vne prison, mangez
» des punaises & des tarentoles, & autres ani-
» maux immondes. Ce sont de petites bestes,
» mais en grand nombre, & lesquelles font au-
» tant de mal que les plus grandes. Et sur tout
» nous sommes rongez de Solliciteurs, Procu-
» reurs, & Greffiers, de qui nostre bon Dieu
» nous deliure par son infinie bonté. Or nous
» attendons vostre responce, & auec autant de
» desir de la receuoir bonne, que peuuent faire
» les petits poussins de la Cygogne attendants
» leur bechee. Et au dessous de ceste lettre il y
» auoit. *Le mal-heureux Barthelemy Manchego.*

En fin ceste lettre contenta fort Periandre & Antoine, apres qu'ils l'eurẽt leuë, comme aussi le mal-heur de Barthelemy leur estoit fort desplaisant. Ils dirent cependant au porteur, qu'il retournast vers le prisõnier, & qu'il luy dist de leur part, qu'il se consolast & eust bonne esperance, parce qu'Auristelle, & eux tous n'espargneroient rien pour sa deliurance. Or en effect ils commencerent d'en rechercher le moyen. Et le premier fut, que Cloridan parleroit à l'Ambassadeur de France, qui estoit son parent & son amy, afin qu'on n'executast point si promptemēt la sentence, & qu'on eust le temps de prier & de solliciter. Antoine vouloit faire response à Barthelemy, afin de renouueller par ce moyen le plaisir qu'il auoit receu de sa lettre. Mais ayāt communiqué ce dessein à Auristelle & à Cōstance, elles n'en furent pas d'aduis: parce qu'il ne faut point affliger vn affligé: & peut estre les Criminels eussent pris les railleries pour veritez, & en eussent receu de l'affliction. Tout ce qu'ils firent ce fut de mettre toute ceste affaire sur les espaules, & sur la diligence de Cloridan & de Ruperte son Espouse. Ils solliciterent si bien pour ces criminels, qu'en six iours Barthelemy & la Talauerane allerent librement par la ruë. Et par ce moyen l'on voit que la faueur & les presents ostent tous empeschements & rompent toutes difficultez. Durant ce temps là Auristelle eut loisir de s'informer de tout ce qui luy sembloit manquer à l'integrité de sa Foy, ou au moins de ce qu'en son pays on preschoit obscurement. L'vn des Penitenciers, à qui elle communiqua son desir, & auquel elle fit sa confession entiere & veritable, luy en donna le moyen. Ainsi elle demeura instruicte & satisfaite de tout ce qu'elle desiroit: Car les Peres Penitenciers luy declarerēt en la meilleure forme qu'ils peurent tous les principaux mysteres de nostre Foy Catholique, & ceux qui luy estoient les plus salutaires. Ils commencerent leur instruction, par l'enuie & l'orgueil de Lucifer, lors qu'il cheut dans les abismes auec la troisiesme partie des Estoiles qui tomberēt auec luy. Cheute qui rendit vuides les sieges du Ciel, & dont les mauuais Anges firent perte par leur grande folie. Ils l'informerent pareillement, du moyen que Dieu auoit pris pour remplir ces sieges, par la creation de l'homme, l'ame duquel est capable de la gloire que les mauuais Anges ont perduë. Ils discoururent encores de la verité de la creation de l'homme & du monde, & du mystere amoureux & sacré de l'Incarnation, & auec des paroles qui surpassēt la raison mesme, esbaucherēt le profōd mystere de la tressaincte Trinité. Ils dirent cōme il auoit esté expediēt que la seconde personne des trois, à sçauoir celle du Fils, se fit hōme, afin que cōme Dieu & homme il payast pour l'homme, & estant Dieu peust payer cōme Dieu. Or ceste seule vnion hypostatique pouuoit estre capable de rendre Dieu contēt & satisfait de la coulpe infinie qu'on auoit commise. Il falloit satisfaire infiniment à Dieu, & l'homme qui est finy ne le pouuoit faire de soy mesmes: Comme aussi Dieu de soy-mesme estoit incapable de souffrance. Mais ceste conionction s'estant faicte, le pris a esté infiny, & la satisfaction pareillement infinie. Les mesmes Penitenciers luy representerét encores la mort de Iesus-Christ, & les trauaux de sa vie, depuis qu'on le vit dans la creche iusques à ce qu'on le mit en croix. Ils exagererent la force & l'efficace du Sacrement, & monstrerent au doigt la seconde table de nostre naufrage, qui est la penitence, sans laquelle on ne peut ouurir le sentier du Ciel que le peché ferme ordinairement. Ils luy monstrerent par mesme moyen Iesus-Christ Dieu viuant assis à la dextre du Pere, & aussi entier en terre au sainct Sacrement, qu'il est viuant & entier dans le Ciel. Or il n'y a absence qui l'empesche d'estre present, ny qui le diuise & le separe, car l'vn des plus grands attributs de Dieu, quoy que tous esgaux, c'est d'estre en tout lieu, par puissance, par essence, & par presence. Ils luy asseurerent l'infallible aduenement de nostre Seigneur, qui viendra iuger le monde porté sur les nuees du Ciel. Comme encores la stabilité & la fermeté de son Eglise, contre laquelle les portes, ou plustost les forces de l'enfer n'auront point de pouuoir. Apres ils traicterent de la puissance du souuerain Pontife Lieutenāt de Dieu en terre, & qui porte les clefs du Ciel. Finalement ils n'oublierent chose requise & necessaire, pour l'instruction d'Auristelle, & de Periandre. Ceste leçon remplit leur ame de tant de contentement, qu'elle les rauit à eux mesmes & les transporta iusques au Ciel, ou pour lors ils logerent toutes leurs pensees.

Le different qui interuint à Romme entre le Prince de Dannemarc & le Duc de Nemours, qui vouloiet acheter le pourtraict d'Auristelle.

CHAP. XVI.

AVristelle & Periandre se regarderent doresenauant d'autre œil; Au moins ie veux dire que Periandre regardoit d'autre œil Auristelle: Car il luy sembloit qu'elle auoit desja accomply le vœu, qui l'auoit amenée à Romme, & que par ce moyen elle pouuoit librement, & sans difficulté le receuoir pour Espoux. Mais Auristelle aymoit de telle sorte l'honnesteté, depuis qu'on l'auoit cathechisée, qu'elle l'alloit adorant. Ce n'est pas qu'elle creust que le Mariage fust contraire à l'honnesteté : mais elle ne vouloit point donner aucun tesmoignage de pensée mondaine,

& de la belle Sigismonde 681
daine, sans que Périandre y employast
ou la force ou la prière. La Bolle considere
pareillement si le Ciel ne luy descouuriroit
pas de quelque costé vne lumiere qui luy fit
voir ce qu'elle feroit apres estre mariée: Car
s'imaginer de retourner à son pays, cela luy
sembloit vne temerité, & vne pure folie, par
ce que le frere de Periandre (qui l'auoit desti-
née pour son Espouse, voyant son esperance
vaine, prendroit peut-estre vengeance d'elle & de son frere, estant indigné de cest affront. Ces pensées, & ces craintes la rendoient vn peu debile, & aucunement pensiue. Les Dames Françoises visiterent les E-
glises, & firent les stations auec pompe &
grandeur, parce que Cloridan (comme nous
auons dit) estoit parent de l'Ambassadeur de
France, & elles n'eurét faute d'aucune chose
pour se faire voir en magnificéce. Auristelle
& Constance estoiét tousiours auec elles, &
iamais on ne les voyoit sortir du logis que la
moitié du peuple Romain ne courost apres
elles. Or il arriua vn iour que comme elles
passoient par la rue qu'on nomme du Change, elles apperceurent pendu à vne belle muraille le pourtraict d'vne femme, tirée depuis
la teste iusques aux pieds. Ceste femme portoit sur son chef vne Couronne mi-partie, &
auoit soubs ses pieds vn monde. A peine eu-
V u

rent elles apperceu ce pourtraict, qu'elles recogneurēt soudain le visage d'Auristelle: car il estoit si biē represēté au vif, qu'elles en eurent soudain vne entiere cognoissance. Auristelle toute estonnee, demanda à qui estoit le pourtraict, & s'il estoit en vente. Le Maistre (qui comme l'on sçeut depuis, estoit vn Peintre fameux) respondit que c'estoit luy qui vendoit le pourtraict, & qu'il ignoroit de quelle Dame il estoit. Il disoit seulement qu'vn autre Peintre son amy luy en auoit laissé prendre vne copie en France, & qu'il luy auoit appris que ceste figure estoit d'vne Damoiselle estrangere qui alloit à Romme en habit de Pelerin. Mais que veut dire (repart Auristelle) qu'on l'aye peinte auec vne Couronne sur la teste, & tenant les pieds sur ce Globe, & pourquoy sa Couronne est elle my-partie? Madame (dit alors le Maistre) ce sont fantaisies ou caprices, comme l'on dit, des Peintres. Et peut estre veut on dire que ceste Damoiselle merite de porter la Couronne de la Beauté, qu'elle va foulant sur ce monde? Cependant ie dis bien plus, que vous, Madame, en estes l'original, & que vous meritez la Couronne entiere, non d'vn monde peint, & figuré, ains d'vn veritable & reel. Que demādez-vous de ce pourtraict, dit alors Constance? Deux Pelerins (repart le Peintre) font icy proches, & l'vn d'eux m'en offre mille escus d'or, & l'autre dit qu'il ne le laissera point eschapper à faute d'argent, de sorte que ie n'ay pas voulu en conclurre la vente croyant qu'ils se mocquent, car l'offre excessiue qu'ils m'en font me fait entrer en quelque doute. N'entrez point en doute de ce costé là (dit Constance) car si ces Pelerins sont ceux que ie m'imagine, ils ont le moyen de doubler le prix, & satisfaire à vostre volonté. Les Dames Françoises, Ruperre, Cloridan, & Periandre, demeurerent tous estonnez voyans en ce pourtraict, si naifuement tiré le visage d'Auristelle. Sur cela le peuple qui regardoit ce pourtraict prit garde qu'il ressembloit au visage d'Auristelle, & peu à peu vn bruit commença à s'espandre, de sorte que tous en particulier & en general asseuroient & crioient tout haut. Ce pourtraict qui est en vente, est le pourtraict mesme de ceste Pelerine qui est dans ce carrosse. C'est pourquoy il ne nous faut point amuser apres la copie, il faut voir l'original. On commença donques d'enuironner le carrosse, si bien qu'on ne pouuoit aller auant, ny arriere. Cela fut cause que Periandre tint ce langage à Auristelle: Ma sœur, couurez vostre visage de quelque voile, parce que l'excez de tant de lumiere, aueugle, & empesche qu'on

V u ij

ne peut voir le chemin, pour passer outre. Auristelle le fit, & ils allerent plus auant: mais cela n'empescha point qu'vne infinité de peuple ne courust apres eux, car on esperoit qu'elle osteroit son voile, & que chacun la verroit à son plaisir. A peine le carrosse fut party de ce lieu, que le Prince Arnaldo habillé en Pelerin arriue deuāt le logis du Peintre, & luy dit ces paroles : Ie suis celuy, qui vous ay offert mille escus pour le pourtraict. Aduisez si vous auez enuie de le dōner pour ce prix, & par ce moyen venez auec moy, & ie vous feray soudain deliurer ceste somme, d'or en or. Lors vn autre Pelerin qui estoit le Duc de Nemours, s'addressant au mesme Peintre, profera ces paroles : Frere ne vous arrestez pas pour de l'argēt, mais venez auec moy, & demandez tout ce que vous voudrez & vous l'aurez aussi tost de cōtent. Messieurs (repart le Peintre) accordez-vous, s'il vous plaist, tous deux, & que ie sçache à qui ie dois bailler le pourtraict. Le prix excessif ne m'emportera iamais hors des bornes de la raison, veu qu'aussi ie pense que vous me payerez plustost en desir qu'en effect. Vne multitude de personnes escoutoit attentiuement toutes ces paroles, & attendoit l'effect de ceste vente: Car voir offrir les milliers d'escus à deux qui sembloient estre de pauures Pelerins, cela leur paroiſſoit raillerie. Lors le Maiſtre du pourtraict tint ce diſcours: Quiconque de vous voudra auoir ce pourtraict, qu'il me donne quelque gage, & puis ie le dependray, & le ſuiuray par tout où il voudra. Soudain Arnaldo oyant ces paroles mit la main dans ſon ſein, & en tira vne chaiſne d'or, où pendoit vne enſeigne de diamants, & luy dit: Prenez ceſte chaiſne, laquelle auec ces diamants, vaut plus de deux mille eſcus. Et ceſte-cy (repart alors le Duc en donnant au Maiſtre du pourtraict, vne autre chaiſne qui eſtoit cōpoſee de diamants) en vaut plus de dix mille. C'eſt pourquoy prenez là & venez quant & moy à mon logis. O bon Dieu (dit alors tout haut vn des aſſiſtans) quelle chaiſne eſt-ce icy! qui ſont ces hōmes! & quels ces ioyaux precieux! Cecy ſemble eſtre choſe d'enchantement: neantmoins ie vous conſeille (mon Maiſtre) de faire donner vne touche à la chaiſne, & qu'on face la preuue de la bonté des pierres, auant que vous dōniez voſtre marchādiſe: car il ſe pourroit faire que la chaiſne & les diamants ſont faux, par ce qu'on peut douter du prix qu'ils vallēt à leur dire. Cela faſcha fort les Princes, neātmoins pour ne publier point dauantage en pleine ruë leurs penſees amoureuſes, ils furent d'accord que le Maiſtre du pourtraict fit faire l'auération de la valeur, de tous ces ioyaux precieux. Tout le Change estoit remply de gens: Les vns admiroient le pourtraict, les autres s'informoient de la qualité des Pelerins, & quelques autres consideroient les pierreries; Et tous attédoient pour voir à qui demeureroit le pourtrait: Car on croyoit que les deux Pelerins ne le laisseroient iamais aller pour aucun prix. Cependant le Maistre du pourtraict l'eust donné pour moindre prix, si on le luy eust laissé vendre librement. Durant toute ceste procedure, le Gouuerneur de Romme passa par le Change, & ayant ouy tant de bruit, & veu vn si grand amas de peuple, il en demanda la cause. On luy fit voir le pourtraict, & les pierreries; de sorte que luy recognoissant que ces ioyaux, n'apartenoient pas à de simples & ordinaires Pelerins, il creut de descouurir quelque grãd secret. C'est pourquoy il fit mettre en depost les chaisnes & les pierreries, emporter le pourtraict à son Palais, & saisir les Pelerins. Lors le peinctre deuint tout troublé, voyant ses esperances perduës, & sa marchandise au pouuoir de la Iustice, ou iamais rien de beau n'entre qu'il n'y en demeure tousiours quelque chose. Or il courut soudain apres Periandre, & luy raconta tout le succez de ce marché, & comme il auoit peur que le Gouuerneur de Rõme ne retint le pourtraict qui l'auoit achepté en France d'vn peintre, qu'il auoit tiré de son original, au Royaume de Portugal. Ceste chose sembla possible à Periandre, parce qu'on en fit plusieurs autres, au temps qu'Auristelle estoit à Lisbonne. Toutesfois il ne laissa pas de luy en offrir cent escus, à la charge qu'il auroit la peine de le recouurer. Le peintre en fut content, & bien que le rabais de mille à cent fust fort grand, toutesfois il le tint pour bien vendu & pour bien payé. Sur le soir ayans rencontré quelques autres Pelerins qui visitoient les sept Eglises, il arriua qu'ils treuuerent le Poëte qui auoit recité le Sonnet, lors qu'ils descouurirent la ville de Romme. Ils le recogneurent & l'embrasserent, & puis s'informerēt de ce qui luy estoit arriué, des le iour qu'il se separa d'eux. Le Poëte Pelerin leur dit que le iour precedent il luy estoit succedé vne chose digne de recit, & fort admirable. C'estoit qu'vn Auditeur de Rote curieux & riche, auoit vn cabinet aussi rare qu'autre qui fust au monde: parce qu'il n'y auoit point les figures de quelques personnes, qui eussent esté veritablement au monde: mais bien des tableaux preparez pour y pourtraire les personnages Illustres qui deuoient viure au monde, & principalemēt les Poëtes fameux qui seroient au siecle furut. Et parmy ces tableaux, il en auoit veu deux: & au dessus de l'vn estoit cest escriteau, *Torquato Tasso*; & plus bas *Ierusalem liberata*: A l'autre on voyoit au dessus *Zarate*, & au dessous *Cruz y Constantino*. Ie demanday à celuy qui me les monstroit que signifioient ces noms, & il me respondit que bien tost on verroit paroistre en terre la lumiere d'vn Poëte, que l'on nommeroit *Torquato Tasso*, lequel chanteroit la deliurance de Ierusalem d'vn stile le plus heroïque & le plus agreable qu'autre que Poëte eust encore chanté. Il me dit aussi que presques à mesme temps on verroit vn autre Poëte Espagnol nommé *Francisco Lopes Duarte*, dont les vers doux & coulans, deuoient replir toute la terre, & de qui l'harmonie rauiroit le cœur des hommes, en chantant l'inuention de la Croix de Christ, & les guerres de l'Empereur Constantin. Poëme à la verité heroyque & Chrestien & digne du nom de Poëme. Cela me semble (repart Periandre) fort difficile à croire, qu'on prenne la peine de dresser des tableaux, pour y tirer ce qui doit succeder. Mais en effect en ceste ville, qui est le chef de toutes les autres villes du monde, il y a d'autres choses de plus grande admiration. Cependant (luy demande encore Periandre) y a il d'autres tableaux preparez pour quelques autres

& de la belle Sigismonde.

Poëtes futurs? Ouy dea (replique le Pelerin) mais ie ne me suis pas voulu arrester à la lecture des autres escriteaux, parce que ie me suis contenté des deux premiers. Ie n'ay pas laissé pourtât de ietter les yeux sur vne telle foule de Poëtes, que ie ne doubte point, qu'au temps qu'ils paroistront, & qui sera bien tost, ainsi que m'a dit l'homme qui me les faisoit voir, on ne voye vne fourmillere de Poëtes de toutes especes. Ie m'en remets à ce que Dieu en ordonnera. Au moins (dit Periandre) l'an qui foisonne en Poëtes, est tousiours accompaigné de la famine. Car quãd on dit, voilà vn Poëte, il faut conclurre, qu'on parle d'vn pauure, si la Nature ne s'est desià auancee pour faire des miracles: si bien que ces consequences sont fort bonnes:

Il y a plusieurs Poëtes, & doncques
   Il y a plusieurs pauures: Or
   S'il y a plusieurs pauures, donques
   Il y a cherté en l'annee.

Le Pelerin & Periandre tenoient ce discours, lors que le Iuif Zabulon s'approcha d'eux, & dit à Periandre, qu'il auoit enuie de luy faire voir ce soir mesme, Hypolite Ferraroise, l'vne des plus belles femmes de Rôme, voire de toute l'Italie. Periandre luy respondit qu'il l'iroit voir fort volontiers. Mais il ne luy eut pas faict ceste promesse, si le Iuif l'eut si bien informé de la qualité de la persōne de ceste Dame, que de celle de sa beauté: par ce que l'honnesteté de Periandre, ne se raualloit, n'y s'abbaissoit point à des choses communes & basses, quelques belles qu'elles fussent; car pour ce regard la Nature auoit formé, & luy & Auristelle dans vn mesme moule. Or il se desroba doncques de la compagnie, pour aller voir Hypolite, à laquelle le Iuif le mena plustost par tromperie, que par volonté. Cependant l'on peut voir icy que bien souuent la curiosité faict broncher, & tomber de yeux la plus grande modestie que l'on puisse auoir.

Du danger que courut Periandre dans le logis de la Courtisanne Hypolite Ferraroise.

CHAP. XVII.

LA courtoisie & la douceur, les riches ornements de la personne: l'esclat & la pompe d'vne maison, couurent plusieurs grands deffaults: car il est impossible, que la courtoisie & bonne nourriture offense, que les habits pompeux degoustent, ny que les riches meubles d'vne maison soient desagreables. La Courtisanne Hypolite possedoit toutes ces choses. On la pouuoit comparer en richesses à l'ancienne Flore, & en courtoisie à la courtoisie mesme ; de sorte qu'elle n'estoit pas peu estimee de tous ceux qui la cognoissoient. Aussi si sa beauté charmoit, ses richesses la faisoient pareillement priser ; & sa courtoisie, si l'on peut ainsi parler, se faisoit adorer. Et quand l'Amour est accompagné de ces trois qualitez, il brise les cœurs de bronze, ouure les portes d'airain, & dompte les volontez de marbre : & principalement si l'on adiouste à ces trois choses la ruse & la flatterie : attributs propres à celles qui veulét monstrer à la lumiere du monde leurs rares qualitez. Y a-il peut estre entendement humain si subtil qui voyant vne de ces beautez que i'ay depeinctes, quitte le merite de la beauté, pour loüer vne douce conuersation ? La beauté aueugle en partie, & en partie elle illumine. Derriere l'aueuglement vient le plaisir : & apres ce qui illumine, marche le desir de s'amender. Periandre ne consideroit nullement aucune de ces choses, entrant dans la maison d'Hypolite. Toutesfois comme l'Amour bastit bien souuent sur des fondements que l'on neglige, ce bastiment fut esleué, & eust pour fondemét, non pas la volonté de Periandre, ains celle d'Hypolite : car ces Courtisanes ne donnent pas beaucoup de peine à se laisser aller, là où l'on se repét puis apres, sans se repentir. Hypolite auoit desià veu Periandre à la ruë, & desià son ame auoit esté touchee de la bonne grace, & de la gentillesse de ce Pelerin. Mais sur tout elle luy vouloit du bien, quand elle se representoit qu'il estoit Espagnol : car par ce moyen elle esperoit des presents impossibles, & des contentements delicieux. La Belle auoit communiqué toutes ces pensees à Zabulon, & prié ce Iuif d'amener Periandre en son logis, lequel elle tenoit si propre, si net, & si bien agencé qu'il sembloit estre plustost la chambre d'vne Espousee, qu'vne retraicte de Pelerins. Madame Hypolite (on la nommoit ainsi à Romme, comme si elle eust esté quelque grande Dame) auoit vn amoureux appellé Pyrrus le Calabrois : vn couppe iarret, & vn homme impatient, & mal viuant. Tous ses moyens consistoient au tranchant de son espee, en la subtilité de ses mains, & aux trōperies d'Hypolite, laquelle par le moyé de ses ruses obtenoit bié souuét ce qu'elle desiroit, sans se dōner à aucun. Mais Pyrrus ne treuuoit chose qui luy fust plus propre pour allonger sa vie, que la vistesse de ses pieds, dont il faisoit plus d'estat que de ses mains. Et toute sa plus grāde gloire estoit de tenir tousiours en allar-

& de la belle Sigismonde.

me & espouantee Hypolite, soit qu'il fut en belle & amoureuse humeur, ou bien qu'il parlast à elle en colere : car ces Coulombes doüillettes ne manquent point de Milans qui les persecutent, ny d'autres oiseaux de rapine qui les deschirent : Miserable condition de ceste gent sotte & mondaine. Ie dis doncques que ce Cavalier de nom seulemēt, se trouua dans la maison d'Hypolite, au teps que Periandre & le Iuif y entrerent. Hypolite tira à part ce Pyrrus & luy dit : mon amy, va t'en pourmener, & emporte ceste chaisne d'or, que ce Pelerin m'a envoyée ce matin, par Zabulō. Prens bié gardé à ce que tu fais (repart alors Pyrrus) car comme ie puis voir ce Pelerin est Espagnol. Or il me semble fort estrange qu'il ait osté ceste chaisne de sa main, sans premierement toucher la tienne. Colz, dis-je, me donne mille craintes. Pyrrus (replique Hypolite) emporte seulemēt la chaisne, & laisse moy la charge de la conseruer, & de ne la rendre point, mal-gré toutes ses finesses Espagnoles. Pyrrus prit doncques la chaisne, que pour cest effect elle auoit acheptée ce matin, & avec cela luy ayant fermé la bouche, elle le fit sortir du logis plus viste que le pas. Lors la Courtisanne se voyant deliurée de cest importun, vint

* *L'Espagnol dit Corma, qui est vn baston qu'on met au col des Chiens pour les empescher d'aller aux vignes.*

vers Periandre, & sans autre ceremonie, luy ietta de bonne grace les bras au col, & puis luy tint ce discours : C'est maintenant que ie verray si les Espagnols sont aussi vaillans qu'on les faict : Si tost que Periandre vit ceste effronterie, il creut que la maison estoit cheute sur luy. C'est pourquoy mettant la main sur l'estomach d'Hypolyte, il la repoussa, & l'esloigna de luy : Madame Hypolyte (dit-il encores) ces habits que ie porte, ne permettent pas qu'on les prophane, ou pour le moins ie ne le permettray nullement. Or les Pelerins, quoy qu'Espagnols ne sont pas obligez d'estre vaillans quand il n'en est point de besoin. Toutesfois que vostre Seigneurie regarde en quoy elle desire que ie tesmoigne ma valeur, sans preiudice de ces deux, & vous serez obeye sans replique. Il me semble (repart Hypolite) que vous auez vne ame aussi Pelerine que vostre corps est Pelerin. Mais puis que vous dites que vous ferés tout ce que ie voudray sans preiudice de ces deux, entrez auec moy dans ceste chambre où ie vous feray voir vn fort beau cabinet. Encore que ie sois Espagnol (respond Periandre) ie ne laisse pas d'estre craintif, de sorte que ie vous redoute plus toute seule, que ie ne ferois toute vne armée d'ennemys : faictes que ma guide passe le premier, & puis menez

moy là où vous voudrez. Hypolite appella
doux de ses filles de chambre, & Zabulon le
Iuif qui se treuua present à toute ceste procedure, & leur commanda qu'elles leur seruissent de guide pour aller au cabinet. On
ouurit la porte d'vne salle, laquelle (ainsi que
dit puis apres Periandre) estoit si richement
meublee, que le plus riche & le plus curieux
Prince du monde n'en a point de plus rare.
Parrasius, Polignotus, Appellés, Zeuxis,
auoient là toute la perfection de leurs pinceaux. Hypolite auoit achepté à grand prix
ces belles peinctures, accompagnees de plusieurs rares pieces de Raphaël d'Vrbin, & du
diuin Michel l'Ange: richesses dont les grãds
Princes se peuuent faire paroistre. Les bastimens royaux, les Palais superbes, les Temples magnifiques, & les excellentes peinctures, sont proprement les tesmoignages veritables de la magnanimité & de la richesse
d'vn Prince, chef d'œuure en effect que le
temps tasche de destruire par sa longue course, parce que ces dignes ouurages semblent
estre ses emulateurs, & qui neantmoins malgré qu'il en ait ne laissent pas de tesmoigner
la magnificences des siecles passez. O Hypolite bône seulement pour cecy, si parmy tant
de pourtraicts que tu as, tu prenois celuy de
l'honnesteté, & laissois Periandre en l'estat

où il se treuue reduict, sans desirer de luy autre chose. Il estoit si confus & si estonné, que regardant de tous costez, il ne sçauoit sur quelle des singularitez il deuoit s'arrester, & principalemēt du cabinet posé sur vne table reluisante. En outre ses oreilles estoient charmees du doux chant de plusieurs oyseaux de diuerses sortes enfermez dās de riches cages, & qui faisoiēt vn cōfus mais agreable cōcert. En fin il luy sēbla que tout ce qu'il auoit ouy dire des vergers Hesperides, de celuy de la Fee-Falerine, & des Iardins tant renommez, & plantez au dessus des maisons, & de tous les autres les plus estimez au monde, n'esgaloient en rien l'ornement de ceste salle, & les singularitez de ce cabinet. Cependant son ame ne laissoit pas d'estre toute esmeuë, & son cœur pressé de son honesteté faisoit que les choses ne luy paroissoiēt point telles qu'elles estoiēt. Si bien que fasché de tant de rares delices, & voyant que tout cela luy estoit desagreable, & oubliant sa courtoisie ordinaire, il essaya de sortir de ce cabinet, & il en fust sorty, si Hypolyte ne l'en eust empesché, de sorte qu'il fut contrainct de la repousser auec ses mains, & d'user enuers elle de paroles vn peu discourtoises. Or elle empoignant l'esclauine de Periandre, luy ouurit sa iuppe, & luy fit monstrer la Croix de diamants,

mants, qui auoir eschappé de tant de perils. Et par ainsi il esblouyt la veuë, aussi bien que l'entendement d'Hypolite: Mais voyant qu'il s'enfuyoit malgré sa douce contrainéte, elle pensa soudain à vne chose, dont Periandre n'eust pas receu le desplaisir qu'il en receut, si elle eust eu loisir de penser à ce qui en pouuoit succeder. Car luy ayant laissé son esclauine au pouuoir de ceste nouuelle Egyptienne, & estant sorty à la ruë sans chapeau, sans bourdon, ny ceinéture, parce qu'il se representoit qu'en tel combat la fuite rend victorieux, plustost que la demeure, Elle se mit pareillement à la fenestre, & commença tout haut d'appeller les gens de la ruë à son secours: Arrestez (disoit elle) ce voleur, qui entrant dans mon logis soubs l'apparence d'vn homme de bien, m'a desrobé vn ioyau si precieux, qu'il vaut vne Cité. Or il aduint que deux de ceux qu'on nomme de la garde du Pape se treuuerent alors à la ruë, & l'on dit qu'ils peuuent prendre vne personne en crime flagrant sans autre commission. Ces deux doncques oyans crier au voleur, mirent soudain en execution leur pouuoir douteux: car ils prindrēt Periandre, luy porterent la main à l'estomach, & luy ayans osté la croix de diamants, le traiéterent encore fort indignement, & sans aucun respect le mirent en

Xx

croix pour luy donner l'estrapade : chasti-
mét que la Iustice practique à Rôme contre
les nouueaux crimes des delinquants, encore
que le delict ne soit point aueré. Quád Periãdre se vit mis en croix, sans sa croix, il parla
aux Tudesques, & leur dit qu'il n'estoit point
vn larron, ains vne personne de grande qualité, à qui ceste croix de diamants appartenoit, & laquelle tous les moyens d'Hypolite
n'eussent sceu achepter. Il les pria encore,
qu'ils le menassent au Gouuerneur, deuant
lequel il esperoit preuuer la verité de son dire en peu de temps. Cependant il leur offrit
vne somme d'argent : Si bien que les Tudesques allechez de ceste somme, & parce que
Periandre auoit parlé à eux en leur langue :
(chose qui rend amis ceux qui ne se cognoissent point) ne firent compte d'Hypolite,
ains menerent Periádre vers le Gouuerneur.
Ce que voyant Hypolite elle s'osta de la fenestre, & s'esgratignant le visage, dit à ses ser-
uantes : Las! mes bonnes amies que i'ay esté
sotte. I'ay fasché celuy que ie voulois bien
traicter, & offensé l'homme que ie pensois
seruir. On mene comme vn larron celuy qui
est le larron de mon ame. Voyez vn peu, ie
vous prie quelles carresses, & quel bon
traictement, de faire prisonnier vn homme
libre, & diffamer vne personne honnorable.

Et soudain elle leur conta comme deux de la garde du Pape emmenoient prisonnier le Pelerin. Elle commanda encores que soudain on mit les cheuaux au carrosse, parce qu'elle vouloit aller apres, afin de le descharger; d'autant que son cœur ne pouuoit souffrir, qu'on offençast ainsi la prunelle de ses yeux. En outre elle disoit qu'elle aymoit mieux tesmoigner tout le contraire de ce qu'elle auoit desià dit, que se monstrer cruelle; puis que la cruauté ne treuueroit iamais d'excuse; & si feroit bien ce tesmoignage, parce qu'on en dōneroit la coulpe à l'Amour qui par mille extrauagances descouure & manifeste ses desirs, & faict du mal à celuy à qui il veut du bien. Quand elle arriua au Palais du du Gouuerneur, elle le treuua, la croix de diamants entre les mains; & examinant Periandre sur ce subiect dont il estoit preuenu. Si tost que Periandre apperceut Hypolite, il dist au Gouuerneur: Ceste Dame, qui vient icy dit que ie luy ay desrobé la croix de diamāts que vostre Seigneurie tient à la main. I'auoüeray le larcin pourueu qu'elle sçache dire dequoy est la croix, combien elle vaut, & de combien de diamants elle est composée: car si elle n'est vne Ange ou quelque autre esprit, il est impossible qu'elle le sçache, d'autant qu'elle ne l'a veuë qu'vne

Xx ij

seule fois, & deuant mon estomach. Que respond à cela Madame Hypolite, dit le Gouuerneur, en cachant la croix, afin qu'elle n'en remarquast point les signes. Lors elle fit ceste responce: En disant que ie suis amoureuse, aueugle, & folle, ce Pelerin demeurera deschargé, & i'attendray la peine que mon Seigneur le Gouuerneur imposera à mon crime amoureux. Sur cela elle luy raconta de poinct en poinct tout ce qui s'estoit passé entre elle & Periandre, dont le Gouuerneur demeura fort esmerueillé, tant de la hardiesse, que de l'amour d'Hypolite: car les passiós lasciues sont tousiours accompagnees de pareils subiects. Cependant il luy despleut de ce qui estoit arriué, & pria Periandre de luy pardonner. En outre elle mit en liberté nostre Pelerin, & luy rendit la croix, sans qu'en ceste cause on escriuit chose aucune: ce qui ne fut pas vn petit heur. Le Gouuerneur desiroit sçauoir qui estoient les Pelerins qui auoient donné les pierreries en gage pour le pourtraict d'Auristelle, & par mesme moyen qui il estoit, & qui estoit Auristelle. Le pourtraict (repart alors Periandre) est de ma sœur Auristelle: Et les Pelerins peuuét auoir des ioyaux encore plus riches. Ceste croix de diamants est à moy, & quand le temps m'en donnera le loisir, & la necessité m'y forcera, ie diray qui ie suis. Or de le dire maintenant cela ne depend pas de ma volonté, ains de celle de ma sœur. I'ay acheté le pourtraict que vous auez, & l'ay payé au Peintre à prix raisonnable, sans qu'en l'achet soit interuenuë aucune enchere, que l'on fonde pluftoft fur la rencœur & fur la fantaisie, que fur la raifon. Le Gouuerneur luy dit qu'il auoit bien enuie que le pourtraict luy demeuraft, afin d'adioufter par ce moyen à Romme chofe qui furpaffaft celles des plus excellents Peintres, qui rendoient fameufe cefte grande Cité. Ie vous le donne (refpond Periandre) de fort bon cœur, & en vous le donnant il me femble que ie luy donne vn Maiftre qui l'honorera autant qu'il eft poffible. Le Gouuerneur l'en remercia, & le iour mefme mit en liberté Arnaldo, & le Duc, & leur rendit leurs pierreries: mais le pourtraict luy demeura: car il eftoit bien raifonnable qu'il euft quelque chofe.

Xx iij

Comme la Courtisanne Hypolite ensorcele Auristelle, par le moyen de la femme du Iuif Zabulon.

CHAP. VIII.

HYpolite plus confuse que repentante retourna à son logis. Elle deuint desormais fort pensiue, & encore plus amoureuse: Car bien qu'il soit veritable que les desdains esteignent les amours en leur commencement : toutesfois l'amour de Periandre alluma dauantage ses desirs. Il luy sembloit qu'vn Pelerin n'auoit pas vne ame si dure, qu'elle ne peut l'amolir, par le bon traictement qu'elle luy vouloit faire, Neantmoins parlant à elle mesmes elle tenoit ce discours. Si ce Pelerin estoit pauure, il ne porteroit pas sur luy ceste croix si riche. Les riches diamants qu'on y veoit en grand nombre, sont des signes euidents de sa richesse ; de sorte que ceste forteresse ne peust estre prise par famine. Il faut bien pour la prendre vser d'autres stratagemes, & d'autres rufes : Mais quoy ne seroit'il pas possible que cest homme eust son ame possedee de quelque autre subiect? Ne seroit il pas possible

& de la belle Sigismonde. 693

que ceste Auristelle, ne fust pas sa sœur? Ne seroit il pas possible qu'il vouslust poser & mettre en charge sur Auristelle toute la finesse de ces desdains. Ainsi Dieu m'ayde, comme il me semble, qu'en ce poinct i'ay treuué celuy de mon remede, Qu'Auristelle meure & que l'on descouure cest enchantement: Ou pour le moins voyons-en le ressentiment de ce cœur sauuage. Executons ce dessein, & faisons qu'Auristelle demeure malade. Ostons aux yeux de Periandre la clarté de leur soleil, & voyons, si mãquant la beauté, cause premiere de la naissance de l'amour, le mesme amour ne viẽdra point aussi à manquer. Or il se pourra faire que me demeurant ce que i'osteray à Auristelle, il deuiendra plus doux & plus traictable. Au moins i'en veux faire l'essay, suyuant ce que l'on dit communement, Qu'il est bon de tenter les choses qui en apparence semblent estre profitables. Auec ces pensees elle arriua à son logis, là où elle treuue le Iuif Zabulon, auquel elle communiqua tout son dessein, parce qu'elle sçauoir que la femme de ce Iuif estoit la plus grande Sorciere de Rōme. Apres doncques qu'elle luy eust fait mille promesses, & quelques dons, elle le pria qu'il fit tant que sa femme la secourust en son dessein, non pas en changeant la volonté de Pe-

X iiij

riandre, puis qu'elle sçauoit que cela estoit impossible : Mais bien en rendant malade Auristelle, à laquelle s'il estoit besoin, elle osteroit la vie, dans vn temps prefix. Zabulon luy dit que ceste chose n'estoit que trop facile au pouuoir & à la science de sa femme. Cependant il receut ie ne sçay combien d'argent, pour la premiere paye, & promit que dés le lendemain mesme la diminution de la santé d'Auristelle commenceroit. Or Auristelle ne contenta pas seulement Zabulon, ains encor elle le menassa : & l'on sçait que les presents & les menasses, font promettre à vn Iuif, des choses impossibles. Periandre raconta à Cloridan, à Ruperte, à Auristelle, aux trois Dames Françoises, à Antoine, & à Constance, sa prison; les amours d'Hypolite, & le present qu'il auoit fait du pourtraict d'Auristelle au Gouuerneur. Les amours de la Courtisanne ne furent gueres agreables à Auristelle, parce qu'elle auoit desià appris, que c'estoit vne des plus belles femmes de Romme, des plus libres, des plus riches, & des plus prudentes. Or la moindre souris de la ialousie, biē qu'elle soit seule, & plus petite qu'vn moucheron, la crainte pourtant la represente à la pensee d'vn Amant plus grande que le mont Olympe : Et quand l'hōnesteté retient la langue, de sorte qu'elle ne se peust plaindre, le silence sert alors de tourment à l'ame; de maniere qu'à chaque pas elle cherche vne sortie, pour quitter la vie du corps. Selon que nous auons dit vne autrefois, la Ialousie n'a point d'autre remede que celuy que peuuent apporter les excuses & les descharges. Et quãd on ne les reçoit point, il ne faut plus faire estat de la vie, qu'Auristelle eust mille fois perduë auant que se plaindre de la foy de Periandre. Ceste mesme nuict Barthelemy & la Talauerane visiterẽt leurs Maistres: & ce fut la premiere fois qu'ils vindrent à leur logis attachez & liez : Car bien qu'ils fussent hors des liens de la prison, ils ne laissoiẽt pas d'estre attachez d'vne chaisne bien plus forte, qui estoit celle du mariage. Ils s'estoient mariez ensemble; car la mort du Polonois auoit renduë libre la Louyse, & son destin auoit amené cest homme à Romme en habit de Pelerin. Pour suyure le conseil que luy auoit dõné Periandre en Espagne, il vouloit retourner à son pays: mais auparauãt passer par Romme, où il treuua ce qu'il ne cherchoit pas. Et voilà comme il ne pût euiter son destin, encores qu'il ne le forgeast pas à son escient. Ceste mesme nuict le Prince Arnaldo alla voir aussi toutes ces Dames, ausquelles il raconta plusieurs choses qui luy estoient succedees en venant à la queste d'Auristelle, depuis auoir pacifié la guerre qui estoit allumee en son pays. Il leur recitoit comme il fut à l'Isle des Hermitages, là où il n'auoit point treuué Rutilius, ains vn autre Hermite à sa place, qui luy auoit dit que Rutilius estoit à Rōme. Il disoit pareillemēt qu'il auoit passé par l'Isle des Pescheurs, & treuué dans elle, libres, saines & contentes les Espousees, & les autres qui auoient voyagé sur Mer auec Periandre. En outre il disoit encores qu'il auoit oüy dire que Polycarpa estoit morte, & que Simphorose n'auoit point voulu se marier. Au reste qu'on repeuploit l'Isle Barbare, & que ses habitans estoient tousiours imbus de la creāce de leur faulse Prophetie: & que Maurice, & son gendre Ladislaus auec sa fille Transile, auoient quitté leur patrie, & pour viure plus paisiblement s'estoient arrestez en Angleterre. Il leur recita aussi comme apres auoir acheué la guerre, il auoit demeuré quelque temps auec Leopolde Roy des Danes qui s'estoit remarié, pour donner vn successeur à son Royaume : Cependant qu'il auoit pardonné aux traistres qu'il menoit prisonniers, quand Periandre accompagné de ses Pescheurs le rencontra sur la Mer. Or ce Roy (disoit-il) se loüoit fort de Periandre, & de la grande courtoisie dont il auoit vsé en son endroit. Et en nommant les personnes, il estoit forcé quelque fois de nommer Periandre & Auristelle en son discours. Quelquesfois aussi il venoit à parler des parents du mesme Periandre & d'Auristelle : & cela rédoit leur ame toute esmeuë, se ressouuenans de leurs grandeurs, comme aussi de leurs disgraces. Arnaldo disoit encores qu'en Portugal, & principalement à Lisbonne, on faisoit vn grand estat de leurs pourtraicts, & que par tout le chemin qu'ils auoient faict en trauersant la France on ne parloit que d'eux, & de la beauté de Constance, & des Dames Françoises. Il leur dist pareillemēt que Cloridan s'estoit acquis le nom de genereux, & de sage ayāt choisi pour son espouse Ruperte. Et qu'à Luques on parloit fort de la prudence & de l'artifice d'Ysabelle Castruce, & des amours d'André Marule, qui en peu de temps par l'assistance du feint Demon, & par la volonté du Ciel, eut ioüyssance d'vne vie Angelique. Il leur apprit encores qu'on tenoit à grand miracle la cheute de Periandre, & comme il auoit laissé sur le chemin vn Pelerin Poëte qui marchoit à petites iournees & venoit tout à l'ayse composant vne comedie des Auantures de Periandre & d'Auristelle, dont il auoit appris l'histoire par le moyen d'vn tableau qu'il auoit veu en Portugal. Et qu'au demeurant ce gentil Poëte auoit resolu de se marier auec Auristelle si elle le vouloit receuoir pour mary. Aristelle le remercia fort de sa bonne volonté, & dés l'heure mesme promit de luy donner vn habit, si par fortune le sien estoit deschiré: par ce que le desir d'vn bon Poëte merite tout bon payement. En fin le Prince de Dannemarc leur dit qu'il auoit esté à la maison de Madame Constance, & de son frere Antoine, & que leurs pere & mere, & leurs ayeuls se portoient fort bien, sans qu'autre soucy les trauaillast, que leur absence, & le peu de cognoissance qu'ils auoient de leur bonne disposition. Qu'ils desiroient fort le retour de Madame Constance, afin qu'elle espousast son beau frere, lequel auoit enuie de donner accomplissemét à l'election que son frere auoit sagement faicte, en espousant Constance, soit qu'il le fit ou pour ne point donner les vingt mille ducats, ou plustost (& cela estoit sans doute) pour le merite de ceste belle Dame. Ces dernieres nouuelles resiouyrent extremement Periandre & Auristelle, qui aymoient Constance & Antoine comme leurs propres freres. Tout ce recit fit naistre en l'ame des assistans de nouuelles creances, & que Periandre & Auristelle deuoient

& de la belle Sigismonde. 696

estre de quelque grande & illustre maison. Car parler de mariages de Comtes, & de milliers de ducats, cela ne pouuoit faire croire autre chose d'eux, que grandeur, & noblesse. Arnaldo leur dit d'abondant, qu'il auoit rencontré en France René, ce Cheualier François, qui auoit esté autrefois vaincu, quoy qu'il eust le droict de son costé; & qui depuis auoit esté declaré absous, & victorieux, par la propre conscience de son ennemy. En effect peu de choses demeurerent d'vne infinité, que nous auons desia racontees au progrés de ceste histoire & où ce Prince s'estoit treuué, qu'il ne les ramanteust: mais principalement il tesmoignoit le desir qu'il auoit que le pourtraict que Periandre retenoit contre sa volonté, & contre celle du Duc, luy demeurast, Encores (disoit-il) que pour ne fascher point Periandre il estoit content de dissimuler cest affront. Ie l'aurois desià reparé (dit alors Periandre) en vous baillant le pourtraict, si i'eusse sceu qu'il fust à vous. Le Duc l'auoit acquis par sa bonne fortune, & par sa diligence, & vous le luy ostastes par force: si bien que vous n'auez pas suject de vous plaindre pour ce regard. Les Amoureux ne doiuent pas iuger de leurs differents selon leurs desirs, ausquels il ne faut pas tousiours satisfaire, & lors que la raison ne le veut pas. Toutesfois ie feray en sorte Monsieur, que si vous n'estes contét, le Duc demeurera satisfaict: Car le pourtraict demeurera à ma sœur Auristelle, puis qu'aussi bien il luy appartient mieux qu'à tout autre. Arnaldo se contenta de ces paroles, & Auristelle en fut aussi contente, & par ceste conclusion ils briserent leur discours. Mais le lendemain au matin les charmes, les venins, les enchantements, & les malices de la Iulia femme du Iuif Zabulon, commencerent d'operer en Auristelle.

De la maladie dangereuse d'Auristelle, & comme le Duc de Nemours prend congé d'elle.

CHAP. IX.

LA Maladie n'osa pas de premier abbord assaillir pardeuāt la belle Auristelle, craignant que tant de beauté, n'espouuantast sa laideur: Elle l'attaqua doncques par les espaules, & sur le matin y fit glisser des frissons qui luy firent garder le lict tout ce iour: Mais soudain elle perdit l'enuie de manger. La lumiere de ses yeux s'amortit, & la defaillance de cœur qui par traict du temps saisit les malades, s'espandit par tous les sentimens de Constance, faisant le mesme effect en ceux de Periandre, qui deuindrét tous esmeus, & redouterét tous les maux possibles, & principalemét ceux que redoutét les malheureux. Il n'y auoit pas deux heures qu'elle cōmençoit d'estre malade, & neantmoins les roses incarnates de ses ioües, estoient deuenuës toutes liuides & violettes. Le vermeillon de sa bouche estoit verd, & ses dents qui auparauant estoient des perles, ressembloient ores à des topazes. Et il paroissoit que ses cheueux auoient changé de couleur. Ses mains potelees, deuindrent maigres & seiches, & presques le naturel de son visage deuint tout autre, & changea de demeure. Neantmoins Periandre ne la treuuoit pas moins belle, par ce qu'il ne la cōsideroit pas telle qu'elle estoit au lict gisante, ains selon qu'elle estoit en son ame, où il l'auoit viuement depeincte. Les paroles de sa Maistresse paruenoient à ses oreilles, ou pour le moins elles y paruindrent deux iours apres : paroles foibles & debiles, & prononcees d'vne lāgue troublee. Les Dames Françoises estoient presentes, & le soin qu'elles prenoiēt pour la guerison d'Auristelle, estoit si grand, qu'elles mesmes auoiēt besoing que quelqu'vn fust soigneux d'elles. L'on fit venir Medecins tous costez : l'on choisir les meilleurs, ou pour le moins ceux qui auoiēt plus de bruit par ce que la bonne opinion authorise l'heur & la rencontre de la Medecine. C'est pourquoy il y a des Medecins heureux de mesme que des soldats fortunez. La bonne auāture, & le bō-heur (& ce n'est qu'vne mesme chose) peut aussi bien venir à la porte d'vn miserable auec vn habit de bureau, qu'auec vn accoustrement de toile d'argent: Mais pourtant, rien de cela, ny en argēt, ny en laine, n'arriuoit à la porte d'Auristelle: Et cela mettoit presques au desespoir Antoine & Constance sa sœur. Le Duc faisoit voir tout le contraire: car comme l'Amour qui allumoit son ame, s'estoit engendré de la beauté d'Auristelle, aussi ceste mesme beauté venant à manquer en elle, faisoit pareillement diminution de l'amour, lequel doit auoir pris plusieurs fermes racines en l'ame, pour estre assez puissant de paruenir iusquesau bord de la sepulture auec la chose aymee. La Mort est remplie de laideur, & la langueur est celle qui en approche le plus. Or aymer les choses laides, cela semble estre contre nature, & digne d'estre tenu pour miracle. En fin Auristelle affoiblissoit d'heure à autre, ostant à tous ceux qui la cognoissoient toute l'esperance de sa guerison. Il n'y auoit que le seul Periandre qui

estoit

estoit constant & ferme, le seul amoureux, & le seul qui d'vn courage sans peur, s'opposoit à la contraire fortune, & à la mort mesme qui le menaçoit par celle d'Auristelle. Le Duc de Nemours attendit quinze iours, pour voir si Auristelle amenderoit, & durant ce temps là, il n'y eut iour qu'il ne consultast les Medecins touchant sa guerison: mais aucun d'eux ne luy en peut donner de l'asseurance, par ce qu'ils ignoroient la cause precise de son mal. Ce que voyant le Duc, & que les Dames Françoises ne faisoient de luy aucun compte, & considerant aussi que l'Ange de lumiere d'Auristelle, s'estoit changé en celuy de tenebres, il feignit certains subiects, qui sinon entierement, au moins l'excusoient en partie. Vn iour donecques s'approchant du lict d'Auristelle, & en presence de Periandre luy tint ce langage: Belle Dame, puis que la fortune m'a esté si contraire, qu'elle m'a empesché d'accomplir le desir que i'auois de te recenoir pour mon Espouse legitime, auant que le desespoir me reduise au poinct de perdre l'ame, de mesme qu'il me reduict aux termes de perdre la vie, ie veux par vn autre chemin espreuuer ma fortune. Or ie suis certain de n'en rencontrer iamais de bonne, quoy que ie la procure, de sorte que m'arriuant le mal que ie ne cher-

Y y

che, point ie viendrois à me perdre & à mourir, mal-heureux, & deseſperé. Ma mere m'appelle, & me tient deſià vne femme toute preſte. Ie deſire luy obeyr, & demeurer ſi lōg temps par le chemin que la mort aye le loyſir de me prendre, treuuant en mon ame la memoire de ta beauté & de ta maladie. Et Dieu vueille que ie ne die point celuy de ta mort. Il acheua ce diſcours la larme à l'œil. Auriſtelle ne peut, ou ne voulut luy reſpondre, de peur de faillir en preſence de Periandre. Tout ce qu'elle fit, ce fut de mettre la main ſoubs le cheuet de ſon lict, & d'en tirer ſon pourtraict qu'elle rendit au Duc, lequel luy baiſa la main pour tant de faueur. Mais Periandre allongeant alors la ſienne, le prit & luy dit: O grād Prince, ie te ſupplie par celle que tu aymes le mieux, que tu me le preſtes, afin que ie puiſſe accomplir vne parole que i'ay donnee, & laquelle m'eſt extremement preiudiciable ſi ie ne l'accomplis, & il n'y va nullement de ton preiudice. Le Duc le luy laiſſa fort librement, & encore luy offrit ſa vie, ſon honneur, & dauantage s'il en euſt eu le pouuoir: & puis prit congé du frere & de la ſœur, auec reſolution de ne les plus voir dans Romme. Sage amoureux & le premier peut eſtre qui aye ſçeu faire ſon profit des cheueux que l'occaſiō luy offroit.

Toutes ces choses pouuoient conuier Arnaldo, à considerer combien ses esperances estoient foibles, & comme tout le dessein de ces pelerinages estoit prest d'aller en fumee, puis que comme nous auõs desià dit, la mort touchoit le bord de la robbe d'Auristelle. Il estoit vne fois deliberé d'accompagner le Duc, sinon en son chemin, au moins en sa resolution, & de s'en retourner en Dannemarc, mais l'Amour, & son courage genereux, ne luy permirent pas d'abandonner Periandre sans consolation, & sa sœur Auristelle pendant qu'elle estoit aux peines de la mort. Il ne cessa doncques de les visiter, & de leur offrir de nouueau toute assistance, resolu d'attendre que le temps rendit les choses en meilleur estat, malgré toutes les doutes, & les craintes qui arriuoient à tous moments.

Auristelle est deliuree des charmes de Iulia, & du discours qu'elle tient à Periandre.

CHAP. X.

HYpolite estoit extrememẽt aise, voyant que les sortileges de la cruelle Iulia operoient si bien au preiudice de la santé d'Auristelle. Car en huict iours ils la rendirent si différente de ce qu'elle estoit auparauāt, qu'on ne la recognoissoit plus que par l'organe de la voix. Les Medecins ne sçauoient qu'en dire, & ceux qui la cognoissoient en estoient fort estonnez. Les Dames Françoises en estoient cependant aussi soigneuses, que si elle eust esté leur propre sœur, & principalement Felice Flore qui l'aymoit d'vne amour particuliere. Or le mal d'Auristelle paruint à vn tel poinct, que ne se contentant pas des bornes de sa iurisdiction, il s'espandit aux lieux voisins. Or comme nul n'estoit si proche d'Auristelle, que Periandre, aussi fut il le premier attaqué de ce mal. Ce n'est pas que le venin, & les sortileges de la meschante Iulia operassent proprement en luy, & auec dessein, ainsi qu'ils faisoient en Auristelle pour qui ils auoient esté faicts: mais c'estoit que la douleur qu'il ressentoit du mal d'Auristelle estoit si grande, qu'elle rendoit en luy le mesme effect qu'elle faisoit en Auristelle: si bien que Periandre commença de s'affoiblir; de sorte que chacun douta de sa vie, comme de celle d'Auristelle. Hypolite en ayant appris la nouuelle, & voyant qu'elle se couppoit la gorge de son propre glaiue, deuina soudain & toucha du doigt la cause d'où procedoit le mal de Periandre. Or elle y voulut apporter le remede, en rendant la santé à Auristelle. Ceste malade estoit desia si debile & si decoloree, qu'on eust dit qu'elle touchoit les bords du sepulchre. Et croyāt qu'on la porteroit bien tost au monument, elle voulut preparer la sortie de son ame, en receuant les Sacrements, comme bien instruicte qu'elle estoit desia en la vraye foy Catholique. Estant dōcques soigneuse de son salut, elle tesmoigna le plus deuotemēt qu'elle put ses sainctes intentions, accreut la bonne opinion qu'on auoit de sa bonne vie, monstra qu'elle sçauoit practiquer ce qu'elle auoit appris à Rōme, remit à Dieu sa volonté, mit en repos sō esprit, & oublia Royaumes, delices, & grādeurs. Cependant Hypolite qui (cōme nous auons desia dit) consideroit que la mort d'Auristelle, seroit celle de Periādre, alla soudain treuuer la Iuifue, & la pria, qu'elle moderast, ou ostast entierement les charmes qui consumoiēt Auristelle: par ce qu'elle n'auoit pas enuie d'estre cause de la mort de trois personnes, puisque si Auristelle mouroit Periandre mourroit pareillement, & luy mourant, Hypolite perdroit aussi la vie. La Iuifue le fit, cōme si la sante ou la maladie d'autruy eussent esté en son pouuoir, ou cōme si tous les maux, qu'on nomme maux de peine, ne dependoient point de la volonté de Dieu, comme les maux de coulpe, n'en dependent pas. Or l'on doit sçauoir que Dieu forcé (s'il est loysible de parler de la sorte) par nos pechez mesme, permet que ce qu'on nomme Sortileges, & dont les Sorciers vsent, puisse oster la santé d'autruy. C'est sans doute luy qui poussé de ce sujet, permet que ces venins & ces poisons facent mourir celuy qu'il luy plaist, sans qu'il puisse euiter ce peril mortel, dot l'on ignore & la cause aussi bien que l'effect. Et il n'y a que la Misericorde de Dieu de qui l'on en puisse attendre, & la cure, & la guerison.

Auristelle commença doncques de n'estre pas si mal, tesmoignage de guerison. Le Soleil de sa beauté commença pareillement de donner des signes qu'il vouloit reluire en son Orient, au Ciel de ce beau visage: Les Roses en leur bouton reuindrēt sur ses iouës, & ses yeux deuindrent doux & riants. Les tenebres de la melancolie s'escarterent, l'organe de la voix reprit sa premiere vigueur, & le vermeillon parut à ses leures. Ses blanches dents furent encores des perles, & finalemēt en peu d'espace elle fut toute belle, toute agreable, & toute ioyeuse. Periandre, les Dames Frāçoises, Cloridan, Ruperte, Antoine & sa sœur Constance, en ressentirent soudain les mesmes effects, parce qu'ils estoient tristes, & ioyeux, à mesure qu'Auristelle estoit triste, & ioyeuse. La Belle cependant ne cessoit de remercier le Ciel, de la faueur qu'il luy auoit faicte, & de la douceur qu'il luy auoit tesmoignée, tât en sa maladie qu'en sa santé. Or elle appella vn iour Periandre, & tous deux estans seuls, elle luy tint par dessein & expressement ce langage: Mon Frere, puis que le Ciel a voulu que ie t'aye nommé d'vn nom si doux & si honneste, durant l'espace de deux ans, sans que iamais i'aye eu enuie de te nommer d'vn autre nom, croyant qu'il ny en a point de plus honneste, ny de plus agreable, ie voudrois que ceste felicité passast outre, & qu'il ny eust seulement que la fin de la vie qui la peust limiter, puisqu'vn heur est d'autant plus grand qu'il est de duree, & d'autant plus de duree qu'il est honneste. Nos ames, comme tu sçais, & comme i'ay icy appris, sont tousiours en continuel mouuement, & ne peuuent nullement s'arrester, si ce n'est en Dieu, comme en leur centre. Les desirs de ceste vie sont infinis, & sont tellement enchaisnez les vns dans les autres, qu'ils forment vne telle chaisne qu'elle monte quelquefois iusques au Ciel, & quelquefois descend iusques en Enfer. S'il te semble, mon cher Frere, que ce langage ne procede point de moy, & qu'il excede le sçauoir que mon ieune âge me peut auoir ap-

Yy iiij

pris, & que mon peu de foy me peut faire apprehender, considere pareillemét que l'Esperance a graué dans mon ame, & escrit de plus grãdes choses. Mais sur tout elle luy a appris que le souuerain bien consiste seulement en la cognoissance & en la vision de Dieu: & que tous les moyens qui tendent à ceste fin, comme sont ceux de la charité, de l'honnesteté, & de la virginité, sont les bons, les saincts, & les agreables. Au moins ie l'entends ainsi, & par consequent ie crois que l'amour que tu me portes est si grand, que tu voudras ce que ie voudray. Ie suis heritiere d'vn Royaume, & tu sçais pourquoy ma chere mere m'enuoya à ta maison royalle: Car ce fut pour me mettre en asseurance & hors des perils de la grande guerre qu'elle craignoit. Ma venuë en la maison de la Reyne ta mere, a esté cause que ie me suis renduë depuis si subiecte à ta volonté, que iamais ie ne l'ay outrepassee d'vn seul poinct. Tu as esté mon pere, tu as esté mon frere, tu as esté mon ombre & mon rampart. Enfin tu as esté mon Ange gardien, mon maistre & mon precepteur, puisque tu m'as conduicte en ceste ville, où ie suis paruenuë à la perfection du Chrestien. Or ie voudrois bien maintenant, s'il m'estoit possible aller au Ciel sans aucuns destours, sans craintes, ny doutes, & cela ne peut estre,

& de la belle Sigismonde. 711

si toy-mesmes ne me quittes la part que ie t'ay donnee: Ie veux dire la parole & la volonté d'estre ton Espouse. Quitte-moy (Monsieur) la parole, & ie tascheray de quiter la volonté, encore que ce soit par côtrainte, puisque pour obtenir vn si grand bié, comme est le Ciel, nous deuons abandonner tous ce qui est en terre, voir mesmes, peres, meres, & maris. Ie ne desire pas te quitter pour vn autre: Car celuy pour qui ie te quitte, est Dieu, qui se donnera soy-mesmes à toy, & ceste recompense surpasse infiniment la cession que tu luy feras de moy. I'ay vne petite sœur: mais neantmoins aussi belle que ie suis: si tant est qu'on puisse nommer belle, la mortelle beauté; Tu pourras te marier à elle, & posseder le Royaume qui m'appartient, & auec cela en accomplissant mes desirs, les tiens ne seront pas entierement deffraudez. Mó cher Frere, pourquoy baisses tu la teste, & pourquoy fiches tu les yeux à terre? Ces paroles te sont elles desagreables? mes desirs te semblent ils estre hors de sentier? Dis-le moy, ie te prie: responds moy, afin qu'au moins ie sçache ta volonté, & peut-estre ie modereray la mienne, & trouueray quelque sortie conforme à ton plaisir & au mien.

Periandre escouta attentiuement les paroles d'Auristelle, & en vn brief instant il forma en son imagination mille discours, qui tous furent reduicts à celuy qui luy pouuoit estre le pire. Il s'imagina doncques qu'Auristelle l'abhorroit parce que ce changement de vie, ne se pouuoit faire sans luy donner la mort. Car elle ne deuoit pas ignorer, que si elle manquoit d'estre son Espouse, il ne pouuoit plus viure au monde. Ceste imagination le toucha auec tant de sentiment, que sans faire aucune responce à Auristelle, il se leua du lieu où il estoit assis, & soubs pretexte d'aller receuoir Felice Flore, & Madame Constance, qui entroient dans la chambre, il sortit dehors & laissa Auristelle. Or ie ne sçay pas s'il l'a laissa repentante: Mais ie sçay bien qu'elle demeura toute pensiue & toute confuse.

Comme Periandre se desrobe d'Auristelle, & de ce qui en arriue.

CHAP. XI.

PLus l'on tasche de faire sortir promptement l'eau qui est enfermée dans vn vase qui a la bouche estroite, & moins elle en sort. Car les premieres gouttes poussées des secondes s'arrestent, & les vnes empeschent les autres, iusques à ce que le courant prenne chemin. Vne pareille chose arriue és discours que conçoit l'entendemét d'vn malheureux qui ayme. Car quelques fois toutes ces paroles paruenās ensemble au bout de la langue, les vnes seruent d'empeschement aux autres, de sorte qu'on ne sçait par où commencer de parler, pour exposer son imagination. C'est pourquoy vn homme plusieurs fois en se taisant, dit plus qu'il ne voudroit. Le peu de courtoisie que Periādre tesmoigna à ceux qui enterent pour voir Auristelle, fit paroistre la verité de ce que ie dis. Le dolent ayant l'ame chargee de discours, pleine de conceptions, comblee d'imaginations, & estant desdaigné & desabusé, sortit de la chambre d'Auristelle, sans sçauoir, ny pouuoir respondre chose aucune, aux longues paroles qu'elle luy auoit tenuës. Antoine & sa sœur s'approcherent, & la treuuerent comme vne personne qui commence de s'esueiller d'vn profond sommeil : & elle proferoit ces paroles clairement & distinctement, parlant à soy-mesme : C'est mal faict, mais qu'importe. Ne vaut-il pas mieux que mon Frere sçache mon intention. Ne vaut-il pas mieux que par succession de temps ie laisse les chemins tortus, & les voyes incertaines & douteuses, & que ie marche par les sentiers droits

& pleins lesquels nous monstrent clairement l'heureux repos de nostre journée. A la verité ie confesse que la compagnie de Periandre ne me peut empescher d'aller au Ciel, mais aussi ie recognois que sans elle i'y pourray aller promptement. Ie dois plus à moy-mesme qu'à vn autre, & quād il y va de l'interest du Ciel & de la beatitude, l'on doit laisser derriere le parantage, & à plus forte raison le puis-je faire, puis que ie ne suis nullement parente de Periandre. Ma chere sœur Auristelle (dist alors Constance) regardez bien à ce que vous dites: car vous allez descouurant des choses, qui pourroient bien esclaircir nos doutes, & vous rendre confuse. Si Periandre n'est point vostre frere, la familiarité qui est entre vous deux est fort grande; & s'il est vostre frere, vous n'auez pas subiect de craindre que sa compagnie vous scandalise. A mesme temps Auristelle se recogneut, & oyant ce que Constance luy disoit, voulut reparer son erreur: mais elle n'y rencontra pas; par ce qu'en voulant couurir vn mensonge l'on s'entrecoupe le plus souuent, & tousiours la verité demeure en doute, & le soupçon en vigueur. Ma sœur (dit Auristelle) ie ne sçay ce que i'ay dit, ny encores si Periandre est mon frere. Seulement ie te puis dire, qu'il est au moins mon ame. Par luy ie suis vivante, par luy ie respire, par luy ie me meus, & par luy ie m'entretiens. Cependant auec tout cela ie me contiens dans les bornes de la raison, sans donner lieu à quelque vague pensee, & contraire à l'honneste bienseance, & de mesme que doit faire vne fille de si grande qualité, enuers vn frere si illustre. Madame (repart Antoine) ie ne vous entends point, puis que de vos paroles i'apprens aussi peu que Periandre est vostre frere, ou qu'il ne l'est pas. Dites nous (s'il vo° plaist) qui vous estes, & qui il est, si tant est que vous le puissiez dire : car qu'il soit vostre frere & qu'il ne le soit pas, au moins ne pourrez vous point nier que vous ne soyez des personnes illustres. Vous deuez croire que ma sœur Constance & moy n'auons pas si peu d'experience, que nous nous estonnions de tout ce que vous nous raconterez. Depuis que nous sortimes de l'Isle Barbare, les trauaux que nous auōs soufferts ensemble, nous ont rendus instruicts en plusieurs choses ; de sorte que pour peu de iour qu'on nous dõne, nous tirons le fil des affaires plus embroüillees & plus difficiles, & principalement de celles qui concernent l'Amour. Aussi il semble que les choses amoureuses portēt auec elles leur declaration. Quel mal y a il si Periandre est vostre frere? Quel mal y a il que vous soyez sa legitime Espouse? Quel mal y a il (dis-je) si iusques icy gardant vne procedure honneste & chaste, vous vous estes monstrez remplis de netteté au Ciel, & de pureté aux yeux de ceux qui vous ont cogneus? Toutes les amours ne sont pas precipitees. Comme aussi tous les Amans, n'establissent point la iouyssance de la chose aymee, pour but de leur plaisir, ains leur contentement consiste en la iouyssance de la beauté de l'ame. Si cela est (ma chere Dame) ie vous supplie encore vn coup dites nous qui vous estes, & qui est Periandre, lequel i'ay veu sortir d'icy, les yeux rouges, & vn frein. Las! miserable que ie suis (replique Auristelle) il me seroit bien meilleur que i'eusse esté eternellemét muette, puis qu'en me taisant il n'auroit pas, comme vous dictes, vn frein à la bouche. Nostre sexe feminin est indiscret, impatient, & il ne parle que trop. Pendant que ie n'ay dit mot, mon ame a esté en repos. Mais si tost que i'ay parlé ie l'ay perdu. Or pour acheuer de le perdre, & afin que i'acheue par mesme moyen la tragedie de ma vie ie veux que vous sçachiez, vous que le Ciel a faicts veritablement freres; que Periandre n'est pas veritablemét mon frere, ny moins, mon Espoux, ny mon Amant, ou au moins de ces amoureux qui courans par la carriere de leur plaisir desordonné, procurent le deshonneur de celles qu'ils ayment. Il est fils de Roy: & ie suis fille & heritiere d'vn Royaume. Nous sommes esgaux en noblesse de sang, & seulement i'ay quelque peu d'auantage sur luy en ce qui concerne la grandeur royale: Nostre volonté n'est qu'vne, & nos intentions, qui sont conformes font que nos desirs se regardent en rendant des effects honnestes. Il n'y a que la fortune seule qui trouble & confond nos intentions, & qui neantmoins nous force d'esperer en elle. Mais par ce que le nœud que porte Periandre au gosier, serre estroictement le mien, ie ne vous en diray pour le present autre chose. Seulement ie vous coniureray, Messieurs, que vous m'aydiez à le chercher: Car puis qu'il a pris licence de s'en aller sans mon congé, il n'aura pas enuie de reuenir, si l'on ne va à sa queste. Leuez vous doncques Madame (dit Constance) & allons le chercher. Les liens dont Amour serre les Amans, il ne les esloigne pas de ceux qui s'ayment. Asseurez-vous que nous le treuuerons bien tost: vous le verrez en peu de temps, & en peu de temps aussi vous obtiendrez l'accomplissement de vos chastes desirs. Si vous auez enuie de bannir les scrupules qui vous rongent, donnez leur congé, en donnant la main à Periandre pour estre son Espouse.

Ainsi vous le rendrez esgal à vous, & fermerez la bouche à toutes medisances. Lors Auristelle se leua, & accōpagnee de Felice Flore, de Constance, & d'Antoine alla à la queste de Periandre. Cepēdant comme elles sçauoient desià qu'elle estoit Reyne, elles la regardoiēt d'autre œil, & la seruoiēt auec plus de respect. Tandis Periandre taschoit de s'esloigner de ceux qui le cherchoient: Car il sortit de Rōme à pied, & tout seul, si ce n'est qu'il estoit accompagné d'vne amere solitude, de souspirs tristes, & de sanglots continuels, suiuis de diuerses imagination, qui ne l'abādonnoient iamais. Las! (disoit il) ô tresbelle Sigismonde, Reyne par nature; & tres belle par priuilege & par faueur de la mesme Nature. O la plus sage de toutes les sages, & la plus agreable de toutes les Beautez : il ne te coustoit guere, de me tenir pour frere, puisque mes deportements & mes pensees n'en dementiront iamais l'effect, quoy que la mesme malice en voulut dire le contraire. Or si tu desires de prendre le chemin que tu m'as dit pour aller au Ciel, tes actions ne dependent d'autre que de Dieu & de toy-mesme, si bien que cela soit à la bōne heure. Toutefois (Madame) ie t'aduertis que sans scrupule de peché, tu ne sçaurois te mettre au chemin que tu souhaittes, & sans estre mon homicide.

micide. Tes pensées & tes intentions seront chargees du silence & de la tromperie que tu me deuois declarer quand il en estoit temps. Elles n'arracheroient pas maintenant, mon ame, en arrachant les racines de mon amour: Mon ame, dis-je? qui pour estre toute tienne, te laisse maintenant, puis que tu le veux, & s'arrache à sa volonté mesme. Demeure en paix (ô mon seul bien) & recognois que la plus grande chose que ie peux faire pour toy, c'est de te laisser. Comme il acheuoit ce discours la nuict le surprit, de sorte que s'estant vn peu escarté du chemin qui va vers Naples, il entendit le murmure d'vn petit ruisseau, qui couroit au milieu de certains arbres. S'estant estendu de son long aux bords de ceste eau, il imposa silence à sa langue, mais il ne donna pas pourtant treve à ses souspirs.

Qui estoient Periandre & Auristelle.

CHAP. XII.

IL semble que le bien & le mal sont si peu esloignez l'vn de l'autre, qu'ils sont comme deux lignes concurrentes, qui procedent de principes separez & differents, & neatmoins finissent en vn mesme point. Periandre souspiroit aux bords du clair ruisseau, soubs le voile de la nuict claire. Les arbres luy tenoient compagnie, & vn vent doux & frais essuyoit ses larmes. Il auoit toujours son imagination vers Autistelle, & le mesme vent emportoit l'esperance de treuuer remede à son mal. Comme il estoit reduit en ces termes, vne voix d'vne personne qui parloit vn langage estrange, paruint à ses oreilles. Il escouta attentiuement, & recognut que ce langage estoit celuy de sa patrie: mais il ne pût discerner si celuy qui le proferoit se plaignoit ou chantoit. La curiosité le fit approcher, & quand il fut pres du lieu d'où ceste voix prouenoit, il ouyt que c'estoient deux personnes qui ne se quereloient point, ny qui ne chantoient pas: seulement ils estoient en vn deuis commun: & ce qui le fit dauantage estonner, fut qu'ils parloient en langue de Noruegue, pays si esloigné de ceste contree. Il s'accommoda derriere vn arbre en telle forme que luy & l'arbre faisoient vne mesme ombre. Apres il retint son haleine, & le premier discours qu'il entendit fut cestuy-cy. Monsieur vous n'auez pas besoin de me persuader que le iour partage la moitié de la nuict en Noruegue. I'ay demeuré quelque temps en ceste contree, où mon malheur m'auoit conduit. Ie sçay que la nuict occupe la moitié de l'annee, & le iour l'autre moitié. Que cela ne soit ie le sçay fort bien, & j'ignore pourquoy cela est. Lors l'autre luy fit ceste response: Si nous arriuons à Romme, ie vous feray toucher auec la main par le moyen d'vne sphere, la cause de ce merueilleux effect, aussi naturel en ce climat, qu'il est naturel en ce pays que le iour & la nuict durent vingt & quatre heures. Ie vous ay dit pareillement comme en la derniere partie de Noruegue, & quasi soubs le pole Artique est situee l'Isle, qu'on voit estre la derniere du monde. Son nom est Tile, & Virgile l'appelle Tule en ses vers qu'on lit au premier liure de ses Georgiques,

— — de tua Naatà
Numina sola colant: tibi seruiat vltima Tule.
Or Tule en Grec est le mesme que Tile en Latin. Ceste Isle est aussi grande, ou peu s'en faut, que l'Angleterre: Elle est riche, & abondante en toutes les choses qui sont necessaires pour la vie humaine. Vn peu plus bas sous le mesme Nort, & à quelques trois cets lieuës de Tile, est aussi vne Isle qu'on nomme Frislandie, laquelle a esté descouuerte depuis quatre cents ans: Elle est pareillemēt si grande qu'elle porte le nom de Royaume, & encore non petit. Maximin fils de la Reyne Eustochie, est Roy de Tile. Son pere mourut n'a pas long temps, & il a laissé deux fils.

L'vn est ce Maximien, dont ie vous ay parlé, & l'heritier du Royaume. L'autre est vn genereux ieune Prince nommé Persiles, sur qui la Nature a respandu toute la richesse de ses biens; & lequel est aymé de sa mere, d'vne amour qui ne se peut exprimer. Or ie ne sçaurois treuuer des paroles assez dignes pour loüer les vertus de ce Persiles, si bien qu'il vaut mieux que les choses demeurent en l'estat qu'elles sont, de peur que mon insuffisance ne les amoindrisse : bien que l'amour que ie luy porte, comme celuy qui ay esté son Gouuerneur, & qui l'ay esleué dés sa tendre enfance, me peut porter à dire beaucoup, il sera pourtant meilleur de se taire, de peur d'en dire peu. Periandre escoutoit tous ces discours, & soudain il s'imagina que celuy qui luy donnoit ces loüanges, ne pouuoit estre autre que Serafido son Gouuerneur, & que l'autre qui parloit à luy estoit Rutilius, selon qu'il le pouuoit comprendre par les paroles qu'il proferoit à tous coups, en discourant auec cest autre. Iugez s'il fut estonné, ou s'il ne le fut pas, & principalemét lors que Serafido, qui estoit le mesme que Periandre s'imaginoit, poursuyuit son discours en ces termes : Eusebie Reyne de Frislandie auoit deux filles doüees d'extreme beauté, & principalement l'aisnee, que l'on appelloit Sigismonde : car la plus ieune se nomme Eusebie comme sa mere. Ceste Sigismonde en qui la Nature a recueilly toute la beauté qu'elle tient espanduë par toutes les contrees de la terre, ie ne sçay auec quel dessein elle fut enuoyee à Tile chez la Reyne Eustochie. Tant y a que sa mere prit subiect de l'y enuoyer, disant qu'elle desiroit que sa fille fust nourrie à la maison Royale d'Eustochie, afin qu'elle y fust en asseurance, & hors des troubles de la guerre qu'elle auoit contre l'vn de ses voisins. Toutesfois ie ne pense pas que s'en fust là l'occasion principale : mais qu'elle le fit à dessein, afin que le Prince Maximin se rendist amoureux d'elle & l'espousast : car les extremes beautez sont capables d'amollir les cœurs de marbre, & de ioindre en vn les extremitez les plus esloignees les vnes des autres. Or si ceste mienne doute n'est pas veritable, l'experience me l'apprend : car ie sçay que le Prince Maximin meurt pour Sigismonde. Lors qu'elle arriua à Tile, Maximin n'y estoit pas, & sa mere luy enuoya le portraict de ceste ieune Princesse, & luy fit sçauoir l'Ambassade de sa mere. Le Roy luy fit response qu'on vsast de toute sorte de bon traictement enuers Sigismonde, & qu'on la gardast pour estre son Espouse. Response qui seruit de flesche, & qui trauersa le cœur de mon fils Persiles ; car ie le nomme ainsi, par ce que i'ay esté celuy qui l'ay nourry & esleué. Si tost qu'il apprit ceste nouuelle, tout luy despleut : Il perdit la vigueur de sa ieunesse, & finalement il enferma sous vn honneste silence toutes les actiõs qui le rendoient memorable & chery de tout le monde : Mais principalement il fit perte de sa santé, & se iecta dans les bras du desespoir. Les Medecins le visiterét, & cõme ils ignoroiẽt la cause de son mal, ils n'en treuuoient point le remede; car cõme le pouls ne descouure pas la douleur de l'ame, il est bien difficile & quasi impossible de recognoistre vne pareille maladie. La mere voyant mourir son fils, sans sçauoir le subiect de sa mort, le pria plusieurs fois qu'il luy descouurit son angoisse, puis qu'il n'estoit pas possible qu'il n'en sçeust la cause, veu qu'il en sentoit les effects. Ces persuasions eurent tant de pouuoir, les sollicitudes de la dolente mere furent si puissantes, que surmontants l'opiniastreté, ou la fermeté de Persiles ; il luy dist qu'il mouroit pour Sigismonde, & qu'il auoit resolu de se laisser mourir, auant que faire tort au respect qu'il deuoit à son frere. Ceste declaration redonna la vie à l'allegresse morte de la Reyne, & elle luy fit esperer le remede de son mal, quoy que Maximin en fust fasché: par ce que la conseruation de la vie doit tousiours estre preferee à l'ennuy que peut receuoir vn frere. En fin Eustochie parla à Sigismonde, & luy representa la grande perte que ce seroit, si Persiles venoit à perdre la vie : Persiles subiect où logent toutes les graces du monde, & subiect bien differend de Maximin, que la rudesse des meurs rendoit aucunement hayssable. Sur cela elle eust des tesmoins plus qu'il ne luy en falloit pour la preuue de son dire, & neantmoins auec toutes les hyperboles qu'elle sceut mettre en auant, elle extolla les vertus de Persiles. Sigismonde ieune fille, seule, & persuadee, fit ceste respose, Qu'elle n'auoit point de volonté, ny de conseiller autre que son honneur : & pourueu qu'on le coseruast, que l'on disposast d'elle côme l'on voudroit. La Reyne l'embrassa, & apprit sa responce à Persiles. Ils côclurent tous deux que luy & Sigismonde s'absenteroient de l'Isle auant que son frere reuint, & quand il ne l'y treuueroit pas, on luy donneroit à entendre pour excuse, qu'elle auoit fait vœu d'aller à Romme, afin de s'y rendre parfaicte en la Foy Catholique, qui est aucunement alteree en ces parties Septentrionales. Mais Persiles luy iura premierement qu'en ce voyage il n'iroit iamais contre son honneur, n'y en paroles, n'y en effect. La Reyne doncques apres les auoir munis de pierreries & de conseils, leur donna congé, & elle m'a depuis raconté tout ce que ie vien de vous reciter. Deux ans & vn peu dauantage le Prince Maximin demeura absent de son Royaume: Car durant ce temps-là il fut tousiours occupé à la guerre qu'il auoit contre ses ennemis. A son retour il demanda nouuelles de Sigismõde, & en ne la treuuant point, il treuua son desplaisir. On luy apprit son voyage, & au mesme instant il partit pour aller à sa queste. Car bien qu'il fust asseuré de l'honnesteté de son frere, il n'estoit pas toutesfois exempt de Ialousie, laquelle non pas sans merueille, s'esloigne des Amants. Quand sa mere sceut sa resolution elle me tira à part, & me recommanda le salut, la vie, & l'honneur de son Fils. Elle me commanda encore de m'aduancer, & de luy donner aduis, que son frere le cherchoit. Le Prince Maximin partit auec deux gros Nauires, & entrant par le destroict d'Hercules, apres auoir souffert diuerses tempestes, paruint à l'Isle que les Anciens appellẽt Trinacrie, & qu'on nomme communement Sicile, & de là à la grande ville de Parthenope, autrement Naples, & maintenant il est demeuré malade non loing d'icy, en vn lieu appellé Terracine, le dernier du terroir de

& de la belle Sigismonde.

Naples, & le plus proche de celuy de Romme: Car le changement d'air & de climat l'a reduict à tel poinct qu'il en est aux peines de la mort. I'appris des nouuelles à Lisbonne, où ie pris port, de Persiles & de Sigismonde: car vn Pelerin & vne Pelerine, de qui la renômee va publiāt auec tant de bruit la beauté extreme, ne peuuét estre autres, & s'ils ne sont Persiles & Sigismonde, ils sont donques des Anges qui ont pris vne figure humaine. Si vous les nommiez (repart celuy qui escoutoit Serafido) Periandre & Auristelle, comme vous les nommez, Persiles & Sigismonde, ie vous en pourrois donner des nouuelles certaines, parce qu'il y a long téps que ie les cognois, & i'ay souffert en leur compagnie maints trauaux. Et sur cela il luy raconta ceux de l'Isle Barbare, & quelques autres dont le recit durā iusques à la venuë du iour: De sorte que Periādre de peur qu'ils ne le recogneussent, les laissa seuls, & reprit le chemin du lieu où il auoit laissé Auristelle, afin de luy faire sçauoir la venuë de son frere, & pour prendre conseil de ce qu'ils deuoiēt faire, pour euiter sa colere. Cependant il tenoit pour vn grand miracle d'auoir esté instruict de ceste auanture, en vn lieu si escarté. Et ainsi comblé de nouuelles pensees, il retourna aux yeux de sa repentante Auristelle, & aux esperances quasi perduës, d'obtenir le fruict de son desir.

Continuation de l'histoire de Periandre & d'Auristelle, recitee par Serafido gouuerneur de Periandre à Rutilius.

CHAP. XIII.

LA colere & le sang boüillant font supporter la douleur & le ressentiment des blessures qu'on a fraischement receuës : mais apres que ceste chaleur est passee, l'angoisse en est si sensible, qu'elle faict perdre toute patience: Il en arriue de mesme aux passions de l'ame, car quand on a le temps & le loysir de les considerer, elles reduisent vn homme aux peines de la mort. Auristelle declara son intention à Periandre, & ayant accomply son desir en la luy declarant, elle croyoit iouyr de l'effect de ce mesme desir, s'asseurant que Periandre rengeroit tousiours sa volonté à la sienne. Mais luy, comme nous auôs desià dit, ayant donné son silence pour response, sortit de Romme, & puis il luy succeda ce que ie vous ay recité. Il recogneut Rutilius, lequel raconta à son Gouuerneur Serafido toute l'histoire de l'Isle Barbare, & luy dit qu'il croyoit qu'Auristelle & Periandre fussent Sigismonde & Persiles. Il luy dit encores, que sans doute il les treuueroit à Romme, où ils alloient desià, lors qu'il eut l'honneur de les cognoistre, sous la couuerture de frere & de sœur. Cependant il s'informa plusieurs fois de Serafido, des meurs des hommes de ces nations si esloignees dont estoit Roy Maximin, & Reyne la nompareille Auristelle. Serafido luy redit comme l'Isle de Tile, ou Tule, qui auiourd'huy est nommee Islàd, estoit la derniere des Isles de la Mer du Septentrion, bien qu'il y eut (ainsi qu'il auoit dit auparauant) vn peu plus bas vne autre Isle nommee Frislandie, que descouurit Nicolas Temo Venitien l'an mille trois cents quatre vingts. Ceste mesme Isle (poursuiuoit-il) est aussi grande que la Sicile. Les Anciens n'en ont pas eu la cognoissance, & Eusebie mere de Sigismonde que ie cherche en est Reyne. Or il y a pareillement vne autre Isle, aussi grãde, & presques tousiours couuerte de nege qu'on appelle Groenlande, au bout de laquelle l'on voit vn Monastere fondé sous le nom de sainct Thomas, & là dedans habitent des Religieux François, Espagnols, Alemãds, & Italiens. Ils apprennent leur langue aux personnes de qualité de ceste Isle, afin d'estre entendus quand ils y voyagent. I'ay desià dit que ceste Isle est toute couuerte de nege,

& ie dis encore qu'au dessus de l'vne de ses petites montaignes, est vne fontaine (chose merueilleuse & digne d'estre sceuë) laquelle verse & réd vne si grãde quantité d'eau, & si boüillãte, que paruenant à la Mer, non seulement elle fond la nege & la glace qui y est, & bié auant, mais encore l'eschauffe de telle sorte, qu'en ce lieu se ramasse vne incroyable infinité de poissons, si bié que le Monastere s'en nourrit, & toute l'Isle, qui tire de là ses rentes, & ses reuenus. Ceste mesme fontaine produict vne certaine espece de pierres conglutinees, dont on faict vn bitume limoneux, & dont on bastit des maisons, de qui la matiere est aussi dure que du marbre. Ie vous pourrois raconter plusieurs autres choses (disoit Serafido à Rutilius) touchant les singularitez de ces Isles qui peuuent sembler incroyables, & qui neantmoins sont veritables. Or Rutilius redict puis apres tout cecy que Periandre n'ouyst pas; de sorte qu'auec ce que Periandre luy en dit encores, suyuant la cognoissance qu'il auoit de ces Isles, plusieurs en escriuirent depuis comme il falloit.

Le iour commençoit de paroistre, & Periãdre se treuua proche de sainct Paul: Temple magnifique & quasi le plus grand de toute l'Europe. Lors il vit venir vers luy vne troupppe de gens à cheual, & à pied. S'estant approché d'eux il recogneut Auristelle, Felice Flore, Constance, & Antoine son frere, & mesmes Hypolite, laquelle ayant sceu son absence, ne voulut pas qu'autre la deuançast à receuoir les estrenes de son retroüuement. Elle suiuoit Auristelle à la trace que luy auoit donnée la femme du Iuif Zabulon, cõme celle qui auoit côtracté amitié auec vne personne, qui n'aymoit personne. Finalement Periandre s'approcha de ce bel escadron. Il salua Auristelle, & ayant remarqué son visage, il n'y treuua pas tant de rigueur, & recogneut que ses yeux auoient plus de douceur. Soudain il leur recita publiquement, ce que la nuict passee luy estoit succedé auec Serafido son Gouuerneur, & Rutilius. Il leur dit que son frere le Prince Maximin estoit demeuré malade à Terracine, & que sa maladie procedoit d'vn changement d'air & de climat: qu'il se vouloit faire porter à Romme pour y treuuer guerison, & qu'il estoit venu à leur queste, deguisé, & sous vn nom emprunté. Sur cela il demanda conseil à Auristelle, & aux autres, touchant ce qu'il deuoit faire, parce qu'il ne falloit pas qu'il esperast de l'humeur rude de son frere aucû bon traictement. Auristelle deuint toute troublee à ces nouuelles inopinees. Les esperances de conseruer sa virginité & sa chaste intention, comme encores celles de iouyr par vn chemin plus aisé de la compagnie de son cher Periandre, allerent en fumee. Pendant tous les autres assistans discoururent en leur ame, du conseil qu'ils deuoient donner à Periandre. Or la premiere qui le conseilla, quoy qu'on ne l'en requist pas, fut la riche & amoureuse Hypolite, qui offrit de faire conduire à Naples, Periandre & Auristelle, & d'employer pour eux plus de cent mille ducats. Pyrrus le Calabrois entendit cest offre, car il estoit là present, & ce fut autant que s'il eust ouy prononcer la sentence irremissible de sa mort. Ce ne sont pas les desdains qui donnent de la ialousie à tels rufiens & maquereaux : c'est plustost l'interest particulier, qui venant a diminuer par les nouueaux soucis d'Hypolite, le desespoir s'emparoit à tous coups de son ame, dãs laquelle il fomentoit vne haine mortelle contre Periandre, de qui la gentillesse & la bonne grace estant si grãde, comme nous auons dit, elle paroissoit encore plus grande à ce Pyrrus, parce qu'ordinairement vn ialoux treuue les actions d'vn sien riual plus grandes & plus releuees qu'elles ne sont. Periandre remercia Hypolite, sans accepter pourtant ceste offre genereuse. Les autres n'eurent pas le loisir de le conseiller, par ce qu'au mesme instant Serafido & Rutilius furent en ce lieu. A peine virent ils Periandre, qu'ils coururēt se ietter à ses pieds: car le chāgement d'habit ne luy ostoit pas la grandeur de sa noblesse. Rutilius le tenoit embrassé par le faux du corps, & Serafido par le col. L'vn pleuroit de ioye, & l'autre versoit des larmes d'allegresse. Tous les assistans consideroient attentiuement ces caresses extraordinaires & agreables. Il n'y auoit que Pyrrus, qui auoit le cœur pressé d'angoisse, & pinceté auec des tenailles de douleur, plus rouges que le feu. L'ennuy qu'il ressentoit de voir l'hōneur que l'on faisoit à Periandre, le porta à telle extremité, que sans regarder à ce qu'il faisoit, & peut estre n'y regardant que trop, il tira son espee hors du fourreau, & la faisant glisser entre les bras de Serafido; il la poussa auec tant de furie par l'espaule droicte de Periandre, qu'elle sortit soubs la gauche, le trauersant vn peu de biais de part en part. Hypolite fut la premiere qui apperceut le coup, & qui cria en ces termes: Traistre, ennemy mortel de mon repos, las! comment as-tu osté la vie à celuy qui meritoit de viure eternellement. Serafido ouurit alors les bras, & Rutilius se destacha de luy aussi, estants desià tous deux couuerts du sang chaut & boüillant. Periandre cheut entre les bras d'Auriſtelle, qui perdãt alors la voix, & la reſpiration, & ayant les yeux tous gros de larmes, ſe laiſſa auſſi aller la teſte en bas, & les bras ouuerts d'vne part & d'autre. Ce coup plus mortel en apparence qu'en effect, mit en confuſion l'ame des aſſiſtans, & rédit leur viſage ſans couleur: Car la mort peignoit leur face de la couleur du treſpas par la faute du ſãg, & par la crainte qu'ils auoient de la mort de Periandre, qui leur eſtoit ſi ſenſible qu'elle les menaſſoit de les faire mourir, mais principalement Auriſtelle auoit la mort entre les dents, laquelle eſtoit preſte de tirer ſon ame par ſa bouche. Serafido & Antoine ſe ſaiſirent de Pirrus, & malgré toute ſa furie & ſa force, aſſiſtez de pluſieurs perſonnes qui arriuerent en ce lieu, l'enuoyerent à la priſon. Le Gouuerneur de Romme trois ou quatre iours apres l'enuoya au gibet, comme vn homme incorrigible, & aſſaſſin. Sa mort donna la vie à Hypolite qui veſquit deſormais, ne faiſant auparauant que mourir.

Comme

Comme le Prince Maximin en mourant faict espouser Sigismonde à son frere Persiles.

CHAP. XIII.

LEs delices & les contentements humains sont si peu asseurez, que nul ne se doit promettre d'eux vn seul poinct de fermeté. Auristelle qui se repentoit d'auoir declaré sa pensee à Periandre, alloit à sa queste toute ioyeuse, croyant que la volonté de Periandre dependoit de son pouuoir & de sa repentance, & qu'elle la regeroit là où elle voudroit. La Belle s'imaginoit qu'elle estoit le clou de la rouë de sa fortune, & la sphere du mouuement de ses desirs. Or elle n'estoit point abusée, puis que les intentions de Periandre auoient resolu de n'outrepasser iamais le vouloir d'Auristelle. Mais regardez vn peu ie vous prie, les tromperies de la Fortune variable. Auristelle, en si peu de teps que nous auons veu, se vid autre qu'elle n'estoit pas. Au lieu de rire elle pleure: au lieu de la vie elle rencontre la mort. Elle croyoit iouyr de la veuë de Periandre, & maintenant elle treuue celle du Prince Maximin, qui accompa-

Aaa

gné de plusieurs carrosses entroit à Romme par le chemin de Terracine. L'amas du peuple qui estoit autour du blessé Periandre, fit approcher son carrosse, & lors Serafido en luy faisant la reuerence, luy tint ce langage: O Prince Maximin, que i'attends de paures estrenes des nouuelles que ie te veux donner: Ce blessé que tu vois entre les bras de ceste belle Dame, est ton frere Persiles, & elle est la nompareille Sigismonde. Tu les rencontres par ta diligence en vn temps bien aspre, & en vne saison bien rigoureuse, puis qu'au lieu qu'ils te donnent le moyen de leur faire bône chere, il faudra que tu ayes le soin de les enuoyer au sepulchre. Ils n'y iront pas seuls (repart Maximin) car à ce que ie vois, ie leur tiendray compagnie. Ce disant il tira la teste hors le carrosse, & recognut son frere, quoy que tout soüillé & tout couuert du sang qui procedoit de sa blessure. Il recognut pareillement Sigismonde, quoy qu'elle eust perdu la couleur de son visage: car l'emotion qui luy troubla sa couleur, ne rendit pas pourtant laides ses graces. Sigismonde estoit belle auant son infortune, & elle estoit maintenant tres-belle en son malheur : & quelquesfois les accidents de l'angoisse augmentent la beauté. Maximin se laissa aller du coche sur les bras de celle qui n'estoit plus

Auristelle, ains Sigismonde Reyne de Frislandie, & qu'il s'imaginoit de faire pareillement Reyne de Tile. Ces changements si estranges tombent soubs le pouvoir de celle qu'on nomme communément Fortune, laquelle n'est autre chose qu'vne ferme disposition du Ciel. Maximin estoit party en l'intention d'entrer dans Romme pour se faire traicter par de meilleurs Medecins que n'estoient ceux de Terracine, lesquels luy auoiét predit qu'il mourroit auāt qu'il entrast à Rōme. Et en cela ils furent plus experimentez, qu'en sa guerison. Il est vray qu'il y a bien peu de personnes qui sçachent guerir le mal qui procede du changement de climat. En fin tout aupres du Temple de sainct Paul, & en pleine campagne la mort horrible rencontra le gentil Persiles, & le porta par terre, & mit au sepulchre Maximin. Ce Prince se voyant sur le point de mourir, prit de sa main droicte la gauche de son frere & la mit à ses yeux, & puis prenant sa main droicte de sa gauche, la ioignit auec celle de Sigismonde, & d'vne parole troublee, & d'vne respiration mortelle, dist: Mes vrais enfans, & mes vrais freres, ie croy que vostre honnesteté vous a appris ce que ie pretens de faire. Ouure tes paupieres, ô mon cher frere, & ferme moy les yeux en perpetuel sommeil, tandis que de

Aaa ij

l'autre main tu serreras celle de Sigismonde, & luy promettras par ce moyen d'estre son Espoux. Que le sang que tu verses, & les amis qui t'enuironnent, soient les tesmoins de ce contract de Mariage. Le Royaume de tes ancestres te demeure, & la possession de celuy de Sigismonde t'attend. Tasche seulement de guerir, & ayes en la iouïssance durant vne infinité d'années. Ces paroles si douces, si agreables, & si tristes, ramenerēt les esprits de Persiles, lequel pour obeïr au commandement de son frere, qui desià estoit pressé de la mort, luy ferma les yeux de sa main, & auec vne parole moitié triste, & moitié allegre, profera la promesse qu'il fit d'espouser Sigismonde. Soudain, la mort inopinée & deplorable de Maximin rendit sensible l'ame des assistans; de sorte que l'air d'alentour retentissoit de leurs souspirs, & la terre estoit baignée de leurs larmes. On prit le corps de ce Prince & on le porta à sainct Paul; cependant on mit Persiles demy-mort dans le carrosse du defunct, & puis l'on prit le chemin de Romme pour le faire penser. Ceste compagnie n'y treuua point ny Belarminie, ny Deleasir, car elles s'en estoient retournées en Fráce auec le Duc de Nemours. Le nouueau & l'estrange mariage de Sigismonde, fut fort sensible au Prince Arnaldo. Il se fas-

& de la belle Sigismonde.

cha fort d'avoir si mal logé ses services durant vn si long traict d'annees, & d'avoir employé tant de bien-faits sous espoir de iouyr paisiblement de ceste incomparable beauté. Mais ce qui faschoit encore plus son ame, c'estoit le souuenir des raisons que luy auoit alleguees le mesdisant Clodio, ausquelles il n'auoit point voulu adiouster foy, & dont à son grand regret il faisoit maintenant vne si claire experience. Tout confus, & tout estonné, il auoit vne fois resolu de s'en aller sans dire mot ny à Persiles, ny à Sigismonde: Mais considerant qu'ils estoient Roys, & qu'en cecy il n'y auoit point de leur faulte, & que cest heur auoit esté reserué pour Persiles, il les alla voir. Persiles & Sigismonde luy firent vn tres-bon accueil, & afin qu'il ne demeurast pas du tout mal content, luy offrirent en mariage l'Infante Eusebie sœur de Sigismonde. Le Prince de Dannemarc accepta ceste offre de fort bonne volonté, & il s'en fut allé auec eux pour accomplir ce mariage, si auparauant il n'eust eu desir d'en demander la permission à son Pere: car il est raisonnable qu'aux mariages d'importance, la volonté des enfans, se rende conforme à celle des Peres. Cependant il demeura à Romme iusques à tant que son beau-frere Enesperance, fut guery de sa bles-

Aaa iij

sure, & puis il alla trouuer son pere, afin de preparer les festes que l'on celebra en son Royaume, quand son Espouse y fit son entree. Felice Flore resolut pareillement d'espouser Antoine le Barbare, parce qu'elle n'osoit pas viure parmy les parents de celuy qu'Antoine auoit mis à mort. Cloridan & Ruperte apres auoir acheué leur pelerinage, retournerent en France, ayants vne grande matiere pour raconter l'auanture de la feinte Auristelle. Barthelemy de la Manche, & Louyse la Castillanne s'arresterent à Naples, & l'on dit qu'ils firent vne pauure fin, parce qu'ils ne menerent pas vne bonne vie. Persiles ayant faict eriger vn magnifique sepulchre à son frere, dans l'Eglise de S. Paul, recueillit tous ses seruiteurs, & apres auoir encore visité les Eglises de Romme, fit vne infinité de caresses à Constance, à laquelle Sigismonde donna sa croix de diamants, & l'ayant accompagnee iusques à sa maison, elle ne la quitta point que premierement elle ne la vist mariee auec le Comte son beaufrere. En fin ayant baisé les pieds du Pape, elle mit en repos son ame, accomplit son vœu, & vesquit en la compagnie de son Espoux Persiles, si long temps, qu'elle vit en sa longue & heureuse posterité les enfans de ses enfans iusques à la troisiésme generation.

Fin des Trauaux de Persiles, & de Sigismonde.

PRIVILEGE DV ROY.

LOVYS PAR LA GRACE DE DIEV ROY DE FRANCE ET DE NAVARRE: A nos amez & feaux Conseillers tenant nostre Cour de Parlement, Maistres des Requestes de nostre Hostel, Preuost de Paris Bailliss, Seneschaux, & à tous nos autres Iuges & Officiers, Salut. Nostre bien-amé Iean Richer Libraire Iuré de nostre Vniuersité de Paris, nous a faict remonstrer qu'il a faict traduire d'Espagnol en François par François de Rosset, vn liure intitulé, *L'Histoire des Peines & des Trauaux du genereux Persiles, & de la belle Sigismonde*: Lequel liure ledit exposant voudroit volontiers imprimer pour l'vtilité & contentement de nos subjects: mais il craint que quelques autres ne le voulussent imprimer apres qu'il aura faict beaucoup de despense pour le faire mettre au net & l'imprimer correctement, s'il n'auoit sur ce nos lettres de priuilege & permission, humblement requerant icelles. A CES CAVSES inclinant liberalement à la requeste dudit exposant, luy auons permis imprimer ledit liure: Et pour le guarantir des pertes des frais qui luy conuient faire, Auons faict & faisons inhibitions & deffenses à tous Imprimeurs, Libraires, & à tous nos subjects de quelque qualité & condition qu'ils soient, d'imprimer ou faire imprimer, védre & distribuer ledit liure par cestuy nostre Royaume, pendant l'espace de six ans, du iour & datte que ledit liure aura esté acheué d'imprimer, à peine de confiscation des exemplaires, & de tous despens, dommages & interests. Voulons aussi que ces presentes contenant nostredite permission & priuilege soient tenuës pour bien & suffisamment signifiees, pourueu que ledit exposant en face mettre vn extraict sommaire au commencement ou à la fin de chacun exemplaire dudit liure. Si vous mandons, & à chacun de vous endroit soy commettons, que de nos presentes graces, congé, & permission, & du contenu cy dessus, vous faictes & laissez iouyr ledit Richer, & ceux qui auront droict de luy, cessant & faisant cesser tous troubles au contraire: En outre mandons au premier nostre Huissier ou Sergent sur ce requis, faire tous exploicts necessaires pour l'execution de ces presentes: Car tel est nostre plaisir, nonobstant oppositions ou appellations quelconques. Donné à Paris le sixiesme iour de Septembre, l'an de grace mil six cents dixsept: Et de nostre regne le huistiesme.

Par le Roy en son Conseil,

BERGERON.

www.ingramcontent.com/pod-product-compliance
Lightning Source LLC
Chambersburg PA
CBHW060903300426
44112CB00011B/1317